股票投资宝典

解 缠 论

股市形态学＋动态学
概念、运用原理及案例解析

余井强　著

STOCK

"缠论"系列实体书出版第一人——余井强《解缠论》合辑
【10周年纪念版】再出发！
集《解缠论1》《解缠论2》《解缠论3》三部曲精华整合全新上市！

经济管理出版社
ECONOMY & MANAGEMENT PUBLISHING HOUSE

图书在版编目（CIP）数据

解缠论：股市形态学＋动态学概念、运用原理及案例解析/余井强著 . —北京：经济管理
出版社，2021. 2

ISBN 978 – 7 – 5096 – 7796 – 4

Ⅰ. ①解…　Ⅱ. ①余…　Ⅲ. ①股票市场—研究　Ⅳ. ①F830. 91

中国版本图书馆 CIP 数据核字（2021）第 038430 号

组稿编辑：杨国强
责任编辑：杨国强
责任印制：黄章平
责任校对：陈晓霞

出版发行：经济管理出版社
　　　　　（北京市海淀区北蜂窝 8 号中雅大厦 A 座 11 层　　100038）
网　　　址：www. E – mp. com. cn
电　　　话：（010）51915602
印　　　刷：北京晨旭印刷厂
经　　　销：新华书店
开　　　本：720mm×1000mm/16
印　　　张：27. 5
字　　　数：588 千字
版　　　次：2021 年 3 月第 1 版　　2021 年 3 月第 1 次印刷
书　　　号：ISBN 978 – 7 – 5096 – 7796 – 4
定　　　价：88. 00 元

目　录

第五篇　动态学运用原理篇

第六篇　综合运用原理篇

第七篇　案例解析篇

第八篇　解缠论相关内容

第一篇

解缠论概述篇

解缠论概述^①

本书开篇将从整体上梳理解缠论所包含的重要性与基础性的知识点。当然，我们暂时还只是对其做简单的概述，例如对本理论三大体系和九个重要基础知识点的概述，具体包含：形态学的三大功能概述，动态学三大理论及各自功能性的概述，外因影响分析概述，以及本理论所体现出来的思想性概述，等等。

一、解缠论简义

从股票投资理论与方法的派别性质划分，又或者从分析框架的范畴与实用性角度划分，解缠论属于一种股票交易技术型理论。又基于它区别于诸多传统经典的分析理论或实用性指导方法，并根据其在实际运用中所体现出的交易思想，我们暂且将其定义为现代股票交易技术型理论。

从整体上来梳理的话，本理论主要分为三大体系，有九个主要基础知识点。

三大体系分别指：形态学与其运用原理，动态学与其运用原理以及市场外因影响与市场投资心理分析和预计。

九个基础知识点分别为：形态学的五元素，包括笔、分型、段、中枢与趋势，除此之外，后面章节还将重点介绍形态学的运用原理；与动态学的三个运用理论，包括级别（定位）理论、背离理论和三种类型买卖点理论，以及市场外因影响与市场心理分析和预计。关于本理论主要知识点介绍如图 1-1 所示。

众所周知，从股市投资分析，落实到实际交易层面，二者之间存在着极大的复杂性，再加上本理论又不同于传统技术分析与交易型理论，尤其主张将形态学和动态学相结合的分析到运用，则成为了本理论一种重要的思想观点体现。由本理论所揭示出来的形态学，主要体现在价格走势上。而且我们发现，任何情况下的价格走势总是存在着近乎完美、完整的上涨或者下跌趋势构造过程，及某种形态展示的规律特性。我们则可以根据价格走势图所提供和反映出来的信号，在一

---

① 节选自《解缠论 3》之概述。

定程度上有效地帮助我们，对当下的投资行为（买或卖的交易行为）做出客观的判断与决策指导。

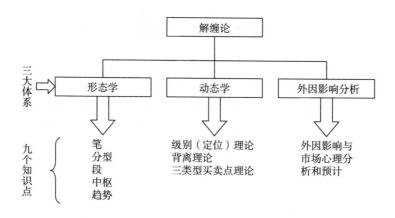

图 1-1 解缠论知识点框架

但是，从谨慎和理性原则出发，为了尽可能地提高我们研判价格走势的准确概率的要求和目标，我们想到了以下策略性办法：若能在确定走势构造已经完整终结的前提下，又能够从动态学的实用理论中找到多、空二力博弈产生的蛛丝马迹之重大信号提示的话，那岂不能够大大地提高我们对当下买卖的判断与决策之概率的准确性？鉴于此，通过对实际中无数案例的跟踪、观察与研究以及反复验证，我们发现并证实了以上办法确实非常不错。而且，如果能够将其长期实践并运用的话，那么，我们参与股票或任何金融品种的买卖和交易，都会取得非常不错的效果。

如此说来，以上观点和建议是值得我们学习及掌握的，而这套方法论也是值得我们去推广的！当然，如果我们有幸喜欢上这种建议和方法，那么，我们还应将理论的九个重要知识点烂熟于心、融会贯通——除了要掌握其基本定义和概念这样简单的要求外，还应通过实践运用不断体会各个知识点的效用——永不停止地思考、感悟与总结，直到将其真正掌握。至于具体内容，我们将会在下文中略作介绍。

二、形态学三大功能概述

区别于传统和经典理论和方法的形态学之功能，本理论形态学的功能归纳起来，主要包括以下三个方面。

（一）对市场走势进行描述的功能

正如世界上所存的各种语言和文字符号的功能，人与人之间的沟通交流基于此种语言工具变得方便直观了许多，至少对共同描述的事物的认识和理解也准确了许多。例如，人们在利用语言或者文字对某种对象进行描述时，使得熟识和具备同种语言与文字符号的其他人，对其所描述的事物和对象有准确的理解。与之类同，在股市系统中，我们也有必要发现和提炼出一套能够准确描述市场或任一品种走势的语言和符号。正基于此，我们认为且相信，本理论的形态学的五个元素及其形态学的运用原理，就具备这种类似语言符号的描述功能，譬如能够准确描述市场大盘或任意个股的历史或者当下的走势情况。

原本，市场走势的性质划分无非涨或跌，但是，仅仅如此简单地描述涨或跌还远远不够，至少我们还得知道：涨了多少，或者跌了多少；涨到什么程度，或者跌到了什么程度；是一个段（落），还是一个平日里所说的趋势。

假如有时还发生了涨与跌的转换，出现了走势的拐点，对此，又该如何描述呢？

又或者，如果某个阶段内，涨跌互现、不涨不跌，从而形成成交价格发生重叠的情况，又该如何对其进行描述呢？

还有，对于平时所说的趋势或者段，能否具体化？或者是否有其具体的形态展示和表现呢？并且，趋势和段二者之间有何差别呢？

对于以上一系列问题，从来都没有一个严格规范、专业系统化的理论对其进行过完整解答。我们认为，本理论的五元素完全具备了回答以上所有问题的功用。甚至，我们对其段或者趋势，还有每一笔交易的单根 K 线，都有了具体的定义、描述和展示。

譬如，我们对单根 K 线的定义和描述为当前级别已完成交易的一笔，并且它包含了同期内所有比其小的级别中已完成了交易的全部笔数。举例，1 分钟级别的一笔包含了这一分钟内秒级别中 60 秒内完成了交易的全部笔数。

至于对拐点的描述，无论是上涨段或上涨趋势，向下跌段或下跌趋势的转变，还是下跌段或下跌趋势，向上涨段或上涨趋势转变，出现的拐点，我们用分型的形态和概念对其进行定义和描述。前者为顶分型，如 $_1|_1$，中间笔的最高价与最低价，均是三笔中的最高价与最低价；后者为底分型，如 $_1|^1$，中间笔的最低价与最高价，均是三笔中的最低价与最高价。

至于段，则将上述两个性质相反且相邻的分型进行连接，并且中间至少包含一笔升破及跌破两端分型的范围，即构成一个段。若顶分型在前，底分型在后的，连接为一下跌段；反之，底分型在前，顶分型在后的，连接为一上涨段。

对于那种出现有许多笔 K 线围绕某个区域达成交易，形成价格重叠区域的，我们去看同期内次小级别的形态，即为一个中枢。对于其具体形态是，至少由涨跌反复且相邻的三段构成。如 ，此为上涨趋势中的中枢形态；至于下跌趋势中的中枢形态，如 。

除了以上几种走势状态的具体描述，我们也能对趋势做出具体的形态展示和描述。当然对于其具体定义是，无论是在上涨还是下跌走势中，由趋势转折的拐点算起的话，中间至少包含两个中枢，一共六段（每个中枢至少三段），再加上首尾连接的两段，以及连接两个中枢的一段，一共九段，由此构成一个完整的趋势形态。如果中间两个中枢出现重叠时，可能会造成中枢扩展到较大级别的情形，从而出现趋势五段的形态，即狭义的趋势形态。

综上所述，趋势是走势要完整完成构造的终极形态。趋势完整完成后，即将向相反性质的趋势转换，从而形成拐点。实际上，我们要对拐点进行跟踪、研判和捕捉。当然，任何走势类型都终将完整完成，只不过这是相对于当前级别而言的，因为任何一个走势类型放到次小级别中观察，都是趋势的完整完成。

继续回到本理论形态学的走势描述功能介绍，如果对其概述的话，即为：任何一个品种的走势图出现在我们眼前时，我们能马上识别出它属于哪种趋势形态的构造，或者该趋势是否已趋于完成、处在即将结束的状态之中；如果，要判断原趋势将要构造结束的话，那么，从形态上要看此时是否具有九段的完整表达？如果完整构造出现了，那么分型是否开始出现雏形？如果准确判断出分型的话，那么，后市即将出现趋势的转折。转折出现后，走势开始向相反性质的趋势展开构造。其具体演变情况是：起初，会出现一个明显的转折段，转折段结束后，必然要进入到中枢三段的来回反复的挣扎中，在如此这般结束后，后面还会重演一次，至少待到第二个中枢三段构造完成后，我们或许才能有幸见到一个趋势是否已经趋于完整完成。

对于以上趋势所描述的全部过程，都可以用本理论的五个元素进行具体的描述和说明。而且，这种描述往往与我们平时所要表达的意思不谋而合。例如，我们在随便描述当前市场某个走势时——假如此时它正处于对某个上涨趋势——对于非本理论学习的人来说，他也能知晓这种描述出来的信息。可是，对于掌握和正在运用本理论形态学的朋友来说，他不仅能明白该上涨趋势中这个"趋势"的抽象、模糊及表面上的意思，而且还能够理解和掌握更多关于该"趋势"目前具体所处的走势状态、走势程度及走势节奏等更为重要的信息或信号。而且此时的关键在于，这些信息是具体化、形象化的展示。

换句话说，某人在说趋势、段、震荡或者头部、底部时，他们往往只是理解或表达一个抽象、模糊的含义，而我们则在描述和展示某个具体的、形象的走势状态及走势形态。这个具体、形象的走势状态和形态包括了上面所说的趋势、段、震荡或者头部及底部等全部的走势。

（二）对历史走势进行分解的功能

在对走势描述的功能基础之上，接下来要做些更加实际、更有意义的事情了。例如对历史的走势形态进行客观分解。

实际运用中，无论是对大盘的历史走势分解，还是个股的历史走势分解，其最大的意义莫过于，使我们回到客观、理性的走势状态中。对大盘的历史走势做分解，使我们能够客观地了解到大盘过去和现在的走势状态；若结合走势的描述功能，则更能使我们了解大势真实客观的形势。至于对个股的历史走势分解的好处同样如此，虽然，个股有时候因为背后主力行为干扰，具有更为"垄断"化、个性化的特点，但只要对其历史走势做出了正确的、适当的分解，那么依据走势终将完整完成的规律性，还能够客观描述和展现当前个股走势的真实状态及形势，从而指引我们对其未来走势分类、走势类型、走势结构等做出正确预判的功能，继而进一步指引我们当下的决策，使之更加准确。

此外，通过对大盘或者个股的历史走势进行分解，还可以帮助我们了解到大势和个股当前走势结构的完整性及其所处的节奏感状况。例如，经过对某标的历史走势的分解后，了解到过去至当下的走势还不够完整，那么，我们就该继续保持原来的决策建议，直到发现历史走势已经趋于完整之时，我们要做好调整和改变当下决策行为。

至于在走势所处的节奏感方面的意义同样如此，我们也可以通过对历史走势的分解，了解到当前走势所处的节奏感，从而指引对未来走势推演以及对当下操作决策的预判。假如某个趋势是由九段所构成的，且目前是处于下跌趋势构造的话，那么，但凡是奇数段的，如1、3、5、7、9段都是下跌段，实际中要逢高做卖出动作，而偶数段，如2、4、6、8段则都是上涨段，操作上则要逢低做买入节奏。这种情况就像一名优秀的舞者，其步伐随着音乐声而起，进退总是井然有序、节奏感鲜明强烈、一点也不紊乱。以上列举的是出现下跌趋势的情形，而对于上涨趋势及其所出现的九段构造，在节奏上则刚好与下跌时相反。

对于以上所提及的，无论是走势上完整性状态描述，还是走势节奏的把握等情况，想要获得这一些信息，只有通过对历史走势的客观分解，才可能了解和掌握。更有甚者，当我们了解和掌握这些情况后，最终又会将这一切信息回归到指引我们当下对未来走势分类的预判及当下决策的买卖行为中。

既然对历史走势的分解有如此重要的意义，那么正确的分解法则成为了关键所在。因为，如果对历史走势分解错了，那么，不但走势完整性和节奏感的判断会完全错误，更有甚者，对未来走势分类和当下买卖决策的指引也会完全错误，如此必然会严重影响投资决策，最终必然影响投资绩效与结果。所以，我们要对历史走势分解的方法和原则牢记并掌握。

实际上，对历史走势分解就是在走势图上"画线段"，先确立出顶、底分型，再将顶、底分型连接，形成线段，从而明确出每一个阶段的走势情况，然后再从整体上观察其所在的位置。对于其过程中的难点就在于，如何正确地确立出顶、底分型。

根据分型的定义与功能性可以知道，分型，实质上是每一个段或者趋势的转折拐点。如果是当前级别趋势的转折拐点的话，那么，它就是当前级别全部走势图中的那个最高点或者最低点，即类似山峰或者山谷极限位置。如果是段的转折拐点，那么，它就是当下走势中距离其最近的那个最高点或者最低点，实质上，它就是当前阶段中其次小级别的全部走势图中的山峰或者山谷位置。基于当前所观察的走势图为已经走出来的——已发生的历史事实，所以对于其最高点或者最低点在哪里，正像眼睛所看到的山峰一样，它不就在那里吗?! 对此，在实际运用中，我们不用质疑和太过纠结。

当然，在对历史走势的分解过程中，除了要面对如何正确地确立出分型位置的问题之外，还要面对级别厘清的问题。正如前文已经提到的"当前级别和同期的次小级别"等关键词，这其中的级别问题成为了走势分解中的绊脚石，至少在分解时总会让人感到困惑不已。毕竟不同级别的走势分解是不同的，因为每一个级别的走势完整性或者节奏感，以及走势结构、走势类型、走势分类等，在同一时期内会不尽相同。如果相同的话，可称为走势共振，预示后市即将面临大级别走势的转折——对此后文将会做详细介绍，这里暂不展开。

基于同阶段内不同级别上的走势不尽相同，所以，必然会造成对操作指引的完全相左，从而给我们的预判和决策带来混乱。为此，在对历史走势做分解时，要先定位好主次级别。而且要严格遵循级别中的走势规律及其运用级别原则中的尊重原则，即，小级别走势要尊重大级别走势的方向。

走势分解原则之一，要先从大级别分解开始起，遵循先做大级别分解，再做次小级别分解，层层"盘剥"递进式的分解原则展开，然后由此确立出要分解和指引操作的主级别。对于其次小级别的操作指引，则应该严格尊重该主级别的宏观指引。至于主、次级别走势结构和节奏等相冲突时，其具体的处理办法是：如果主级别给出的走势节奏是卖，那么次小级别即使给出了买的指引，此时相对于次小级别而言那也只能定义为暂时的买入节奏，后面还需要及时处理，继续以卖出节奏为主。对于完全相反情况之处理办法，则刚好与之做相反的决策即可。对此之讨论，其前提都是要对走势做出正确的分解，然后通过分解状况确定出操作策略，而且操作策略一定要做到级别运用原则中所强调的尊重原则。

走势分解原则之二，就是在确定趋势或段的转折拐点时的分型定位标准：坚决取最高价或最低价作为分型中间笔的原则。

走势分解原则之三，以连接线段为走势分解的基础性工作。因为无论是中枢或者趋势，其基本构造元件都是段，所以，段的连接成为基础走势分解工作。

综合以上三个走势分解原则，在走势分解过程中，遵照分解原则，在对任意品种，无论大盘或个股，对其分解步骤是：

首先，确定分解主周期级别，一般我们建议以日线级别为主级别。对于具有成熟交易技术，还有时间和精力的朋友，可以适当降低分解级别至 15 分钟级别。至于专业和职业交易员，还可以根据所操作品种、交易规则等实际情况进一步灵活降低操作级别。

其次，确定主级别历史走势中已经出现的"山峰"或者"山谷"位置的分型，并以该趋势转折分型为基点做出发点，顺次将后面各阶段的次高点或次低点位置分型进行连接。

最后，观察和分析已经连接出现的所有走势段的情况，并尝试分解其走势结构、走势完整性和走势节奏等全部情况。

正常来讲，以上分解步骤结束后，历史走势的分解工作已经完成，历史走势的结构、完整性和节奏状态，定然会清晰地呈现在我们眼前。而且根据走势结构和走势节奏处于什么状态，以及走势是否完整等状况，我们马上都可以做到心中有数。届时，我们会发现和懂得，对于前面所做的一切工作，实际上都是为指引当下的决策和操作做铺垫及准备工作。

当然，在对历史分解结束后，接下来最为困难，也最令人困惑的是，当下走势状态及未来走势将会如何演绎。

（三）对未来走势做推导功能

承接形态学的第二点功能，在对历史走势形态做完分解后，无非得到过去至当前的走势结构是否完整的结论。如果走势结构不完整，则立即进入推导目前走势结构已完成到什么程度？具体来说，就是讨论趋势构造到什么程度、哪一个阶段了。然后据此推导得出，用以指引当下的操作行为的指令。如果已经错失了当前级别中趋势拐点之最佳买点或者卖点的，那么赶紧回到次小级别中去寻找弥补性的买、卖点位，以此避免更大的损失。

举例说明，如果当前级别仍处于下跌趋势构造中，而且第一个中枢还没有完整构造出来，那么，对于当前级别而言，卖出是主要动作。只可惜我们前面已经错失了下跌趋势的最佳卖点，当前已陷入被动，那么对此困局唯一的解决办法是，回到次小级别中，捕捉次小级别上涨走势中的高点，然后果断卖出。也许该卖点已经远离最佳的趋势拐点的价位，但是，它却是弥补前错，及时纠错、减少损失的最佳次卖点。在实际运用中一定要对之多加重视，不可麻木应对，因为一旦连该次级别卖点也错失了，那么后市下跌必然进入主跌阶段，跌幅往往会很大。

至于上升趋势中发生此类情况时，操作动作则刚好与之相反。

以上所讨论的是至当下的走势结构未完整时的情况，如果根据观察得出的结论是已经趋于完整的，那么，就要对未来走势做出新的推导了。此时的推导包括对未来走势分类、走势类型及走势结构等的纯逻辑推导。在此，需要特别强调的是，我们说的是对未来走势的推导，而不是所谓的预测。而且我们所指的推导，属于纯理性的逻辑推导，是根据对无数历史走势结构构造特征进行研究之后，所提炼出来的全部走势分类、走势类型及走势结构的归纳和总结。然后根据这些历史总结出来的全部走势分类、走势类型及走势结构等，将其灵活运用到当下实际的投资行为中。

举例说明，以某级别中一个正处于下跌走势情形为例：假设该下跌走势至当下已经趋于完整，一般是直观看去，就可以得出走势明显趋于完整的结论。这里所说的完整，是指趋势结构的完整，具体指该下跌趋势的九段结构已近乎完成——有时这里的走势结构也可指趋势中的局部构造部分，如中枢的三段结构，或者趋势转折拐点，即分型形态的构造结构完成。既然走势的完整完成是泛指，那么在实际中，我们就要灵活理解、对待与运用了。

回到上述正题的假设，既然该下跌走势已趋于完整，那么，按照走势性质分类，未来走势应该会选择以下哪一种走势呢？

A：下跌后 + 上涨（即 V 字形态）。

B：下跌后 + 盘整 + 上涨。

C：下跌后 + 盘整 + 下跌（下跌趋势）。

按照走势性质的终极分类原则，即一个下跌走势确定结束后，后市走势分类的选择有且仅有三种：

A：上涨。

B：盘整、盘整结束后上涨。

C：盘整、盘整后再下跌。

同上面所假设的情形一样，我们会在这三个选项中对未来走势做选择和推导。对照以上分类，假设在一个下跌趋势确定结束后，我们只能推导出后市走势分类，有且仅有两种选择：或者为一个上涨走势开始出现，或者为一个盘整走势即将出现，二选一，别无他法。

以上为某下跌趋势走势完整完成时对未来走势所做的推演，至于某个上涨走势完整完成后，未来走势又应该选择哪一种走势呢？同样有三个选项供我们选择和推导。

A：上涨后＋下跌（倒 V 字形态）。

B：上涨后＋盘整＋下跌。

C：上涨后＋盘整＋上涨（上涨趋势）。

同样地，假设一个上涨走势结束后，对照以上走势性质的终极分类，我们推导出未来走势，有且仅有两个选择：

或者一个下跌走势开始出现，或者一个盘整走势即将出现，二选一，别无他法。

根据以上两种大的走势分类，我们同时还可以从中找到该整体趋势中某部分或局部走势的分类，例如盘整后，未来的走势性质的分类，可能出现的情况亦可参考上面得出的两种分类进行推演：不是上涨，就是下跌。这也是绝没有其他选择和推导结果。

至此，对于至当下走势趋于完整的情形，及其未来走势的推导的讨论结束了，但是，对于那种当前级别的走势还没有完整，只是处于该趋势的部分或局部元件的构造中的情形，对其未来的走势，又该如何推导，还得继续下去：

既然是当前级别趋势未完成的部件，说明当下级别的分解和推导不适用这类情况，实际上，我们就只能降低分解和推导级别，到次小级别中去做类似的推导。遵循的方法是一样的，只不过是降低了级别而已。当然，在对操作做提示和指引时，同样要注意级别的尊重原则。

对于以上各类情况的推导，是在结合对历史走势做完分解后，且正确判断出了至当下的走势是否趋于完整的结论，我们对未来走势分类的终极归类、划分与分类。正是有了这种推导，我们才说它是纯理性的逻辑推导。

至于走势类型，还有走势结构等推导，基于其复杂性，我们将在后文中对这些概念一一做详细的讲解，届时，我们定然会再度结合当前内容的介绍理解之、掌握之，这里暂不展开。

（四）小结

综上所述，本理论形态学的三大功能主要有：一是对市场走势进行描述的功能；二是对历史走势进行分解的功能；三是对未来走势进行推导的功能。唯独没有提及本理论之形态学对市场走势的预测功能，这似乎与多数经典和传统形态学理论的指导思想有着重大区别。下面我们将会对此展开详细的解说，包括由本理论所揭示出来的交易思想的讨论，详见其后。

三、动态学三理论之功能概述

学习完本理论形态学的三大功能概述与介绍后，爱思考的朋友心里或许早就有一个疑惑渐渐浮现出来：即，如何精准判断走势的完整性，甚至精确捕捉趋势转折的拐点呢？能够想到该问题，我们反而可以以此确定，这些朋友心中最主要的疑惑还是单凭走势形态的分解，统计当前走势段的段数，就能够判断出至当下走势是否趋于完整，或者已经完整，且即将要形成趋势拐点了吗？即使能够做到这一点，但这种方法毕竟还只是从一个层面、一个维度来证实和研判的，终究会令人感到心里没底、会产生怀疑。再说了，准确判断走势的完整性本身就是个难点。既然如此，那么有无更好、更全面、更系统的方法可以与形态学的功能形成互补，从而有更高胜算的指引、实际的操作行为和决策呢？

基于该问题，我们提倡要结合动态学的三大理论，即，将形态学和动态学二者结合起来共同辅助研判和捕捉任何走势情况下最佳拐点的方法。而且我们发现这样做的好处，不仅能够起到互补之用，还能够从不同角度、不同层面加深我们对市场与投资的认识和理解。最终将使我们在投资活动中多方面地受益。

从根本上说，动态学，是定位于对市场多、空二力永无休止的动态博弈过程与状态的描述，以及由二者博弈产生的最终结果而展开的具体直接指引当下实际操作的一套系统的方法论。直白地说，是通过多、空二力博弈产生的最终结果，确立谁是胜利者？因为市场未来走势，即后市是涨、还是跌的走向问题是由胜利者决定和主导的。并且该结果是市场走向之所以做出当下选择该结果的根本原因。对于多、空二力博弈状态和过程，直至结果出现那一刻起，尤其面临变盘时，往往会形成原走势与胜者主导之力方向的相背离发生。对此，我们将此情形定义为背离状态，而利用此套方法判断任何时候的最佳拐点的运用之法，我们将其定义为背离理论。我们由多、空二力反复博弈而出现的拐点及其特征，而诞生出了所谓的买卖点理论。

通过对无数案例观察，我们发现，某个趋势在发生转折之前，往往会出现一而再，再而三反复的挣扎，直至旧力量最终衰竭，才会形成最佳拐点的特征。而在此一而再，再而三的过程中，多会出现几组这样较佳的买卖点。对于这几种类型的较佳的买卖点，我们通过结合一个完整走势的全局图，及其不同走势分类情况下的描述，可以将其系统归纳为类型情况下的类型买卖点理论，具体详见后文介绍。

与此同时，因为是由博弈中的胜者之实力大小决定了其主导走势方向持续的时间长短和空间大小，而由此诞生出了级别理论。原来，级别这个词源于胜利者主导走势方向所能持续产生的时间值和空间值的大小情况。无论胜利者是多头之力，还是空头之力，皆是如此，只是主导方向不同而已，主导方向可以是上涨，亦可以是下跌。

如果胜者的实力超级强大，那么，由其主导走势所持续的空间值会相当的大，而完成该空间所需要的时间值也相应地随之增长。由此称之为超大级别行情。如果胜者实力只是比较强大，那么由其主导的走势所持续的空间和时间值也会有相应的状态与之对应，只不过相较于前者，它在时间、空间值上没有那么大和长而已，由此称之为较大级别行情。至于胜者实力如果仅为一般强大的话，那么由其主导的走势空间和时间大小也会有相应情况与之对应，只不过这时的时间、空间值持续会进一步减小与变短，由此称之为一般级别行情。这里，我们对这三种情况如果用直接且具体的描述，即为，如果此时胜者是多头的话，而且是个超级强大的多头主力，那么，由其主导的上涨行情或许是一轮上千点的牛市行情，而要完成上千点级别行情的上涨，需要花很长的时间才能够完成。换句话说，我们在描述某个行情是一个超级大级别的行情时，描述的多是其空间状态，且基于空间状态与时间状态是成正比的，所以，级别又可以指代时间状态。由此用更加直观直接的定义的话，级别其实是指某个时间周期。

由上可知，动态学的三大运用理论，无论是级别（定位）理论、背离理论，还是三类型买卖点理论，都是由多、空二力的动态博弈状态而提炼出来的。在实际运用中，三大理论均具有着极好地指引我们当下操作行为的功能，具体如下所述。

（一）级别（定位）理论的功能概述

根据本理论的级别理论的指引，可以事先知道，任何一个上涨或者下跌走势在其未来将会构造出的时间空间格局。即，在起初，任何走势的空间大小、时间长短的格局就已经被定位好了。这便是级别理论最主要的功能之一。下面我们对此做探讨和介绍。

级别理论，又称为级别定位理论。原来我们强调，选定了的主要操作级别，就决定了我们的操作风格，即一组买进到卖出所需要的时间周期，或者卖出后再到买进所需要的时间周期是多少，这一切在选定级别之前就已经定位好了。在实际中，每一轮走势的级别在空间大小上的选择并非一成不变，也绝非固定地出现在你所定位的某个时间周期级别之上。对此，弥补该片面性的指导，我们必须结合走势形态分解，以及背离的判断，才能够精准把握和定位好级别状况。

例如，当下我们观察的主级别是日线周期时，根据形态学的分解，假如目前下跌走势已经趋于九段的完整意思表达了，更为巧合的是，该周期级别上出现了底背离的迹象。结合此两点迹象分析即可得出结论：未来至少一个日线级别的上涨走势要开始了，也可能会有一个横盘走势将要出现。在实际中，我们会有办法对此进一步推导，从而得出未来是涨还是盘整的结论。如果此时可以确定未来走势为上涨的话，那么根据该结论，我们便可以开始对未来走势时间空间情况进行纯理性的逻辑推导：即，可事先定位出完整完成一个日线级别走势所花空间大小与时间长短大小。

这里的级别是在日线级别上的，根据对日线级别过往的历史数据统计，任何一个日线级别走势要完整完成，至少都要数十个交易日，甚至数百个交易日，而且空间值都在两位数以上，无论上涨或者下跌走势，均是如此。历史数据和经验是值得参考与借鉴的，因为据此我们可以推导目前一个日线级别未来上涨走势所花的时间不少于几十个交易日，涨的空间不会少于两位数的幅度。

回到本节首段之所述，至此，我们即可确信，根据级别定位理论功能之一，可以事先知道未来走势的空间时间格局。在此功能推导之下，我们可以预知市场或某个股未来走势的空间和时间大小值。只要推演出了这一结论，就会对我们的投资具有战略上的指导价值和意义。前文在形态学的推导功能中，我们曾介绍过，能够对未来走势做走势分类、走势类型，及走势结构的推导。那么这里将二者结合，即可对当下决策买卖指导做到近乎精准的推导和预计。

当然，要想得到实际的投资效果，其前提是我们能够坚信理论所揭示的，而且坚持坚定地去执行了。为此，无数次的实践练习必不可少。

除却上述这种对未来时间、空间推导功能之外，级别理论对走势规律体现在级别上的特征还有着鲜明的揭示作用，并由此提炼出级别的三个运用原则，从而具有指导我们实际运用中的功能。

通过无数历史走势数据的统计展开研究，我们发现任何级别上的走势都终将会构造完整，由此，我们提炼出了级别运用原则之一——任何级别中的走势都终将完整完成。如果当前任一级别的走势分解得出结论是没有完整完成，那么就继续保持原有操作动作。因为在该级别上，该走势终将完整完成构造。如果通过当前级别走势分解发现，走势已经完成了，那么，我们要做好调整和改变未来操作动作的准备。

我们不仅仅要研究某个单一与单纯级别上走势所存在的规律特性，而且还发现了不同级别上走势之间所存的规律特性。譬如我们发现，大级别上的某个走势一旦确定了方向后，只要其还未完成构造，那么，对于其同阶段内的次小级别上的全部走势最终都要尊重其该大级别走势所主导的方向。由此规律，我们提炼出了级别运用原则之二——尊重原则。具体内容为：小级别走势要尊重大级别的走势性质和方向。对此，我们已经有很多相关的讨论了，这里就不展开了。最后，根据整体与局部、量变与质变之间所存在的关系特征的启示发现，较小级别与大级别之间也存在局部（次小级别）与整体（大级别）之间有着根据量变的积累，从而最终引发质变的特征，我们在这里所说的质变特征，指走势拐点变化特征。据此，我们提炼出了级别运用原则之三——完全可以灵活运用次小级别的各类指示来提前研判和把握较大级别的转折拐点。

以上级别理论功能的概述，对于初学者或许还有些困难，但请勿担心，后文我们还会有更加详细运用原理与实例相结合的介绍，详情敬请参考。

（二）背离理论的功能概述

背离理论之功能一句话概括之即为，用以研判走势之拐点的动态学方面的参考标准。区别于形态学——只通过对走势是否完整而做出走势是否会发生转折的判断；背离理论是既要结合走势是否完整，还要通过在市场多、空二力博弈的动态过程中，和盘口实际交易数据情况，以确定主导未来走势之性质力的真实情况，并对未来走势方向做出判断，同时指引当下决策与操作的一种参考标准或方法。

当然，背离的本质并非像我们此前描述的，仅仅是指通过走势方向与对应指标运作发生方向上的背离这种直观描述如此简单。对于背离的本质的描述，我们确实难以用具体的语言或某种标准的案例进行详尽的说明和展示，因为对背离的本质描述没有绝对的标准。尽管如此，在实际运用之中，作为简单和直观的判断背离的方法，依旧是观察走势与指标的方向是否发生背离，并以此确定走势是否发生转折。客观地说，这是客观且又真实反映背离本质的直观体现和描述之一。因此，对其背离的本质，简单地说，是指走势虽然继续按照原方向进行运作，而且不断刷新历史极端价位（上涨中继续创新高，下跌时不断创新低），但是，实际中与其性质相反的力量，却已经在逐步地转变方向，甚至已经开始掌握和主导未来走势的方向——这一切往往都是在暗中进行的。为此，此时虽然表面上看，我们仍会看到走势在延续和保持着原有的运动方向，可实际上此时主导走势方向的性质力已经在潜移默化地发生着改变，这种改变只能暂时通过指标得知。不仅如此，当背离段情况持续一段时间后，原来走势方向的情况随时都会发生转变，假如这种情况真的发生了，则意味着走势转折得以真正确定，并且意味着拐点会随时出现。

与级别理论的研究思路相同，我们并不仅仅停留在只对某个单一级别中的走势进行背离特征，以及如何准确研判背离的研究工作，而是展开了对不同级别中的走势发生背离特征时，试图寻找出这些不同级别走势与背离各自又具有怎样的规律与特征等研究工作。正是通过对此系列的研究，使得我们能够更加客观、真实地理解市场，逐渐掌握和驾驭本理论，从而提高我们在实际操作中的胜算。

对于这些有关背离在级别中的特征和规律，后文做详细的介绍，这里暂时不展开。此处，我们只需要牢记背离之功能就是研判走势性质和拐点的标准，也是我们采取行动的重要指导"信号"。

（三）三类型买卖点理论的功能概述

对于三类买卖点理论的功能，我们分为两种情况介绍：

一种情况是，从理论上对三类买卖点的位置描述，从而使我们事前了解到，在任何一个趋势中至少会出现三个最佳买点，或者三个最佳卖点的机会与可能性。只不过在实际运用中，对于这种类型的三个买卖点的位置的提前描述，极度不实用。所以，我们认为这一类型的三个买卖点的意义仅仅是从理论上给我们做了趋势中可能所存在的三个买卖点会在哪里出现的提示和展望之用。但它也仅仅是这样的一个提示和展望的功用。于是，为了弥补这种仅从理论性描述买卖点位置，而缺乏实用性的指导的弊端性，我们提炼出了又一种类型的三个买卖点实用性理论之法也就是第二种情况。即，从更加实用的角度出发，对任何趋势或走势做跟踪观察，发现趋势或走势趋于完整的特征出现时，再结合背离理论方法的指引，对当前走势的拐点做出决策和交易行动的一套买卖点方法。这种类型的三个买卖点从实用性角度出发，极好地弥补了第一种情况下（仅从理论上描述买卖点）的功能。对此，作为学习者，我们更应该熟悉并掌握它。

此外，针对第一种情况，我们还发现，在任何一个走势中，确实会出现三个买卖点的机会，但无独有偶，这三个买卖点又会各自对应一个临时性的买卖点。为此，我们将这一种类型的买卖点定义为临时性的三类买卖点，它与第一种类型的三个买卖点在走势位置上相互对应。

至于三种类型的三个买卖点理论的功能，正如上述所交代的，一个是从理论上揭示和告知我们，任一走势上（包括任何级别中亦是如此），都会存在三次买卖点的机会的揭示功能。另一个则从实用性的角度出发，教我们如何直接捕捉拐点的一套方法。

当然，这里讲解的三类型的买卖点理论是结合了主级别与次小级别综合运用情形下所展开的讨论，尤其是对于实用性类型的三个买卖点。假如我们所指的是在同一走势级别上的话，那么，第一种类型的三个买卖点，就是描述其在同一个级别走势中它所存在的三个买卖点机会。而对于第二种类型的，即临时性的三个买卖点，则是该同一级别走势上，与第一种类型三个买卖点在所处位置上相互对应的买卖点，只不过它是因为次小级别背离所致而出现的临时买卖点。之所以定义为临时，是因为它们的出现只是因为次小级别背离发生所致，还不会彻底改变当前主级别的走势方向。如果这里的临时性买卖点是买点，做了买进，后面相对应地要立即做卖出。

对于第三种类型，即实用性的三类买卖点，则应结合大级别与次小级别走势形态和背离进行辅助研判，从而确定出大级别走势拐点的买卖点理论。后文对此有详细介绍，这里暂不展开。

根据以上概述，实质上，我们将原来的三类买卖点理论做了更加充分、系统的发展，定义出了三种类型，或三种情况下的又三个买卖点理论，具体介绍详见后面章节。

四、外因影响与市场心理分析和预计之功能概述

如果说本理论形态学中的走势分类、走势结构及走势类型等揭示出了任何品种走势的内在规律特性与内在走势构造特性的话，那么，动态学三个实用性理论则分别告诉我们，走势在时间、空间上的级别特性，决定当下走势性质和方向的多、空二力博弈状态的背离特征，最适合于我们参与的三种类型情况下的买卖点理论，等等。我们还要介绍，决定和影响走势结构及方向之外因影响情况的分析。

我们所指的外因影响情况分析总的来说主要有，政策面因素、基本面因素、资金面因素、市场投资心理预期等。根据这几大外力影响因素各自对大势或者具体个股的市场走势的影响程度、大小情况分析，可归纳出以下几点：

对于政策面及各种政策类产生效应的影响因素而言，可以将其定义为，最大外力影响因素之力。许多观点议论我国股市为"政策市"，背后含义体现出了政策面对股市的影响力巨大。例如管理层对货币政策、税收政策、财政政策等的调控，都会对股市走势产生重大影响，其对我们的影响也是有目共睹的，此处暂不展开。其实不仅我国如此，美国美联储对货币政策的松紧态度和调整，也在很大程度上影响着美股的走势。2008年金融海啸后的美股走势，整体呈现大牛市格局，有观点认为，美股持续走牛的根本逻辑就在于，美联储连续几轮货币量化宽松之策使然，方才酿造而成如今大牛市格局。

而基本面的影响，则可定义为最具逻辑研判的影响因素之力。无论是大势或个股，我们谈及最多的都是基本面的要素。针对大势，我们则要看宏观经济数据，分析各种数据，从而得出大势要涨跌的原因与可能性；针对个股，我们则要看题材和概念，有时候也会看财务数据，但看前者会更多一点，因为有时候理顺

某个股的具有投资价值的逻辑，或擅长"讲故事"往往会比数据分析更加有效管用。只要逻辑准确、市场认可，那么，无论大势还是个股，都会快速形成某种趋势性质的走势。

资金面，则是最实际、最直接的影响因素。针对大势，如果有明确的大规模资金买入，那么，大势必然是涨的；反之，知道有大规模资金卖出，那么，大势必然是要跌的。针对板块或个股也是如此，当我们跟踪板块和个股的资金流向发现资金集中进出某些板块或个股时，往往立刻能直接反应到板块或个股的涨跌之上。有人喜欢跟踪由交易所刚公布的"龙虎榜"，基本都体现资金集中进出某些个股的资金流向信息，然后据此买卖股票。这一方法对于跟踪当下热点板块和强势个股不失为一个好办法。其实，其原理根本在于资金面对个股走势最为直接，和实际走势的影响能够产生更好的赚钱效应。

市场心理预期，即市场投资者心理预期的分析。基于市场投资心理预期分析的复杂性，将其影响力定义为，最复杂的影响因素。基于不同投资者对市场预期存在差别性，所以，由此出现了对同一时期的大势或个股的未来走势，会得出完全不同的研判结论。当然，对未来预期总是存在乐观、悲观或中性三种情况的分类。又加上市场真正主力往往会利用这些预期开展逆向操作，使得市场走势陷入复杂难以判断的情况中，从而达到自己的目的。如果我们知晓这一点，就很有必要对整个市场投资心态和心理预期进行分析、研判和预计，便于未来做好正确应对和提前反应。

以上简单地概述了四种主要的外力因素的影响情况及各自影响特征。对于市场走势的内在规律和外因这二者各自的作用及功能，大致来说，我们的观点是，走势的内在规律体现在走势结构和走势类型上，无论外因怎样影响，走势的构造和类型总会以完整特性出现。至于各种外力因素的动态影响，则往往决定了走势性质和方向及呈现其更为具体的走势构造结构和类型的情况，还有其体现在时间空间上的活跃程度。

例如，在实际中我们很难寻找到两组完全相同的走势结构和形态，即使这些走势结构或形态在某些外部因素的影响处于相同状态时，但细看也会发现，二者在结构和形态上仍有很大的差异。其实这种差异我们在后文将其定义为走势类型，即相同性质的形态元素或走势结构会有许多种不同的类型。

当然，即使差异存在，但是，这些走势结构的"雏形"始终会像基因结构一样，从根本上看仍然是一样的。此处的意思是说，股价运作特征和走势结构最主要由其内在规律所决定并形成。而且，这些内在规律并不会受到外力的影响而发生根本性改变，甚至消失不存在。事实上结果也是如此，无论外力如何影响，也无论外力的影响有多么的强悍、强大，其内在规律终究会以具体股价走势结构的形式而展现出来。亦即，内在规律决定了走势结构的形成，无论外力影响如何，走势结构都会最终完整形成。只是，根据外力影响因素的不同及其所造成的影响力不同，从而形成了走势结构的不尽相同，并且出现了走势类型的划分。此处大意总结下来就是说，即使走势结构的"基因"相同，但基于不同外力影响因素的影响，也会造成形态上的迥然不同。

举例来说，中枢的构造结构是 ABC 三段，只要符合这种构造结构的，就都是中枢，但我们结合诸多实例对照发现，实际中符合 ABC 三段的中枢形态有很多个，随处可见，但完全相似的却很少。按照中枢的走势类型划分，它至少存在超过三种以上结构和性质相同，却在三段时间空间构造上大不相同的中枢形态。其实，除了中枢之外，对于分型、趋势等形态的构造结构也具有这种特点。由此，我们必然要探究，是什么原因造成基因结构相同的走势形态元素，却在细节上出现不尽相同的走势呢？造成这种差别的原因是什么呢？

要回答这个问题，我们只能用外部影响因素的重大影响来回答了。即，因为外力因素影响不同所致，从而造成相同形态元素和走势结构却出现不同类型的走势形态。其实这也是告诉我们外力因素影响分析的重要性，从而使我们由此倒推出它的一个功能和意义：提前预计和理性推导未来走势结构的走势分类、走势类型及形态，从而指引我们当下的决策与操作行为。

需要特别说明的是，我们所说的外因影响因素包括了基本面影响的研究。

本理论的难点并不在于对未来走势分类的推导，而在于当走势分类被推导出来后（当然这种推导也是一种假设、一种大概率的假定，实际中也会存在变数），却无法提前对其未来的具体走势结构和走势类型做准确推导。此时要做出精准的走势类型推导几乎是不可能的，而本理论所强调的股市不可预测，则主要体现在这里。此处意思是，即使你确定未来走势分类是下跌，但后市下跌走势结构具体会怎样构造，或者会以哪一种走势类型出现及构造，是无法提前得知的。为了弥补这一缺点，我们研究发现，通过对外力因素影响和市场投资心理预期的分析和预计，一定程度上能够有效解决这一难题。

假如我们知道某只股票的基本面情况，含有一个重大的具有投资价值的逻辑和线索，那么，我们可以猜测，在该信息影响，主流资金会采取怎样的动作，从而造成该股在当下会以哪一种具体的走势结构和类型出现。

不仅如此，外力因素影响分析还可以辅助研判走势性质和方向的功能。假如我们通过政策面分析了解到管理层对当下股市的态度，那么，我们可以推导大势当下和未来走势性质及方向。按照此前说法，即可以根据政策面分析，了解管理层态度，从而定性未来的走势分类，甚至具体推导出会以哪一种走势结果出现。对此，专门研究政策面和宏观经济数据的分析师、研究员，或者某些擅长政策分析做股票的投资者，或许会对此功能理解别有一番心得。

以上是结合形态学知识做概述介绍。同样，对外力因素影响的分析，还可以指导动态学中实用理论的辅助研判。假如，我们通过对外力因素影响分析中资金流向情况得知，当前市场有大量资金持续流入市场，或者流入某具体板块与个股中，这种迹象往往证实当前市场有着重大的做多力量，并且据此分析得出大势未来会以上涨为主的结论，即使目前股指仍在继续下跌，而且不断创出新低，但与之相对应的指标却并没有与股指同步运行，这实质上是出现了底背离迹象，如果此时结合外力因素影响之资金面情况分析的话，那么更加可以断定底背离将发生或已经发生，即可指引操作上做买入动作。由此可知，通过对外力因素影响的分析，我们可以用来辅助研判实际的动态走势中的背离性质。不仅如此，对外力因素影响的分析，还可以辅助定位出未来走势在时间、空间上的行情级别及大小。

实际运用之中，无论我们是对政策面、基本面、资金面，还是市场投资心理层面展开分析，最终目的无非是研判大势未来走向，或者值得参与的具有所谓价值的标的个股。换句话说，对外力因素影响和市场投资心理展开分析和预计的功能，是可以用来得出研判大盘和选股的结论。例如，根据政策面分析，我们可以根据政策指向，定义出将受益于政策面推动的几个投资主题，再根据基本面情况，自上而下展开选股，直至最后选出最佳品种。

我们对外力因素影响和市场投资心理分析和预计的功能，做下简单回顾：

通过结合形态学，展开外力因素影响的分析，可以用来对未来走势的性质、方向、走势分类等做出研判和推导；同样，也可以用来对大势或个股的具体走势结构和走势类型等做出较为准确的研判和推导。若再结合动力学的三大实用理论，展开外力因素影响分析，则可以辅助我们对当前或未来市场多、空双方二力大小情况做预计，由此定义出背离性质，从而指引当下决策和操作。此外，借外力因素影响之力大小的研判，还可以实现对未来走势的时间、空间值的大小做预计，从而展望和定位未来行情级别的大小。当然，除了这些功能之外，对外因影响的分析和预计，我们还可用于对大盘未来走势进行研判，或者精选出最值操作的标的个股，即实现选股功能。

五、解缠论思想性体现的概述

学习完形态学、动态学，以及外因影响分析与预计之功能概述后，我们最后对本理论所体现出来的思想性做下概述。大致说来，本理论主要体现出以下几点思想性。

（一）解缠论的交易思想概述

1. 主张形态学与动态学相结合的研判、决策法

我国古诗有云："横看成岭侧成峰，远近高低各不同；不识庐山真面目，只缘身在此山中。"根据此诗的启示，要想识得股市"真面目"，在股市操盘或交易中始终立于不败之地，必然要有一套适合自己的方式方法，既能够全面、完整地看透市场走势所有变化情况，又能够在任何时候、对任何拐点的出现做出准确的提示和把握。而非诗句中说的"身在其中，或者只做到了横看、侧看，又或者只近看、远看了"，从而造成我们盲人摸象般得出了片面的结论。那么，仅用片面的视角观察，由此而得出的结论必然是不可靠的，甚至对投资是有害的。无独有偶，对于目前市面上所存在的各种分析研判之法，亦多半是属于此类型的。要么仅仅利用形态学之法做研判，要么仅仅使用动力指标学研判买卖点，又或者仅遵从某一种投资理念的指导，从而每每偏向于某一种，或基本面，或消息面，或技术面的指导，无疑都是单一片面的指导思想，可想而知，到最后所得结论都是片面的。而且更加要命的是，单一的结论无疑会将我们带入狭隘和偏执之中，这对于投资活动更是百害而无一利。

明智的选择是，通过结合过往投资理论、方法的指导思想优劣分析，以及历来的实战经验总结，我们发现，解缠论所主张的是将形态学与动态学结合研判之法，可以尽量做到更加全面、更加完整地看待市场，从而能够更加客观准确地指引当下的操作。这也是本理论所体现出来的首个重要的指导交易的思想。譬如，我们如果仅仅单独地使用形态学的知识，即使完成了对历史走势分解，对未来走势分类、走势结构或走势类型做出了推导，但是，对于研判走势完整性还是会缺乏客观严谨的研判依据。因为现实之中，在当前级别内，任何一个走势形态的完整完成，既可以是中枢三段式结构，也可以是趋势五段式结构，当然也可能是七段式的结构，更有可能是趋势九段式结构，至于最终会以哪一种走势结构或走势类型完整完成，很难从单独的形态学知识上得出正确的研判结论。实际上，这种情形可能会经常出现，而且当你以为当前级别中的一个以调整为主的走势会以中枢三段式的结构构造完成，但是，用不了太久你就会发现，第四段反弹很快夭折了，这意味着还将出现第五段下跌，只要第五段下跌继续创出调整走势的新低，显示一个趋势五段已经构造出现了。可当你以为五段构造结束后，接下来的反弹段会是真正重回升势的一段，结果待你冲进去之后，发现第六段的反弹又已经结束了。如果此时定位操作的级别太小（例如在日内交易中），又加上碍于 A 股交易规则 T＋1 的限制，或交易成本未能覆盖利润空间时，无法成功卖出或者有效卖出的话，亏损或被套就会发生，所以，对日内交易中当前是否为有效的参与操

作之时机的判断要有所区分和识别，要做到"有所为、有所不为"。

以此举例是为了说明，仅对形态走势做研判时会经常犯错，无法精准确立趋势真正的拐点。唯一能够确定做对的事情是，对走势节奏的正确把握，因为走势节奏无非就是在不停地重复一进一退的奇偶转化与涨跌互换过程。有人也许会说，其实这种失误判断也是由对走势完整性的判断出现错误所致，如果能对走势完整性做到准确无误判断，那么，也能够正确指引我们当下的操作动作。但此观点却忽略了，实际中我们要做到对多、空二力在当下的主导性质归谁，及其实力大小怎样，则是很难提前做出预判的。准确地说，对此我们往往是未知的。正如上述列举的，在调整走势中，你无法提前预测出主导当下做空的空头力量实力大小。因为现实情况是，我们只能尝试着做出如下几种猜测：

第一种，假如该空头力量一般，那么走势结构或许只能够构造出一个小级别的中枢三段来，且在第三段底分型处可做买进动作；第二种，假如该做空力量较强，那么，一个趋势五段式的走势结构会出现在我们面前，所处的级别会出现扩展到加大级别，且第五段的底分型处可做买进动作；第三种，假如该做空力量非常强大，那么，一个趋势七段式甚至九段式的走势结构就会出现了，不排除调整走势会递进到当前级别中，同样，此时要耐心等到各自结束段底分型处做买进动作。

在此我们只是粗略地做了三种分类，实际上现实的情况比此复杂和困难多了。对于这种困难和复杂性问题，即使我们仅仅去数该走势中是否出现中枢，如出现了中枢，是一个中枢，还是两个中枢，然后据此判断走势是否完整了。实质上也都是无法解决的。因为实际中，你无法提前预知当下构造的中枢是什么级别的，对此仍是由我们对多、空二力主导性质和实力大小的未知所致。基于这种未知，我们无法准确判断走势完整性。对此，解决办法并无他法，只能结合动态学理论的知识进行辅助研判。至少结合动态学背离理论，可以准确辅助我们研判走势拐点，指引我们当下进行判断与展开决策。例如，对于上述列举的调整走势中，如果未见当前级别底背离，那么当前的参与买进则都是错误的。因为该买点有可能由只是次小级别底背离所致，所以对于上述举例中仅用形态学指引决策和操作发生的错误难以避免，因为在极小的次小级别中的背离性质（买卖点）转换会很快。此外，如果丧失了级别定位理论的指引，我们即使会正确分解历史走势形态，能够判断背离与否，但是，如果不会区别和定位好级别大小，操作上还是会犯错误——毕竟在许多时候，一个1分钟级别即使出现了完整走势形态，也出现了底背离，可是待你买入后很快就会发现，后面的一个上涨趋势很快就构造完成了，随即出现顶背离，接下来走势就要朝着下跌趋势形态构造了，当下反而应该做卖出动作了，但是，此时你却基于交易规则等限制，无法卖出前面买进的部分。因此这种操作也是无效的。其原因就在于级别定位太小了，造成有买卖点的失效。由此，也是同时提示了我们，对于有效买卖点的选择和定位也显得非常重要，而这一切又要与前面所有知识点相结合起来才能够完成。

由此可见，实际运用之中一定要将动态学作为辅助形态学判断和决策走势和操作行为的重要依据。同时，又基于形态学的走势为我们提供了分析载体，所以，如果动态学的运用脱离了形态学及其走势这个分析载体的话，那么，对此理论就无从说起了。换句话说，动态学离开了形态学的载体，那么，研判走势性质和拐点就失去了价值和意义。何况动态学的级别理论还让我们认识和了解到了走势在不同级别上所存在的关系。

综上所述，可以让我们对走势有一个更加完整的认识，从而加强我们研判和决策的准确性。此外，通过对买卖点在走势形态中的具体体现提炼出的特征还可以帮助我们更好地把握当下的买卖时机和点位。

所以，本理论所主张的交易指导思想之一就是，将形态学和动态学相关知识结合起来，融会贯通地使用。

2. 强调当下决策、对未来走势不做提前预测

我们在形态学及其运用之中发现，对走势完整性和节奏的准确研判成为难点，因为，假如我们对当前走势已确定趋于完整了，那么，对后市走势性质就可以做出走势分类的划分和推导。记住，仅仅是走势分类的划分和推导，最终是涨，是跌，还是盘整，仍无法提前精准预测出来。即使我们结合动态学的相关知识，能够判断未来走势性质和方向将会向某种走势性质分类进行运作构造，但对于具体的构造过程中，将会以怎样的走势类型、走势结构进行构造，是无法提前做出精准预测的。鉴于此，有人也许会问，不是说背离理论能够精准确定出走势的拐点吗？是的，没错，但任何级别的拐点被精确确定出来时都是在当下，而不是提前被预测出来的。再说了，即使背离理论能够预测出拐点，但相对于较大级别的背离的真正拐点的出现，往往又会产生非常大的误差。有可能你所认为的某个日线级别的底背离的拐点，反而会在距离几周后才会真正出现。与此情况刚好相反的是，在极微小级别中所出现的背离之拐点虽然精准，但时效性却非常差，走势性质转换较快，其不确定性又非常强，并不能经常为我们的操作和交易实现较为有效的投资收益和绩效。如此一来，对于背离理论对走势拐点的提前研判的方法，基于大级别造成的误差往往会太大，小级别时效性和有效性太差、不确定性太大，从而使得我们陷入非常困惑和懵懂之中。处于这种两难和困惑难解，我们不得不承认，对于未来走势是不可做出提前预测的，亦即，股市是不可以预测的。

既然不可预测，那么，对未来走势的研判和决策工作只能放到对当下决策和

交易的反应上了。而且这个反应要正确，否则，就是错误和亏损的。但是，问题却在于，对于当下的反应正确应对的功力，却绝非一天两天就可以做到的。对于当下的反应，做出高度精准、正确的反应要求非常高。既要有良好的盘感、个人心态的把握、纯熟专业交易技术、充沛旺盛的精力，还要有对大势或个股外力因素影响几何的通透分析及个人悟性，等等。而且，以上每一点都需要漫长时间学习和无数次实践练习，或许才能够真正领会与掌握。

通过此番论述，我们意外发现，本理论所体现出来的交易指导思想，与我国古书《孙子兵法·虚实篇》之中某段所云不谋而合，即：

"夫兵形象水，水之行，避高而趋下；兵之形，避实而击虚；水因地而制流，兵因敌而制胜。故，兵无常势，水无常形。能因敌变化而取胜者，谓之神。故五行无常胜，四时无常位，日有短长，月有死生。"翻译过来，即："用兵的规律像水，水流动的规律是避开高处而向低处奔流，用兵的规律是避开敌人坚实之处而攻击其虚弱的地方。水因地势的高下而制约其流向，作战则根据敌情而决定取胜的方针。所以，作战没有固定不变的方式方法，就像水流没有固定的形态一样；能依据敌情变化而取胜的，就称得上用兵如神了。

用兵的规律就像自然现象一样，五行相生相克，四季依次交替，白天有短有长，月亮有缺有圆，永远处于变化之中。"

其实，股市投资犹如在战场作战，不是敌死就是己亡，不是你输就是我赢。只不过这个场所是关于财富竞争的场所，犹如战场，亦是残酷无情的。而掌握至上的交易方法，则成为了这个残酷战场中活下去的唯一出路。由本理论所体现出的交易思想与其不谋而合，则能够在一定程度上指引我们走向正确认识投资之法的道路。不过问题在于，对当下精准判断之前准备工作的困难和复杂性。

正因为如此，基于本理论完全区别于此前已经出现的许多传统和经典技术交易及分析理论的思想性，而是强调当下的反应，所以，我们将本理论定义为一套现代股票交易技术型理论。

（二）解缠论的市场哲学的数学原理的思想概述

我们要证实本理论的权威性和实效性，完全信任，乃至信仰这套理论，必然要用其他权威的学科知识或理论来进行论证，否则我们定然会被各种质疑所包围，反而造成自身束手束脚，致使本理论运用的效果不佳。

300多年前，英国物理学家牛顿写出了《自然哲学的数学原理》一书，将人类对自然和世界的认识提高到了更加理性的境界，从而大大增进了人们对世界的认识，继而推动了人类的进一步发展。同时，有人发现了，完全由人的精神行为创造出的资本市场，即狭义的股市中，也具有这些类似自然世界中哲学的数学原理的存在，但是他却被定义为"市场哲学的数学原理"。

细想该题目发现，其实这里可以将该问题拆解为两个问题：

一个是市场存在怎样的哲学命题或定律；另一个是这些命题或定律具有怎样的数学特征，或者怎样用数学原理来进行论证？而以此证明这些事关市场哲学的正确性。毕竟这个正确性与否非常关键，因为它将决定我们能否运用这些规律特性，从而实现正确指引我们实际中的投资交易行为。

股市哲学特性无非就是涨或者跌的转换，但问题是，这种涨、跌转换具有怎样的特点？或者说，这种转换发生在什么情况下，什么时候发生？它会通过什么形式表现出来呢？解缠论给出的提示是，股市走势性质的转换，犹如中国传统哲学中阴阳二元性质的转换，而且根据我们的观察发现，无论是上涨性质，还是下跌性质的走势，最终都是通过时间、空间、成交数量这三个主要要素形式决定和体现出来的，从而由此形成价格走势图，也就是我们所说的走势形态。

在这三个要素的表现形式中，最为关键的是成交数量，实质上它是股市之所以实现动态运作的根源，这同物理学所定义的"力"的概念相似，由于施加了某力，从而造成运动状态和结果的持续或者改变。与之类同，买卖成交数量的多少实质是"力"之大小，股市是由某性质合力与分力博弈，从而推动价格在时间、空间中做运动，然后展现其具体状态。如此说来，为了回答上面几个问题，解缠论给我们做出的提示是，股市哲学中涨、跌互化的根本原因在于合力、分力博弈的结果。实际运用之中，我们要正确地对他们的博弈结果进行研判，从而形成操作上的决策。令人可喜的是，该博弈状态的全部过程，乃至最后的结果最终都"画"在了走势图上。而能够对其走势图做出精确描述的则是时间级别和空间价格两大要素。

这样一来，价格走势图实际上是最好的分析、分解载体。而且，我们由此可以进一步解答上面所留下的系列疑问。例如，股市所存在的哲学命题或定律是什么？基于其实质全都体现在了价格走势图上，即分析、分解和研究价格走势图的规律特性，就能够找到股市哲学命题或定律。换句话说，股市哲学的命题或定律就在这价格走势图中，我们只要对此展开研究就可以找到其市场的规律性（其实这样的工作都体现在了本理论的形态学知识中）。

既然股市哲学的命题或定律就在价格走势图中，那么，其数学原理也自然而然暗藏在这价格走势图之中。只不过该问题的关键在于，我们是否找到和发现这些定律和数学原理？幸运的是，本理论回答了这个问题。即，本理论的形态学回答了走势的规律特性，可以据此找到其数学原理，同时，本理论的动态学可以辅助帮忙破解走势性质如何发生转折的问题，即涨、跌互换是如何发生的，及在怎样的情况下、什么时候发生的？甚至研判之法也进行解说（这个工作实质上全都体现在了本理论之动态学知识中)。

还有一个问题，即如何通过数学知识进行论证，那就交给数学家吧！知识实在有限。

（三）解缠论的力学原理的思想概述

通过对一个完整趋势走势结构进行分解发现，任何时候的走势形态在所需时间和占据空间价格上，二者之间存在守恒特性。这就是说，走势在时间级别和空间价格上呈守恒特性。

对此的具体描述即为，在任一级别走势中，无论上涨还是下跌趋势的构造部件中，但凡呈现上涨或者下跌部件的空间斜长与盘整段部件所花时间长度呈守恒特征。而且，走势构造中所定位的时间级别大小，决定了其走势空间构造的大小。即，级别定位越大，那么，该级别中走势完整完成构造所需要的时间越久。二者永远成正比。

再结合相关力学知识，我们发现，股市就是由多、空二力之博弈的结果而构造出走势最终的形态。在实际中，对当前主导走势的多、空性质及其力度大小情况的把握与研判，决定了操作能否成功。如果多头强，那么走势维持上涨；反之，空头强，走势则维持下跌；二者均衡，即维持震荡走势。由此可知，本理论体现出了力学原理中的多、空二力博弈的博弈论，对其具体运用则主要体现在背离理论之中。

总而言之，解缠论之力学原理的思想性具体体现在多、空二力博弈状态，时间、空间守恒特性及其因为走势破坏了平衡，而为了始终维持其平衡性而不断保持动态运作的动态特征。

（四）解缠论的哲学思想概述

本理论揭示出了市场之本质，表面上看，它关键是在于对走势之阴阳互化的转折点，及虚实奇正的真假、虚实性的正确把握与判断，从而达到准确的操作结果，实质上它揭示的是人性的问题。

根据禅学所揭示的，人性之纠结主要体现在"贪、嗔、痴、疑、慢"这五点上。由此可知，解缠论表面看是交易技术理论，实质上是一套投资哲学论。其目的和思想性是通过对市场本质的揭示，达到解开这"五缠"之纠结的目的。

另外，从西方哲学角度看，本理论实质上就是揭示出了人性弱点的问题。我们要懂得，通过本理论对市场本质的揭示，完成对人性弱点的客观准确的理解，以及努力达到对自我的正确认识和管理。换句话说，本理论的哲学思想性之一，与其说是揭示市场本质，不如说是对人性之自我修炼与提升。

形态学与动态学关系之概论[①]

一、形态学相关知识

（一）形态的本义

世间万事万物皆有其形态或形状，那么"形"通俗地讲是指什么？"形"就是指眼睛能够看得见的，符合万事万物生长构造规律的具体模样。

《现代汉语词典》中，对形态二字的解释，是指事物的形状或者表现，或生物体外部的形状。而对形状的解释，则是指物体和图形由外部的面或线条组合而呈现的外表。

（二）形态学与力学的关系

物理学上，对物质形态的解释是：它与物质自身的质量和力的作用有关，由于力的作用，构成物质的最终形态。即，任何事物的形态构成，多是综合力的作用使然。

迄今为止，科学家们发现了世界上存在的四种力，分别是：地心引力、电磁力、强作用力与弱作用力，且这四种力量在宇宙发生大爆炸后就出现了。正是有了这四种力的存在，以及在这四种力的作用下，任何物质都形成了其独特的形态或形状。科学家还假设，由于地球和月亮上引力作用不同，所以，原本相同形态的物质，分别经过在地球或月球上长时间受到不同引力、电磁力的作用与影响，其形态最终都会变得不一样。与此道理类同，当人们对形态相同的两个物体分别进行强力和弱力两种不同作用力的影响后，该物质所显现出来的形态也会不一样。

由此我们联系到了股市，发现股票价格走势形态也是受到两种力的作用影响

---

① 节选自《解缠论2》原第一章：形态学与动态学的关系之概论。

而形成的。只不过影响其股价形态的力分为两种：一种是买进做多的多头力量；另一种是卖出做空的空头力量。正是由于这两种力量的博弈之下，从而最终形成了股价的走势形态。

（三）股市形态学

在这里，股市形态学暂不分传统形态学，还是《解缠论》所定义出来的五大元素形态学。那么，股市的形态学指什么？

它是指在股票交易中，记录描述且呈现在"时间—价格"坐标轴上的成交价格走势图。它自然也包括单笔 K 线，以及由其所构成的各种 K 线组合图形，还有投资者对其使用的学问。具体可作如下分类：

一是传统的形态学，指各种 K 线组合形态，以及其他典型形态，例如三角形、旗形、矩形、圆弧顶底形态、头肩顶底形态及岛型反转形态等。

二是《解缠论》所定义出来的形态，指笔、分型、段、中枢及趋势五大元素形态，以及投资者对其使用的学问。这五大元素是本理论的形态学主要探讨的对象。

（四）五元素形态学与传统形态学之间的关系及区别

世上任何物质，无论动、植物，抑或人类，都有其具体的形态。虽然哲学上说，世上没有完全相同的两片叶子，也没有完全相同的两个人，每个人都是独一无二的。可是，如果我们对世界所有物质进行归类、划分与提炼，所有的叶子或人类都有其完全相同的"形体"，这些形体使我们一看到就能够识别出，这就是叶子，或者这是某类动物——之所以我们一眼就能够认出，其原因就在于它们呈现在形体、形态上的共同特性。

《解缠论》所提炼出来的五元素，就是股市中所有交易品种走势类型的归类、划分和提炼，且它们可以对传统形态进行描述和解释，它们包含了传统形态学。对此二者间的关系解析如下：

对于传统的 K 线组合之经典启明之星与黄昏之星的形态，如图 1 - 2 所示，若用五大元素形态进行解释为：其形态与本理论之分型元素的描述，几乎如出一辙。当然，经典启明之星与黄昏之星的组合形态，本质上等同于趋势性质将发生重要转折时候的分型形态。启明之星类似底分型，黄昏之星类型顶分型。

对于传统的三角形态，如图 1 - 3 和图 1 - 4 所示。若用五元素形态进行解释为：从整体的形态上看，三角形态类似于本理论中的中枢元素之定义所述，且属于中枢发生震荡时的形态。这一点从三角形逐渐呈现震荡收敛的形态即可一目了然。

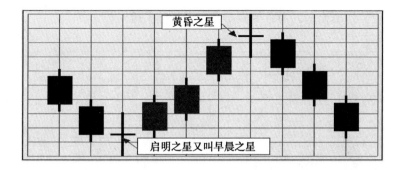

图1-2　传统K线组合——启明之星与黄昏之星的形态

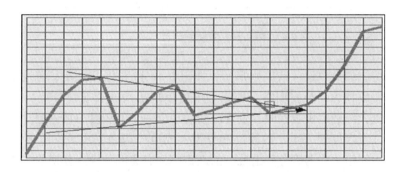

图1-3　传统三角形——上升三角形态

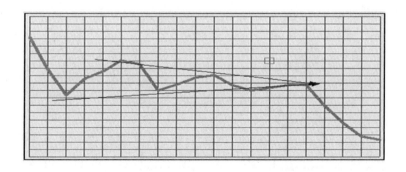

图1-4　传统三角形——下跌三角形态

对于传统的旗形形态，对照图1-5，若用本理论五大元素形态解释为：有点类似动态运作笔在围绕某个分型（此例为顶分型，实质上底分型与此同理）做反复确认的情形。当然，这也类似中枢元素中发生了比较特殊的中枢震荡时的情形。这种图形的出现多半是对分型的构造做反复确认，或者突破平台再度出现一个新的走势形态出来，而且要做出最终选择的关键时候。

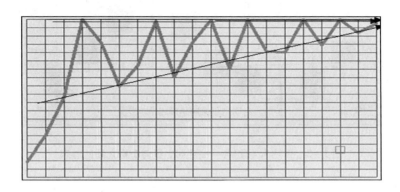

图 1-5　传统的旗形形态

至于传统的头肩顶（或底）形态，如图 1-6 和图 1-7 所示，若用本理论的五元素形态解释为：当我们将当前级别中所呈现出来的头肩顶（底）形态，上升到一个更大级别中去观察时，发现眼前呈现出一个上涨段的顶分型，或者已构造完成，又或者发现一个下跌段的底分型，或也已构造完成。头肩顶（底）构造分型的中间笔，左肩部分构造分型的左边笔，右肩部分构造分型的右边笔。这种情形的出现，也正好为笔者在证实大、小级别之间所存在的形态关系时，获得了最为直接有力的证据。不过这里证实的仅是大级别中的分型形态在其次小级别中的具体走势而已。

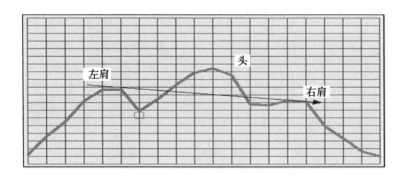

图 1-6　传统的头肩顶形态

同时，根据这种图形还可对我们的实际操作提供以下启示：即，一定要结合动态学中的背离理论、三类买卖点及买卖点的发展理论（指参照点与拐点理

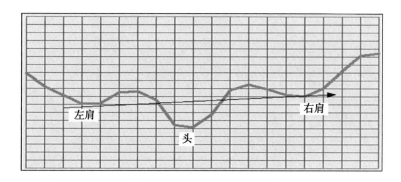

图 1 - 7　传统的头肩底形态

论——后文将有详细讲解）进行指引与操作。此时，对于传统头肩顶中的顶，即为卖出拐点，趋势性质随后发生转变；反之，传统头肩底中的底，即为买进的拐点，随后趋势性质发生转变。各自的左、右肩相当于参照点。

对于经典的波浪八浪形态的情况，如图 1 - 8 所示。通过仔细观察我们发现，若用五元素形态解释为：波浪八浪形态的前五浪等同于一个趋势的前五段（一个狭义的趋势形态就是五段）。只是有所争议的问题在于，我们还对波浪形态中的第 2、第 3、第 4 浪是否出现价格重叠的情形，还存有疑虑。因为在经典的波浪理论中，并没有严格规定或要求中间的这三浪必须要出现价格重叠的情况，而狭义趋势形态所定义的中间三段必须出现价格重叠，而形成中枢形态。基于此点争议，笔者分解如下：即使波浪理论没有特别规定第 2、第 3、第 4 浪出现价格重叠的情形，本理论规定狭义趋势形态中的中枢部分必须要出现价格重叠才符合定义规定的，但是，它同样也没有严格规定这第 2、第 3、第 4 浪不可以出现价格重叠的情况啊！所以，本理论在此干脆就将狭义趋势形态 5 段所构成形态，当作波浪理论中的一种特殊情况而已。由此，正好回答了波浪形态理论与本理论的趋势元素二者之间所存在的关系及区别。

至此，通过以上图解证明以下几点：

首先，本理论的五元素像一种特殊的描述语言，可以用其描述或详解几乎任何一种交易品种交易价格的走势情况——只要它在坐标轴上留下记录痕迹。由此可知，五元素可以描述任何交易品种、任何级别中走势的构造"模样"，或者叫价格走势形态。

其次，五元素不仅能够从本质上对几乎所有的传统形态进行解释，其更大的价值与意义还在于，它们还可以将以往传统的形态学规律之描述性功能转化为更直接实用的操作性功能。

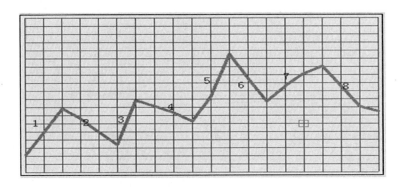

图 1-8　传统的波浪八浪形态

另外，在实际运用中，通过对传统形态学提示功能进行操作对比发现，其成功概率往往很有限，而且在很多时候不管用。于是，我们经常质疑传统形态学其实无法准确地揭示实际操作作用，且质疑其对买卖点的提示往往是模糊不清，甚至还认为有些传统形态的提示是错误的。

正是基于这些传统形态学所存在的局限性，我们早已有了认识，从而为了弥补该局限，本理论提出要结合动态学的原理和其应用方法——通过对形、动二理论的结合，进一步完善分析系统与实战操作系统，最终实现或达成提高操作的概率。

（五）形态学的预判功能探讨

传统形态学最为直接的功能就是对后市价格走势的预测，尤其是典型传统形态，其预测功能更为直观或直接。那么，本理论的五大元素形态，除了对市场走势有语言描述功能外，是否也有对未来走势预测的功能呢？

另外，我们通过对传统形态学使用发现，其存在着一定局限性，主要体现在其对买卖点模糊提示上，加上当下以为未来走势将会按照传统形态的历史经验运作时，可根据未来的实际走势对比看，传统形态的"过往经验"的预期不完全靠谱，如果照此操作，未来出现操作错误的概率极高。至于本理论的形态学理论是否也存在这样的局限性呢？如果有这样的局限，是否有解决的办法呢？下面对此将进行具体解析与回答。

整体来讲，我们认为形态学对未来走势的辅助预测和判断存在一定的适用性，但也存在局限性和不适用的时候。即，形态学是有限适用。具体可分为以下几点讲解：

1. 形态学预判功能及支持理由

根据价格形态进行分析和投资，是大多数专业操作者每天要做的事情，而且很多投资者对形态的掌握和运用都有着极高的水准。在他们眼里，形态学具有很好的辅助研判作用。传统形态学中某些经典的形态往往对后市走势预判有着较为精准的提示意义，这也是头肩顶（底）形、上升三角形等传统形态在实际中容易被人们所接受，并且经常被使用的原因。

与传统的形态学一样，五大元素形态学也存在这样的功能，而且期初对某些形态的未来构造但凡被确定后，其未来的形态确实会按照期初心理预计中的那样进行构造。究其原因如下：

（1）五大元素是从过往的无以数计的历史走势形态中所提炼出来的，它存在着其独立、客观及趋同的规律性，这个规律性在一定时间或者一定程度上，可以辅助我们对未来形态的构造进行判断和预测。此点毋庸置疑。

（2）世间万物形态构造皆有其规律，我们要发现和找到五大元素所存在的共同特征正是股价形态构造的内在规律。通过这些内在规律揭示意义，而从对未来形态构造进行提前预测。并且任何品种的价格形态的最终构造都符合这样的构造规律，只是问题在于，当下研判中如何进行实战操作？由此可知，发现这些规律对未来预测具有着重大的意义。本理论不过是将这些规律提炼出来而已。

2. 形态学的局限性及其原因

（1）形态学的形态规律都是通过对已经走出的历史形态的最后定格进行归纳、提炼及总结。它所反映的往往只是历史走势形态，对后市的揭示意义，尤其是当下的提示意义存在着不确定性。即，股市形态学所存在的局限性，主要体现在其构造过程中所存的问题。

世间万事万物的形态，都按照着自身的规律进行生长和构造，背后是某种性质力的影响所致，股价走势的形态亦是如此。其形态构造规律是通过历史走势归纳总结出来的，但实际中，形态未来的构造往往是不完整的，都是当下的，从而给我们对未来股价走势的判断造成了困难，甚至误导。基于股价形态构造对于在当下之时往往具有不完整性特点，所以，实际中若联想原有的经验，对未来走势及未来形态模样进行提前猜想的话，则多半是要犯主观臆断错误的。这种猜想实质上就是一种"意淫"行为，而"意淫"行为实质上就是形态学局限性的具体体现。

如果是股票操作的话，总是在买了或者卖了就开始想象未来会怎样？操作则多半是会走向失败的。因为过往经验不一定正确，原来出现过的形态未来不一定再完全复制性地出现。这也正如那句投资口诀所讲："历史不会简单地重演"。即，世上没有完全相同的两片叶子，世界上的每个人都是独一无二的。股市里形态亦是如此，没有完全相同的股价走势形态。由此点也证明，在实际操作中，完全以股价的形态构造作为参考，往往是要犯错误的，至少是会犯一叶障目的片面

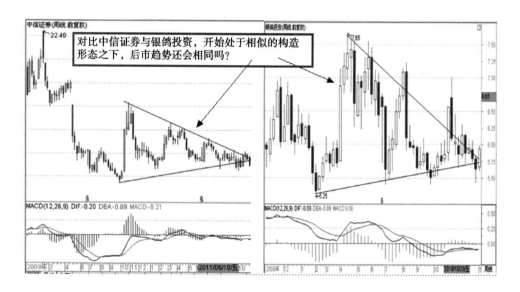

性错误。

为了不犯错误，在实际运用过程中，首先要清楚形态学与动态学之间的关系。只有将二者之间的关系搞清楚了，我们才可能有效避免犯"意淫"的主观臆测错误。

（2）当下形态构造具有可选择性，并且所做选择也都会符合形态构造的规律。虽然形态学是历史规律的归纳、提炼与总结，但并不一定每时每刻都能够完整地指引和揭示未来形态进行完全相同的运作和构造。实际上，我们经常看到这样的情况：刚开始的时候，两只个股的走势几乎完全相同，但后面却又出现完全相反的走势形态。根据观察研究我们发现，之所以会出现这种情形，其主要是因为这两只股票在接下来的动态意思表达上出现了不同，又或者是出现了另一情况，即在尊重大级别的趋势性质时，在符合区间套原理下，这两只股票在其次、小级别的形态构造中，本来就可以各自构造出截然不同的形态来。不过这都是暂时的，因为最后它们都将按照趋同性原理，回归大级别中之时，又与大级别的走势形态保持一致。即，在其次、小级别形态构造中，当下或许确实会出现各不相同的形态，但在最后都将回归到大级别相同的形态构造中去。对此解说，具体可参考图 1 - 9 与图 1 - 10。

图 1 - 9　中信证券与银鸽投资前期处于相同的形态

对比中信证券与银鸽投资，如图 1 - 9 和图 1 - 10 所示，处于周线级别中的两组走势图形：图 1 - 9 中，二者在其形态构造上几乎一样，都处于逐渐收敛的

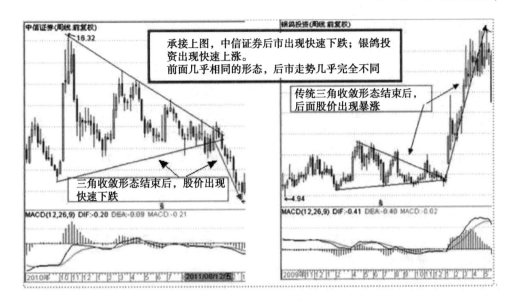

承接上图，中信证券后市出现快速下跌；银鸽投资出现快速上涨。
前面几乎相同的形态，后市走势几乎完全不同

传统三角收敛形态结束后，后面股价出现暴涨

三角收敛形态结束后，股价出现快速下跌

图 1-10　中信证券与银鸽投资后期处于不同的形态

传统三角形态。如果按照传统的形态理论做研判和指导操作的话，后市应该处于相同的操作方向，或者都为做卖出的操作，又或者都为做买进的操作。无论是买进还是卖出，只要能够判断出前面走势段是上升或者下跌的某一种情形时，那么后市基本上都会遵照前面走势的方向。

只不过问题却在于，实际中一时难以准确地判断前面走势究竟是上升和下跌。这也是传统形态学指引实际操作时所存在的弊端——对操作的买卖指引都显得模糊，无法做到较为明确的确定。正是基于此弊端，好在本理论的动态学三大操作理论与其他动态影响因素的分析，却可以做到尽可能地克服这种弊端。否则，在实际中，如果遇到以上这种情形时，操作上就会很容易出现错误。

承接前文，我们再继续观察图 1-10 时很快发现，前面走势几乎相同的二者，后市的走势出现了截然相反的情形。这无疑充分证明了当下的形态构造具有可选择性，而且形态上的构造即使在当下出现了完全相同的形态时，后面的走势也可能出现完全不一样的情形。要想回答为何会这般，暂时从外界寻找各自的动态影响因素吧。

假如从其他动态影响因素分析中寻找原因的话，以下原因或许可以解释上述两幅图例中中信证券与银鸽投资之所以开始在形态上几乎完全相同，后市的走势却出现完全相反的原因。

关于中信证券的动态影响因素：

【2011 年 10 月 31 日，关于中信证券（600030）的报道：前三季度投资收益

拖累业绩】具体内容：中信证券前三季度实现归属母公司的净利润 33 亿元，按最新 109 亿股本计算摊薄后 EPS 为 0.3 元，同比下降 17%，期末每股净资产 6.6 元，环比下降 3%。第三季度实现净利润 3.6 亿元，每股收益 0.03 元。第一至第三季度其他综合收益浮亏 31.5 亿元，导致综合收益总额微利 2 亿元。第三季度股市下跌导致投资亏损较多，对利润和其他综合收益造成负面影响。经纪业务收入占比 44%，费用率环比下降 23%，并没因为 H 股上市而大幅增加。第三季度投资亏损大幅扩大，股市下挫导致公司投资亏损 6 亿元，其他综合收益浮亏 24 亿元，公司未继续通过减持直投项目释放收益，第一至第三季度年化投资收益率为 -4%。第三季度末交易性金融资产增长 6% 至 174 亿元，可供出售金融资产下降 3% 至 293 亿元，总体规模与中期持平，估计仓位未显著降低。同时，关于海外合作的报道，基于进程低于预期，交易量持续降低。所以，在此负面信息报道之后，后市股价出现下跌。

对照本图例（见图 1-9），中信证券的下跌始于该消息报道后，即停牌再复牌后的首个交易日，2011 年 11 月 11 日开始。

再来看银鸽投资的动态影响因素：

【2011 年 1 月 5 日，关于银鸽投资（600069）的报道：大股东资产重组预期】具体内容：有消息称，河南煤化集团有望借壳银鸽投资，实现整体上市，公开信息显示，此集团是河南省最大企业，煤炭储量达 320 亿吨。同期，有王亚伟掌管的华夏大盘潜伏其中，而王亚伟是有名的喜欢做重组题材股票的基金经理。所以，在以上信息面和资金面双重刺激之下，后市的股价出现暴涨。

对照本图例（见图 1-9），银鸽投资出现大涨之时就是在该消息报道后，即停牌后再复牌首个交易日，2011 年 1 月 11 日开始。

（3）未来走势不可预知，因为当下走势具有可选择性。对此观点可辅助物理学之量子理论加深理解。这里推荐英国科学家斯蒂芬·霍金的书《大设计》和电影《源代码》作为参考。

按照量子理论的说法，如果真的存在平行宇宙及反物质的话，那么，同样在经常对未来做预测的股市里，也可以借用这个物理理论解释股市形态构造中所存在的疑惑。例如上述所列举的中信证券与银鸽投资的案例，所产生的困惑——虽然前面形态构造几乎相同，但后面却可以出现完全不同的走势形态。

何谓量子理论？它是指一种在其中的（当下）物质中，不能单独明确历史的理论。直白解释为，现在已经走出来的历史，并非能够用在其中的（即当下的）参与者，能够对历史进行唯一的且十分明确的解释，甚至证明它是什么的。即历史是不可以被明确出来的。既然历史都不可以被明确，何况未来呢!？或许正因为如此，量子理论发现者们对此展开了广泛讨论，甚至一度陷入无休止的争论中。原因在于量子理论或许就是个概率论，以为宇宙无规律可循，是上帝安排好的，此理论不仅对未来可能出现的可能进行否定，甚至对已经出现的历史也进行了否定。即未来可能出现的任何结果，都不过是一种偶然的概率而已。量子理论的存在在其表象上，却是为概率论提供支持依据。当然，量子理论还不仅仅是概率，即使是，那也是狭义的理解。

量子理论的提出，几乎颠覆了当前我们所处的宇宙是独一无二的观点。即任何物质都存在反物质的说法，又或者存在平行宇宙的说法。通俗地说，我们每个人在所处的当前这个宇宙中，同时存在另一个宇宙，但这个宇宙与我们相平行、无法相交。这个存在与我们当前宇宙相平行的宇宙，物理上叫作平行宇宙。至于反物质，就是指在另一个平行宇宙中，同样存在一个同你一模一样的人。只是，以上所讲与股市有何种关系呢？结合量子理论，我们可以这样理解：历史其实是不可以被明确的，同样，在股市中已经走出来的历史形态也可能是不被明确的，那更何况利用它们去预测、预知未来走势形态呢？再说了，无论出现哪种形态构造情形，当下的每一个选择也都会严格遵循当下所提炼的规律进行运作及构造，并且最终所构造出来的形态，也一定符合该形态学五元素之形态规律。

也就是说，股市分析同样可以用量子理论证实，而且股市参与者最想实现的就是能提前知道未来，因为知道了未来，也就掌握了攫取财富的捷径。可按照量子理论的观点，当下的选择并不是独一无二的，往往是具有多样性的选择的。既然当下往往具有按照某种规律进行多样性的选择，未来的结果可以完全按照基于当下的不同选择而出现完全截然相反的结果，由此说明未来是不可预知的，股市是不可以完全精准地预测的。

学历史时，我们会经常假设一些并不存在的可能。例如我们经常说，假如拿破仑的心腹爱将及时赶到滑铁卢增援，19世纪初以后法国的历史或许将重写；假如希特勒提前制造出原子弹，"二战"的世界历史或将改写；中国明代末，假如吴三桂没有放弃抵抗，而是拥护李自成做皇帝，中国古代史后三百年的历史也将改写；等等。按照已经发生既成事实历史看，以上假命题都不可能出现，而且会认为已经出现的历史是必然的。但按照量子理论，这一切不过是偶然性的一个结果而已，只不过这个结果刚好发生在我们这个宇宙中的地球上罢了。

虽然，我们已知的历史已经是既成事实，可是从我们所提炼的历史规律看，难道就真的是由此规律促成而导致此必然结果吗？或许不一定吧。即使出现另一个结论，相信它也同样符合其历史规律。因为谁敢确定，以上的假命题在另一个平行宇宙中不是真实存在的呢？

再对照股市形态学规律揭示，形态学亦是从过去历史之中总结而来。假如存在平行宇宙的话，再回归到当下时，说明任何股价走势都有可选择性。且不同的选择决定了未来不同结果的出现。这个不同选择或许要结合动态学知识研判了。

以上可归纳为，形态学不可以完全地预测未来之走势。当下的走势形态往往会受动态学的影响因素而突然发生改变，造成结果可能完全向相反的结果运行。这就像前面所列举的中信证券与银鸽投资在后面走势出现完全不一样。由此亦可了解，形态学最终都要尊重于动态学。

所以，通过以上探讨，最终想表达的观点与结论其实是：形态学对未来走势预测的辅助判断存在一定适用性，但也存在局限性和不适用的时候。即，形态学是有限的适用。

3. 弥补形态学局限性的办法

五大元素之形态规律都是由事后已经定格出来的形态，进行提炼总结而来的，它们确实具有一定的揭示意义。但在当下，其形态构造却不是必然按照某一个人的意识进行构造的，多数情况下是要服从于动态学的意思表达。那么应该如何消除和处理当下形态正在构造过程中的困惑呢？当下的股价形态在未来如何进行构造，以及我们该如何进行当下的操作呢？

对此问题，可结合动态学中级别定位理论和背离理论做回答。在已经定位好的某个级别内，距离当下最近发生的背离将暂时影响和制约该背离之后股价趋势的性质，基于此种力的辐射范围及其施加的影响，将促使其完成该趋势形态的构造，而该形态一定又是趋于完美的。若是顶背离了，那么当下开始的股价运作形态将朝下跌趋势形态进行构造；反之，底背离之后，股价形态构造将向上升趋势形态构造，且终将构造完成。

由形态学的局限性到对实际操作指引的影响可知，若要解决该局限性，办法或出路只能是将其与动态学理论结合研判，唯有如此，才能够提高操作的成功概率。

（六）广义形态学定义

《易经·系辞上传》有云："形而上者谓之道，形而下者谓之器。"意思是说，抽象的超出形体之上的精神因素叫作"道"，而在形体之下，有具体形体可见的称作"器"。受此启发，笔者以为，仅会看股票的形态，利用其形态做股票是形而下，是十分片面的。因为对形态学的应用就好比上面说的"谓之器"，看到的只是表面形态，只是"象"；掌握的也可能仅是一把具有双刃性质的利器而已。自古以来，倒在外表美丽的美女，或者死在自己利器之下的英雄或侠客大有人在。由此教训，我们应该形而上，去学道、悟道，掌握好一套正确且行之有效的方法，这套方法掌握好了或许更能够有效地驾驭那把双刃利器，且不被外界的外表所迷惑，始终立于不败之地。

在实际操作中，利用历史构造的形态去主观臆测未来的形态构造，往往是片面或狭义的形态学运用。从形态学的实用目的出发的话，则要形而上地找到"超出形体之上的精神因素"，该精神因素应该是一套完整成熟、自成体系及实用有效的形态学之方法论。这也许就是广义的形态学所要求与定义的。

广义形态学，除了要求我们去观察与分析各种各样的形态（无论是传统形态还是五元素的形态），同时还要求我们在狭义形态学基础之上，正确地理解形态学与动态学二者之间的关系。只有通过对二者关系的准确定位，才能更完整、客观及系统性地指引我们当下的操作，使我们的操作回归理性，管理好自己的心与手，而不被主观情绪所左右。

二、动态学相关知识

（一）运动与静止的关系之启示

物理学中描述运动与静止关系为：运动是物质世界永恒的特性，是绝对的；而静止，则是相对于运动的特殊情况。正是因为物质世界是永不停歇地不断运动着，所以，人类才不断向前发展，才有了目前相对发达的现代化社会。由此关系我们联想到股市，得到以下启示。

由于股市也是个不停运作，且被完全记录下来的又一个物质世界，而我们则是要讨论这个"世界"在其动态运作过程中所隐含的规律。试图通过发现这个规律从而找到股市中最为理性的投资方法。另外，本理论之动态学讨论的重点和关键是一个"动"字，动就意味着变，股市处在无时无刻不停的变化之中，变就是其常态。通过结合物理学的描述，我们更能客观理解，股市和这个世界一样，原本就是在不停运动和变化发展中。所以，我们要学会用变化发展的眼光看待股市和这个世界，对此要深刻理解。

正是因为有了不停歇的"运动"和变化，所以才最终有了各种物质的具体形态的出现。股市中对静止与运动也许存在另一个不同意思的诠释：静止或者相当于形态学，而动态学是运动的抽象表达。

（二）动态学是动力学的发展应用

动态学三大操作理论落实到实操中，实质上都离不开动力学（股市）的博弈分析，这在缠师的"缠论108篇"的网络原文中亦有提及，可是《解缠论》以为，"缠论"的动力学还是不够全面，它仅仅是对背离理论的描述，而市场中涉及"动"的远不止背离理论，所以笔者构架出了完整的动态学理论。这也算作是对"缠论"的动力学发展的应用。

在本理论看来，动态学不仅是背离理论，而且还包括了级别定位理论，及三类买卖点理论（包含了参照点与拐点的发展理论）。因为它们也都可以归纳于动态学的范畴。

总的来说，动态学有以下三个要点：

一是级别定位理论。它属于时空学知识。在实际运用中的关键，需要厘清各级别之间关系和状态，大致了解时间、空间的大小情况，根据级别理论的提示，确定出任何一个买卖点所处的位置，从而达到大幅提高操作成功的概率的目的。级别理论好比一个三维立体的路径，告知你在某个时空点位上，当下形态的运作、成长及构造情况。并且，对级别的理顺，可决定当下的操作风格和其周期状态。

二是背离理论。它属于力学博弈知识——研判趋势性质买进卖出拐点的辅助方法。描述的是市场上多、空双方博弈的情况。亦是当下的，是动态的；在任何级别中，该博弈行为都时刻存在，只是随级别大小不同，其表现形式也不同而已。级别越小，博弈的结果往往瞬间便可得知，级别足够大时，博弈的结果需要与之成正比的时间进行延长或等待。背离与级别的厘清成为准确寻找和确定买卖点的关键。

三是三类买卖点理论。此属于狙击学知识。前面的形态学分解，加上动态学级别与背离理论的综合研判，接下来如果不去动手操作，前面所做的一切都是白费功夫。这就好比猎人打猎的时候，一直潜伏于某处，默默地观察、静待猎物的出现，待其猎物走到了枪口下，接下来就等着狙击手瞄准和扣扳机了。如果扣了，或许一把命中目标，但如果不扣，即使瞄得再准，猎物也将错过。这就是说，我们看到买卖点了，但就是不动手，那无疑是在犯错过猎物的"痴、疑、慢"的错误。狙击学知识没有掌握好，没有行动，哪来收获呢？三类买卖点理论是一种抽象的理论，与形态学相辅相成。只是基于买卖点也是动态之中随机形成的，往往亦是当下的，亦属于动态学之范畴。对此，在此基础上，笔者发展出了更为实用有效的参照点与拐点的研判方法及其理论。

（三）广义动态学定义

广义动态学应该包含了其他层面的各种动态影响因素分析和判断。在跟踪形态构造过程中，我们经常要去结合市场各个层面，例如政策面、基本面及资金面等动态变化情况，并且对其进行分析，由此，掂量和预计它们对股价形态构造之影响情况。笔者以为，对所有影响因素产生的力道分析，恐怕是投资的最高境界了，也是真正的"解缠论"的境界了。

由此说明，真正意义上的广义动态学，包括市场上一切能够影响股价变化的动态因素，它不仅包括本理论的三大操作理论，而且还包括了宏观政策面的动态变化、行业公司基本面经营变化情况、相关的各种信息与资金面的动态流向情况的变化，还有其对以上各因素的理解与分析。

另外，基于动态学理论存在的前提条件是必须要有载体作为探讨和分析的对象，而客观记录股价走势的形态，则是其展开探讨和分析的具体载体。由此可知，动态学和形态学是密不可分的，应该将二者结合起来，展开对其的分析和运用，从而指引当下的操作。

（四）股市多、空二力的动态博弈最终构成了形态

在前面形态学与力学关系探讨中，笔者已经对此做过简单叙述，认为市场中存在着两种力：一种是买进的多头之力，另一种是卖出的空头之力。至于股价走势形态呢，则是由此二力之间的动态博弈，从而构成形态各异的走势图形。

三、论形态学与动态学的关系

（一）结论

形态学就是类似于几何学中的点、线、面原理的五大元素，即笔（最基础元素，好比建造房子的每一砖、每一瓦），分型（即点，亦可形象为买卖点），段（即线段，最为基础的操作对象），中枢（即面，多空力博弈的区间），以及趋势（狭义趋势形态，符合波浪原理的前五浪形态，就是五段论；广义趋势则为完整的波浪八段形态。是为五元素之最高级元素）。

动态学则是上面详细介绍的级别定位、背离及三类买卖点三大操作理论，还有其他各种动态影响因素。

通过以上形态学和动态学各自详细的分析，我们想表达的是：形态学是历史规律的归纳总结，由此而提炼出来的，它在按照当前规律特性之下构造，但同样亦可能完全选择向另一个完全不同的结果进行运作构造。决定形态之最终构造的是基于当下之动态因素的影响和选择。而当下之选择取决于所有参与者，包括旁观者的动态意思表达。即，基于动态各因素的综合影响，最终决定了形态之构造状况。当下的形态不一定能够对未来走势做出确定和绝对的预测和指导，但是，它确实能够客观反映当前动态意思的最终表达。那么，形态学与动态学二者间的关系总结为：动态学决定了形态学的最终形态构造，而形态学则反映了动态学中全部意思的完整表达。如果没有形态学，动态学就失去了分析的载体和基础对象；如果没有了动态学，那么形态学容易陷入主观臆测"意淫"之中。在实际运用时，由于二者相辅相成，缺一不可，所以应将二者结合起来使用。

（二）对实际运用的启示

股市环境非常浮躁、非理性，是个很难完全回归理性的场所。本理论归纳形态学和动态学的知识，终极目的是让我们在投资中回归理性，进行理性投资。可是，理性认识的关键，是先从了解二者之间所存在的关系开始，因为只有明白了二者之间的关系，才可能更加有效地提高我们的操作水平和成功的概率，最终实现投资财富的增值。对此，通过探讨总结，我们发现并理清以下三点：

第一，形态的构造不为当下买卖操作动作进行百分百的精准提示，至少其辅助判断未来形态构造的决定性作用是有限的。形态学对未来的指引和揭示作用不是完全适用的，而是局部、有时候才适用的。形态的构造不全为当下投资操作动作决定什么，并非起决定性的作用，当下最后的操作动作多取决于动态学和形态学二者结合的意思表达。

第二，动态决定了形态的构造，形态反映了动态意思最终表达及动态影响因素的全部信息。因此学会并理解某级别（某时空上）的背离性质的判断，有助于我们当下的操作。但也要学会判断和尊重大级别段元素分型构造终将在哪个时空点位上出现，以此决定未来买卖行为；还要学会理解并掌握某一时空（指级别）上的背离性质的辅助判断方法。

第三，在实际中应该充分将形态学与动态学结合起来，对当下的操作进行最终决策指引。实质上，解缠论的核心是通过将形态学和动态学结合研判，对当下的操作进行指导的一种方法而已。

第二篇

形态学概念篇

形态学之五大元素[①]

形态学五大元素：笔、分型、段、中枢和趋势。

一、第一大元素——笔

（一）笔元素的由来

在实际生活中，笔可用来记录生意的数量，充当量词使用。例如一笔生意、两笔生意等。其实，笔不仅可以描述某个时间段内成交了几笔生意，而且还可以记录每一笔生意所对应的成交价格。本理论借助其作为数量词使用，并在此基础上衍生出笔元素。笔在本理论中只是个抽象概念，做概念式的理解即可。

（二）笔在股票交易中的形态

在平时的股票交易中，任何一只股票在做交易时，其实都是在完成一笔生意，都对应了一笔成交价格。而且随着交易周期的延长，交易形成的价格会越多，笔数也就越多。

假如1分钟里仅仅只成交了一笔价格，那么在1个小时里，却一定不止成交一笔（相对于1分钟来讲），而至少会出现60笔成交的价格。由此，我们再将周期放大，放大到一天、一周，甚至一月、一年里，都各自包含了相对应1分钟级别的众多数笔。即，不管有多大级别，相对1分钟来说，我们进行换算，就会得出若干个单位分钟的笔数，且都是远大于单位分钟级别的笔数量的。

以上是相对于1分钟级别的不同的大级别来说的，可是对于当前的大级别来说，代表当前级别的都只是一笔而已。这里列举个周期（或叫级别）的关系等式：1笔日线＝4笔60分线＝8笔30分线＝48笔5分线＝240笔1分线。

通过以上讲解可以说明，如果定位好某级别为单位周期一笔，那么当前级别

[①] 节选自《解缠论1》形态篇。

所包含众多笔的次级别的所有成交价格都将被包含在当前级别一笔之内。为了正确地将这种包含关系描述清楚，我们可以用相关图例进行说明。传统中是将四个价格进行形态上的描述，即当前级别的开盘价、最高价、最低价及收盘价，这是传统的K线形态，而本理论将复杂的K线定义为单位一笔。如图2-1所示。

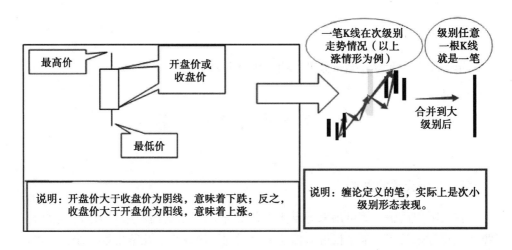

图2-1 笔

在传统K线图里，会区分阳线或者阴线，但本理论不用区分。本理论定义，但凡某级别的一根K线就是当前级别的一笔。

（三）笔的实用意义

在传统K线中都会揭示出四个具有明确意义表达的价格。可是在笔的本质和实用意义中，却只有一个价格，而且该价格很难用当前形态进行描述，只可以做解释。

试想下，某一时间段内，谁最有意义代表一根K线呢？是最高价、最低价、开盘价，还是收盘价？有些理论认为是收盘价，笔者以为是该时间段内成交金额最大的那一笔交易价格。可这个价格却无法用传统K线进行形态上的描述，因为它涉及了交易量的问题，而且当前级别仅能够用其次级别来进行描述的局限性。于是，本理论就将传统的一根K线统一地称作一笔。其实，某级别中的一笔实质上指代其所包含的次级别中成交金额最大的那一笔的成交价格。

可以做这样的理解，既然笔是在描述每一笔成交价格——单独一笔交易就可以固定出一笔交易价格。那么，在同一级别内，若出现许多笔不同价格的成交笔数时（这是股票交易的典型特征），就要遵循取大原则。也就是说，无论一天之中有多少笔成交价格，其中最有影响力和决定未来方向的一定是成交金额最大的那一笔交易价格。由此可知，在一笔日 K 线中，次级别所出现的交易量最大的那一笔成交价格，才是日线级别中最有意义的一笔。

笔元素不仅仅是最大成交金额的重要意义的表达，其本质作用还在于，它在此重要意义的基础之上，决定着笔未来的运行方向的功能。为此，由至少 3 笔构成了以下三种笔的运作方向的图例，如图 2 - 2 所示：

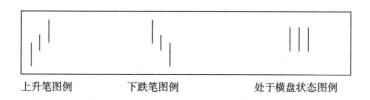

　　上升笔图例　　　　　下跌笔图例　　　　　处于横盘状态图例

图 2 - 2　笔的三种常见形态

在实际中，我们从单独的一根 K 线或者 1 笔中想要了解到更多的含义，是十分有限的。实际上，是至少需要相邻，且连续性的 3 笔或以上更多笔，才能够表达出更丰富的含义。尤其是对笔的方向进行正确的描述。如图 2 - 2 所示，最左边的图例是笔处于上升之中的形态描述，中间图例则是笔处于下跌中的形态描述，最右边的图例是描述笔处于同一水平横盘状态的形态。除此之外，笔还可以组合成其他图形，例如分型——指中间那笔最高或者最低时候的形态（在元素二中会详细介绍）。

以上三种形态基本涵盖了笔的运作方向，也是当前的趋势运行方向。且图例里的 3 笔在实际中可以泛指很多笔。

笔和其他四大元素一样，均属于形态学，具有着对当前任一品种、任何级别的价格走势进行形态上的客观描述，而且笔是构成后面四大元素的最基本元素，它是本理论五大元素中最小的、最基本的初级元素。相对于同一级别而言，后面的四大元素都是由该元素构成。若将笔与级别理论结合起来会发现，同级别内，小级别的众多笔合并，且上升至大级别去观察时，仅仅剩下寥寥几笔，甚至一笔而已，而且级别越大，笔数越少。

最后，对"笔"做个形态上的定义：

无论什么级别的，但凡一根 K 线都是当前级别单位的一笔而已。而且其中最有表达意义的是：某级别所包含的其次级别中出现成交金额最大的那笔成交价格。另外，由至少三笔构成上升、下跌及横盘的价格运行方向。至于"缠论"所定义的笔，不过是降低到次小级别走势中定义罢了，如果上升到大级别，即进行合并后往往就是大级别一根或者几根 K 线组合。

二、第二大元素——分型

(一) 分型的定义

由最初级的元素笔，可以构造出一种有着更为强烈意义表达的元素，即分型。按照其性质划分，分型有且仅有两种类型：即顶分型和底分型。如图 2 – 3 所示。

"分型"的形态定义为由相邻的，且价格水平方向出现重叠的至少 3 笔所构成，且将此 3 笔分别定名为：左边笔、中间笔及右边笔。其中，中间笔出现 3 笔中最低（为底分型）或者最高价（为顶分型）。在此基础上，分型还必须包括三层含义：

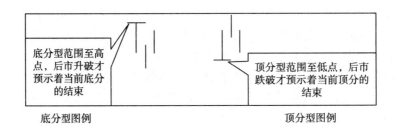

底分型范围至高点，后市升破才预示着当前底分的结束

顶分型范围至低点，后市跌破才预示着当前顶分的结束

底分型图例　　　　　　　　　顶分型图例

图 2 – 3　分型

含义一：在这 3 笔中，中间那笔应当有 3 笔中的最高或者最低价出现（中间那笔中有最高价的为顶分型；反之，中间那笔中有最低价的为底分型）。

含义二：分型中左右两笔的最高价（或者最低价），必须要大于（或者小于）中间一笔的最高价（或者最低价）。自然，是底分型左右两笔的最高价大于中间笔的最高价；顶分型左右两笔的最低价小于中间笔的最低价。

含义三：分型存在一定范围。笔在向相反性质的分型运行时，只有突破当前分型的范围后，才预示着当前性质的分型的结束。对分型范围给出定义，其意义在于能够借此识别实际中伪分型出现的情况。例如，走势在当下运作中，经常出现伪分型之构造的雏形，但马上又会遭到破坏，回头看它只是一个中继形态。

(二) 分型的构成要件（或使用原则）

本理论是十分严谨的，不仅对分型有着严格的形态定义，而且在此定义之基础上，对分型的构成要件有严格的规定：

（1）分型至少要由3笔构成；实际往往会超过3笔。

（2）分型中间那一笔的至高或低价同时也是由这3笔中的至高或至低价决定的，这也就分别对应了顶分型和底分型的极点位置。

（3）分型有自己的范围。那么，预示着当前顶分型结束的标志是，开始远离顶分型的下跌笔中有一笔确定跌破该顶分型左右笔中的最低价；反之，预示着底分型结束的标志是，开始远离底分型的上升笔中，确定有一笔升破了该底分型左右笔中的最高价。

（4）确定分型的中间笔，出现缺口或者除权情形时，无论是左还是右（前或者后），缺口处等同于至少有一笔存在。

对于原则（4）有个图例做参考，如图2-4所示。

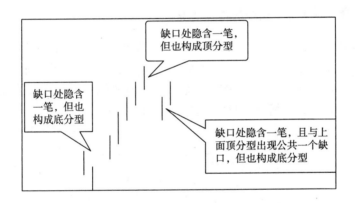

图2-4 含缺口/除权情形下的分型

以上四点中，尤以第（3）点最为重要。也就是说，分型是有自己的范围的，且往往确定分型结束的标志是升、跌笔破掉这个范围。这一点在实际看盘，然后做研判和操作时起着重大的指导性作用。

（三）分型所处的位置

根据分型性质的不同分类，两类分型在实际形态中有着不同的位置，而且是处于绝对相反的位置。底分型的位置一定处于当前级别中，进行价格比较后，距离当前一段最低价位处；与之相反，顶分型是当前级别进行比价之后，距离当前一段的最高价处，即为当前的顶分型位置。原本，底部、顶部都是某一笔中的最低或者最高价，可是从本理论出发，我们一般都将至少3笔符合以上图例的形态定义为分型。

（四）分型的实用意义

分型元素便于我们确定当前是否形成底部（买点）或者顶部（卖点），而且，当我们学会看大级别或者使用合并术后会发现，最终顶、底部形态的构成和确定都是由至少3笔所形成的，且3笔中中间那笔出现至低或者至高价。除此之外，分型与笔元素的结合还可以构造出段元素。

（五）分型的型与形的区别

特别说明，分型的型是型号的型，不是形态的形。每一个分型都对应了一个顶部或者底部，又或者是一个卖点、一个买点，为此，用型号的型区别于不同位置买卖点好过于用形态的形的描述。

（六）分型在实际运用中的特殊情况

实际运用中，我们经常碰到：当一个顶分型出现后，一个相邻但性质相反的底分型随之也出现了，二者往往会出现价格重叠的情况，后面又再度出现股价创新高的情况，即又出现一个顶分型。那么，此时我们该如何定义真正的顶分型呢？为了讲清楚此特殊情况，我们用图2-5作答。

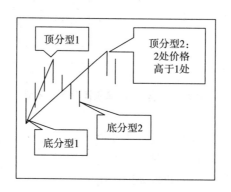

图2-5 真正分型

在图2-5中，出现了顶分型1与底分型2，二者有价格重叠的情况出现——底分型2右边一笔明显与顶分型1的三笔构成了价格水平方向重叠的情形。紧接着，后面又很快再度出现了一个至高点，我们暂且定义为顶分型2。由此产生疑惑：我们此时以顶分型1为准，还是以顶分型2为准？因为它决定了后面的段元素的连接：究竟底分型1是连接顶分型1，还是直接连接顶分型2呢？说到这里，本理论中有以下原则必须要遵守：

当两个相同性质的分型相邻出现时，如图 2-5 所示，顶分型 2 与底分型 2 出现公共一笔的情形——此时无法构成当前级别的一个段元素，则应以后者（顶分型 2）为当前级别真正的顶分型元素（倘若图 2-5 中的底分型 2 与顶分型 2 连接构成符合当前级别的标准一个段元素，那么，此时亦可以将此处归纳为两个同向相邻的段元素，这里或许就构成了当前级别的一个中枢元素。段与中枢元素的介绍详见后文）。

假如中间没有出现相反分型的情况时，我们一般定义创新高或者创新低那个分型为真正的分型元素。真正顶分型指创新高的情况，真正底分型则是指创新低的情况。也就是说，真正的分型是随相反分型的再度创新高或者新低的确定后才出现的。以谁是最高价（或者最低价）确定为真正的分型原则。此原则在实际运用中经常遇到，届时请以此原则为准。

三、第三大元素——段

（一）段元素的由来与定义

段元素是指几何中的线段。线段是由连接两个点所构成的。将其运用到股票价格的形态描述中，是指连接两个相反性质的分型为一段。从而段元素是在笔与分型之基础上构造而成的，其形态定义为：连接两个相邻且性质相反的分型的至高至低价位为一段。

（二）段元素的分类

按照股价运行方向划分，段元素有且仅可分为上升段和下跌段两类。如图 2-6 所示。

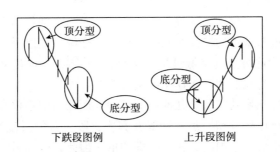

图 2-6 段

由图2-6左图可知，当顶分型在前面时，那么连接相邻且性质相反的底分型的一段，即为一下跌段元素；反之，当底分型在前面时，连接相邻且性质相反的顶分型的一段，即为一上升段元素，如图2-6右图所示。

（三）段元素的构造原则（或要件）

同分型一样，对同级别而言，段元素也有着严格的构造原则或要件。分别如下：

（1）必须是连接两个相邻且性质相反的分型。

（2）当前级别一段元素至少由6笔构成（即顶、底分型的各3笔）。

（3）连接两个相反性质分型时，中间不可以公共一笔。否则，不可算作当前级别规定的段元素。以下可以参考一个错误段元素的图例（见图2-7），以示区别。

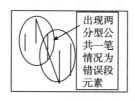

图2-7　某级别中错误段元素

图2-7是段元素的错误图例，其错在两个分型之间有公共的一笔出现。这违背了段元素的构造原则。当然，在实际运用中，如果当前级别不符合段元素的构造规定，那么我们可以往其次级别去观察，直至寻找到能符合段元素的意思完整表达的级别，然后用其描述价格走势的形态。

（四）段元素的实用意义

由于笔元素太小，分型元素只是买卖点，从而当级别足够大时，段元素便成为了实际操作中最为基本的操作对象了。可以这样说，把握好了一段顶分型至高价位（卖点）或者底分型的至低价位（买点），并结合本理论动态学的背离理论进行正确的研判，是我们实际操作中的关键所在。

另外，由于段元素其实就是几何中的线段，而几何中不仅有线段，还有点和面。这里的点可以比作分型，那么面呢？其实，段元素的反复来回可以构成面，这里的面实质上指另一个中高级元素，即中枢。因此，段的另一个实用意义是为构造中枢提供了重要的元件。

（五）关于横盘段的解释

段的分类中，仅有上涨段和下跌段两种。这是本理论中的规定，可是在传统名称中，经常会提及横盘段这一说法。这里做一下澄清：在本理论中，绝无横盘段这一概念。若要讲清楚横盘段，我们可以将其定义为中枢即可。

四、第四大元素——中枢

（一）中枢的由来与本质描述

中枢，其实是一个医学上的概念。形象地理解的话，中枢其实就是中转站的意思。无论你是前进还是后退，到达终点之前，都不可能一蹴而就，均需要经过一个中转站。

我们将其联系到股市里，特别是股价走势图上，中枢便成为了连接前后两上升段或者下跌段的中转站。形象地说，前面一下跌段向下时，会有一个中转的过程，致使股价暂时破坏继续向下运作的方向，且延长下跌的时间；反之，前面一上升段向上的时候，也会经过一个中转站，从而暂时性地破坏价格继续向上运作方向，且延长向上的时间。以上，经历完中枢之后，接下来都会向终点继续运作，直至结束段的结束分型出现。

那么，这种暂时性破坏股价的运行方向继续上升或下跌的形态是怎样的呢？其具体形态如图2-8与图2-9所示：

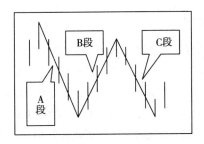

图2-8　中枢图例常见形态一

中枢实质上为中性的，图2-8和图2-9均为中枢的常见形态。实质上二者在后面均加上一反向段，再进行自由组合与连接，即可构成另一相反的中枢形态。决定中枢是处于上升趋势元素还是下跌趋势元素，一般取决于连接中枢前面的 1 段是上涨段还是下跌段。如果 1 段是上涨段的话，那么图 2－8 中"常见形态一"便是上涨趋势元素的中枢形态；反之，如果 1 段是下跌段，那么，图 2－9"常见形态二"为下跌趋势元素的中枢形态。

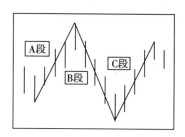

图 2－9　中枢图例常见形态二

（二）中枢的形态定义

由图 2－8、图 2－9 可知，中枢一般都是由三段构成的，即 ABC 三段。且 ABC 三段是彼此相邻、方向相反、顺次相连接，最主要的是 ABC 三段出现价格水平方向上相重叠的情况。由此，我们提炼出了【中枢】的形态定义：

顺次连接彼此相邻、方向相反，价格出现水平方向重叠的三段所构成的形态，就是中枢。图 2－8 与图 2－9 中所标示出来的 ABC 三段构成的图形，就是中枢元素的形态描述。其中 A 段定为中枢的起始段，C 段为中枢的结束段，且二者为同向段，B 段则为破坏段。后文中但凡提及相关 ABC 三段或者在实际运用时，均以此规定为标准。

（三）中枢的构造原则

（1）中枢至少由相邻的三段彼此连接而构成，也可以超过三段。

（2）其构造要件 ABC 三段一定要出现价格水平方向的重叠。

（3）A 段的起始分型一定要与 C 段的结束分型为相反性质。也就是说，假如 A 段的起始分型为顶分型的话，那么 C 段的结束分型应当为底分型。

（4）在连接 A 段的起始分型与 C 段的结束分型时，假如前者为底分型，那么该中枢的价格运行方向，从整体上看应当是向上的；反之，如果前者为顶分型时，那么该中枢的价格运行方向，从整体上看应当是向下的。

对于中枢构造原则的规定，我们可以参考一幅错误的中枢图例（见图 2－10）。

由图 2－10 可知，其错误体现在：首先，两幅图中的三段都没有出现价格水平方向重叠，这严重违背了中枢的定义和构造原则；其次，第一段的起始分型假

图 2 – 10　错误中枢

如暂定为底分型的话，那么与最后一段的顶分型连接起来的话，却发现无法构成一上升段，反而是一下跌段，这无疑违背段的构造定义与原则。

（四）中枢的实用意义

中枢的实用意义分为两种：一种是做独立使用，另一种是与第五大元素趋势相结合做关联使用。这两种情况在实际运用中经常出现，学习者要做到活学活用。

图 2 – 11 是中枢作独立使用的图解。由图 2 – 11 可知，中枢做独立使用的重要观察点，是密切跟踪观察 C 段的底分型是否跌破 A 段的底分型最低价，如果一旦跌破或者二者相等了，则预示着当前级别可以上升到一个更大的级别去观察，当我们上升到一个更大级别去观察时会发现：大级别的一段是由当前级别的中枢 ABC 三段所构成的。实际操作中，如果级别足够大，对应操作空间也足够大，我们可以将一波三折的中枢各段作为基本的操作对象。对应图 2 – 11，我们操作时，应该在 A 段底分型买进，B 段顶分型卖出，C 段底分型买进。如果级别有限，操作空间不具备，那么，最好仅在 C 段底分型处，且出现了次级别的底背离时才做一次买进动作即可，其他分型处的买进卖出可以暂且忽略。另一种与图 2 – 11 相反的中枢形态，其操作步骤与上刚好相反。

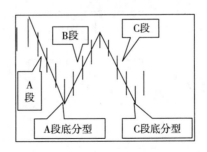

图 2 – 11　独立使用中的中枢

中枢还可以与趋势元素结合，做关联使用。在其做关联使用时，构造出趋势元素，并在此之上形成了三类买卖点理论。

由于中枢是构成最高级元素趋势的重要元件之一，所以在本篇前面所介绍的"中枢常见形态一"（见图2-8）就是其处于上涨趋势元素中的构成元件，"中枢常见形态二"（见图2-9）是下跌趋势元素的重要构成元件。那么，究竟以上所描述中枢处于趋势元素中的完整表达和形态描述是怎样的呢？请看下篇关于趋势元素的介绍。

五、第五大元素——趋势

我们已经陆续学习了本理论的前四个元素：笔、分型、段及中枢。通过学习了解到，对同一级别而言，笔是最低级元素，也是最基本的构造元件，由它构造出分型，再由分型、笔的连接构造出中级元素段，然后由ABC三段的价格重叠构造出了中高级元素中枢。依此递进关系，我们由以上四大元素最终构成了同级别的最高级元素，即趋势。接下来，进入趋势元素的学习。

（一）【趋势】的形态定义与分类

分别与中枢A段的起始分型及C段的结束分型相连接的两同向段，均破坏性地远离该中枢的整个价格范围，而由此形成的形态，即为趋势。当然这只是狭义趋势的形态定义。

中枢为ABC三段，两同向段分别指1段与2段。在实际运用中，但凡提及1段、2段及ABC三段中枢，均以此为标准。

按照价格运行方向划分，趋势有且仅有两种：上涨趋势与下跌趋势。详细可以参考图2-12及图2-13。

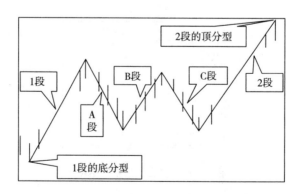

图2-12 狭义上升趋势（五段结构）

如图 2-12 所示，上升趋势元素构造要件为：连接 1 段 + 中枢 ABC 三段 + 2 段，由此构成狭义的上升趋势的形态。

另外，由图 2-12、图 2-13 可知，如果 1 段的起始分型为底分型，那么该趋势元素是上涨趋势（见图 2-12）；反之，1 段的起始分型为顶分型，那么该趋势元素为狭义的下跌趋势（见图 2-13）。

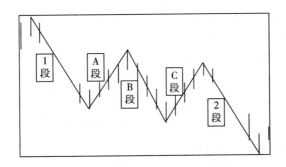

图 2-13　狭义下跌趋势（五段结构）

（二）趋势形态构造的研判原则

原则一：1 段、2 段的起始、结束分型极端价必须要升破中枢整体价格范围。具体是指，1 段的起始分型至低价（或至高价）、2 段结束分型的至高价（或至低价）应当要分别小于和大于中枢上所有价格（必须要离开中枢的价格范围）。（1 段起始分型有至低价出现时，指上升趋势元素中，反之则为下跌趋势元素中）

原则二：在当前级别的趋势中，完全允许出现中枢震荡的情况，这符合现实情况，但一定要将趋势与中枢震荡的情况区分清楚，对于同级别而言，中枢震荡或许会包含趋势的情况。以上原则一定要理解正确并区分清楚。至于区分方法，要结合动态学的背离理论研判。

原则三：在某级别中，当前性质趋势的终结、新趋势性质的开始一定是背离的出现。背离即意味着当前级别趋势性质的转变。而中枢震荡则仍停留在其次级别的背离之中，趋势性质暂不会改变。

（三）趋势的特征及实用意义

1. 趋势具有全局性指导意义

对分型和笔的探讨与研究，也只是在定义或者寻找当前某个部分的买卖点。可是在趋势中，却能够完整体现每一段买与卖的机会。趋势能够从整体和全局上对投资全过程做定位与布局。也可以说，在投资过程中要综合考虑的全部因素和环节，基本上在趋势中都能够找到与之相对应的且十分正确的位置。趋势是同一级别中最高级别元素形态，并且在整个趋势运作过程中，我们必然要时刻结合三大操作理论进行当下的操作。

2. 趋势可体现收益的最大化

趋势是当前级别终将构造完成形态，所以它可以描述任何时候、任何部位的风险与机会。在段与中枢中，或者只能够看到局部和片面的投资情况——我们仅利用段或者中枢为操作的基础对象，但其所操作的都是片面和狭隘的，往往无法做到总揽全局和实现收益最大化。可是，趋势却可以体现出完整的投资情况，尤其是在结合利用三类买卖点理论上时，更能有效实现收益率的最大化。

3. 趋势具有延续性

趋势构造的结束以背离的出现而终结，只要在未出现背离时，趋势极有可能无限地延续下去，直到背离出现而终结。即，趋势具有延续的特性。

4. 趋势是五大元素中的最高级元素

其实五大元素没有大小之分，若一定要分出个大小或主次关系，那也是相对于同一级别而言的。可是，对于同一个品种的不同级别来说，高级元素趋势放大到较大级别去观察，不过是一段，甚至一笔而已。有时候，你去看年线级别上的一笔或者对于周线与日线级别来说，也许就是一个中枢或者趋势元素。

这就是说，不同元素的形态定义，是对同一级别而言的，如果级别不同，所谓的五大元素在最大级别情况下，实际上都只是最小的一笔而已。

（四）五大元素的小结

介绍到这里，我们应该明白一点：当前级别包含的元素越少，其所包含的有价值的信息和意义越少。如果所包含的信息太少，则十分不利于我们进行有效的投资交易活动。

从而说明了五大元素的价值及意义表达的局限性——越往大级别递进，越缺少对实际操作品种的指导性价值与意义。至于小级别，虽然有着极好的实际操作指导意义，但并不意味着级别越小可操作性越强，反而是级别越小其操作空间往往也越小，实际之中越发困难。

为此，在形态学基础上，我们有必要对五大元素之外再度引进新的理论——毕竟五大元素始终都是停留在形态学基础之上的，它们就像一种语言、一套符号，仅能够对市场上任何时候、任何位置的走势仅做出客观精准的描述——该功能自然是不可否认的，如若没有了这五大元素，我们对市场则难以进行准确的描述。如果失去了对市场的正确描述，那么，投资的后果将是可怕的，因为它就像我们将失去说话的功能一样。

　　虽然五大元素的作用像语言般主导着人类日常沟通，有着不可或缺的地位，但是我们又不得不明白：语言仅仅是用来表达和解释功能的，实际中我们不仅仅要具备这个功能，更重要的是，还要懂得如何灵活地运用它。五大元素最终都要落实到实际运用中，实际运用和指导操作才是本理论的价值所在、意义所在。为了弥补形态学的缺陷，在此基础上，笔者再次发现了一个十分重要的内容，即《解缠论》的三大操作理论：级别定位、背离与三类买卖点。

　　形态学是对市场静态的客观描述，而动态学则是决定当下操作，且采取最终行动的研判标准。

第三篇

动态学概念篇

动态学之三大操作理论^①

动态学三大操作理论包括：级别（定位）理论、背离理论和三类买卖点理论。

一、第一大操作理论——级别（定位）理论

（一）级别（定位）理论相关定义与目的

本理论所指的级别的狭义理解为操作周期。这些操作周期分别有：分时图、1 分钟、5 分钟、15 分钟、30 分钟、60 分钟、日线、周线、月线、季线及年线等。按照操作风格分类可将以上各级别分为：极短线的级别有分时图、1 分钟及 5 分钟，短线级别有 15 分钟、30 分钟及 60 分钟，中线级别有日线及周线，极长线分别有月线、季线及年线。

由于我国股票交易市场的交易规则是 T＋1，即今日买进的品种和数量，次个交易日才能够卖出（期货、外汇等品种交易规则是 T＋0 的，即可时买时卖），所以，日线成为级别研究中十分重要的操作级别的对象。如果要将级别进行定位的话，那么以日线为操作周期往往成为众多投资者所选择的主要级别。虽然大家都以日线级别为主，可是笔者相信很多人并不理解日线作为主级别的正确用法，及其与周线、月线等大级别，或者其与 60 分、30 分等以下的小级别之间存在的关系。其实，级别定位理论的目的不仅仅是理解当前定位的操作级别是什么，更重要的是正确理解各级别之间存在的关系。这样便于指引我们在实际中采取正确的策略进行操作。

了解完以上内容，那么所谓的级别定位理论是指投资者在参与某品种交易时，首先要定位好自己当前是以哪个操作周期为其主要参与级别；其次应灵活地运用主要级别与上下不同级别之间的关系，确定自己在实际操作中的风格。另

---

① 节选自《解缠论1》动态学。

外，在实际运用中，还要参考操作品种的交易规则和交易成本两个问题。

（二）级别定位理论的三大运用原则

原则一：任何级别的五大元素构造及运作走势都终将完美。即元素中的分型、段、中枢及趋势构造都终将完美。

此原则还有另一层含义：由于段元素是实际操作中最为基础的操作对象，由它构造出中枢和趋势元素，且任何级别买卖点都是以段的两端分型为基准的，所以，任何级别的段元素买卖点都是相对应的。

另外，如果定位好了某级别，那么原则一在实际操作中是强调操作风格不变的情形。

原则二：在原则一的基础上，完全允许灵活地运用小级别段元素的买卖点来提前研判大级别段元素的买卖点。

该原则描述两种情形：一种是当大小级别段元素的买卖点出现重叠的时候，指小级别的 abc 三段即将完成时，刚好同时对应了大级别 A 段的结束，此时大、小级别的买卖点出现重叠。如果用小级别观察，那么，此时可以提前看到大级别的买卖点出现。

另一种是大、小级别的买卖点并不重叠。因为价格是波动运行的，小级别的波动往往被大级别所包含，且所有小级别的走势最终构成了大级别的完整走势。从而，大级别的反应一定是要滞后于小级别的，当出现这种情况时，再加上级别又足够大时，即使大级别的当前意思还并未表达完整（参考原则一所述），可是，在实际操作中，我们仍可以灵活运用小级别进行实用性的操作。

原则二反映到实际操作指导中，强调的是投资风格可以发生灵活的改变，而且运用得好可以放大投资收益！它还使我们明白，级别定位理论并不要强求我们完全死板地固定于某一个级别进行操作，而要求我们随市场实际变化，灵活地运用级别理论，从而实现投资收益的最大化。

原则三：小级别段元素的买卖点一定要尊重大级别趋势元素的性质。该原则还可以理解为，小级别一段元素的买卖点应当尊重大级别一段元素的买卖点。

在原则二的介绍中，提及的另一种情形，即大、小级别的买卖点不重叠的时候——这是指小级别的破坏段 b 段出现买点（或卖点）了，且小级别的后面紧跟着又出现了卖点（或买点），这里小级别买卖点仍然要尊重大级别原趋势元素性质的运行方向，这就是原则三所规定的。如果大级别趋势元素是上升趋势元素，那么其对应的小级别段元素上的买卖点都应该当尊重大级别趋势的性质；反之，如果大级别趋势元素是下跌趋势元素，那么其对应的小级别段元素上的买卖点都应当尊重大级别趋势的性质。

（三）级别定位理论三大运用原则的图例详解

为了将以上三原则讲述清楚，笔者以大、小级别段元素做具体详解，且画了一幅图例（见图 3 - 1）做详细参考。

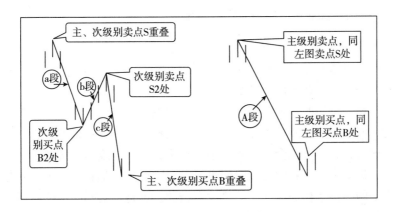

图 3 - 1 级别定位理论三大运用原则

图 3 - 1 中的左、右两图实际属于同一品种、同一方向，却不同级别的走势段。其中，右边为大级别走势图，即一下跌段；左边为其小级别走势图（由 abc 三段构成一中枢形态），且中途曾出现一破坏段（b 段），但最终仍是完成与大级别方向的趋同性。

按照级别定位理论原则一所规定的，某级别段元素的买点必然对应该级别段元素的卖点。从右图中来看，即当前段元素的卖点 S 必然对应着买点 B。对于其小级别（见图 3 - 1 左图）中途出现的一破坏段（b 段），中途出现的买点 B2 不用理会，可以继续空仓观望，直到确定买点 B 的出现。由此才符合原则一所规定的。这也说明，级别段元素的买卖点都是唯一的，且相互对应的（当前级别的走势必然由 S 开始到 B 结束而最终完成，此刚好对应了走势终将完美的特点）。

对于原则二所规定（可利用小级别提前研判大级别段元素买卖点），这里暂不做详解，因为这里必须要利用到背离理论，但有一点却可以说清楚，那就是大小级别的买卖点出现重叠（左右图的 B 与 S 出现重叠），必然可以在小级别上提前观察到，从而相对于大级别来说，完全可以在操作动作上做出提前的反应。

最后，对于原则三（小级别段元素的买卖点要尊重大级别段元素的买卖点），其灵活性的体现，则要详细留意左图中小级别出现的破坏一段，也就是

"B2 - S2"段了。对照原则三所规定的，即使 B2 处做了买进，待到 S2 处也一定要做卖出，其依据是原则三所规定的。当然，此处参与的前提是，一定要在交易规则允许和交易成本已不是问题的情况下，只要在当前级别足够大、空间幅度足够大时，完全可以放心参与。

（四）级别定位理论的实用意义或重要性

1. 级别理论对操作风格的影响

所谓操作风格，就是指对短线、中线及长线的交易风格和投资习惯的描述。俗称短线、中线、长线不同的买卖周期。很多人无法弄清楚自己的操作风格，不知道自己应该是做短线，还是中长线，甚至一直没有搞清楚自己是以怎样的风格和习惯进行股票交易，其根本原因是缺少系统性的操作买卖指导。

说到这里，有人一定会说：我是不分什么长线、中线或短线的，只要有钱赚就会参与买进卖出的，我的持股时间也是没有固定的，都是看时下投资效益情况而决定当下的操作动作的。这句话是没有错的。可是，实际上这违背了级别定位理论中所规定的三大原则。当然，不排除有人有时做出的买卖动作确实是正确的，而且刚好也符合了级别定位原则，可是在本理论看来，且十分坚信：很多人的买卖点在本质上都是极其混乱的，他们只会美其名曰"凭借感觉"在进行买卖交易。

笔者以为，在级别理论没搞清楚之前，对市场任何阶段的买卖点都无法搞清楚，也不知道当前市场是什么级别产生出来的上涨或下跌。例如，当出现一个调整时，就会搞不清楚这究竟是 5 分钟级别背离引起的调整，还是 30 分钟级别背离造成的调整，又或者是日线级别背离产生的。更搞不清楚它后面的调整幅度与周期。总之，无从说清楚，脑子里面绝对是一团"浆糊"。

由此可见，认清楚操作周期、定位好自己的操作级别就显得十分重要。这是理清自己投资思路和订立投资计划等一切良好的开始。一个连级别都没有搞清楚的人，其投资无疑是混乱的，结果自然是不难想象的，其股票投资往往是偶然性的成功，这或许是运气使然，而必然性的失败，才是常态使然。

可以说，投资成功的一半是从其级别定位而开始的。如果级别定位理论搞清楚了，甚至升华到一定境界后，届时对你来说股票就没有什么太高难度了。因为，你到时候会发现股价任何时候的表现，未来某阶段股价的表现都将在你掌握之中。

2. 级别理论对大盘系统性跟踪及研判意义

很多"面"的分析研究都很难做到对大盘进行实时精准和系统性的跟踪，可是级别定位理论却可以解决该问题。

在没有搞清楚个股的级别问题时，自然会搞不清大盘的级别问题。我们即使利用投资界已经发现的各种分析方法和理论，也很难得知大盘每时每刻走势的真正本质与内涵。不要以为你可以凭借所谓的政策面或者基本面，就能够描述大盘的状态，其实，这往往也是片面或者是很偶然性地对某个阶段走势做出了刚好正确的描述而已。

要做到时时刻刻都能够清晰描述出大盘状况，可利用本理论解答，而理论中的级别定位理论又功不可没。因为，级别定位理论还有个极为重要的课题研究，那就是对各个级别之间关系，以及各级别对股价未来走势之影响力与程度的分析。且正是有了对各级别之间关系和各级别对未来股价影响力的分析研究，我们才能够做到时时监控与跟踪任何标的品种的走势。再加上前面五大元素的语言符号般的描述，这样一来，就使得我们的投资变得精彩纷呈，且能做到趣味与意义兼备了。

3. 级别理论对巴菲特的价值投资理念的描述

大家都知道，通常情况下巴菲特被世人称为"股神"——据说他是从来不去看什么K线图形的，说明他更不可能去理会级别的问题了。于是，很多人看着巴菲特投资成功的事实，便开始对本理论产生疑问。其实，这是错误的理解，如果真正理解了级别定位理论，你会发现"股神"的所谓价值投资理念，还有其投资风格是定位在季线甚至年线这样较大周期为其操作级别的。虽然，他一直强调他的价值投资理念，可是，我们回顾道琼斯百年走势图，你会发现，假如我们用季线甚至年线进行观察的话，在巴菲特开始买进股票的时候，正好是道琼斯指数的大级别上出现了罕见的第2类及第3类买点的时候。由于级别太大，而第3类买点也是几十年才会出现一次（相对于年线级别而言）。再者，级别与股价未来运作周期又是成正比的。即，级别越大，股价运作周期也就越长。这里是年线级别的，那么，最小的计算单位就是单位一年，方为一笔，也就是几十年才出现一次年线级别的第3类买点。那么，之后的股价至少也是要上涨几十年的。而"股神"巴菲特却又正好赶上了这个时机（注：A股指数至今还没有看见年线级别的第3类买点出现，不过可以期待！）。同时，我们也不能够否认，自"二战"以后美国经济的飞速发展，为巴菲特赶上这么个好的投资时代做了最好的铺垫和支持。

（五）不同级别中段元素的买卖点情况介绍

在较小的级别里，例如在1分钟图形里，假如一段出现了买点，那么其对应的卖点可能当天就有可能出现。而且只要多出现一段，那么其相对于1分钟级别的买卖点出现的频率就会多出现一次。按照段元素的构造要素，1分钟级别在最少 6 分钟就可以出现一段。

假如将其买卖点上升到大级别去观察，例如在较大周期的日线里，该级别的买点与卖点肯定不可能在当天就同时出现。因为此时观察最小周期是以至少一个交易日为基准的，所以该级别的买卖点出现一次，至少超过多个交易日的。同样按照段元素的构造要素，日线级别一段至少需要 6 个交易日，说明日线级别的买卖点出现的频率相较于 1 分钟级别的会少很多，出现一次会慢很多。

由此，可得出这样一个结论：级别越大，买卖点出现的频率越少；反之，级别越小，单位周期内出现的买卖点频率就越多。

二、第二大操作理论——背离理论

（一）背离理论的相关特征描述

1. 背离的实用意义或特性

背离理论就是将趋势中 1 段与 2 段，或将某段内部中枢中的 a、c 两段做力度比较，并结合分型元素进行研判唯一正确买卖点的重要理论。背离实用特性，即研判买点卖点。

按照买卖点的特性，我们将背离有且仅有地分为两类：顶背离和底背离。顶背离对应卖出，即卖点；底背离则对应买入，即买点。

2. 背离的博弈特性

背离的理论依据是什么？可作这样的描述：背离是当下市场中多空双方力度博弈的情况，或者博弈的最终结果。因此，可以说背离的理论依据与物理力学原理有关。这里的双方力量主要指买进为主的多头力量，及以卖出为主的空头力量。在股市里，这两股力量多半可以通过一些技术指标进行客观的跟踪与描述。若将趋势中 1、2 两段，或者中枢中 a、c 两段做同向力度比较时，实为观察确认二者博弈结果，从而研判后面的操作动作。

3. 背离与五大元素之间的关系

因为指标就是某个数学公式，其设计原理都是和价格有关（凡与价格有关的都离不开五大元素，所以，对五大元素的研究显得尤为重要），而价格在不同周期下又可以分为短期内走势及中长期内的走势情况，我们按照该指标的计算公式而得出一些参数值，然后将两参数做比较与分析，由比较后得出短期走强，还是短期走弱的结果。因而，我们对这些指标的跟踪，往往能够了解到市场当前的具体情况，例如后市是强是弱，都可以由指标的跟踪从而得知。

背离是区别于五大元素的重要操作理论，可以做这样的理解：五大元素是既成事实所构成的形态，可背离却是在其形态基础之上，对构成形态的双方力量做比较，从而得出谁是最后的胜利者，且在确定胜利者后再做买卖动作的决策。背离理论是对股价当下表现的客观跟踪与描述，它是当下的、动态的，属于动态学范畴。

（二）背离的本质定义

从概念上定位背离理论的话，可作以下本质定义：

将中枢中同向相邻两段（指 a、c 两段），或将趋势中首尾同向两段（指 1、2 两段）做运行力度的比较，如发现后一段比前一段力度要小，即产生背离。

如果背离出现在上升趋势中，即为顶背离；反之，出现在下跌趋势之中，即为底背离。一旦发现背离点，则要做买卖动作了。这就是说，顶背离是判断上涨中卖点的依据；底背离是判断下跌中买点的依据。

另外，我们一般用来辅助判断背离的工具是以技术指标 MACD 的红绿柱子面积大小或者长短变化，以及 DIF 与比较段所对应参数值的运行方向进行比较而做参考。关于此点可以详见下面讲解。

（三）结合指标辅助判断背离的五大方法及图例详解

（1）在某一段元素内部出现独立中枢时，但凡发现 c 段所对应下方 MACD 零轴线附近的红绿柱子面积小于前面 a 段面积，即为背离。如比较的是上升段，且对应的是红柱子面积时，则为顶背离，反之为底背离。

（2）观察中枢中 A、C 两段同性质分型极端价格大小，将其与各自所对应的 MACD 指标 DIF 参数值做比较，若发现价格与指标值呈反向运行，则视其为背离。

以上两点的描述，如图 3-2 所示。

图 3-2 是独立中枢中同向相邻 A、C 两段的比较。十分明显的是，同为下跌段，可 C 段对应的 MACD 绿柱子面积小于前面 A 段所对应柱子的面积，即出现底背离。

另一背离迹象判断方法是，观察下面 DIF 参数值，C 段底分型对应的参数值要高于 A 段对应参数值，可二处底分型至低价格处于同一水平（标准情况是 C 段至低价小于 A 段至低价），说明股价与指标参数值方向呈现反向运行，所以，此时出现了底背离。

图 3-2 中主要讲解的是下跌段中对底背离的研判，至于上升中的顶背离的研判则与之相反，方法却相同。

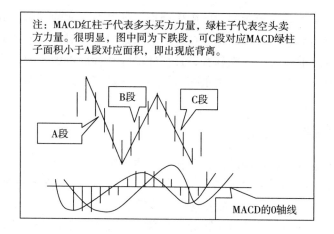

图 3 - 2　独立中枢中背离

另外，详细参考一个中枢中出现顶背离情况，如图 3 - 3 所示。

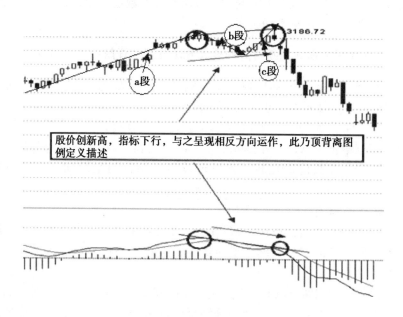

图 3 - 3　顶背离

由图 3 - 3 可知，在中枢的 a、c 两段中，如果出现 c 段顶分型高价大于或等于（实际中处于同一水平也可以算）a 段顶分型的至高价格，但是，c 段顶分型最高价格所对应的 MACD 指标 DIF 参数值却小于 a 段底分型对应的 DIF 参数值的话，意味着顶背离的出现。若实际中呈现相反现象时，则为底背离的情形。

（3）观察趋势中首尾两段，即1、2两段所对应的MACD的DIF参数值，若发现2段相较于1段股价继续新低（或处于同一水平亦可），但2段底分型的最低价对应的DIF值却大于（或者相接近）前面1段底分型的至低价位时，即出现了二者运作方向的背离，那么就是底背离了。实际中若出现与之相反的情况，则是顶背离。

趋势元素中1、2段背离的另一种判断方法：1、2两段所对应的MACD红、绿柱子的面积大小，将其进行比较，发现后段比前段的面积小，即为背离。如果当前处在下跌趋势中的形态，即为底背离，实际中出现与之相反情况时，且处在上升趋势中的话，则为顶背离。底背离实际如图3－4所示。

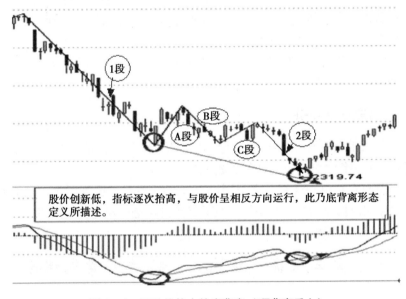

图3－4　下跌趋势中的底背离（顶背离反之）

为了更加准确地表达背离理论，除了前面对背离所做的本质上的定义外，笔者在图3－4中利用MACD指标做出了更为详尽背离图例定义。

图3－4是下跌趋势底背离的图例：在下跌趋势1、2两段中，如果出现2段底分型至低价小于或等于（实际中处于同一水平也可以算）1段底分型的至低价格，但是，2段底分型至低价格所对应MACD指标的DIF参数值却大于1段顶分型对应的DIF参数值，这就意味着底背离的出现。若实际中出现了与之相反的情形时，则为顶背离。

上面已做介绍，背离的指标辅助判断方法不仅仅限于此，股价运作方向与指标背道而驰是这里常见的形态描述。关于 MACD 指标的红绿柱子面积大小做比较，也不失为一种研判背离的好方法。

（4）背离与多、空头主导的区别。在利用 MACD 作为背离的判断工具时，从大级别上看，或许无法将各自对应柱子面积进行比较，而是仅能够观察柱子在缩短或者在伸长，此时却很难准确看到是否有背离。但是，若懂得使用该工具和对背离理论已经完全掌握，则可以在其次级别的相同观察方法中，研判到次级别是否出现背离。

当然，若发现当前级别 MACD 的绿柱子逐渐缩短，或者红柱子逐渐升长，显示当前级别进入临时性的多头主导状态；反之，发现红柱子逐渐缩短或者绿柱子逐渐升长，则为临时性的空头主导状态。在此将多、空头主导概念单独提出来，不仅仅是为了与背离区分，更是为了对第 5 种方法描述进行正确解释。

（5）若发现当前级别某一段元素所对应 MACD 红绿柱子出现了长短变化，则意味着其次小级别出现了背离。

如果当前级出现临时性多头主导，显示次级别出现底背离；反之，当前级别出现临时性的空头主导，显示次级别出现顶背离。

（四）背离与级别间的关系

（1）背离出现在所有级别中，且与级别呈正比关系。即，背离的级别越大，后市所对应的操作周期与空间往往也越大。

（2）背离存在由小级别向大级别进行递进的关系。这等同于在同级别之下五大元素存在由最小的笔元素向最高级的趋势元素进行递进构造规律。

三、第三大操作理论——三类买卖点理论

在做好了操作级别的清晰化定位，理解了背离理论及其研判方法后，接下来进入三类买卖点的理论的介绍（注：对于三类买卖点理论在后面章节中还有更加完整系统的讲解，譬如笔者还发展出了所谓三种类型下的三种买卖点理论，详见本理论后面章节）。

（一）三类买卖点的理论依据及适用性

其实三类买卖点是对第五大元素趋势和前面两大操作理论相结合的完整演绎。实质上，在某一足够大级别的趋势元素中，买卖点只有一次。这里说的三类买卖点，描述的其实是三次买与卖的时机，而不是平时中狭义的买和卖。为了形

象地将本套理论中三类买卖点进行系统的归纳，所总结出来的有且仅有的三类买卖时机，我们可将其称为独一无二的三类买卖点。而且，此买卖点非彼买卖点，其中有着事不过三的人生哲理，即意味着机会和错误都有且仅有三次。

三类买卖点绝对适用于所有不同的操作级别，而且，每一类买卖点都分别对应了背离理论和分型的同时出现。有时该背离是当前级别造成的，有时候是次级别的背离造成的。

一只股票或许在大级别上20年至今只出现过一次买卖点，可是在小级别上，对应它的大周期之内或许会出现N次买卖点。这就是说，级别的大小与出现三类买卖点的频率成反比：级别越小，三类买卖点出现的频率反而越高；级别越大，三类买卖点出现的频率就越少。

（二）　三类买卖点的定义及具体位置描述

第一类买卖点：指定位好当前级别后，在即将终结前面下跌趋势元素中，下跌2段的结束底分型的至低价位，即为第一类买点；反之，在即将终结的上升趋势元素中，上升2段的顶分型的至高价位，即为第一类卖点。

第一类买卖点的位置描述为，它只会在中枢的上方或者下方，且远离中枢，不可能出现在中枢之中。

第二类买卖点：指在下跌趋势终结后（这里一定是出现底背离），趋势开始转向，由前面的下跌趋势反转为上升趋势的开始，即，未来上升趋势元素被确立，后市开始进入上升趋势元素构造中。此时，继第一类买点出现后，结束上升1段，首次出现回踩的中枢A段的底分型的至低价，即为第二类买点。

反之，新的下跌趋势被确立，在其下跌趋势构造中，继第一类卖点出现后，结束下跌1段，首次回升的中枢A段的顶分型至高价，即为第二类卖点。

于是，第二类买卖点位置只会出现在中枢之中。

第三类买卖点：指上升趋势确立，继第二类买点之后，当下所形成中枢的C段底分型至低价，即为第三类买点。

反之，下跌趋势确立，继第二类卖点之后，当下所形成的中枢C段顶分型的至高价，即为第三类卖点。至于第三类买卖点的位置描述，同第二类买卖点一样，处于中枢之中。

三类买卖点位置如图3-5与图3-6所示。

在上升趋势元素中，强调的是买点，所以，有效捕捉三类买点成为了关键所在；反之，在下跌趋势元素中，强调的是卖点，所以，有效捕捉三类卖点成为了关键所在。由此，笔者在此两种不同性质的趋势元素中发现了三类买卖点之相对应性特征。

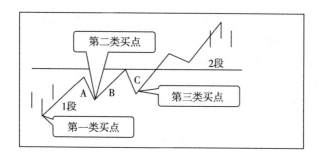

图 3-5　三类买点位置

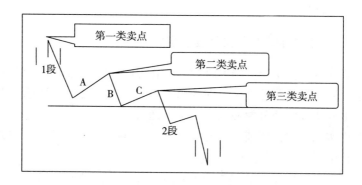

图 3-6　三类卖点位置

（三）三类买卖点之相对应性特征及图例详解

为了更加形象、具体及系统性地将这些买卖点讲解清楚，本理论中发现了三类买卖点的相对应特征。当然，这些相对应特征必须要有中枢的出现。说到底，没有了中枢，没有了完整趋势元素，这三类买卖点是无法实现具体完整演绎的。

在三类买卖点理论的相对应特征下，中枢还未完整地构造出来之前，继上升趋势确立后，待出现第一类买点之后，接下来所出现的，且与之相对应的是当前上升趋势环境下的第一类临时卖点。这里的第一类临时卖点与下跌趋势中的第一类卖点完全不同定义，一定要做好严格区别。这里第一类临时卖点也可以暂定为上升趋势中起始 1 段的顶分型的至高价。

仍以确立后的上升趋势为例，在当前上升趋势环境影响要求下，第二类买点是继当前第一类临时卖点之后伴随出现的，而后面与第二类买点相对应的是第二类临时卖点；以此排列，第三类买点是继第二类临时卖点之后出现，最后，才是第三类临时卖点又与前面第三类买点相对应。这里的第三类临时卖点必然是上升趋势中结束 2 段顶分型至高价。

对于被确立后的下跌趋势元素，且在其下跌环境影响之下，伴随出现的三类买卖点同样具备以上描述的特点，只不过买卖点性质及顺序与之刚好相反而已。

为了全面掌握该特点，笔者画了具体的参考图例，如图3-7所示。

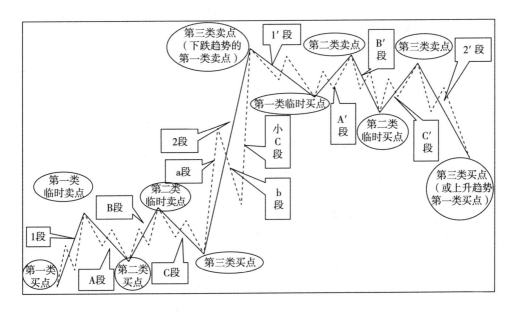

图3-7　三类买卖点的相对应特征

结合图3-7详解三类买卖点的相对应特征：上升趋势元素的性质一旦确立后，中枢的构成要件是 A + B + C 三段。那么图例中的 1 段是该趋势的起始段，2 段则是该趋势的结束段。于是，该上升趋势元素三类买卖点顺序如图3-8所示。

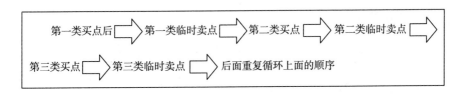

图3-8　买卖点顺序

在上述顺序描述中，上升趋势结束，届时 2 段上的第三类卖点可等同于接下来即将出现反性质的下跌趋势元素的第一类卖点。这里趋势性质转变是顶背离的同时出现。如果趋势出现延续的话，继续重复上面的三类买卖点顺序。

此时如果下跌趋势确立了，构成中枢的要件是 A′ + B′ + C′ 三段，且趋势性质是下跌趋势元素的构造中，则 1′是该向下趋势的起始段，而 2′段是趋势的终结段。那么，此时处于下跌趋势中三类买卖点的顺序依次是：

首先是第一类卖点出现后，下面的第一类买点与之对应；其次是第二类卖点出现，下方紧接着是第二类买点与之相对应；最后是第三类卖点出现，后面再跟着的是第三类买点与之对应。

若确立下跌趋势元素的结束 2 段底分型的最低价为当前趋势终结价位的话，后面相反性质趋势开始确立时（相反性质趋势的确定肯定是底背离的出现），此时第三类买点可等同于上升趋势第一类买点。

以上三类买卖点分别在上升趋势或者下跌趋势元素中的相对应性特征。

（四）三类买卖点理论的实用意义

（1）三类买卖点出现在任何级别中，且都以任何当前级别之完整的趋势元素相结合进行完整的演绎。

（2）三类买卖点从全局上提前预告我们，不管上升或者下跌趋势，买卖都至少存在着三次机会。它使我们做到了然于胸，坦然面对后市的未来走势。

第四篇

形态学运用原理篇

形态学实用原理讲解^①

一、分型的实用原理讲解

（一）为何要特别地介绍分型合并术

在实际运用之中，我们经常会碰到各种奇怪的情况，本书的第二部分中分型介绍，又未能做详细的说明，自然而然，很多读者就会不知所措。基于此，笔者特意将特殊的情况都做出了注解，以便消除大家心中的疑虑（包括前面提及的分型附近出现缺口的定义原则）。

合并术是指以当前范围内的分型雏形的中间笔作为基础一笔，将右边出现的众多笔向其合并靠拢，省略掉水平方向的价格重叠部分，直到后面出现确定突破中间笔范围的一笔，由此构造出标准的确定性的分型元素（其实，我们放大到较大级别去观察会发现，不用进行当前级别的合并，各处分型的构造已经是标准图形了——上升一个级别就是完成一次合并）。

（二）分型合并术与分型范围的确定

在前面五大元素的分别介绍中，笔者曾经对分型做过定义和构成要求的说明，其中第一条就是规定分型至少由3笔构成。很多人会对此有疑惑，为什么是3笔，不可以是4笔，或者更多笔吗？对此，先要说明的是，这里的3是泛指，其实它可以超过3笔。在实际中很多当前级别的分型也往往是由超过3笔的组合所构成的，真正符合定义标准，只由3笔所构成的分型的情况反而不多。只不过，在我们使用合并术之后发现，最终所有的分型都只剩下了3笔。

仍然是参照分型定义与下面的图例，我们会发现，底分型（或顶分型）中间笔出现了至低价（或者至高价），它左右两笔中各自的最高价（或最低价）一

① 节选自《解缠论1》形态学运用理论讲解。

定要大于（或小于）中间笔的至高价（或至低价），这样才符合本理论所规定的标准底分型（或顶分型）原则。可实际上，底分型中间笔的至低价（或高价）已经确定了，此时若假定左边笔也已经符合分型定义的标准，那么后市就待右边笔的确定，以完成当下底分型的标准构造。此刻，与底分型中间笔相邻的右边笔，往往超过 1 笔，且其后面所有价格都处于中间笔的最高至最低价的范围内，而未能超出中间笔的范围。按照分型定义，这里必须要求右边笔超出中间笔至高价格范围以内。从而待到超过若干笔后，方才有一笔最终突破中间笔的最高价范围，由此确定当前底分型构造的结束。具体描述如图 4－1 所示：

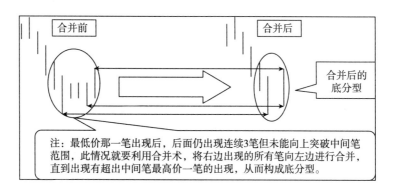

图 4－1　分型合并术

图 4－1 是以底分型的合并术为例，如图中文字注解：最低价那一笔出现，指中间笔出现后，后面仍出现连续 3 笔但未能向上突破中间笔最高价（仍在中间笔范围之内）。此时就要利用合并术，将右边出现的所有笔向左边进行合并，直到出现有超过中间笔最高价那一笔，从而构造出当前标准的底分型。

看完图例，大家可以了解到，只要分型的中间笔和左边笔确定了，若有当前级别背离的出现，那么，后面必然出现右边笔（第三笔）。假如右边笔（第三笔）没有出现，那么，后市必须要等待其出现，当然右边笔绝对会出现（注意，当前级别临时的多、空头主导的出现，右边笔则不一定会出现）。只有等到右边笔的出现，并且一定要破掉中间笔的反方向的范围（底分型要升破中间笔的最高价，反之，顶分型要跌破中间笔的最低价），方才确定分型构造的完成。

分型的合并只为了确定其构造结束和确定其分型的范围。确定了分型的范围，才可以知道后市涨跌空间或者大概的运作时间。

（三）分型反复的情况的讲解

由以上分解可知，当分型的范围被确立以后，运作笔在向反性质分型运作过程中，还存在对分型的反复特征。分型的反复可以分为以下两种情形：

第一种，运作笔是不会创新高（或者新低），仍停留在当前顶分型（底分型）范围内活动。

第二种，运作笔运作时会创新高（或者新低）形成真正的顶分型（真正底分型）。此情况多是在突破当前分型范围时出现。当然，还有一种特殊情况，那就是当前构造的分型并未构成标准的分型，然后出现了新高（或者新低），从而确定形成真正的分型。

以上情形均属于分型的反复情况，而且实际中也经常出现。总之，只要下个相反性质的分型没有出现之前，当前出现的运作笔都可能对分型进行反复。

只要当前级别以上的大级别仍是由某相同性质力量在支持的，且当前级别没有背离出现时，那么，此时运作笔的反复是不会破坏前面分型的，而是属于上面的第一种情形的介绍。此情形出现的反复多是由于次级别背离或者临时多空头主导所致。

在没有得到大级别支持，或者当前级别仅是临时性多、空头主导，而不是背离出现时，当前分型构造极有可能遭到破坏，而成为了伪分型。假如当前是底分型，如果接下来的运作笔真的出现破掉底分型的至低价，那么，当前的底分型是假的（至少对于当前级别来说是这样的）；反之，在顶分型中，假如运作笔继续创新高，升破掉当前顶分型的最高价了，说明当前的分型是假的。此种情形即是对第二种情形的描述。对于运作笔是否会破坏当前分型，继续新高或者新低并不是绝对的，对其分析研判的关键是，形态上的分型与动态上的背离是否同时出现。如果同时出现，即使新高或者新低，亦即构成最佳的背离拐点。

通过上面的叙述证明，在实际运作中，可提炼出三点对分型反复的研判方法：

其一，大级别同性质力量没有得到确认（同性质力量是指主、次级别多头或空头主导的力量性质是否一样），或者定义为大级别的趋势性质是否发生改变。趋势性质未做改变，次级别必然得到原趋势力度的支持。

其二，当前级别出现的多头或空头主导性质并没有结束。所以，为了预防对当前分型判断失误，必须要认准上面两点。

其三，严格来讲，对于分型反复的判断要以背离为标准，多空头主导往往是临时性判断运用，往往具有不确定性。

研判方法详解：假如当前是底分型构造，然后出现了上升运作笔对底分型的反复，即，上升笔出现回探，甚至跌回底分型范围内。参考上段提及的两点，此时，首先，要观察较大级别是属于空头力量主导还是多头力量主导的情况。如果是前者，那么眼下分型可能是伪底分型。反之，如果是多头开始主导市场，那么暂时不用担心，当前回探也许属于正常情况。

其次，要判断当前级别的底背离有没有出现，或者看有没有多头主导情况的出现。如果没有出现，说明当前级别的底分型可能是临时构造的，真正的底分型还有待继续观察。如果底背离或者多头主导情况出现了，那就不用理会眼下的下跌了，因为即使下跌，或许是最佳的再次买进时机了。当然，这里的底背离的确定性比多头主导的确定性要精准，实际中仍以是否出现背离为研判标准。

上面若以顶分型为例，详解方法反之即是。

至于为什么当前级别会出现分型的反复，撇开基本面问题的讨论，简单回答如下：以某任一级别的底分型为例，一段跌下来后，出现了底分型，然后出现了底分型的反复情况。如果此时我们去观察其次级别，一定是其次级别出现了顶背离或者空头主导，从而临时改变了当前级别运作笔的运作方向。而运作笔方向的改变必然是对分型回踩或者回拉，从而形成分型反复的情况。

（四）分型的反复在实际运用中的原则

原则一：当某级别的分型确定形成，并伴有当前级别背离同时出现时，那么，后市必然有一运作笔破坏当前分型范围的情况，且运作笔往往会延续下去，直到下一个相反性质分型的出现。

简单点说，即某级别的一个顶分型之后必然对应着一个底分型。实际运用中做到心里有数。

原则二：在原则一的基础之上，如果发现当前级别的次级别已经提前出现了分型与背离，那么，操作上则可以参考如下：如果是次级别顶背离，先退出来，持币观望。但是，如发现次级别的破坏段结束后，又出现了次级别相反的分型及底背离情况同时出现，此时定要果断捡回。

如未出现，则继续保持前面操作动作，可此点还是要继续坚持原则一的观点。

原则三：预示着分型结束的标志是运作笔必须要升破（或跌破）分型的范围。只有破坏分型的范围，后市出现相反性质分型，完成当前级别一段的概率才可能会更加的高。

反之，在没有离开分型范围之前，都是对分型的反复而已。在实际运用中，以上分型反复的运用原则必须要做到灵活运用。

（五）分型位置在实际运用中的确定方法或原则

实际运用中，判断分型位置方法是：首先，确定当前级别，并寻找到距离当下最近的高点或者低点在哪里。自然地，会出现许多段的高点、低点，一定要将附近所有高点、低点都找出来。其次，按照顶、底分型元素的构造定义及原则，进行每一段顶、底分型的确认。不符合条件的一定要剔除掉。最后，通过筛选，剩下的就是真正的分型。

（六）分型实用理论的积极意义

通过合并术，可确立分型的构造完成，然后确立符合标准分型的范围，待分型范围确立后，运作笔往往会出现分型反复的特殊情况（有时候是不会出现的）。通过以上程序，我们发现分型实用理论中的积极意义如下：

（1）由分型到分型的反复，从而增加了一种对市场进行客观描述的"语言"元素。

（2）通过分型范围的确立，可以对运作笔的未来目标位做出精准的预测。当分型的范围被确立后，后市的涨跌空间或者时间的问题在一定程度上可以得到确定。这里能够被确定的是定量，暂时在本级别未能够确定的是变量。即，由分型的范围我们可以提炼出定量与变量的问题。一个分型由至少3笔构成，那么一段由两个分型构成，即6笔，所以，假如当前级别是日线级别的，排除分型反复和运作笔延续的情况出现，那么一个买点到卖点需要6个交易日完成，这是时间上的确定。至于空间的确定，这要看分型范围的定义原则了。总之，在分型范围内活动时，只要当前已经确定了背离，那么后市第一目标位是突破分型范围极端价格。

（3）若对分型的判断正确了，还可帮我们解答许多操作上的问题，即买点卖点问题。因为任何一段的两端就是分型，而分型具体指代买卖点位置。既然解决买卖点问题，也就是解决了怎么操作的问题，那么，我们投资就会变得更加轻松和简单了。

二、段与其他元素的关系及实用原理讲解

（一）段与笔的关系或区别

相对于同一级别而言，段元素包括笔，由众多笔所构成，且至少由6笔构成。

由于段元素由两个相反性质的分型构成，所以在实际操作中，它对应了一组买点和卖点。而笔元素呢，无法做到对买点卖点的描述。虽然笔元素在足够大的级别里，例如年线级别里，1笔年线往往包含着许多个日线这样小级别的段元

素，可在实际操作中笔元素对买卖点的揭示仍是十分模糊的，根本无法体现出具体的指导意义。所以，段成为了最为基本的操作对象的元素。但以段作为基本操作对象，还必须要遵循以下几个原则：

第一，段元素所处的操作级别要足够大，至少 15 分钟以上级别。操作级别可因具体交易品种、交易规则及交易成本等不同而适当地放宽。

第二，当前级别的涨跌幅空间要远大于交易成本。因为级别太小时，涨跌幅空间及时间均会受到限制，从而其对应的操作空间也会受到一定程度的限制；而如果交易成本过高，且以段元素作为实际操作时，往往连成本都赚不回，岂不得不偿失。即使本理论中定义任何段元素买卖点都是互相对应的，都是一次正确的买卖点，但也要从实际情况出发。如果连成本都赚不回的级别，宁可放弃，而去选择更大级别的段元素进行操作。

（二）段与中枢的关系或区别

段与中枢二者之间的关系，除了前面定义所介绍的"中枢是由 ABC 三段所构成"之外，在实际运用中，还需要特别地做以下详解：

在当前级别，某 ABC 三段除了可以构成一个当前级别的中枢之外，还可以由次级别的 abc 三小段构成当前级别的一大段。本处做此理解时一定要暂时放弃中枢处于趋势元素中的形态。具体可参考图 4 - 2。

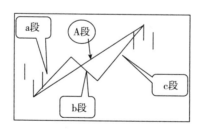

图 4 - 2   abc 三小段构造大级别 A 段

图 4 - 2 中，abc 三小段为一中枢图例，而且符合中枢的定义及原则。若将图中 a 段底分型至低价与 c 段顶分型至高价直接相连接的话，即构成一个 A 段。上升到大级别观察该段显得更为直观。即，某当前级别中，相邻而且互相破坏又顺次连接的三段，所形成的中枢形态，对于其大级别来说，只不过是一段而已。

实际操作中，如果满足上面段元素规定的操作原则，以上三段都可以参与买卖操作，而且是两次买卖的动作。可这在大级别上去看时，却仅有一次买卖的动作。其区别是，破坏段 b 小段顶、底分型的卖点买点是否参与操作。

三、中枢的实用原理讲解

（一）中枢的自由连接与组装方法（或原则）

中枢是极为复杂的一种元素，在其定义中，规定其至少由三段构成，可是实际中，当前级别往往会出现超过三段的情况，那么，此时该如何正确定义中枢呢？尤其是定义出中枢的基础 ABC 三段呢？在此，先要介绍中枢自由连接及组装的几点方法（或原则）：

第一，选取某段的最高价或最低价原则。只有确定出了所有段的最高价或者最低价，才可以确定接下来中枢或段元素该如何定义。

例如，在上升趋势中，只要某段的最高点（或最低点）被确定出来，那么前面的所有段可以等同于一段，不管前面出现几段（一般是三段左右），那么，前面这三段或为中枢，但可以将其等同于一大段。这符合段元素实用理论介绍所讲述的，当前级别的三段可以构成当前级别一段。接下来，从当下开始起，只要后面再无出现超过之前最高价时，就是中枢构成的元件。当然，后面只要反复来回出现超过三段并于第四段开始创新高，且伴随着背离的出现的话，则预示着当前上升趋势元素的构造完成。若背离未出现，则应重新按照取大原则重新定位中枢的构造元件。如图 4 - 3 所示。

结合图 4 - 3，按照原则先确定出中枢元件。不过按照中枢自由连接组合方法或原则，可以确定出两种中枢形态。第一种，图中的中枢三段由"小 1 + 小（2 + 3 + 4）＋ 小 5"所构成。此种中枢的确定是将"小 2、3、4"看作一段，理由是 2704 点创出新高，尊重的是取大原则。第二种，中枢三段由"小 3 + 4 + 5"构成。理由是 2701 点大于 2681 点，可以将前面的"小 0、1、2"看作一段。这也是尊重取大原则。另外，图中 1 段为小 0 段，中枢三段指小 1、2、3、4、5 小段，2 段指 6、7、8 三小段。上文注解指各小段，未指图中的大 1 段、大 2 段。

第二，尽量按照由大到小级别，顺次去寻找符合最能够完整表达当前意思组合与连接的中枢元素。同时，由此可衍生出另一个规律：对任何品种当下的走势研判中，为了对其未来做出更加确定性的研判，一定要按照从大到小的级别顺序，依次去寻找最能够确定性表达未来走势的级别作为分析研判之标的。

举例说明，假如当前级别的某下跌段已经确定结束了，接着将进入反向的上涨段，虽然确定结束了该段，可是当前级别只有 5 笔。而按照段元素构造要求，一段至少由 6 笔构成，实际只有 5 笔，这该怎么办呢？首先，必须要明确的是，

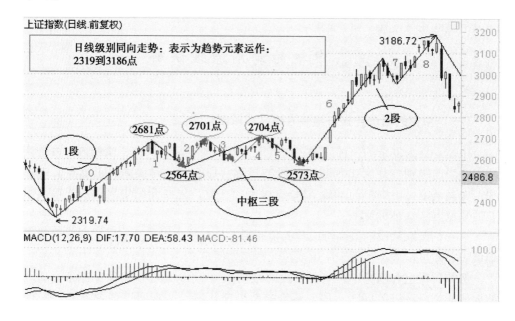

图4-3　中枢三段确立

当前级别按照理论所规定，它无疑不是段元素定义的标准构成形态，大家眼下做定义上的理解是没有错的；其次，需要再次强调的是，如果当前元素不能够准确地表达意思，就要更为灵活地结合实际情况变通处理。在实际运用中我们一定要懂得此方法是继续向下级别寻找，看哪个小的级别能够更为准确和有利于我们利用该语言对市场进行描述。直到寻找到最有利于我们进行描述的那个级别。

一般情况下，大级别不构成元素构造要求和完整意思表达时，我们尽量去看它的次级别，如果次级别还不符合定义标准的时候，继续往下看次次级别。这样一层层地看下去，一定能够找到符合我们要求和标准元素的意思表达的级别。

如果要确定当前级别的中枢ABC基础三段，则必须要依以上原则或方法执行。以上方法适合任何元素。因为任何级别中必然会出某一个元素与距离当下最近出现的某种性质的背离的情况同时出现，而此二者的同时出现必然会给出一个当前级别确定性的意思表达，而该意思表达可以很确定地指导我们当下的操作动作。实际上，遵循由大到小的级别顺序观察与寻找，是为了确定哪个级别出现背离，因为确定了背离即可确定趋势性质转变，可以指引我们当下级别的操作选择。

（二）中枢在段中的实用原理讲解

在前面讲解中，确定出了三段元素构成一个中枢元素。由此，我们可以反过来灵活地运用该定义，将中枢形态运用到对段的买卖点的研判中。

在某当前级别中，一段元素仅仅只对应了一组买点和卖点。可是，其次级别 abc 三段往往是会被构造出来的。当然此情况也不是绝对的，只是次级别出现中枢的情况在实际中比较常见。对于其具体的买卖点判断如下：

对次级别走势进行观察时，如果 a 小段结束了，然后出现破坏段 b 小段，而后面必然还有 c 小段的出现。不过此时则要观察 c 小段结束分型与 a 小段结束分型价位大小。由此决定最佳买卖点在哪里形成。即，中枢可以用来直观形象地描述和确定大级别一段的最佳买卖点。上面的破坏段 b 小段在次级别出现时，原则上可以忽略不计，可是技术好，本理论驾驭得好，又满足级别足够大、交易成本允许情况时，亦可以灵活参与操作。

此时从买卖频率上看，相对于大级别一段来说，不过是多出一组买卖点动作而已。

以上，还可以做这样的理解：

既然 c 小段是对 a 小段的确定，那么，实际中究竟观察确定什么呢？以下两点为确定内容：一是看是否创出新高（或新低）；二是看是否出现背离。当然，如果出现背离才是最为标准的研判了，无论此时 c 小段结束分型极端价是否创出新高（或新低）。一般情况下，对于大级别来说，最佳买卖点往往是其次级别之 c 小段的结束分型的极端价位。但这也不是绝对的。严格上来讲，仍以观察是否出现背离为标准。

举一反三，继续往小级别观察，至于如何研判 a 小段最佳买卖点呢？方法仍依次向其更小级别去观察，确定是否出现更小级别的中枢三段，然后尊重以上方法确定其次级别 a 小段最佳买卖点。当然，在当前级别也经常会出现三段直接构成当前级别的一大段。不过，利用中枢研判更大级别最佳买卖点方法与上相同。

（三）中枢在趋势中的实用原理讲解

在前面趋势定义中，已确定了中枢是趋势的主要构造要件，中枢至少由三段构成。可在实际运用中，当前级别的趋势构造时，中枢不仅仅出现三段，而往往会超过三段。当然，如果出现此情况，就要按照上面介绍的中枢自由连接或组装方法进行符合标准中枢的确定。

待确定出趋势基础的中枢三段要件后，要进行的是如何利用三类买卖点理论进行相配合的操作了。可实际往往是这样，中枢和趋势构造都是当下的，而不是等走完了才去讨论的，这对实际操作无任何作用或者意义。只是我们学会或者懂得了中枢是趋势构成要件后，就可以提前在心理上有个准备，做到未雨绸缪。此外，还有一点可以坚信不疑：

中枢处于趋势元素中时，就一定会配合完成该趋势元素的构造。由此，在操作中我们就要认真学会如何捕捉每一类买卖点。

那么，中枢在实际运用中的作用有：

（1）中枢处于趋势构造元件中时，假如我们确定好了趋势的起始 1 段之起始分型性质，即顶分型或者是底分型被确定的话，就可以提前确定趋势元素后面的 2 段是下跌段或者上涨段，从而给予实际操作动作中重要的"先知"指导作用。

（2）中枢的实际运用作用还有，可明确自己当下的操作风格，相对于当前级别来讲，必须要以短线交易为主。这样正好符合了我们平时说的，震荡盘需要采取低买高卖的波段操作手法，而不可以一直持股不动。市面上有大量的书籍介绍波段操作之法，尽管讲得万分详尽，但仍然晦涩难懂，尤其对买卖点揭示十分模糊，在实际运用中更是困难重重。可是，只要弄懂了本理论，学会了对分型、段、中枢及趋势等五大元素的定义理解及运用，再加上掌握了三大操作理论后波段操作也不过是因为市场变化而随机定位的一种操作方法而已。

（四）中枢震荡的讲解

我们将出现超过标准中枢 3 段定义且其大级别未出现趋势性质转变的情况定义为中枢震荡。当前级别运作的段元素中，但凡出现水平方向上价格重叠的，且段数达到 9 段以上，上升到大级别去观察时，即为一个大级别中枢。

这个特点从上证指数的 2009 年出现的 3478 点以来震荡各段，且结合日线级别与周线级别进行观察尤为直观。日线上出现 9 段后，再从周线级别观察，发现 3478 点以后，形成了符合周线级别的中枢形态。

说到中枢震荡，如果将其灵活地运用到实际中时，往往会发现，其实每一段都可以对应于某种元素完整的意思表达。有时候，某一大段内部就是由当前级别某中枢三段所构成，或者是由"1 段 + abc 三段 + 2 段"的趋势元素五段所构成，又或者就是简单一段元素而已。复杂就在于当前级别出现了符合当前级别中枢甚至趋势元素，而且当前级别中枢趋势元素构造的每一段又都出现水平方向价格重叠，由此而形成当前级别的运作走势。如图 4-4 所示。

结合图 4-4 注解：以上为上证指数的日线级别走势图，描述的是 3478 点下跌至 2319 点运作，一共 13 段，都符合日线级别段元素定义的标准，而且这 13 段均出现了水平方向价格重叠。

虽然出现 13 段之多，但是，遵照中枢的定义及实用理论，按照取最大或者最小价原则及趋势构造定义原则，我们可以将以上 13 段在当下当前级别进行如下实际运用的分解定位：

其中，1 段为独立段元素。

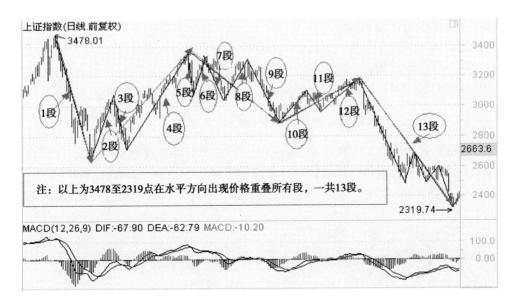

图4－4 中枢震荡实例

2段＋3段＋4段构成一中枢元素，且构成当前级别一大段。

5段＋6、7、8三段（中枢）＋9段构成一个趋势元素，亦可定义为当前级别一大段。

10段＋11段＋12段构成一中枢元素，亦可定义为当前级别一大段。

最后是第13段，亦为最后一独立段。

以上13段为实际中经常出现，且为十分典型的中枢震荡情况，如果进行详细划分，可做以上分解。当然，如果上升较大级别周线级别去观察的话，可能就是一个标准的趋势元素而已。

由以上中枢震荡实际图例讲解，我们还可明白，在五大元素中最为复杂的是中枢震荡的出现。其复杂性因为中枢震荡往往出现在当下，同时中枢会严重干扰到人的视线，由于市场绕得眼花缭乱，而失去正确判断和操作动作。所以，正确客观地认识了解中枢及中枢震荡的出现成为操作中最为艰巨的任务。

四、趋势的实用原理讲解

（一）趋势是当前级别终将构造完成的最高级元素

如果将分型比作点，将段比作线，再将中枢比作面，那么，此三大元素在股市实际运用中是在全面演绎着几何中的点、线、面的原理。在演绎过程中，最终将以趋势构造为结束。于是，趋势实用理论第一点便可以这样定义。

对于同一级别而言，五大元素形态构造及运作目标，最终都以构造且完成当前级别的趋势元素而终结。这正好对应了任何级别趋势运作终将完美的原则。

（二）趋势之各段内部形态在实际中的讨论

实际运用中，在同一级别里，趋势构造的重要元件可以为一段，又可以为一中枢，又或者为一趋势。那么，是什么原因？例如前面列举那幅由 3478 点跌至 2319 点日线级别下跌趋势图，内含 13 段，结合这里的问题再做详细的讲解，如图 4 - 5 所示。

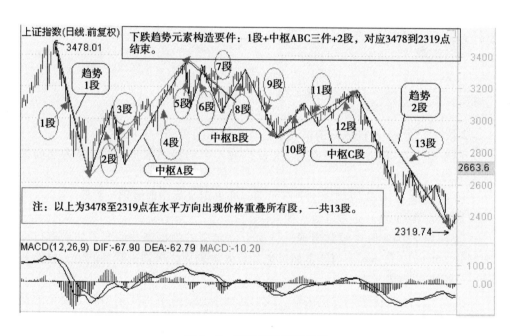

图 4 - 5　下跌趋势元素实例

结合图 4 - 5 注解：以上为日线级别下跌趋势元素图，对应自 3478 点下跌 2319 点的走势。该趋势构造要件是：1 段 + 中枢 ABC 三段 + 2 段。原本趋势元素的最少构成条件是至少 5 段，可是按照图 4 - 5 中所揭示的情况看，远不止 5 段，而且这 5 段内部都出现了各不相同，且又符合当前级别元素定义所规定的不同元素。例如，中枢 A 段内部由 2、3、4 三段一个小中枢构成；中枢 B 段内部由 5 段、小中枢 6 + 7 + 8 三段及 9 段的一个小趋势元素所构成。还有后面的趋势 2 段（也指图中第 13 段），内部也由一个趋势元素构成。

回答上面提及问题：趋势元素中各段内部形态各不一样，这是什么原因所致？

在马克思哲学的唯物辩证法中有讲过，世界上没有完全相同的两片叶子。这就告诉我们，客观存在的任何物质除了普遍性外，还有它独一无二的特殊性。回到股市里，可以这样说，在周而复始的每年每月每日里，股市所处的内部环境或者外部环境都绝对不可能完全相同。虽然股市价格图形走势已经客观存在于那里了，可是它仍然会在很大程度上受到外部各方面因素的干扰与影响。而这些外部干扰与影响主要分为政策面、基本面及资金面等。这些外部干扰因素导致内部形态各不相同。

且当外部干扰因素与影响相对少的时候，趋势中的各段元素的内部形态即为简单直观的一段而已。可当干扰因素增加时，段元素内部形态就会开始变得复杂，有时会出现中枢，更有时候出现小的趋势元素。

另外，由以上还可了解到，外部干扰因素的增多或复杂性造成了趋势各段内部形态各不相同，又基于构造任何一个元素都需要最少的构造周期，而每个元素都终将构造完成，所以，最后可得出一个结论：外因干扰会造成趋势构造时间的延长。例如出现一个中枢，或一个趋势，但凡多出现一个当前级别的分型，都无疑延长了趋势构造时间。

所以，回到五大元素的技术走势描述上，即使最后的结果差不多，但过程却又绝对不一样。这一点通过五大元素的描述就十分清晰了。对此实用理论的讨论及讲解，同时也是在解释"历史为什么不会简单地重演"。

五、五大元素之"定量变量"与"时间空间"问题讲解

（一）五大元素之"定量变量"详解

在了解时间、空间问题的研判前，必须先把五大元素中所提炼出的"定量变量"问题弄清楚。

在同级别的各大元素中，由于笔是最为基础的单位元素，且它是构成分型、段、中枢及趋势的基础元件，所以，按照各元素定义原则，通过对单位笔数量的统计，我们可以发现各大元素存在定量与变量的特征。

例如，一个分型的构成元件，除了要求分型中间笔最高或者最低的要求外，还对分型笔的构成数量进行确认，是至少 3 笔。这个是任何一个分型（不管是顶

分型还是底分型）最基本的构造要求。即，这里的 3 是个定量，至于变量就是指围绕分型范围进行反复的情况，对分型反复一笔就增加一个单位笔的量。

由分型至少 3 笔构造要求可知，任何一段，不管是上升段还是下跌段，至少需要 6 笔构成，也就是刚好连接两个相邻性质相反分型构成一段（中间没有出现任何一笔的情况）。那么，此时与分型相同，这里的段元素至少由 6 笔构成，即是段元素的最小定量。至于段的变量是指，中间出现的笔的延续或者分型反复等情况出现，但凡每多出现一笔延续，就增加一个单位笔的量。

说完了段，至于后面的中枢，最小定量要求应该是 12 笔。因为一个中枢 ABC 三段中，包含了 4 个分型，而每个分型至少 3 笔，所以，累计下来，一个中枢最小的构成要件应该是 12 笔。

趋势元素定量变量呢？因为出现 6 个分型，所以其最小的构造要件应该是 18 笔，即趋势元素定量是 18 笔。

由以上各元素最小的定量要求可知，假如是在日线级别里，则至少要走出 6 个交易日（因为两个分型各需 3 天），才可以出现当前日线级别的段元素；依次类推，至少出现 12 个交易日，才有可能出现日线级别的中枢元素；至少出现 18 个交易日，才有可能出现趋势元素。可实际中，除了分型和段在定量变量进行实际运用，且具备实用意义外，其他中枢、趋势元素所定义的定量并不实用。

按照上面的讲解，我们还可了解，在日线级别以下的次（小）级别里，只有从 30 分钟级别以下开始，在单个交易日内才有可能出现段元素；只有从 15 分钟级别以下开始，才可能出现中枢元素；只有从 5 分钟级别以下开始，才有可能出现趋势的元素。

（二）"时间空间"问题的实用理论详解

1. "时间空间"各自所指的含义

这里所说的时间，主要指两层含义：一是指后市上升或者下跌所需要的时间周期。即，后市升、跌多久才结束，才会完成顶、底分型构造的结束。二是指买进卖出具体时点。因为分型即买进卖出时机，所以可以说时间就是指买进卖出时点。

至于空间，也有两层含义：一是指后市上升或下跌的幅度。即，后市运作多大幅度结束当前一段。二是指后市在哪个具体价位上结束当前一段。也即指买进卖出的具体价位。

通过实际运用可以总结出一个观点：时间空间出现"重叠"即是最佳买卖时点。可问题往往是，实际中时间空间往往不同步。现实中经常可见，调整空间已到了，但时间未到，即不好做出最佳的买卖时点的研判。反之，有时候时间已经差不多了，但空间迟迟未到。于是，我们只好耐心等待了。

所以，在不同阶段，我们需要做的是耐心等待时间空间重叠的出现。

2. 五大元素中"时间空间"实用理论讲解

在解决"时间空间"的问题中，目前已经有了很多理论，其中尤以江恩理论为典型。不过凡做江恩理论研究者或者运用者会有一个共同感受，即江恩运用起来太复杂。

江恩理论分为江恩圆形图、江恩方形图、直角线和轮中轮。它其中构造的圆形图可以预测价格运行的时间周期；方形图可以预测具体价格点位；角度线可以预测价格支撑位和压力位；轮中轮则可将时间和价位相结合起来进行预测。

仅仅看完基础介绍就可以发现，江恩画图十分复杂的，没有好的工具，很难有实际作用。而且说简单点，江恩理论说的不过就是笔者前面探讨的时间、空间问题。

通过上面元素定量变量介绍，假如暂定当前级别是日线时，我们可以知道以下情况：

某分型确定出现后，后面就是至少要等待 3 天时间才能确定相反性质的分型是否确定出现，而且这个时间是绝对性的出现。如果此时出现分型的反复、运作笔的延续，则要在 3 的基础上加 1，如果延续 2 笔，则加 2，以此类推。

总之，3 是定量，这里为了形象描述，取个变量 T（指变量时间），即，我们推算时间的公式为：$3 + T$。T 是计算分型反复或者运作笔的延续的变量，往往以当前级别的最小单位周期进行统计。

但是，假如某级别起始分型已确定形成，运作笔在向相反分型靠拢时，假定已经走出了 3 笔（此时已是 $3 + 3 = 6$ 笔），可暂时并不具备完成一段的条件，此时次级别背离也远未出现，那么，对后面 T 这个变量该如何继续确定呢？这里可以采取对称学，方法如下：

假如前面已经走出了 6 笔，按照对称原理，后面应该还会有一个 6（后面运作笔预计还会在 6 笔左右）。此处暂排除外因干扰因素的情况，例如当前出现了突发性消息的刺激，则一定会暂时性改变变量的时间。

至于空间问题的预测，仍然要先围绕分型定义，尤其需要运用到分型范围的概念。前面介绍中定义为，但凡背离或者临时多、空头主导的情况出现时，运作笔在接下来朝相反分型靠近和运动过程中，首先可以确定出来的价格（指空间范围）就是指此时运作笔必须要先突破当前分型范围的极端价位（要升破底分型范围至高价，或跌破顶分型范围的至低价）。此时的至极端价位就是运作笔将在后市可以先确定出的第一个目标价。这个价位是定量，可以用字母 D（定价）表示，在空间运作上也是绝对会出现的。

当然，这个分型范围极端价位被突破后，随着运作笔的延续，这个变量的出现，定会延续当前上升或者下跌的幅度，即，它会使当前段元素的空间幅度得到扩展。在这里我们依然可以像上面定义时间问题那样，用一个简单的定量和一个变量的数学公式对空间问题进行描述。

假如将 D 代表分行范围的极端价位（指底分型范围至高价，或顶分型的至低价），这里的 D 往往是已经确定了的（如果是分型左边笔就十分确定，如果是右边笔则还需要观察是否大过左边那一笔极端价位，由此决定 D 值）；再用字母 P（指变量价格）代表运作笔延续中出现的最新价格。即，描述空间（幅度）的数学公式为：D + P。P 是跟踪突破当前分型范围后出现的新价格，是一个变量。

综上，正是因为有了时间周期上 3 + T 中 T 这个变量的出现，还有空间幅度上 D + P 中 P 这个变量的出现，所以，对最佳买卖点的精准研判就失去了依据，至少对于当前这个级别来说是这样的。如果当前级别可以提取定变量，那么所有级别都可以提取该特征，由此，可以做到时间空间问题的精准预测，前提是要正确理解级别定位理论。

基于这里对时间的确定需要依靠 3 + T，有人或许会说，《解缠论》还是无法做到在时间、空间上进行精准预测，仅能做描述，还不如江恩理论。对此，笔者想做出的解释是：如果你学会了本理论，真正驾驭好了这套理论，最终将其变成自身的一种本能了，那么，在对各级别之间关系的研究后，完全可以利用各级别之间关系直接找寻到当前级别的时、空重叠的位置。即，最佳买卖时机寻找方法。

既然能够利用当前级别进行判断未来时间空间，那么，我们将级别进行递推下去，依旧用此方法，就定能够找寻到时间空间出现重叠的最佳点位。只不过问题是，变量始终会出现在任何级别中，所以造成股市的不可预测性。

（三）黄金分割率对空间变量辅助判断法及实用讲解

如果你确实还没有掌握好本理论，那么，这里还有一个更加简单的办法，或许能够帮助我们在一定程度上解决变量的问题。具体如下：

首先我们要引用到数学中的黄金分割率或者百分比的概念。这也是为了弥补时间预测因为分型反复、运作笔的延续等变量的出现，而造成时间、空间上无法进行精准确定的缺陷所借用的辅助判断方法。

继续往下，先来看个图例，如图 4 - 6 所示。在黄金分割率中，我们经常用到的是 0.382、0.5、0.618 及 1。我们这里列举中枢的 A、B、C 三段进行时间、空间问题的探讨（趋势元素各段之间大小关系的讨论暂略），因为用中枢三段讲解比较直观。

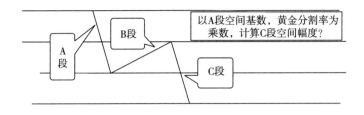

图 4-6　黄金分割率计算中枢 C 段

图 4-6 中，对于 C 段与 A 段长度大小的关系，按照黄金分割率的标准分类，有以下几种：

第一种，C 段 = A 段 ×0.382（A 段长度是指水平垂直长度）。在实际运用中，当 C 段开始出现时，我们就可以大概先试着研判出 C 段的底分型位置将会在哪个价位附近出现。这里的黄金分割率取 0.382。继续往下，如果此时 C 段长度已经到达这个位置了，可是依旧没有分型或者背离（多空头主导）的情况出现，那么，后面就会出现第二种情况了。

第二种，C 段 = A 段 ×0.5，那么，此时黄金分割点取值是 0.5。同样，按照以上方法，观察时依旧不见分型或者背离（多空头主导）的情况出现，那么，后面就会出现第三种情况了。

即这里的 C 段 = A 段 ×0.618，此时黄金分割率取值是 0.618。如果该价位接近了，然而根据观察，分型或者背离（多空头主导）的情况出现，那么，后面就会出现第 N 种情况了。总之，后面都是严格按照黄金分割率进行计算与预测的。

还有一种就是 C 段 = A 段。并且实际中这种情况比较常见。

如果以上利用百分比线也可以，我们分别取常用百分比值：1/3、1/2、2/3、1。以此作为理论中对空间问题的计算与研判。

在实际应用中，我们必须符合顺势观察原则，不断递推下去。当发现黄金分割率或者百分线明显小于 0.5 时，则要取 0.382，由此可得：当参数值超出 0.5 的时候，那么，后市就要取 0.618。超过 1 倍时，就要在当前基础之上，全都加上一个单位 1。

总结以上，要么就是 C 段等于 A 段长度大小，即 C 段 = A 段；要么就是，C 段 = A 段长度的 0.382 倍；又或者，C 段 = A 段长度的 0.5 及 0.618 倍。

如果超出了倍数 1，那么，就要在此参数值基础上加单位 1。即，1.382、1.618 或者 2 等，随着倍数的放大，以此类推下去。

由上可知，后一段（指 C 段）的运作空间（上涨或下跌），完全可以通过黄金分割率或者百分比值进行提前计算出来，这在一定程度上有效地解决了空间幅度上的预测问题，即 C 段的长度完全是可以超出 A 段的长度的。但是，又多会参照黄金分割率的参数值进行预测和计算的（这里列举的是下跌趋势的中枢，对于上升趋势的中枢，其分解原理是一样的，不过届时预测的是压力位的顶分型位置罢了）。另外，需要特别注意的是，实际中 C 段延伸幅度究竟会以哪个黄金分割点而结束，则完全取决于当下的背离是否出现。

笔者感慨：既然已有了更加简单的判断时间、空间的方法，例如本理论的预测时间的 3 + T 和空间的 D + P，那么，再结合五大元素、三大操作理论，只要好好地消化理解，将其变成自身一种本能，那么，江恩理论就显得有些落伍了。理论无论简单或者复杂，最终都是为了解决买与卖的问题，如果学习者具备了以上基础，掌握好了时间空间问题实用理论，从而也就解决了最佳买卖点问题。

六、五大元素之衍生概念的定义

同五大元素的语言描述功能一样，元素的衍生概念也可以作为对市场走势进行补充性的描述功能。实际运用中，我们要懂得用好这些衍生概念。以下是对经常出现的衍生概念的简单定义。

分型的反复的定义：分型确定出现后，但凡未能够有效离开当前分型范围的，都属于分型的反复。分型反复结束的标志是，当前出现背离且至少有一笔破坏性的离开当前分型范围。

笔的延续的定义：当运作笔离开前面分型范围后，但凡还未出现相反性质的分型与背离情况（或者多空头主导情况）时，就是对当前运作笔方向的延续。笔延续结束标志是相反分型和背离情况（或者多空头主导情况）的确定性出现。

段的延续的定义：相对于次级别而言，当前级别的一段会出现像笔的延续那样的情况，且一般会持续下去，直到次级别最后一段结束。段的延续的结束标志，往往就是次级别 abc 三段中第 c 段结束。

中枢震荡的定义：中枢基础三段确定出现后，紧接着又出现若干段，即使已经出现跌破或者升破当前中枢范围的，可是只要后面再度出现回拉或者回踩，亦能够回到当前中枢范围之内，价格在水平方向出现重叠的情形，我们将其定义为中枢震荡。

中枢扩展的定义：承接上面中枢震荡定义，假如当前级别出现至少 9 段以上，且价格在水平线方向出现相互重叠的情形，那么，该级别的中枢定当出现扩展特征。上升到大级别中去观察，定然形成一个大级别的中枢元素。

中枢新生的定义：只要确定有效地远离当前中枢，不再与原中枢中的价格出现重叠的情形，后面再度出现中枢形态，即为中枢的新生。

趋势延续的定义：按照技术分析中的三个假设之一，价格呈现趋势运动。趋势延续定义与此雷同：价格总是遵循原来趋势，继续向前，做惯性地运作下去。

七、五大元素实际运用中不同性质分类汇总

（一）五大元素按照大小性质划分

因为有了笔和分型，用笔将两个相邻性质相反分型进行连接，构成了段；同时，又由段构造出中枢，有了中枢才有可能完成当前级别内的趋势元素的构造。按此特点，我们可以在同级别中，将五大元素按照其大小划分，可分为初级、中级和高级三个级别。那么，其中的笔和分型很明显就是初级的元素；段为中级元素；中枢属于中高级的元素；趋势是最高级别的元素了。

（二）五大元素按各自相对性质划分

正如爱因斯坦的广义相对论所描述那样，任何事物都是存在两面性的，即物质应该存在其反物质，且二者往往是相对的存在。同样地，以上五大元素按各自相对性特征均可以分为两种：

例如，笔分为上升中的笔与下跌中的笔；分型分为顶分型和底分型；段分为上升段和下跌段；中枢分为上升中枢与下跌中枢；趋势分为上升趋势与下跌趋势。

至于以上各个元素不同性质的详细形态，可以参考前文。

（三）五大元素在实用中的特征归纳

由五大元素的分类可知，对于同一级别而言，元素具备由初级向高级元素进行逐步递进构造的特征。同时，由五大元素及元素的衍生概念的实用意义可知，元素具备语言、符号般的描述功能的特征。

形态学深度研究与实用解析①

本章的内容分为两点：第一点，对《解缠论》之形态学五元素及其实用性的相关知识做深度研究和实用解析；第二点，对形态学的综合运用做深度研究与实用解析。

一、五元素的深度研究与实用解析

（一）笔元素的深度研究与实用解析

五大元素中，笔元素是最小、最初级且最基础的元素。在同一级别中，笔就是另外4个元素构造的基础"元件"。形象地说，笔元素就好比建造高楼大厦中所用的每一砖、每一瓦。也正因为如此，笔元素这个概念的来源及其实用性成为了我们深度探讨的课题之一。

1. 探讨笔的由来

为什么定义为"笔"？而不叫其他名称呢？还有，笔的由来是怎样的呢？

基于其中对笔的定义和解释过于抽象了，以至于难以使人正确理解。以下将从另一个角度详细探讨和解析笔的由来。并且尽可能地做到，将其由抽象到具体演变过程中展开详尽的解析。

对于分钟单位级别笔元素具体构造过程，可详细参考图4－7。这里列举的是1分钟＝60秒的情形，且假定至少对应60笔交易（实际中肯定不止），从这60笔交易中再确定出4个价格后，即构造出1根1分钟级别的K线。

以此类推，既然每1分钟内的每1秒可以等同为1笔，那么，1分钟级别的1根K线也可以称作为1笔，并且其他所有级别的每1根K线都可以等同于单位级别的1笔。具体图解如下几个步骤：

---

① 节选自《解缠论2》原第二章形态学深度研究和实用解析。

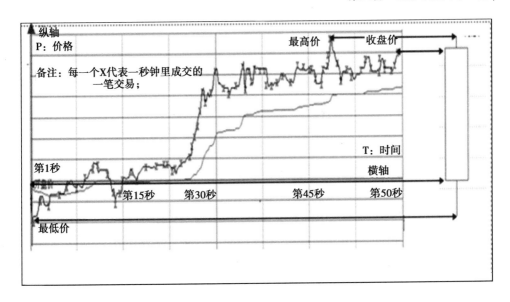

图4-7　1分钟级别中笔的构造过程

（1）横轴、纵轴定义：横轴表示时间，用字母 T 表示，图 4-7 中描述了第 1 秒至第 60 秒的情况；纵轴表示价格，用字母 P 表示，每 1 秒都对应了 1 个价格。

（2）假如从第 1 秒开始，到第 60 秒结束，每 1 秒都只对应了 1 笔交易价格（暂时不去考虑交易量或成交金额大小），只是将每 1 秒所对应的那 1 笔交易都对应地画上"X"这种记号。从而，图中每个"X"都对应了一组横轴—纵轴上的时间与空间上的价格。

（3）按照步骤（2）所描述，假定图例中至少有 60 个"X"。即假定的每 1 秒都对应了 1 笔成交。接下来，我们按照时间顺序，由第 1 秒开始，向第 60 秒顺延，将每秒所对应的价格依次进行连接，最后在坐标轴上连接出了一组价格走势图。

（4）通过上面所连接的价格走势图，我们可以找到传统 K 线的构造过程。当然，60 秒级别内所能构造的是 1 个分钟级别的 K 线图。例如，第 1 秒和第 60 秒钟对应的交易价格分别就是分钟级别的开盘价和收盘价，然后将这 60 秒中最高与最低价找出来，此时已经有了四个价格，按照 K 线构成原理也能够构造出了 1 分钟级别的 K 线图形。

同时，通过上面 1 分钟内所对应的 60 笔交易价格而构造的价格曲线图，还可以了解到以下几点内容：

（1）笔元素这个概念原来是指大级别中所包含的全部次、小级别的交易笔数。换句话说，次小级别出现的所有笔数交易都被包含于大级别中。例如上面所讲述的 1 分 = 60 秒这两个级别中，一个分钟级别的 1 笔交易等于秒钟级别的至少 60 笔交易（全部笔数交易）。——这里还需做个备注：即大级别中的一笔是由次级别从单位第一笔开始，到最后一笔结束的。

（2）举一反三，如果将这里的 1 秒钟级别放大到更大周期级别中去观察，可以了解到以下级别等式：即 1 笔日线 = 4 笔 60 分钟线 = 8 笔 30 分钟线 = 16 笔 15 分钟线 = 48 笔 5 分钟线 = 240 笔 1 分钟线。并且还发现，每一个大级别中都将包含其次级别中的若干笔，至于具体的笔数，则要参考实际交易中所形成的具体数量而确定。

（3）如果回到实际操作中，上面所列举的 1 分 = 60 秒的 60 笔交易中（实际之中往往是远远超过 60 笔交易的），其最有意义的成交所对应的又是哪一笔交易价格呢？究竟是这 60 秒中的最高价？还是收盘价？抑或开盘价？又或者是最低价？毕竟是由这四个价格构成了一个单位分钟级别的传统 K 图形的。笔者以为，或者是这 60 笔交易价格中出现成交金额最大的那笔成交价。

打个比方，一位商人在对一天中所出售的商品的交易情况进行统计。试问，全天所有交易中，哪一笔生意是他最感兴趣的呢？假如这里的商人是处于卖方的位置上的，这相当于股市交易中的卖出者。对于卖价，卖方自然希望越高越好，若还能够对应上最大的成交金额，那简直太完美了。因为这种情况下，对于此位卖商来说，在当前的单位级别的交易中，他实现了利润的最大化——卖在了最高价，而且成交金额最大。这一笔交易无疑是梦寐以求，是最为理想状态的。可实际中就不一定能够如此完美了。于是我们只好退而求其次，不将最高卖价作为必要条件，而寻找成交金额最大的那一笔成交即可。因此，出现成交金额最大的那一笔交易，无疑就成为了卖商最为关心的，不管该价格大小怎样——因为最大成交金额决定了利润的贡献度情况。

上面是卖商的情形，至于买商，情况则刚好相反。因为买商最关心的无疑是成本。例如成交价最低（因为成本占比随之会比较低），交易金额最大的情况出现时，成为了买方所追求的理想情况。可是，当此完美情况仍然无法实现时，作为买家此时最关心的则是成交金额最大的那一笔了，不管该价格大小如何。

通过以上举例说明，无论是卖商还是买商，他们最关心的，首先都是成交金额最大那一笔交易（无论是卖家的利润还是买家的成本，该笔交易无疑占比最大），其次是成交中的最高价（决定卖家的利润）或者最低价（决定买家的成本）那一笔成交价格。

这个比方是将一天作为分析周期，回到上面的 1 分 = 60 秒级别，或者其他任何级别，道理其实是一样的。

从而，我们最后所得出的结论是：笔元素代表了影响实际交易中全部的，且最为重要的因素，这自然也已经包含了成交量和成交金额两个重要因素。另外，发生成交金额最大的那笔交易价格还有着其他更为实际的指导意义，尤其是在主、次级别的分型与趋势元素性质发生转变的构成过程中，我们经常会看到其实用性价值的具体体现。比如，在其次、小级别的趋势性质发生转折的形态构造之时，上升到大级别中观察时，刚好对应了一个分型的构造过程。

（4）确定出成交金额最大那一笔交易价格的方法。至于当前级别中，确定成交金额最大的那一笔或者几笔交易的方法，就是观察和统计纵轴上价格所对应发生时间最长、出现同一交易价格最多的那些笔交易价格。对此，刚好对应了中枢的形态。前面已经讲过，中枢其实类似于几何学中的"面"，通过统计坐标轴发现，"面"所对应和发生的时间最长，且都是围绕某一相同或相近价格成交。若将其进行累计计算，上升到一个更大级别，必然构成了大级别中成交金额最大的那一笔或几笔。

这里的观察方法要暂时放弃观察时间横轴所对应的成交量的习惯，看纵轴上的长时间围绕某相同价格交易而对应的那一笔或几笔价格在哪里出现。在实际运用中，又由于一笔所代表的信息和意义十分有限，所以，当我们只有观察到成交金额最大那笔交易在连续出现至少三笔后，且中间笔出现三笔中的最低注值（或者最高峰值）时，就可能会构造出一个有着重要实用意义的形态：分型形态。

（5）对"面"的形成过程做如下解析。"面"的形态构成原因是基于所有已经出现的交易价格，在相当长的一段时间内都始终围绕着某一相近或者相同的价格区域内频繁地出现。如果先看代表价格的纵轴会发现，随着横轴上时间的向右推移，频繁出现某相近或相等价格区间内，所对应的横轴时间点位最为密集，且逐渐形成了一个横截面，实质上，该横截面就是一个中枢形态。由于买卖双方长时间地围绕该价格区域内交易，所以，当我们将次级别价格重叠区进行统计，并将其上升到更大级别中去观察时发现，此密集区其实是大级别中成交金额中最大的那一笔或者几笔。大级别中，如果有连续三笔价格重叠出现，中间笔出现价格的最低或者最大峰值，那么就有可能构造出分型的形态。在前面章节关于笔的运作方向中曾介绍过，连续运作的三笔可以构造出三种形态，而其中就有一种横盘笔的形态。如果发现横盘笔形态中的中间笔出现符合分型所定义的情况的话，那么就可构造出一个实用意义极强的形态，即分型。关于分型的实用意义深度研究与解析，详见后文。

关于大级别分型在次小级别中的具体构造过程，具体可参考图4-8。对其具体分解如下：次小级别的中枢，也就是平行于横轴的水平方向上出现了多笔相邻交易价格重叠的情况，该重叠区在次级别上或为一个标准的中枢形态。但是，在较大级别去观察，它是一个次小级别的中枢形态进行合并后的压缩版而已——至少出现三笔的横盘笔形态。而分型形态其实就是横盘笔形态，其中间笔出现了三笔价格中最高或者价格最低时的一种特殊形态而已。

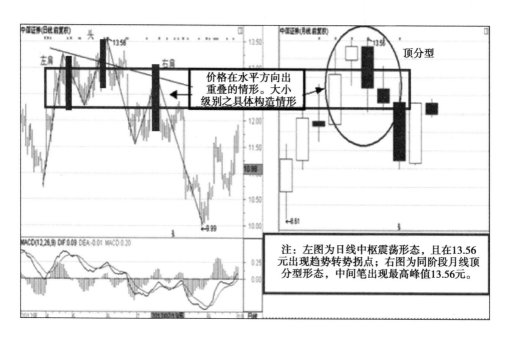

图4-8　大级别分型构造在次小级别中的具体体现（以小级别为头肩顶形态为例）

2. 笔的三点现实意义及解析

通过上面关于笔的由来的详细介绍，我们已经了解到了笔元素的第一个重要的现实意义：它是构成其他四个元素的基础"元件"。对于此功能之第一个现实性意义我们就不展开来讲述了。以下着重介绍笔的第二点现实意义。

笔的第二点现实意义是，任何级别中的单位一笔都代表着参与者们某种目的或者态度。这种态度或目的多指参与者所做出的买卖决策，或者是做多买进的决策，又或者是做空的卖出决策。不管哪种决策，作为当事人，他们都明确地表达了自己的态度，都在一定程度上影响着股价的未来走势。另外，按照多空力道博弈情况分析，我们发现，当某一笔作为多方买进力量，买入金额非常大，且远远超过空头力量的时候，它无疑将会继续主导未来的价格向上运作。与之情况刚好相反，当空头力量主导当前市场时，未来股价走势继续下跌的可能性比较大。由上可知，对当前级别中的单位笔或者由其构造出的其他元素的分析，便具有着十分重要的现实性意义。

笔的现实性意义第三点：任何级别中的单位一笔，都对应了至少三个要素，分别是：成交时间、成交价格及成交金额。假如这一笔刚好出现在分型元素中，那么，这就意味着该分型附近作为相对较佳买、卖点在内的相关笔，对其所包含的要素（指成交的时间、价格及金额）进行了完整的涵盖。通过统计发现，分型附近对应在某一个相同或相近的价格附近出现了略长时间的交易。在此则要反问，是什么原因导致这么长时间都围绕该价格进行交易呢？无论理由怎样，但至少可以说明该价格的重要性。分型形态描述的就是至少连续三笔的交易价格在水平方向出现重叠的情形，这个重叠区就是多、空双方博弈的重要区域，也就意味着该价格的重要性。

换句话说，分型中出现价格重叠的该笔价格的重要性，实质上也就是该笔的现实性意义的直接体现。

既然一笔至少对应了三个要素，所以，那种片面地认为本理论不考虑成交量（成交金额）因素的说法是不正确的。因为笔的概念实质上就是交易时间、价格及金额三个要素的集合体。其实用意义是远远大于原来单纯一根 K 线所要代表的含义的。而且，更为有意义的是，它本身已经包含了成交量这个要素了。对于由笔所构造出的其他元素形态或者也是有着更为重要和实用性意义。后文将会另作深入研究与解析。

3. 关于连续运作三笔所构成形态及其实用意义解析

（1）连续运作三笔走势类型的全部分类：根据连续运作三笔所构成的形态，如果并非按照其笔的运作的涨跌方向分，而是按照其实用性意义分类的话，归纳起来，一共可分为三个大类并七个小类。其中第一个大类在《解缠论1》中亦有过简单提及，也是连续三笔运作所构造形态最有探讨价值和意义的一种：即连续运作三笔的价格在水平方向上有出现重叠的情况。此时再按照其运作笔的方向划分的话，可分为以下 abc 三种，如图 4-9 至图 4-15 所示。

对于价格出现重叠的下跌三笔形态，及其在次小级别上的表现形态，具体如图 4-9 所示。在次小级别上，它实质上对应的是一个下跌趋势形态。

对于出现价格重叠的上涨三笔形态，及其在次小级别上的表现形态，具体如图 4-10 所示。在次小级别上，它实质对应的是一个上涨趋势形态。

对于出现价格重叠的横盘三笔形态，及其在次小级别上的表现形态，具体如图 4-11 所示。在次小级别上，对应一个中枢震荡形态，大级别上却是顶、底分型的合体形态。

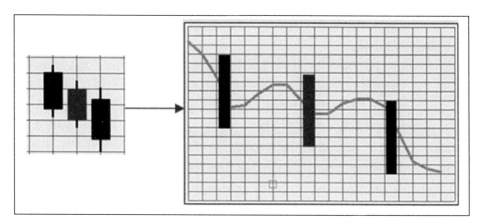

图4-9 价格出现重叠的下跌三笔形态（左为大级别，右为所对应小级别形态）

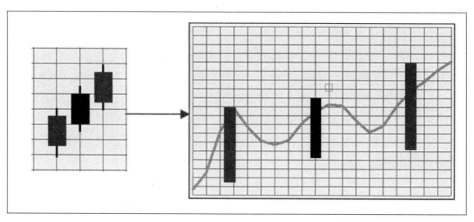

图4-10 价格出现重叠的上涨三笔形态（左为大级别，右为所对应的小级别形态）

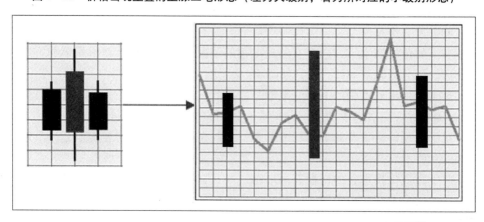

图4-11 价格出现重叠但方向为横盘三笔（合并为底分型和顶分型的合体，
实际中可细分为顶、底分型两种）

与第一大类的 abc 三种情况相比，第二大类情况则显得特殊很多，按照涨跌方向可细分为以下两种，如图 4 – 12 与图 4 – 13 所示：

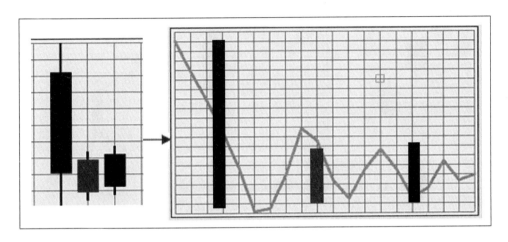

图 4 – 12　大级别左边笔的最小值为这三笔中的最低值，其余两笔整体都被包含在左边笔范围内形态（左边图为大级别，右边图为次小级别走势形态）

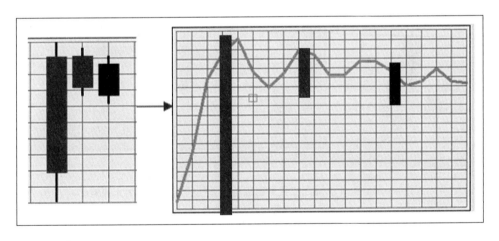

图 4 – 13　左边笔的最大值为这三笔中的最高值，其余两笔整体都被包含在左边笔范围内（左边图为大级别，右边图为次小级别走势形态）

第三大类情况则比较简单，它应该属于第一大类中有运作方向的极端情况，即连续三笔不出现价格重叠情况，顶多是相邻两笔重叠而已。同样，按照运作笔方向可分为如下两种，如图 4 – 14 与图 4 – 15 所示：

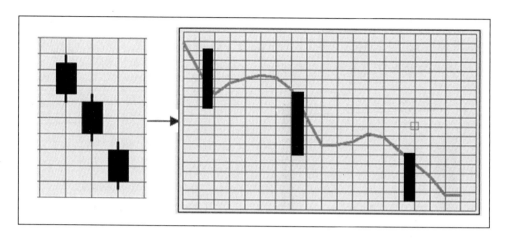

**图 4-14 处于下跌三笔且未出现价格重叠的情形（左为大级别，
右为对应小级别走势形态）**

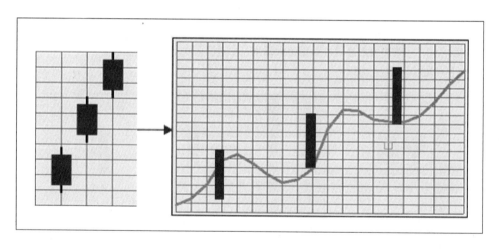

**图 4-15 处于上涨三笔且未出现价格重叠的情形（左为大级别，
右为对应小级别走势形态）**

（2）连续运作三笔的实用意义的解析。在对连续运作三笔的实用意义进行作解之前，首先要做说明：前文中所指的三笔其实是个泛指，因为在实际中它不止出现三笔，且往往是要超过三笔的。

通过前面对连续运作三笔所构成形态的全部分类的理解与掌握，回到现实，我们可以利用运作三笔所构成的历史形态，对未来走势展开预测（或者叫心理预计）。当然，按照形态学自身所存在的局限性，这种对未来笔的走势预测也存在一定局限性，它的预测往往是有限适用的（参考第一部分）。

对于运作笔的走势类型的分类实用意义，举例解析如下：

例如，在上面图例中，假设当下只出现了前两笔，第三笔还未出现但即将要出现，我们就可以用此分类法，将未来一笔的走势给定位出来。当然，对于其具体的买卖方法还得结合本理论其他的知识。

除上之外，当我们将上述所有走势类型分别与其次小级别的走势进行对比时，还可以发现：如果要想提前知道当前级别运作笔接下来的走势，则要结合次小级别的形态走势，以及动态学意思的表达。对于此方法，尤其适合于较大级别中对运作笔未来的走势研判。而对于具体的买卖点的提示，则要去次、小级别上观察和捕捉。例如，在某周线级别上，出现了上面连续三笔下跌形态的图形，我们再将其与同阶段内5分钟级别的形态进行对照，结合级别尊重原则，以及观察是否出现背离迹象，然后对未来操作形成指导或提示。假如通过观察发现，周线级别开始进入了临时的多头主导，而且5分钟级别出现了股价走势与指标的底背离迹象，那么，接下来的操作行为，或者在伴随着股价继续创新低过程中，要采取果断的买进动作。

（3）小结。按照以上所列出的7种终极分类，在对未来笔的走势方向的研判则显得简单许多，而且按照排除法，可以极大提高我们操作的成功概率。连续三笔运作走势的完整分类，表面上看起来十分简单，可是这种表面简单的道理背后却暗含着非常重要的信息。这些信息犹如一套神秘的"操盘密码"。当我们对这套密码进行了钻研学习后，在面对市场时，即使是再复杂、再令人眼花缭乱的走势形态，对于已经破解和掌握了这套密码的人来说，一切都会显得十分的简单，一切都将迎刃而解。而且，这套简单的理论也正印证了所谓"大道至简"的境界。

（二）分型深度研究及实用意义解析

1. 分型的出现及其构造原理

通过前文展开的"关于连续出现的运作三笔"的讨论，我们了解到，在连续运作三笔所构成的7种形态分类中，有3小类是最有分析意义和讨论价值的。接下来，我们重点讨论这一大类中的最后一种：处于横盘笔的走势形态的情况。

其展开讨论的依据是，在横盘笔形态中，它的中间笔出现了三笔中最高或者最低价的情况。根据形态的定义，它实质上是构造出了分型的雏形。

当然，亦可以反过来说，分型就是一种横盘笔形态。只是区别在于，分型有着严格的构造原则与定义，它是横盘笔形态中的特殊情况。并且，通过具体分析可以了解到，原来，次、小级别的中枢震荡形态，在其大级别上为一个分型形态——这也再次说明了大、小级别之间的形态存在着某种关系。对此，后面将会进行详细解析。不过此时我们暂且先深度讨论下，由连续运作三笔所构成的分型之实用意义。

将分型的实用意义作为重点来讨论是有深刻原因的，因为在实际中，我们经常看到，所有符合定义和标准的分型，往往都是某个重要且完美的买、卖点。这说明分型在实际操作中有着重大的指导意义，因为分型即买、卖点。如果没有分型这个概念，在实际操作中，我们很容易陷入到非理性地、盲目追寻最佳买卖点的误区中。通俗地说就是，总想着买在最低位、卖到最高位，陷入贪婪的极致之中。可结果却总是事与愿违。

原本，试图寻求一段的极端价位作为最佳的买点或者卖点是人之常情，但现实中这却是一种可遇不可求的一厢情愿而已。因为最高或最低价格在那里定格出现时，往往都是事后的，且往往都是等其已经出现了，我们才能清楚地看到，并会感慨：哦，原来这就是最佳买、卖点啊！

那么，实际操作中，究竟有没有方法能够寻找且捕捉到最佳买、卖点位呢？以下，我们就对此最佳买、卖价格进行最客观理性的分析与探讨，试图先通过对此元素实用意义研判，从而提炼出捕捉最佳的买卖点方法。

通过选取任一品种的历史价格走势图可知，任何一个交易时间都对应了一个空间价位。即，一组时间、空间的重叠点就对应了一组成交价格。这组成交价就是独一无二的，相对于实际参与的买、卖双方来说，该笔成交就是独一无二的。因为，在同一个时空里，只能够容纳唯一的一个"它"与之对应的存在。一个人永远都只能在公元某年某月某日某时某分某秒这个时间点上和处在一个与之对应的空间点上，有且仅有地去做一件事情。

比如，张三在某个时空点上参与了一笔买进交易，即创造了一个属于他的既成事实的交易行为，那么，他就不可能同时在这一个时空里进行另一笔交易行为。除非，他能够实现时空"穿越"，在做完前面一笔交易行为后（此时时间已经向前推移了，前面那笔交易已成事实），再穿越回去，然后在完全的相同的时间、空间上做另一个不同的交易行为。

可惜现实不是科幻小说。这里所假设的，一人在同一时间、空间点位上做两种截然不同情形的选择与操作行为，这是不可能实现的。这里不是指双向交易品种的情况。据说外汇等可实现同时双向开仓，但令笔者困惑的是，如此操作不是等于什么都没有干，白白交了手续费。毕竟一个做多开仓，另一个同时做空，这不是刚好互相抵消了吗？只能说明这是不现实的。

既然每个人不能够在同一时空里同时做着两件不同的事情，那么同样地，在股票交易中，股价按照某种原有趋势保持动态运作时，随着时间不停地向前推移，自然在此期间内，其所创造出来的所有成交价格，实质上都是偶然性出现的，而不是必然出现的。如果说相对于张三来说是必然的，那一定是因为张三刚好在该时空上参与了交易，且创造了该笔交易价格的出现。

假如张三刚好在 2007 年 10 月 16 日某分某秒参与了一笔交易，对于已经创造出来的 6124 点这个事实，对他而言或许就是必然的，且是偶然而又必然地发生在他的身上。

这里的 6124 点就是空间价格不断保持原来上涨趋势做惯性运作，然后，随着时间的推移戛然而止，最终定格于 6124 点。因为时间短暂，而按照"时间优先、价格优先"的规则，此时挤进交易系统参与该点位的群体是有限的，不可能是所有人都能够在此点位上参与交易。该点位之所以出现在这个时间点上，其实就是偶然性发生而出现的，只是在定格好了后，后面不再出现有新的点位替代它（其实也无法再替代该点位了），从而它就成为了极端价位之最佳卖点了。只可惜，我们做此分析主要是为了说明一点：正是有了以上的认识与理解后，在现实股票交易中，不可过分寻求极端价位，因为最佳买、卖点位往往是可遇不可求的。

可问题是，我们总该有解决的方法，尽量实现能够卖在相对高位，或买在相对低位吧。正因为每个时间、空间点对应的参与群体都是某一部分人，所以，我们如果要让更多人参与进去，只有适当延长在最佳买、卖点或其附近参与交易的机会，即延长这个最佳买、卖点位成交"横截面"，同时，能尽量地接受相对于最佳买、卖点相接近的买、卖点位。

也正是在这样的情况下，我们提炼出了分型这个概念元素。有了分型，我们发现，风险与机会都不是一蹴而就的。买点卖点都不是一天两天就能够完成的事情。因为分型构造的定义原则之一，至少由三笔构成，所以，我们至少还有超过一次以上的机会参与那仅次于最佳买卖点的次等级机会。再根据分型其他构成原则，右边笔是接近于中间笔范围的，只要中间笔不再继续新高或者新低，那么右边笔的出现就是对分型构造的完成。

在学习前面的章节时，有人或许一直在困惑：分型为什么必须要由至少三笔构成？为什么要严格规定中间笔与左右两笔之间的峰值、洼值的大小关系（即顶分型中间笔最大值为三笔之中的最高峰值，同时中间笔的最小值都要大于左右两笔的最小值；底分型中间笔最小值为三笔之中的最低洼值，同时中间笔的最大值都要远小于左右两笔最大值）？或许前面的解析与描述能够做些回答。但不得不说明的是，分型和笔元素一样，都只是做概念上的理解就可以了。比如我们完全可以将分型从概念上理解为一个点，实质上它不过是一个区间范围，作用在于其能够更加方便我们尽可能地参与到相对较佳买或卖点各方的阵营之中去。

对分型概念的定位，延长了参与买在或者卖在相对较佳点位上的成交时间，亦可以令更多的想跟随创造历史事实之人参与到历史创造中去。哪怕只能够成为历史创造的跟随者而已。至于能否成为历史的实际创造者，最终取决于运气。俗话说，"谋事在人，成事在天"。

同时，分型的实用指导性意义还在于，可以帮我们确定真正的顶、底分型形态之完美表达。

客观正确地理解了上述分析，会使我们懂得，在当下实际操作中，不要总想着能够捕捉到最佳的买点或者卖点，因为任何最佳买点或者卖点的出现都是事后才被确定出来的，我们更应该理性地回归到形态学与动态学相结合地跟踪研判中，试图通过二者结合研判出相对较佳的买卖点。

2. 捕捉最佳分型（买卖点）的方法

至于在实际的运用中，有无办法尽可能地捕捉到最佳买卖点？方法极为简单也很实用，即对分型的跟踪时只要认准一个关键点：在对当前观察级别的上涨段进行跟踪时，如果发现股价创出了当前的新高，则要延长至少一个当前单位级别的周期，继续等待该级别的下一笔是否继续新高。如果不再新高，当前的顶分型或者构造成功；如果继续新高，说明顶分型尚未构造完成，还需继续跟踪下去。

反之，在跟踪下跌段时，观察股价是否继续新低，如果不再继续新低，说明底分型或许构造成功；如果还继续新低，说明底分型尚未构造完成。买点还需等待。

（三）关于段的深度研究及实用解析

1. 段元素出现或形成的原因

按照各元素定义，笔元素区别于 K 线，并无阴阳性质之分。但按照其运作方向划分，则分为上涨、下跌及横盘三种。又根据各元素之实用功能与意义，笔仅为后面元素的构造元件，分型是提示买卖的点位与时机，中枢和趋势则是在段元素的基础之上构造而成——它们更多时候仅仅是对其股价构造形态进行具体描述，至于实际操作中，按照股价运作方向和可操作对象来讲，就只剩下段元素能够满足这个功能了。

笔元素无阴阳性质之分，所以，某级别中的单独一笔是不可以作为买卖的跟踪对象的。对此功能就只能够由段元素进行弥补或替代了。再结合段元素的定义——由连接两个相邻，且性质完全相反的分型所构成，说明从理论上看，段元素在任何一个级别中，都为我们提供了相对而言的可操作空间。

根据排除法，最后只剩段元素成为实际操作中的基础对象。这也就是从侧面回答了段元素出现或形成的原因。

2. 段元素划分原则或方法

按照段元素的定义，符合标准的段元素形态的，至少包含当前单位级别的 6 笔。同时，基于一个段元素是由连接一组相邻且性质相反的分型构成，而且分型的中间笔必然都在某个阶段中出现了最低洼值或者最高峰值的情形。于是，对段元素的划分原则或者方法如下：

首先，定位好即将要进行划分的主级别；不固定好划分的主要级别，形态学的分析必将显得混乱不堪。

其次，要找到距离当下股价出现的最高峰值或者最低洼值。该峰、洼值一般都为原趋势的拐点。

再次，从拐点开始数起，将该阶段内出现的所有高、低点都给标示出来。此步骤实质上是将该阶段内的分型都定位出来。

最后，利用画线工具，从拐点处的起始分型开始，顺次将相邻的分型进行连接。由此，该阶段内所有符合定义的段元素均给定位出来了。

详细可参考以下图例，此处暂时是以上证指数为分解的案例。

在步骤三中，有些高低点或许也符合分型和段元素的链接，不过考虑到其可能被前面高低点所涵盖了，所以在此可暂时忽略不计。

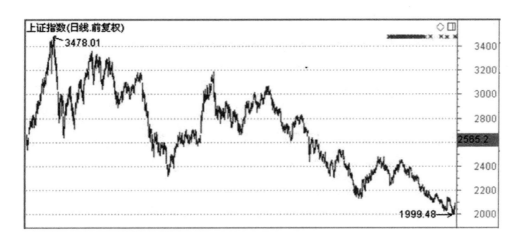

图 4-16　步骤一：确立级别为日线

在步骤四中，由 3478 点下来，顺次链接分型洼值或者峰值，一共出现 9 段，实质上，划分的符合该级别定义的段数量超过 9 段，排除掉包含关系中的小段元素，就可以使我们当前级别中的分析形态变得更为直观。

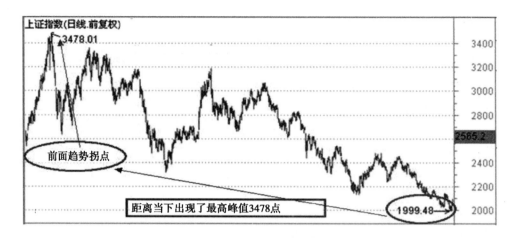

图 4 - 17　步骤二：寻找距离当下最高峰值或者洼值，实际案例前面
为最高峰值 3478 点，此点即为当前上涨趋势的拐点

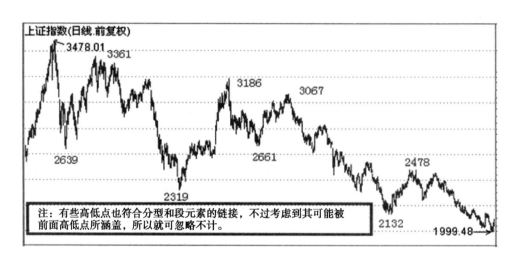

图 4 - 18　步骤三：由拐点 3478 开始，标示该阶段内所有高低点，
为确立真正分型做好准备

3. 段元素构造的空间与时间关系探讨

段元素按照原则划分出来后，通过对其长度的观察发现，相邻段的构造空间（长度）与构造时间的长度二者之间存在着一定的数学特征。关于段元素中所存在的时间、空间长度等式关系的讨论，如图 4 - 19 所示。

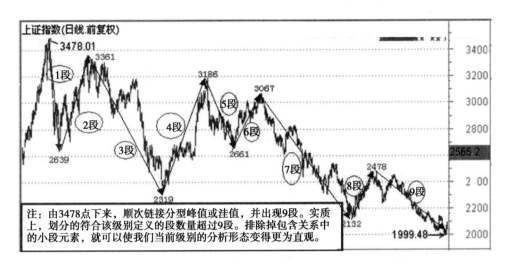

注：由3478点下来，顺次链接分型峰值或洼值，并出现9段。实质上，划分的符合该级别定义的段数量超过9段。排除掉包含关系中的小段元素，就可以使我们当前级别的分析形态变得更为直观。

图4-19 步骤四：由拐点开始顺次链接已确立好的分型峰值或者洼值，将全部符合定义段链接出来

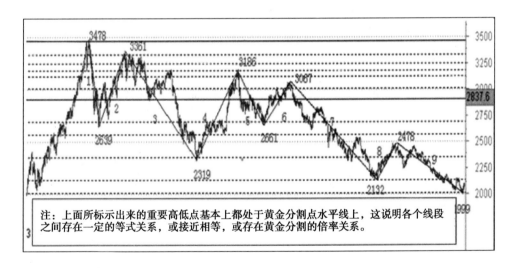

注：上面所标示出来的重要高低点基本上都处于黄金分割点水平线上，这说明各个线段之间存在一定的等式关系，或接近相等，或存在黄金分割的倍率关系。

图4-20 3478～1999点间每段顶、底分型所处黄金分割点情况

由图4-20可知，图中所标示出来的高低点之间连接起来的段元素的长度，基本上都分布在黄金分割点的水平线上。在图中，3478～1999点，有许多条平行于横轴或实或虚的直线，均为黄金分割率的线。这说明各个段之间存在一定的等式关系：或像第1段与第2段、第3段与第7段，在长度上几乎相近，又或者在其两两相邻的段之间呈现类似的特点：即使不相等，那也出现数学上的黄金分

割率的关系（对此在《解缠论1》中曾有过论述）。

其实对此特征的研究，在江恩理论中也有过提及。但通过我们的提炼，可总结出如下规律：相邻的段与段之间，无论是其涨、跌空间所构成的线段长度，还是完成一段涨、跌所需要的时间长度，二者之间往往呈现较为标准的对称性关系，或者数学上的黄金分割率的数学特征。当然对此规律特征也仅做参考而已。

4. 关于段开始与结束的辅助判断方法

实际操作中，如何确定一个段的开始或者结束？回答此问题，必须要运用到动态学的相关知识。在狭义的动态学理论中，动力学的博弈论提到了，可运用技术指标来结合形态学的走势，辅助判断各段元素两端上所出现的买卖点。具体方法如下：

以 MACD 的指标作为辅助判断的工具。通过对众多实际案例观察发现，但凡是一段的买点将要出现时，此时所对应的 MACD 指标 0 轴线下面的绿柱子开始逐渐变短直至消失，甚至翻红出现红色柱子——本理论将其定义为临时多头主导；与之相反，但凡一段的卖点要出现时，对应的 MACD 指标 0 轴线上的红柱子逐渐缩短直至消失，甚至翻绿出现绿柱子——定义为临时的空头主导。

同样，利用 MACD 指标做辅助判断的方法还有，当一段的股价再继续下跌创出新低时，发现 DIF 指标（白线）的参数逐渐抬高，其运行方向与股价运作方向出现背离，紧接着出现一上涨段的买点的可能性大。反之，当股价再继续上涨出现新高时，发现 DIF 的参数值继续下行，运行方向与股价出现背离，紧接着出现一下跌段卖点可能性大。

当然，实际运用之中，我们除了利用 MACD 指标作为辅助判断工具外，还可根据自身习惯和对某些指标的熟悉程度，选择自己喜欢的指标作为辅助研判的工具。例如，RSI、CCI、BOLL 等。也就是说，作为辅助判断的工具 MACD 指标并非唯一的。

（四）关于中枢的深度研究与实用解析

1. 中枢存在于所有级别之中

按照中枢定义，但凡相邻三段连续来回反复，在水平方向上出现价格重叠情形的就是中枢。排除中枢做独立观察形态外，我们发现，中枢在作为趋势中某个最为重要的组成部分，并作实际运用之时，其意义显得尤为重要。按照"缠论108 篇"原文描述的，中枢就是多空双方争夺的"阵地"：如果多方胜利了，股价向阵地上方突进——呈上涨趋势；反之，如果空方胜利，股价将向阵地的下方突破，呈现下跌趋势。当然，当多、空双方实力均衡时，股价处于不上不下的胶着状态——继续保持中枢的"阵地争夺"特性，只待未来某一方有了新增力量而打破这种平衡。

　　对实际图例观察可知，中枢这种阵地争夺特性存在于所有级别中，包括分时图、分钟、小时、日线、周线、月线、季线及年线等所有级别之中。只是区别在于，基于时间的长短，中枢完整呈现于视线之内的周期不同。例如，在分时图或者1分钟图形中，我们随处可见中枢形态的出现，可是在季线或者年线这样大的级别中，很难看到一个完整的中枢。

　　中枢的常见图例可分为以下两种，如图4－21与图4－22所示。

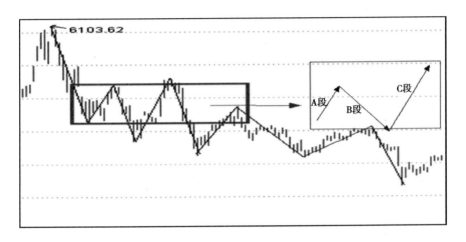

图4－21　处于下跌趋势中的中枢形态

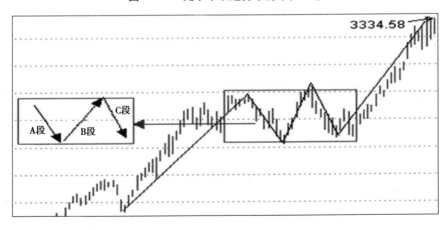

图4－22　处于上升趋势中的中枢形态

　　其实，现实中的中枢形态并不完全相同，但通过分解后都将符合中枢形态所定义的那样，存在 ABC 三段，且三段上的价格在水平方向出现重叠的情形。这里还不分此三段是否存在包含或者不完全包含的情形。

实际上，还存在着其他几种常见的中枢图例，如图 4 - 23、图 4 - 24 及图 4 - 25 所示。

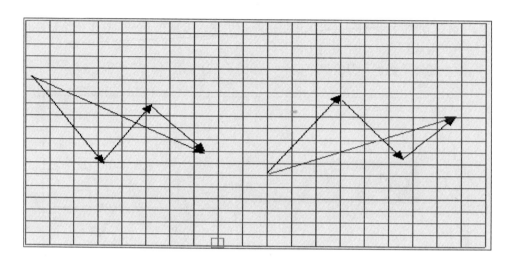

图 4 - 23   被包含的中枢图例（后面两段包含于第一段内）

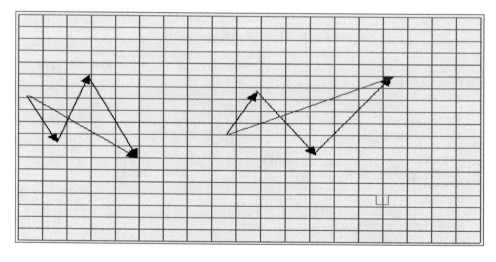

图 4 - 24   逐渐呈扩张状的中枢图例（第一段到第三段逐渐变长）

2. 中枢出现的必然性与原因分析

（1）中枢出现为必然性。如果股价只有上涨，或者只有下跌，这无疑是违背客观规律的。这既不符合白天黑夜阴阳转化的自然规律，也不符合人类社会兴

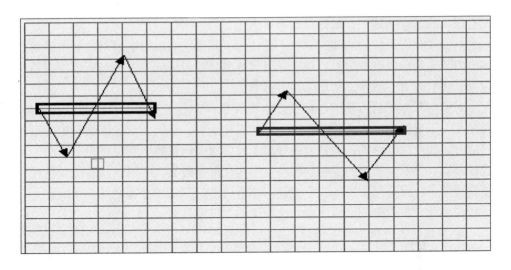

图 4 - 25　基于多头、空头某方强势主导下的变异中枢形态

衰更替的发展规律。按照自然规律和社会规律所揭示的，股价在涨跌过程中会不停地相互转化，实属客观正常。股价除了不停转化涨、跌趋势之外，在转化过程中必然还要经历力度的博弈——股市参与力量很简单，只有做多买进的多方力量和做空卖出的空方力量，股市博弈就是围绕这两种力量之间展开。

既然股价运行方向不可能永远的为上涨或者下跌，而是因为有了多、空两种对立面的力量的博弈，表现出以波动为主的特征。也正是由于多、空力量博弈造成的股价波动，中枢形态由此形成。结合中枢的定义，当股价始终围绕某个区间进行波动时，则为中枢形态。

由上述解说可知，中枢的出现有其必然性。

（2）致使中枢出现的因素分析。中枢的出现和存在有其必然性，并且它出现在任何级别之中，对此，再做以下探究：试问影响股价波动，致使中枢出现和形成的因素有哪些？其中哪些因素促成中枢形成的时间空间极其短暂？哪些因素又造成了中枢构造的时间空间极其漫长呢？

如果从证券市场的分析系统寻找影响因素的话，恐怕政策因素、宏观经济景气度、行业与具体公司的基本情况、相关信息影响及资金面进出影响等因素都能够或多或少，甚至同时对股价波动、中枢的形成产生深远的影响。至少结合 A 股市场近 20 年的历史经验看，政策基本面和宏观基本面造成的股价波动、中枢构造时间空间往往是漫长的，而信息和资金流向造成的中枢构造时间空间则是短暂的。具体的实际案例可以从历史或者当下的股市中找到许多。至于具体到某只股票，除了要研究以上宏观和中观层面的各种影响因素外，还要对该公司的全部情况有深入的了解和认识，最好是实地考察。

对证券分析系统的熟知与掌握，就是为了预估它们的影响因素对股市是形成多方力量还是形成空方力量？或者是将多方力量减弱，向空方力量聚集，还是反过来，将空方力量减少，而增加多方力量。

对多空双方阵营力量的评估预计，不管是对大盘走势还是具体的个股走势，都是至关重要的。因为，再结合市场上的实际走势，我们大致能够估算出中枢的形成时间和空间。例如，我们发现很多个股突然受到重要的相关信息刺激时，其股价短期就会发生重要的变化，涨跌空间往往都会很大，哪怕紧接着股价已经恢复到理性了，可是接下来的股价波动与中枢构造时间仍然会随之延长和放大。

说到此，我们接下来要明确几个相关的关键特性。

3. 中枢的实用性指导与分析

通过上面介绍，我们已经对中枢有了一定的客观认识。可是，若从本理论实用性进行分析的话，很有必要对中枢所存在的一些重要规律及其实用性指导进行探讨与解析。

（1）中枢破坏段的空间与时间成正比。

通过观察发现，当破坏段的涨跌空间越大时，其完成中枢构造的时间则越长；反之，破坏段涨跌空间越小时，中枢构造完成的时间则越短。

比如，我们以一只上涨中的股票为例，分两种假设情况进行说明：一种是假设破坏段跌幅超过了5%以上，可定义为较大跌幅，另一种是假设破坏段跌幅在2%左右或以内，可暂定为较小跌幅。那么，对接下来走势的观察会发现，第一种情况的中枢构造完成所需的时间明显比第二种要长很多。并且，第二种情况仅做了个简单的休整后，就继续上涨了。

当我们进一步观察发现，第二种情况仅仅在5分钟的级别上构造了一个中枢形态，然后突破继续上涨。第一种情况则在30分钟级别上构造完成了一个中枢，然后继续上涨。

将上面的假设和图4-26进行对比可知，中枢破坏段（或笔）的涨、跌幅空间与时间成正比。当日线级别破坏段的跌幅为2%时，对应同阶段内的5分钟级别上构造出一个该级别的中枢形态，然后再度突破上攻；同样，当日线级别的破坏段跌幅在5%以上时，同阶段内的30分钟级别上，中枢构造时间和空间明显出现放大。

（2）中枢的破坏段空间与级别之间关系探讨。

我们已经找到了破坏段空间与时间成正比的特征了，那么，顺着此思路，我们有必要更进一步探讨其与级别之间的关系。

通过上面案例中的两个假设分析，我们发现破坏段的涨、跌空间越大，完成

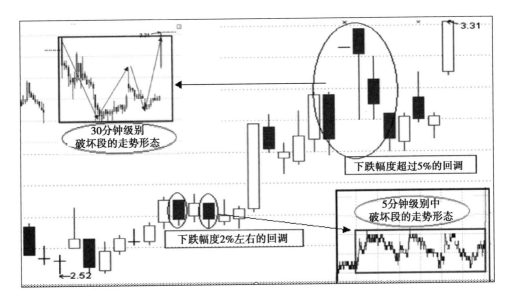

图 4 - 26　出现不同跌幅破坏段分别在 30 分钟与 5 分钟级别上的中枢构造形态区别

中枢构造的时间则越长。正因为如此，基于时间这个概念与级别往往是存在包含关系与类同性：虽然不可以将时间这个概念完全等同于级别的概念，可是我们却能够说，级别有时候等同于时间，而且它是时间通过标准划分后的周期。所以，破坏段的涨、跌空间与级别也存在着一定的规律。例如，它也和级别成正比。不仅如此，它还可能出现由小到大级别进行扩展的特征或者规律。

此处换句话讲：当破坏段出现在较大周期级别上的时候，接下来，中枢构造所需的时间相对较长。反之，假如它出现在较小的级别上时，中枢构造所需的时间则较为短促。并且，当出现新的正面或者负面外部影响因素时，破坏段的涨、跌幅度突然被放大时，那么，接下来的中枢构造时间与空间往往都会无限地放大与延长，直到最终的拐点出现。

（五）关于趋势的深度研究与实用解析

1. 趋势出现或形成的原因解析

在探讨趋势出现或形成原因之前，我们先对市场上多、空两方力量博弈所形成的价格形态展开描述与分类。结合证券市场的众多实际案例，我们发现多、空博弈所形成的价格形态大致有以下五种。如图 4 - 27 至图 4 - 31 所示。

当为多、空双方力量处于均衡状态时，股价所呈现的胶着状态——中枢震荡形态。

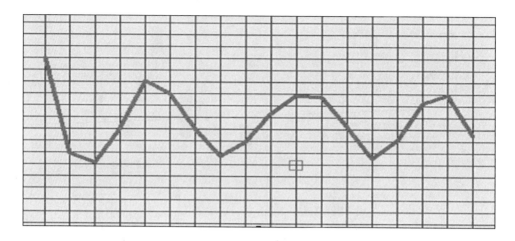

图 4 - 27　形态（一）

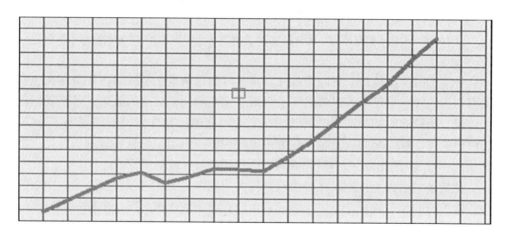

图 4 - 28　形态（二）

为多头力量处于绝对的优势位置，完全主导着股价运行的方向，空头完全无力抵抗，股价快速往上升破。

为空头力量处于绝对优势的位置，完全主导着股价运行的方向，多头完全无力抵抗，股价快速向下跌破。

为多头力量明显主导股价运行方向，股价先上涨一段，然后进入多空双方博弈的胶着状态——出现图 4 - 27 的中枢震荡形态，最终多方力量战胜空方，继续主导股价往上升破，并离开中枢震荡的区域出现新高，并形成一个新的上涨段。

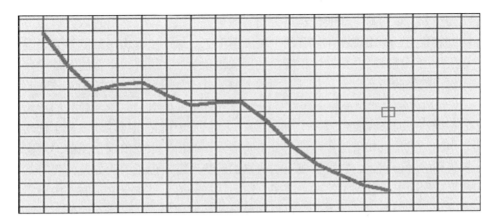

图 4 - 29　形态（三）

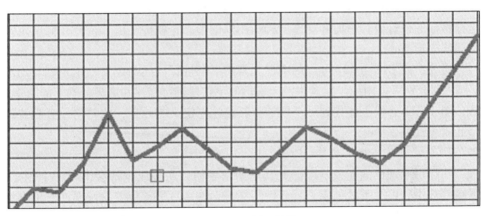

图 4 - 30　形态（四）

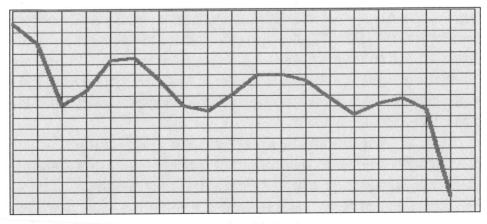

图 4 - 31　形态（五）

为空方力量明显主导股价运行方向，股价先下跌一段，然后进入多空双方博弈的胶着状态——出现图4-27的中枢震荡形态，最终空方力量战胜多方，继续主导股价往下跌破，并离开中枢震荡的区域出现新低，形成一个新的下跌段。

根据趋势的形态定义，对照上面的五幅图，十分明显，其中的图4-30与图4-31分别符合上涨趋势与下跌趋势的形态。由此可提炼出，原来趋势的形态构造的特征是中间必须要包含一个中枢元素。当然该中枢是相对性地出现于任何级别之中。只是，如果从实用性的分析角度出发的话，中枢出现在当前的观察或分析级别中时，那么，它将构成当前级别的趋势形态。也正因为如此，趋势的出现或形成原因也就找到了答案：在多、空力量展开博弈且难分胜负时，由胶着状态构造形成了中枢震荡的形态。可根据股价运行的规律，任何原有的形态最终都将被打破并向另一种形态展开构造。同样地，多、空力量博弈中的胶着状态所形成的形态最终也将被打破，而出现某一方力量最终完全战胜另一方的情形。基于这种情形的被打破，由博弈状态所构造出来的形态，就构造出了符合我们所定义的趋势之形态。

再者，由于图4-27可以用中枢元素的形态进行描述与定义，图4-28与图4-29则分别可以用线段元素中的上涨段和下跌段进行描述和定义，剩下的图4-30、图4-31必然也要找到一个能够将其描述与定义的元素，此时则只有趋势这个元素可代替了。

2. 狭义趋势与广义趋势

在运用本理论的初级阶段，尤其是初学者们，或多或少都会出现一个困惑：下跌趋势中，以为下跌结束了，而做了买进动作，可是紧接着就发现，股价继续往下跌，继续跌出新低——疑惑是，用本理论操作怎么会犯买早的错误而被套呢？又或者，上涨趋势中，以为上涨结束了，而做了卖出动作，可结果发现股价继续上涨出现了新高——同样的疑惑是，用本理论操作，此会儿怎么又会卖早而少赚很多利润的错误呢？再说了，以上这种买卖都出手过早的操作错误，其实就是任何一个非本理论使用的普通投资者们都会碰到的情形。于是，人们便要质疑了：既然本理论也是无法研判和捕捉到最佳买卖点的，那又有什么存在和学习及掌握的价值与意义呢？这个问题很现实，也很尖锐，回答该问题必然再次将趋势的相关知识全部客观地解读清楚。

其实，在前面章节中，我们定义的趋势形态是狭义的，一共只有五段，中间的三段仅构成一个中枢形态。可在实际中经常会看到，一些趋势元素的中间出现超过一个以上的中枢形态。如图4-32所示，这里以下跌趋势为例：

对图4-32作解为，狭义的趋势形态是指上图中的1段+ABC中枢三段+2段五段所构造形态；广义的趋势形态则是指上图中的1段+ABC中枢三段+2

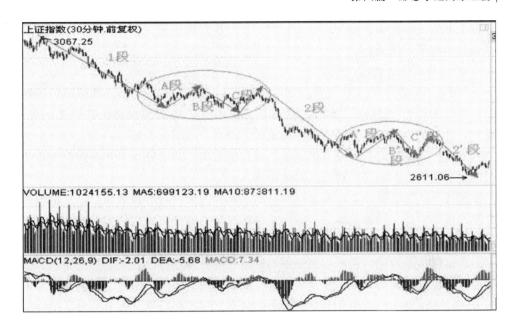

图 4 - 32　广义趋势

段 + A′B′C′中枢三段 + 2′段……（省略号表示广义的趋势形态是遵照趋势有延续性特征。根据延续性特点，后面或会再度出现新的中枢，趋势从而得以不断延续下去）

　　根据图 4 - 32 所描述的，出现操作错误的原因或者源于对趋势是否真正地完成或终结的正确研判。如果在上图中的趋势 2 段底分型洼值处做了买进动作，却没有在 A′段的顶分型峰值卖出的话，后面将会出现被套的局面。对此作分析的话，我们发现这种错误出现的原因主要在于趋势出现了延续性的情况，趋势 2 段并没有终结当前趋势的性质——既然趋势没有终结、拐点未出现的话，股价必然会继续按照原来的方向延续下去。那么，由此对应的前面的操作必然出现被套的情况。

　　通过分析此案例发现，狭义的趋势构造不能够作为绝对完全精准的买、卖点提示的唯一依据，形态学上的狭义趋势形态的构造仅仅描述了某些情况下的对最佳买卖点的操作提示，而且这也是要结合背离理论与级别理论的。况且，通过广义的趋势形态发现，仅从形态的构造决定操作行为是不可取的，而要结合多方面的动态影响因素的综合研判。这里除了要对动态学的背离理论、级别定位理论及大、小级别的形态之间的关系进行厘清，还要对外界干扰因素如宏观基本面、政策动向、行业公司基本情况的变化及最新及时的信息面的报道影响的预估和研判进行分析。综上可知，在当下的实际运用中，对趋势是否出现延续的可能做预判显得十分关键与重要，因为它将决定我们下一步的操作定位。可问题是，趋势为什么会出现延续性呢？

3. 趋势延续性的探讨

"缠论108篇"原文中经常提到"走势终将完美"这一句话。如果我们在这里主观臆测作者"缠师"本意的话，是否指所有走势类型都将构造完美之意？既然如此，笔者再将其发展一下，得出以下观点：所谓的走势即趋势，趋势构造终将完美，但趋势的构造没有最完美，只有更完美。若由此观点作为理论支撑依据的话，我们可以解释趋势延续性的特点。

另外，从影响价格走势的多重综合动态影响因素进行分析的话，当某种趋势已经形成的时候，外界的所有干扰因素都将促使趋势按照原来的方向不断延续下去，直至这些因素的负面影响消化殆尽为止。

若仅仅从本理论的技术层面分析的话，当前级别趋势出现延续性的特点，往往是由于比其更大的级别一段并未构造完成。对照同阶段不同级别的价格走势可以发现，大级别上出现的几笔价格重叠的情形，在次小级别上看有两种可能：第一种是中枢震荡形态的构造，或者该中枢构造完成后，未来的走势方向继续保持原有运作方向；第二种是构造出类似传统的头肩顶、底的形态出来，虽然也是呈现出中枢震荡情形，可是对应大级别中的中间笔出现重叠笔中的峰值或者洼值。如果实际中出现第一种情形的话，则当前观察的级别出现趋势延续性的概率很大，而出现第二种情形的话，当前观察级别的趋势终将完成，拐点将现。

综上所述，原来趋势是否出现延续，或者出现了延续的原因实质上是大级别中原有的段元素的形态并未构造完成。用"缠论108篇"中延伸出来的观点抑或为走势还未完美。

4. 如何确定趋势结束、拐点将至

根据上面两种情况的描述可知，实际运用中，对大级别段元素构造是否结束的判断显得尤为关键。因为根据对段元素是否完成的判断将影响次小级别中的操作动作。如果大级别的段元素并未完成构造，那么对应的次小级别的原有趋势必将保持原来的方向而不断地延续下去。反之，如果可以判断大级别的段将要结束的话，次小级别的趋势多半不会出现延续了。

问题的关键在于，如何判断段元素是否构造完成呢？如果段出现连续几笔价格重叠的情况，又显出横盘态势时，说明段的构造没有完成，当前仅为上涨或者下跌中继，后面还将继续保持原来方向的运作。如果价格出现重叠中的分型形态时，那么，段的构造或将完成。

将上面的两种假设情况分别对应到次小级别中观察时，第一种情况或者会出现趋势的延续性特点，操作上保持原有动作最好。假如是下跌趋势中，则继续保持观望；反之，若是上涨趋势时，则保持持仓为主的行为。这里要遵循级别理论中的尊重原则，小级别走势尊重大级别的原有趋势性质的。通俗易懂一点可理解，此时应以趋势为大，顺势而为之。

第二种情况则会出现趋势终结、拐点将至的可能。这里要结合动态学的背离理论，则多是可以捕捉到最佳买、卖点的。具体方法可以结合背离理论知识参考。

另外，基于趋势延续性特征多是受外因干扰所致，趋势会无限延续下去——当下若上升大级别的段元素观察，进行确定未来分型构造所需时间空间，有助于我们大致了解到，小级别的趋势构造是否提前结束，或者何时才结束。

二、五元素综合运用之深度研究与实用解析

（一）同一级别中的形态关系解析

1. 递进关系

在前面形态学概念篇介绍中，已经简单描述过同级别中所存在的形态关系。即，同一级别中，趋势为最高级别元素，它是由同级别中的笔、分型、段及中枢所构成；并且，它存在着由初级到高级、由小到大进行递进构造的规律。其实，这是对当前级别中形态关系简单的概括。自然而然，这也是通过对众多历史实际案例中归纳提炼出来的规律，通过对此规律的了解与掌握，可以提高我们当下的操作成功的概率，至少可以做到未雨绸缪。但也需要注意的是，不可过分地"意淫"，提前揣测后市价格走势会怎样。

为了讲解清楚，我们先讨论下趋势的定义。根据趋势狭义的定义，我们将趋势划分为五个大段。即，趋势的形态构造：起始 1 段 + 中枢 ABC 三段 + 结束 2 段，一共由五段构成。如果对本理论有过细致研究会发现，这仅是趋势狭义的定义，而且这不过是一种特殊的形态而已。而在实际中，不一定会出现完全符合趋势定义的形态，有时候只是中枢形态（代替了标准趋势所定义的形态）。又或者由于趋势具有延续性的动态特征，趋势不仅会出现一个标准的五段，而且会在一个狭义趋势之后，继续出现新的符合狭义趋势所定义的形态出现。即，趋势往往会出现延续性。对此用股市俗语说：跌势不言底，涨势不言顶。用"缠师"的话说：走势终将完美。可用笔者的话说：走势即趋势，趋势没有最完美，只有更完美。前面已做讲解，这里不再赘述。

通过对此两种特征的观察发现，以上五段都是由分型将相邻两段进行连接而构成的。按照此类分解，我们最终确定出了当前级别所存在的形态关系：由小到

大、由初级向更高级元素进行递进构造，而且，其最终都将完整地构造出一个符合狭义趋势定义的特殊形态出来。由最小的笔元素与分型元素，递进构造成段、中枢或者趋势元素。

需要说明的是，狭义趋势定义的五段，其实是符合波浪理论八浪中的前五浪的形态的。虽然波浪理论并不严格要求中间的第2、第3、第4浪出现价格在水平方向重叠的情形，可是，我们的狭义趋势至少也是符合其特殊情况的。至于波浪的第2、第3、第4浪是否应该出现价格重叠，这里暂时不做讨论，详见前文所述。但要明确的是，假如波浪前5浪是向上的，即符合一个狭义的上升趋势元素；反之，向下时，即符合一个狭义的下跌趋势元素。

2. 趋势五段不对称性特征再探讨

搞清楚了当前级别存在的形态关系，再回到现实操作中，我们又经常发现，当前级别的趋势五段在其具体形态上并不都是由单纯的一个段元素组成的，情况往往是五段内部的具体构造又各不相同：有时候，此五段之中的一段或由一个独立的符合中枢ABC三段所定义的形态构成；有时候，其内部由符合狭义趋势定义的形态所构成。换句话说，当前级别的趋势五段，其内部每一段的形态构造往往是不对称的。对此，在前面章节中亦做过简单介绍了。为了方便实际之中的操作，对此实际之中所存在的特征，我们有必要进行详细的了解。

对于同级别中各段之间所存在的形态关系，可参考图4-33，整个图例实为一个完整的下跌趋势形态。按照狭义趋势形态定义，一个狭义的趋势形态由五段构成。但是，实际中真正由五段所构成的情形往往并不多见（按照段元素划分原则，一个狭义的趋势内部最终都只能够被划分成5个大段）。如图4-33所示，其中的大1段由一个独立中枢构成：大1段=1段+2段+3段（1，2，3为中枢）；大2段内部则由一个完整的趋势元素所构成：大2段=7段+（8段+9段+10段中枢三段）+11段。这两个大段与中枢ABC三段在形态上根本就不对称。

由此案例即可证实，实际中趋势五段之间的形态在段与段之间并非呈现完整的对称性，实事也是多呈现不对称性的特点。

（二）论大、小级别间所存在的形态关系

在前面章节中有明确定义，形态元素有且仅有五个。并且，这五个元素出现在所有品种、所有的级别之中。同时，它们还存在着由初级向高级元素递进构造的规律。即，对同一级别而言，最小的笔元素终将完整地构造出趋势形态来，或者仅构造出中枢元素。如此更不用提及分型与段元素的构造了。五元素在同一级别中存在这样的关系，那么，在不同的大、小级别之间又存在怎样的形态关系呢？

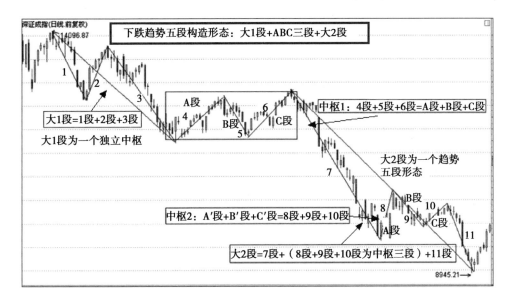

图 4-33 同级别中各段之间所存在的形态关系案例

通过对无数的案例观察、研究、提炼及验证证实，大小级别各元素之间至少还存在以下关系或者规律：

（1）在同一阶段内，某大级别中的一笔往往是其小级别中的一个段，或者是一个中枢，甚至一趋势元素。而且，与大级别相对应的越小级别内的形态构造越发标准和完美。

例如，以深证成指为例：2010 年的年线一笔中，最高指数为 13936 点，最低指数为 8945 点。在同一阶段内的季线级别上，全年四笔季线分别为下跌两笔，上涨两笔；月线级别上，整体上全年走势形态呈现"V"字形，细究的话为两个段元素；日线级别上呈现两个性质刚好相反的趋势形态，其中 2010 年元旦后到 2010 年 7 月 2 日为一个完整的下跌趋势，下半年则呈现上涨趋势，同时最后阶段出现围绕分型反复的情形。

由此说明，如果严格按照时间划分，即使不是按照某个拐点转换的最高或者最低点做形态的分类的话，那么，大、小级别元素在形态上呈现上面所述的特点为：大级别的一笔或者为次小级别的一个段元素，或者中枢，又或者一个趋势元素。如果按照最高或最低拐点划分大小级别之间所存在的形态关系的话，那么这种形态关系的表现则显得更为完美。

（2）以此类推，在同一阶段内，某大级别中的一个段元素，往往是其次小级别中的一个中枢或者趋势元素。且与大级别相对应之越小级别内，其形态构造越发标准和完美。

根据4幅实际图例（见图4-34至图4-37）的对照可以发现，大级别中是一个段元素，如果按照实际最高值和最低值（分型峰值洼值）进行连接划分的话（而不是按照时间标准划分），次小级别上对应着完整且完美的趋势形态。由此，证实了大级别的一个段元素在其次小级别上呈现趋势形态（中枢形态可在实际中处处可寻见，此处暂不举例）。这是最为典型的同阶段内，大、小级别上的元素所呈现的形态关系。

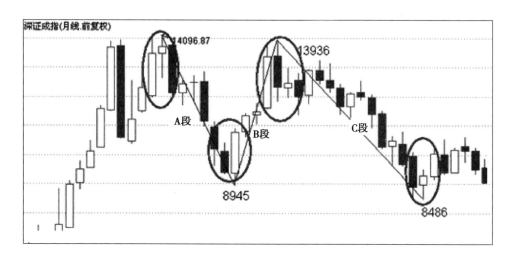

图4-34 月线级别 ABC 三段

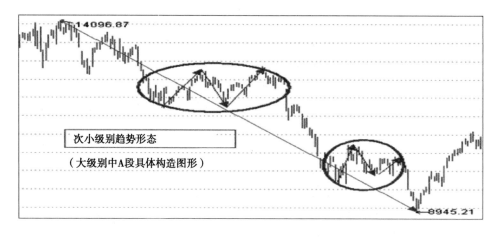

图4-35 同阶段日线级别中对照月线 A 段具体构造形态

图 4－36　同阶段日线级别中对照月线 B 段的具体构造形态

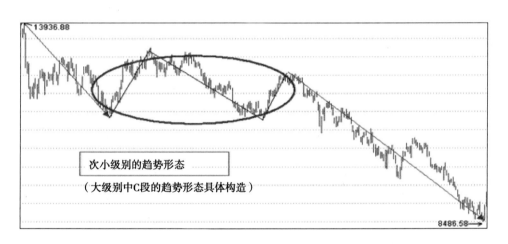

图 4－37　同阶段日线级别中对照月线 C 段的具体构造形态

由此说明，段元素成为了实际操作中最具有价值与意义的元素。实际操作基本上也都是对段元素展开时刻跟踪和分析，并依此确定任何一个级别上的买卖点的出现，然后采取操作动作。

（3）某大级别中，连续运作出现的至少三笔，在水平方向上出现价格重叠的情形时，那么，回到其同阶段的次小级别中观察，此时必然构造出一个符合定义所规定的中枢（或中枢震荡）形态。且与上面规律相同，级别越小，其中枢形态的构造越完美。

如果连续三笔构成分型的形态，那么同样地，对于某大级别中所构造出来的

分型，回到次小级别中去观察，同阶段呈现的形态也是中枢震荡的这种特殊
情况。

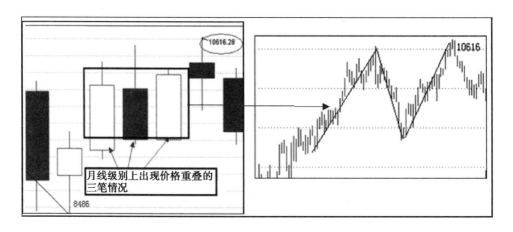

图 4-38　大级别重叠三笔与次小级别形态关系

　　以上所总结出的 3 个规律，基本上将大、小级别各元素之间所存在的形态关系进行了完整的归纳与描述。而且，我们可利用"归纳—演绎法"列举实际案例进行验证。所存的问题是，以上虽然采取了归纳—演绎法，但选取的案例却都是已经走出来的形态，即为过去式的历史。如果在当下的现实操作中，恐怕会遇到很多问题。

　　由于当下的形态都是在构造过程之中，是正在进行时，只要没有完整构造出来时，我们暂时很难知道其未来走势究竟会怎样。正因为如此，在构造过程中的形态还不确定的时候，我们暂时无法决策未来应当进行如何操作，这个问题直接关系到了我们当下的操作。

　　例如，某年线级别一笔，只要 12 月 31 日未结束，我们就无法知道该笔年线是以如何形态构造完成的。同比下去，不到一个月最后一个交易日，就无法知道该月线一笔的最终构造形态。还有周线、日线、分钟线等都是如此。

　　根据以上解析，对于当下操作中，我们又该注意些什么呢？或者有没有更好的方法对当下的操作形成有效的指导？至少了解和掌握大、小级别之间的形态关系，利用次小级别的完整的走势形态，去提前研判大级别走势段最佳买、卖点吧。换句话说，即是利用此规律的提示对分型进行准确的判断，从而提高我们对买、卖点的捕捉。相信由此规律的提示，或者是可以做到的。由此也说明，对大、小级别之间形态关系的了解与掌握，对我们当下的操盘具有很强实用性和指导意义。对此，在实际操作中，还可以结合以下几点经验：

首先，假如某小级别正在进行中枢或者趋势元素的形态构造，我们将同阶段上升到其大级别观察发现，与之对应的是一个笔或者一个段元素正在构造中。但是，至于该笔或者该段元素性质是否发生转变，或何时何地发生转变，则成为了我们重点关注和跟踪的问题。

其次，大级别的缺陷在于，无法在当下看到其具体的构造过程。通过大、小级别各元素中所存在的形态关系，却可以了解到，原来我们可以通过对其次、小级别提前观察，从而发现大级别的某形态元素的具体构造过程。假如大级别是一个段，我们接下来主要观察的自然是其未来分型出现的地方。因为，确定了接下来的分型，也就找到了接下来的买点或者卖点，由此直接指导我们当下的操作动作。

再次，假如当下某小级别正在进行中枢的构造，那么将其上升到同阶段的大级别中观察发现，其刚好对应了大级别中一个段元素的一端的阶段性顶部分型或底部分型的构造阶段中。这里再结合动态学的背离理论，或许可以研判出最佳的买、卖点。

最后，级别是按照年、月、周、日、时、分及秒等标准进行严格划分的，可实际中出现的高、低点却并非严格地按照此标准进行划分到某个级别中去的，所以，实际操作中应该灵活多变，要懂得实际中出现的高、低点其实用意义，远比去计较它究竟是属于哪个级别上的峰值拐点要重要得多。

（三）形态学分解的确立原则

1. 历史形态分解的确立原则

历史不会完全复制性地重演，但是，在一定时候它确实能够给我们对未来股价走势做研判的昭示功能。股市形态学都是历史经验的总结，利用其对未来股价走势进行预测，往往成为了我们研究的重要课题之一。可在实际使用之前，当下更为重要的是对其历史形态的分解。为此，先介绍下对历史形态分解与确立所要遵循的三个原则。

（1）历史形态分解的确立原则。

原则一：也称为由大至小的级别顺序原则。即，对历史形态的分解应当按照从大到小的顺序，逐一分解各个级别所处的形态情况，且确定清楚各个级别之间的形态关系。

原则二：对分型洼值峰值按照取大或取小的原则。实质上，本原则分为两个步骤：首先，在各级别的每个段元素中，将真正的分型确定出来；其次，在此过程中，对顶分型峰值一定要遵循取最大原则，而底分型洼值则遵循取最小的原则。

原则三：确定各级别段元素为划分目的原则。各级别之间的段元素确立出来后，才有了对历史走势形态的客观分析，从而对未来形态构造提供参考。

遵照以上三个原则，其最终目的是研判当前分析级别所处于哪个形态元素的构造中，从而对未来操作决策形成有效性的指导。

（2）历史形态分解确立原则的实用意义解析。

第一，首先通过对大级别历史形态和动态情况的跟踪与观察，可清楚地了解到股价的历史走势的情况；其次按照大级别形态和动态意思的提示，从整体上确定未来较长周期内股价的大致走势方向的情况；最后才展开对后市做适用性的预测。大级别的股价运作的趋势性质往往很难就在当下发生改变，该性质的改变往往是等其完全走出来后才得以确定。这就等同于犯"当局者迷"或者"身在福中不知福"的情形。因为人们总是处于当下，难以对未来做出正确的研判。如果我们以年为单位计算级别，自然无法确定未来几年或几十年的命运情况——该周期太过于久远了。但是，当我们缩小到以分钟或小时做计算的时候，我们往往可以知道下一分钟或小时的"命运"情况——因为经历时间短暂很容易被预料到。所处的大级别往往有这种局限性，也正因为其无法在同级别中立刻发生趋势性质的改变，所以，对大级别的原来历史形态的观察，可以有限地预测未来的大致走势——当然该趋势性质往往是继续保持原来状态的。于是，对大级别原趋势性质的确定意义在于，可以从宏观或者整体上大概知道接下来的股价走势情况。

第二，可精确定位出对操作具有明确提示的级别，对实际操作提供直观的指导作用。任何时候总会出现至少一个以上级别有较为明确的买卖点提示。而该提示出现的条件则是，该级别的历史形态构造和当下的动态意思的表达同时形成了一个意思，即接下来要变盘，出现拐点，从而结束前面的趋势性质；或者由下跌趋势性质转变为上涨趋势的性质；又或者由上涨趋势性质转变为下跌趋势的性质。以上所描述的情形，即形态学与动态学形成了相同意思的表达，有变盘的要求，而且刚好在某一个级别中出现了，那么，这种提示是明确，甚至精确的被定位出来的，无疑显得尤为直观。

第三，结合交易规则和交易成本情况，定位出符合自己的操作级别，或者长、中、短三种风格兼而有之的灵活操作风格。在前面章节中曾做过介绍，操作周期与空间和级别成正比。因此，在分时级别里我们可以看到，在单个交易日里或许会出现来回几组的买卖提示。可是对应于日线级别，则需要相当长的时间才会出现一组买卖提示。对此，如果进行感官和周期上的分类，发现分时级别所对应的是那种极为短线的交易，只要交易规则和成本等条件允许，就可以采取极高效率的操作。例如，规则为 T + 0 交易的黄金、期货、外汇及海外股票等交易品种适合这种级别。至于日线这样的级别，其实是一个相当长的长线操作级别。一组买、卖点往往对应几个月甚至半年以上。有些聪明的投资者，或许早已发现此规律，所以他们往往会根据自己的真实情况，设定出适合自己的最佳操作风格。目的是将资金的使用效率发挥到极致，从而最终实现投机的盈利利润的最大化。

第四，根据对历史形态的分解，了解各级别之间所存在的形态关系，对未来机会或风险是何种级别或者哪种程度有个整体上的了解。其实，这也是对操作风格的一种补充说法。笔者以为，真正的高手操作的频率往往极少，他们往往是那种一般不出手，一旦出手一定是一击即中。能够达到此种境界的，往往是已经将大格局完全掌握于胸的"神人"。再者，如果任一交易品种都是有着一定的运作规律的话，那么，真正高手的买卖频率也一定是极其少的。他们一般也不出手，可是一旦出手了，则一定是一个相当大的机会出现。反之，当他们果断而又彻底退出市场的时候，那一定是相当大的风险来临。

总之，对于本理论来说，理解、学会到掌握了，且实现守、破、离三重境界之后，那必然能够正确地抓到大趋势。

2. 未来形态的分解之确立原则

历史形态终究是已经发生的既成事实，它的作用是提醒我们接下来该怎么做，或者给我们增加了一条宝贵的经验。但是，做股票按照经验不一定总是能够成功的。正确的做法是，按照前面给出的对历史形态分解及确立原则，对其进行分解，然后根据其分解预测未来形态构造情况。那么问题便是：对未来形态构造如何进行当下的分解及确立呢？因为这实质上决定了我们未来的操作行为。开始作解之前，我们先将市场中所有走势类型进行严格分类，发现有且仅有以下几种。

（1）走势类型的分类。

根据趋势形态定义与分类可知，趋势分为上涨趋势与下跌趋势两种。且一个狭义趋势至少包含一个中枢元素，而中枢即可直观地理解为盘整（横盘震荡）形态。于是，我们对股价走势进行分类，有且仅有以下六种：

以上六种走势分类几乎涵盖了实际中所有的走势类型（见图4-39至图4-44），并且它们之间可以互相组装连接，进行走势形态的互相转化。例如，图4-39中的最后下跌段就可以与后面任意一种走势类型进行连接。当然，先要去掉图4-40与图4-41重复的部分（第一部分都是下跌段可以去掉）。

如此的话，当我们知道了以上分类中某些部分时，或许就能够对未来走势形态进行预计和猜测了。而且这种对未来走势类型和结果的猜测是有着必然性的。其前提是，已经对当下走势段进行确定终结了。当然，对未来走势形态之必然性的出现形态分解和确立，也应该有着严格的原则与定义要求。

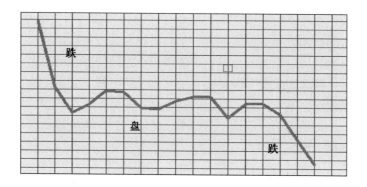

图4-39 下跌段后＋盘整＋下跌段（相当于一个下跌趋势）

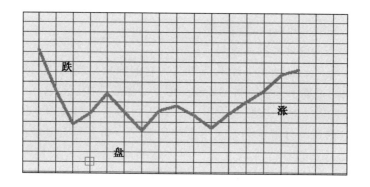

图4-40 下跌段后＋盘整＋上涨段
（一下跌趋势的非标准形态，很快又出现趋势反转向上）

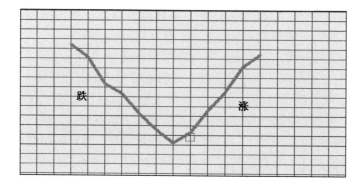

图4-41 下跌段后＋上涨段（中枢中的两段，或传统的"V"形形态）

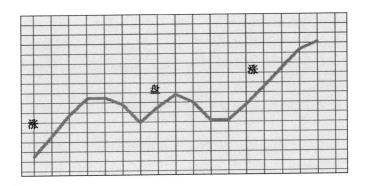

图4-42 上涨段后+盘整+上涨段（相当于一个上涨趋势）

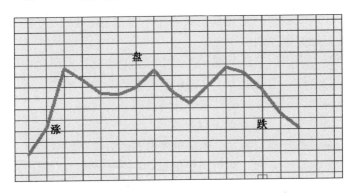

图4-43 上涨段后+盘整+下跌段（一上涨趋势的非标准形态，又出现趋势反转向下）

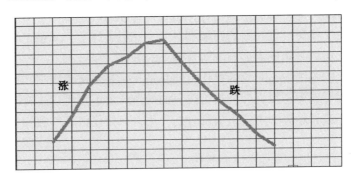

图4-44 上涨段后+下跌段（中枢中的两段，或传统的倒"V"形形态）

（2）未来形态分解之确立原则。

实际中，对未来形态分解及预判时，要遵循以下原则。

原则一：首先，必须确立操作的主要级别；其次，要确定主级别的前面的走势段已经终结。

只有对前面走势段的终结确定，才可以知道未来形态构造之必然性和确定性。否则，一切都是空谈。或许此时的问题在于，如何确立前面形态已完全终结呢？判断方法又是怎样呢？回答此问题，则要结合动态学的辅助判断背离之方法，这里暂不展开。

原则二：任何级别中，在主级别里则更要严格遵循形态构造尊重动态意思表达的客观原则。

形态学与动态学之间的关系探讨中，我们已经明确了二者之间的关系：动态因素决定了形态的最终构造情况。由此可知，形态的最终构造情况必然都是当下动态博弈力量的结果所致。所以，对未来形态构造要符合本理论所规定的形态学尊重动态学之原则。

原则三：任何级别中，尤其是主级别中，将跟踪"段"元素作为实际之中分解及确立的基础对象原则。

基于分型是买卖点，笔是基础元件，中枢和趋势都是由段所构成，即段元素存在空间和时间条件，也就成为了基础跟踪及主要的操作对象。所以，对未来形态跟踪中，就应当以段作为其基础跟踪分解及确立的对象。

3. 段为形态分解确立原则的关键所在

无论是历史形态分解与确立，还是未来形态的分解与确立，其分解和确立的基础对象基本上都是段元素。在对历史形态中的所有段元素进行分解和确定后，我们才明确出了当前的形态意思的表达。例如，或许能够知道当前处于中枢或者趋势的哪一个构造部分中，以此确定未来的形态构造。这里还可以结合动态学的级别理论和背离理论，对后市的走势作出较为精准的研判。

另外，由于任何一段元素的两端都对应了一组买与卖，又基于其为实际操作的基础对象，所以必然成为形态分解及确立的关键。

在足够大的级别中，对应的操作空间具备，且有着交易规则和成本条件支持时，段元素无疑成为了投资者们最为热衷的操作对象了。所以，有时候反而要忽略它作为中枢或者趋势的主要组成部分的作用，而仅仅将其单独作为操作对象就可以了。

五元素实践应用讲解①

一、实际中如何判断分型形成

概念篇中对分型的构成定义已做了详尽介绍，由此我们可以了解到分型本身的构造定义或者形态表现并不复杂，而且极易理解。可是到实际运用中，基于级别大小的不同，分型的实用性意义也有所不同。在较大级别中，分型的使用价值及作用远大于其在次、小级别中的分析运用。例如月线级别的三笔所构成形态或者是几十个交易日的缩影，其中出现的涨、跌幅度往往就已经能够为我们提供可操作的空间了。另外，月线级别的分型形态一旦构成，那么就不会轻易发生改变。由此，对较大级别分型构成情况值得分析与研究。而对于1分钟级别，其分型构成往往是迅速且短暂的，其实用性及价值暂比不上较大级别的分型构成情况。因为我们可以往往在不超过几分钟时间里就可以确定出1分钟级别的顶、底分型来。基于此，极小级别中的分型的研判，也就不足以形成分析和讨论的价值与意义了。

可话说回来，探究分型构成原理，其实质是探究由当前级别至少三笔所构成，只不过属于那种比较特殊的构成形态而已。比如顶分型，它的中间笔会出现最高价，前上涨段的转势由此点确定后，分水岭出现，后市进入下跌段；反之，底分型是在其中间笔出现最低价，前面下跌段的转势由此点确定后，拐点出现，后市进入上涨段。其实，分型此种形态时时处处可见，并不稀奇，区别仅在于对应的动态指标有没有出现背离，或者出现多、空头主导向相反的情形转变。有背离的出现，可能开始预示着转势的即将转变，至少是进入到酝酿中。当然，实际中仅有背离迹象出现，没有构造成背离段，并未出现背离点，转势也难以确定形成。这里所指的背离，既可能是当前级别的，也可能是次、小级别所致。下面我们用实际案例进行跟踪讲解分型确定形成的研判方法。

---

① 节选自《解缠论2》之五元素实践应用。

在图 4-45 左图中出现新高 19.52 元，可去观察对应的下方指标，仍处于多头主导状态，因此应该持续跟踪下去。直至跟踪图 4-25 右图走势的出现，仍是连续出现新高，最高至 31.89 元。如果此时以 31.89 元为中间笔的话，从目前情况看，其暂时与前后两笔构成顶分型形态。当然此处需要探讨的是，顶分型在形态上已经符合其构成定义与标准，那么后市是否会形成下跌段呢？或者仅为下跌几笔而已呢？若要仅从技术层面找到下跌的支持理由，我们则降低观察级别，例如到日线级别中观察，可得知以下情况。

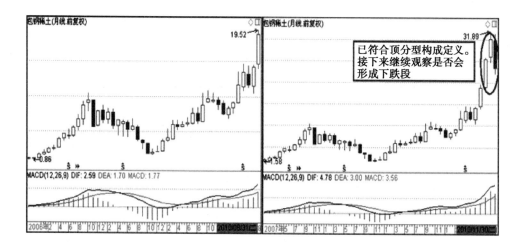

图 4-45 包钢稀土的月线级别顶分型跟踪

对图 4-46 观察可知，同阶段走势中，日线级别上出现两个顶背离特点：一是包钢稀土的股价与 DIF 指标背离；二是 MACD 零轴线上方的红柱子在其股价上涨创新高过程中面积逐渐变小。既然如此，由日线级别顶背离所致，该级别的下跌段甚至下跌趋势或者开始构造，而对应到同阶段的月线级别上，或者出现下跌笔或者下跌段（趋势估计暂难形成）。

再次回到月线级别看，自 31.89 元为中间笔的顶分型之后，出现了两下跌笔、一上涨笔，如图 4-47 所示。可暂时还不构成下跌段定义。不过此时新的问题是，如何提前知道该下跌笔或者下跌段会在何处何时止跌且出现拐点呢？遵照的方法自然是回到次小级别中去观察。

在日线级别上，从 31.89 元开始，下跌至新低 18.7 元后，该级别上出现底背离，如图 4-48 所示。由次级别底背离的出现，大级别上，例如月线上，必然重回上涨笔，甚至上涨段。

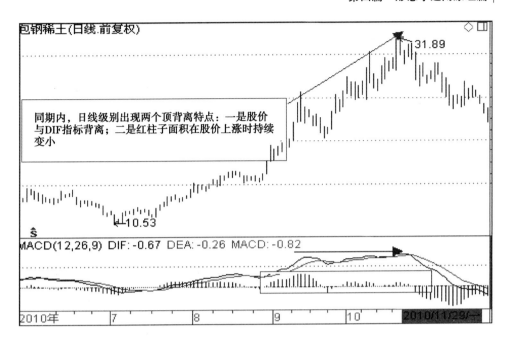

包钢稀土(日线.前复权)

同期内，日线级别出现两个顶背离特点：一是股价与DIF指标背离；二是红柱子面积在股价上涨时持续变小

31.89

←10.53

MACD(12,26,9) DIF: -0.67 DEA: -0.26 MACD: -0.82

2010年　　7　　8　　9　　10　　2010/11/29/一

图 4 – 46　包钢稀土日线出现顶背离特点

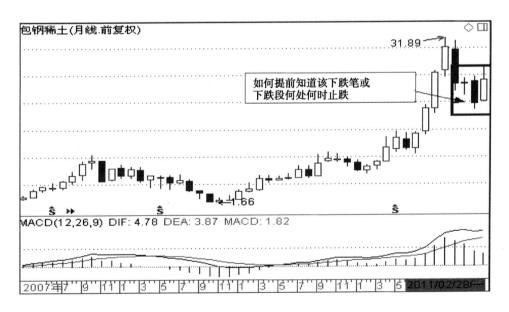

包钢稀土(月线.前复权)

31.89

如何提前知道该下跌笔或下跌段何处何时止跌

←1.66

MACD(12,26,9) DIF: 4.78 DEA: 3.87 MACD: 1.82

2007年 7 9 11 1 3 5 7 9 11 1 3 5 7 9 11 1 3 5 2011/02/28/一

图 4 – 47　包钢稀土月线级别创出新高后走势

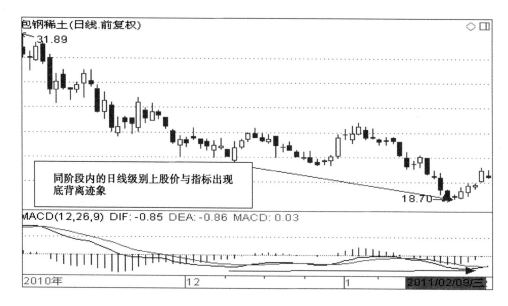

图4-48 包钢稀土日线级别上出现底背离迹象

月线级别上从31.89元下跌并未形成符合定义的段元素，但由于日线级别底背离后，重回升势出现上涨笔，且创出新高37.1元。动态指标也随之进入临时性的多头主导状态，接下来应该再次进入持仓跟踪策略。如图4-49所示。

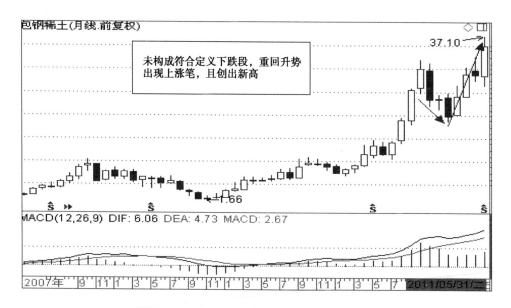

图4-49 包钢稀土月线级别上回调后再次上涨创新高

　　跟踪状态持续着，直到 39.76 元新高出现，且再度构成符合定义的顶分型形态。如图 4 - 50 所示。

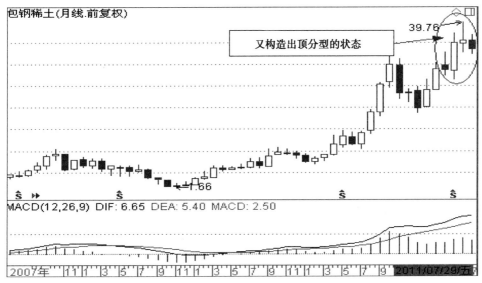

图 4 - 50　包钢稀土月线级别上涨创新高走势

　　与此同时，我们通过观察次、小级别上得知，在同阶段的周线级别上，出现顶背离迹象：一是股价与指标走势背离；二是红柱子越来越小，甚至消失。如图 4 - 51 所示。

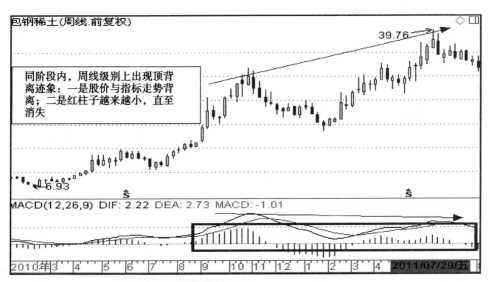

图 4 - 51　包钢稀土周线级别底背离迹象

此情况的出现，多半会造成该级别下跌段甚至趋势开始形成，而较大级别的月线级别则开始出现下跌笔甚至下跌段。当然，此处我们讨论的重点是，围绕以39.76元为中间笔的月线级别顶分型是否真正确立形成？

基于周线级别顶背离出现，月线级别出现顶分型，并且下跌一段的概率无疑大增。如图4-52所示。结果如何，我们继续跟踪。

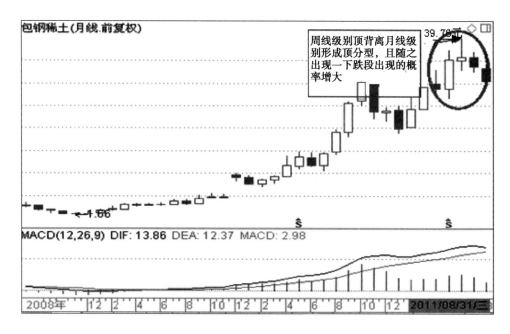

图4-52　包钢稀土月线级别顶分型形态

通过对后市走势的持续跟踪，月线级别出现符合该级别定义的一下跌段元素：空间在39.76～16.84元。如图4-53所示。周线级别顶背离影响大，使月线下跌时间空间均放大。

由该下跌段即可证实，月线级别中，以39.76元为中间笔的顶分型构成符合定义的标准，是真顶分型。并且由此可知，前面在31.89元处形成的顶分型为伪分型，毕竟后市再度出现了新高。不过联系到实际操作中，对分型真伪的讨论，以及分型形成过程的探讨均无太大的意义。最为实用的是，如何利用上述方法准确判断拐点在哪里，在什么时候出现与形成，从而指引我们当下的操作。对此还有疑惑，可以结合本理论知识，进行自主灵活的思考。

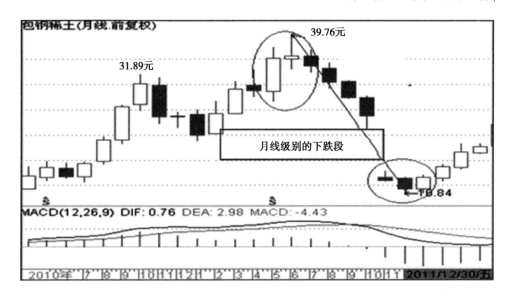

图 4-53　包钢稀土月线级别下跌段走势

二、实际操作中如何展开对段元素的跟踪与研判

理论中已多次提及了段元素的重要性，实质上，在任何级别中段元素都成为了基础的操作对象。段元素是对空间和时间的描述和展示，而且段元素的两端为两个不同性质的分型，所以，在实际操作中，对段元素的跟踪，然后从中捕捉到未来一端的分型构造情况，或许能够捕捉到最佳买点或卖点。可问题是，实际中如何对段元素进行跟踪，跟踪时候应该注意什么？另外，如何判断段元素的终结呢？详细参考以下实例分解。

如图 4-54 所示，自 83.27 元为当前最高价出现后，后市一路下跌，最低跌至 32.01 元，构成一个符合当前级别的下跌段形态。随后，在 32.01 元为中间笔形成了符合当前级别的一个底分型形态。从而后市就是展开对未来一个上涨段的跟踪。按理论所述，底分型形态确立形成，当对应的动态指标进入临时多头主导状态的话，后市应该至少有 3 笔上涨，或者重心向上的横盘 3 笔出现。不过这里仅是一个心理上的提前预计，实际之中会不会出现则要继续跟踪。

承接前走势图，如图 4-55 所示，出现了重心向上的横盘 3 笔，且第 3 笔突破重叠区间（形成上涨 3 笔），再创新高。如果此时对应的动态指标仍为多头主导状态，甚至有翻红迹象，这在一定程度上有力地支持了第 3 笔突破新高——至少也说明次、小级别的底背离之后的影响范围仍由多头强势主导。至于横盘3笔中的第1、第2笔在阴阳线的性质上为阴线，而且出现较长的上影线，这显示次、小级别中的多、空双方也出现了残酷的博弈，但最后仍是多头获胜。具体如图4－56所示。

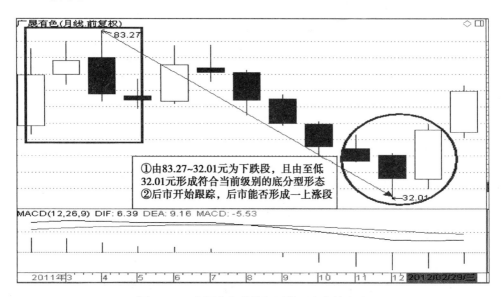

①由83.27~32.01元为下跌段，且由至低32.01元形成符合当前级别的底分型形态
②后市开始跟踪，后市能否形成一上涨段

MACD(12,26,9) DIF: 6.39 DEA: 9.16 MACD: -5.53

图4－54　广晟有色月线级别段元素走势跟踪

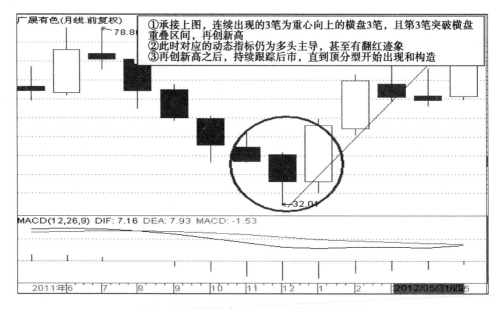

①承接上图，连续出现的3笔为重心向上的横盘3笔，且第3笔突破横盘重叠区间，再创新高
②此时对应的动态指标仍为多头主导，甚至有翻红迹象
③再创新高之后，持续跟踪后市，直到顶分型开始出现和构造

MACD(12,26,9) DIF: 7.16 DEA: 7.93 MACD: -1.53

图4－55　广晟有色月线级别上涨段走势跟踪

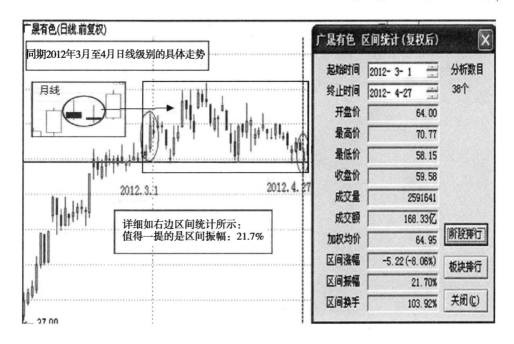

图4-56　广晟有色日线与月线走势对比

月线级别所对应日线级别上的走势，如图4-56所示，根据日线级别的统计，在这两个月里，股价的振幅达到21.7%。最后至月底，整体上仍下跌-8.06%，且创出新低。用形态元素描述的话，构成了一个中枢三段的形态。上涨中出现的中枢等同于一下跌段，为上涨趋势的破坏段。如果展开进一步研究的话，对当前日线级别出现的破坏段，则又要利用次、小级别研判和捕捉买点。具体方法此处暂不展开，可参考前文。

笔者在此处特别提及月线级别上的横盘笔，是想说明它对应的次、小级别上出现了中枢震荡形态，也就是一破坏段。回到实际操作中，都能够对应到次、小级别中找到高点做卖出，然后回调低点处再度买回。而且，次、小级别的全部走势如此繁杂，但回到大周期级别上也就才构成几笔而已，只不过次、小级别对高、低点的反应是较为迅速的。对于月线级别的上涨段的继续跟踪，如图4-57所示：

继续承接前图，再持续跟踪1笔后，又出现新高81.73元，紧随其后，下跌1笔伴随出现，同时，对应同期动态指标已现临时空头主导状态（并未翻红，实际中经常出现）显示次、小级别上出现了顶背离。月线级别上顶分型的形态上已经符合构成定义。至于实际操作中，如何捕捉81.73元的最高卖点，就要结合次小级别的形态与动态结合提前研判了。

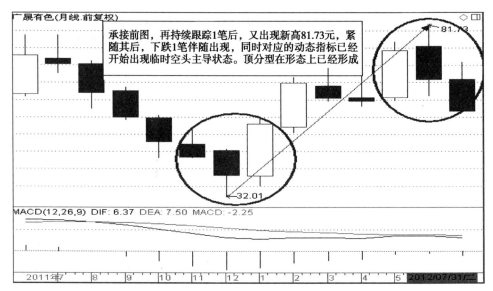

承接前图，再持续跟踪1笔后，又出现新高81.73元，紧随其后，下跌1笔伴随出现，同时对应的动态指标已经开始出现临时空头主导状态。顶分型在形态上已经形成

图4-57　广晟有色月线上涨段走势

例如对应的日线级别上，股价向上涨至81.72元途中，股价与指标运行方向出现了顶背离；即使在完成3~4月的中枢震荡后，突破当前中枢形态，此时以为背离段，如图4-58中长方形条框所画部分，背离段内部也是出现了背离迹

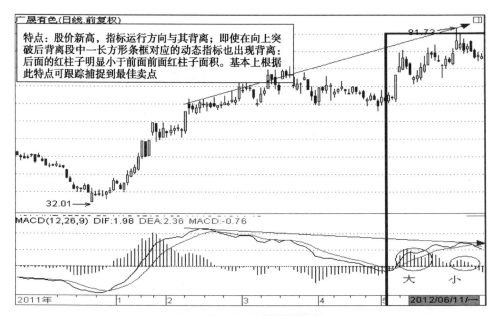

特点：股价新高，指标运行方向与其背离；即使在向上突破后背离段中一长方形条框对应的动态指标也出现背离；后面的红柱子明显小于前面前面红柱子面积。基本上根据此特点可跟踪捕捉到最佳卖点

图4-58　广晟有色日线走势

象——对应涨至 81.72 元这一小段下方的红柱子的面积明显比前面上涨段所对应的红柱子面积要小。实际中，发现此特点，可以跟踪捕捉到该至高卖点。

继续回到月线级别的跟踪之中。由于前面一个上涨段的跟踪已经结束了，顶分型确立形成，后市转势向下跌的概率增大。此时心理上可预计后市至少出现下跌 3 笔或者重心向下的横盘 3 笔。实际中是否会如心理所预计那样，果真出现呢？且看后市继续跟踪。

如图 4－59 所示，以 81.73 元为中间笔的顶分型形成后，后市连续出现下跌 4 笔，而且前面 3 笔出现的重叠区间非常窄小——显示空头力量非常强悍，多头无力抵抗。第 4 笔继续创出新低，但收出了上影线。若对后市继续跟踪的话，心理上的预期是：或者继续出现下跌笔，或者出现横盘笔，又或者出现上涨笔。哪种概率大，结合动态指标看，先看继续下跌且新低的概率大。当然，如果再去结合次小级别的形态、动态意思的话，或有反复，这种反复或者形成一个反弹，或者一个中枢，甚至一个趋势。至于此时日线上的变化究竟如何，如图 4－60 所示。

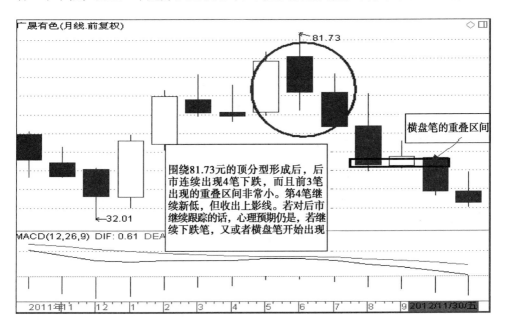

图 4－59　广晟有色月线级别下跌段

非常明显，股价在前期果然以继续下跌为主。最低跌至 33.05 元。结合动态指标看，指标与股价走势方向背离。所以才有了当前级别的反弹走势，但暂时走出的仍为上涨段形态。这一走势或许将改变和影响月线级别的形态走势。从而以前面三种情况做讲解的话，则为：由于该笔月线级别下分解并未最终构造完成，所以如下描述——先出下跌笔，且创出新低，紧接着由于日线级别出现底背离，出现一上涨段，所以，月线级别开始向横盘笔，甚至上涨笔的形态构造。如图4 - 61所示：

图4-60　广晟有色日线走势段

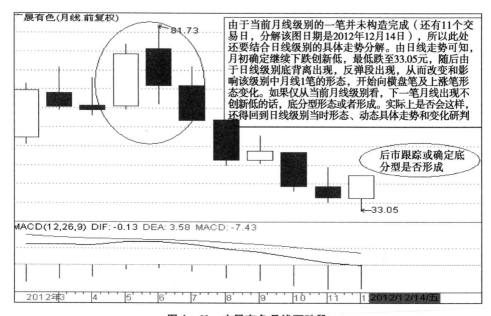

图4-61　广晟有色月线下跌段

由于当前月线级别的一笔还未运作完（分解该图形日期是 2012 年 12 月 14 日），还有 11 笔日线运作，当前月线级别的形态才会尘埃落定，实质上笔者在此做的是对未来走势的心理预计。自 81.73 元开始下跌，月线级别月初确实以下跌创新低为主，表现的是一笔下跌形态，随后由于日线级别底背离出现，一上涨段走出来，从而改变和影响了月线级别的形态，由下跌笔向横盘笔甚至上涨笔形态转变。如果下一笔月线价格不再创出新低，那么当前月线级别以 33.05 元为中间笔的底分型或许形成。如有多头主导支持，未来预计出现上涨笔的概率大。当然实际是否会出现，还得看回到日线级别的当时形态、动态具体情况而定。

最后，对应实际操作中，特作说明，这种下跌段的跟踪，对应的操作策略自然是空仓观望为好。此策略与对前面上涨段中的策略刚好相反。如果以上分解，不结合实际操作，不运用到实际操作中，都是纸上谈兵，终究掌握不了理论的真谛；又或者，如果在实际操作中，已按照上述流程分解，对段元素展开跟踪，但又不去执行的话，仍然掌握不了本理论。

三、实际运用中中枢出现时的处理

（一）中枢在不同级别中的运用启示

中枢形态是五元素中最为复杂的形态，实际运用中也是困难重重，很多人不知道如何着手。实质上，中枢与分型形态一样，对市场走势形态的描述功能远大于其实用性价值和意义。所以我们要讲述的也仅仅是实际运用中中枢这个形态在还未出现，或者有这个心理预计时，对当下操作的指引。以下，我们结合实用案例，展开对该形态元素的使用意义讲解。

众所周知，中枢在形态上就是当前级别内，连续出现互相破坏的三个段元素连接而成的（其实，整体上看中枢，就是某趋势中的破坏段），可联系到实际操作中，我们只需要盯着其中的每一段，跟踪到其分型在哪里形成即可，然后对应地做出买进或者卖出的操作。这一点在段和分型实用之中已经做了讲解，不再重复做探讨了。此时，笔者只想讲解的是，关于中枢形态在某级别上出现时，按照经验会有怎样的心理预期——毕竟这些心理预期可以指引我们当下的操作和应对策略。

这里我们举例同一品种、不同级别上出现中枢时的情况做对比，试图从中寻找到中枢出现时如何根据其心理预计，对当下的操作形成正确的指导。

图 4 - 62 与图 4 - 63 分别是月线级别对应周线级别同一品种（贵州茅台）

同期走势对比。列举的是月线级别上两处出现下跌笔与周线上中枢形态对比
走势。

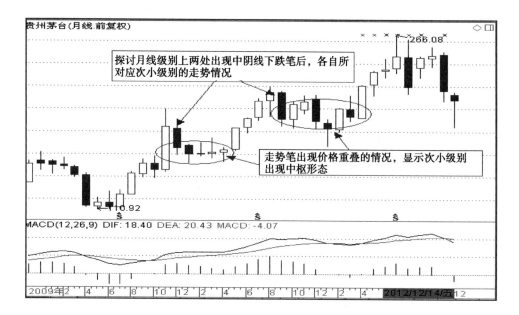

图4-62 贵州茅台月线级别上涨走势

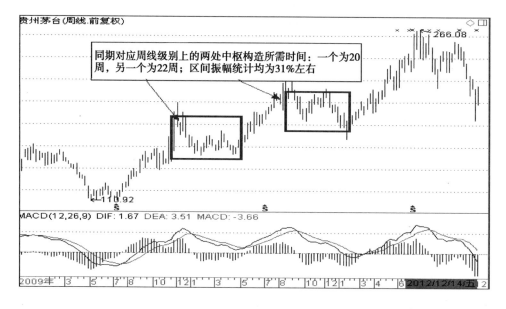

图4-63 贵州茅台周线级别上涨走势

月线级别上的两处下跌1笔均出现超过10%的跌幅，所对应的周线级别上中枢构造（再次强调，中枢实质上是趋势中的破坏段）时间均长达20周以上，且各自震荡幅度超过31%。

同样的情况，如果出现在周线和日线级别上呢？

图4－64与图4－65分别是周线级别对应日线级别同一品种（贵州茅台）同期走势对比。列举的是周线级别上一处出现下跌笔与日线上中枢形态对比走势。

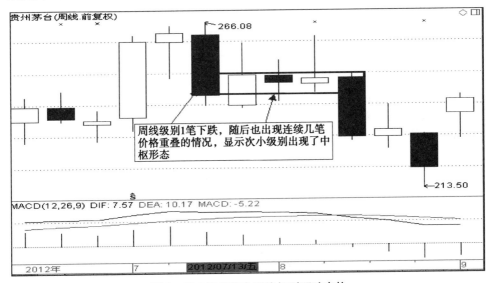

图4－64　贵州茅台周线级别下跌走势

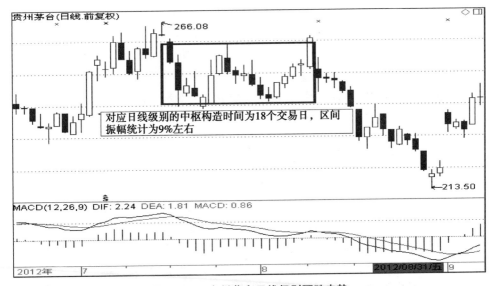

图4－65　贵州茅台日线级别下跌走势

周线级别上的下跌 1 笔在 7.47% 的跌幅，所对应的日线级别上，中枢构造（再次强调，中枢实质上是趋势中的破坏段）时间有 18 个交易日，震荡幅度为 9% 左右。

将以上两组案例作比较发现，级别越大，破坏 1 笔出现后，次小级别上构造中枢（破坏段）的时间往往越长，振幅越大；同理，级别越小，破坏 1 笔出现后，次小级别上构造中枢破坏段的时间往往越短，振幅越小。

以上这个规律一定程度上可以指引我们的实际操作。至少在任一级别中，如果看见出现一笔破坏时，那么，我们大概就能够事先从心理上预计其次小级别上的中枢形态构造需要多长时间与多大空间。就此一点即可指引当下操作。

如果上涨段中，在其较大级别上出现下跌一笔，那么，耐心等待买点的时间、空间都会随之延长；反之，下跌段中，在较大级别上出现上涨一笔时，耐心持股等待卖点的时间、空间也将适当延长一些。而且这里等待的时间和空间又相对应地与级别成正比。选取的级别越大，时间空间越大，反之选取的级别越小，时间空间越小。

根据经验，实际运用中，将此方法运用到日线和 30 分钟级别上展开的操作较多，较普遍，也更为适用。

根据以上揭示的特征，我们还可以总结出一点。大级别的一笔，为破坏当前趋势性质时，我们就应当降低观察和操作的级别，从相对较小的级别中去捕捉中枢中三段每一段两端的分型在何处与何时出现及构成。比如日线级别中，原本处于上涨段（或趋势）中，突然出现一笔破坏，那么操作上就要降低观察与操作的级别，到 60 分钟或者 30 分钟级别中，观察 30 分钟级别接下来中枢构造时间和区间震荡幅度——有这样的心理预计和打算，完全可以实现较为短线的差价操作机会。又比如，初始观察的级别为 30 分钟，原来为一下跌段中，突然开始出现破坏一笔，即方向为向上涨。那么此时就该将观察和操作级别降低到 5 分钟这样更小的级别，心里提前预计接下来中枢形成的时间和空间。

以上操作若能够实现，那么，实际运用中，你将屡试不爽。

（二）中枢扩展特征的实例分析

下面列举的是上证指数 2453～2304 点下跌中分别在 5 分钟与 60 分钟上的走势形态为讲解案例。

通过图 4-66 与图 4-67 的特征描述，分析如下：

正如图中文字所描述，中枢的扩展特征具有从小级别向大级别逐步扩展放大的特征，同时，中枢的扩展往往发生在指数每次出现新低的时候。

以上是举例上证指数下跌中的中枢扩展特征，实质上，举一反三，任何一个交易品种在其上涨中也会呈现这种扩展特征的。

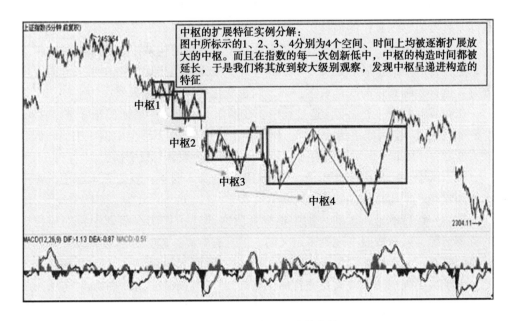

图 4-66　上证指数 5 分钟走势

图 4-67　上证指数 60 分钟走势

对实操的启示：

基于中枢的这种扩展特征可知，实操中，只有耐心等待股价新低或者新高，或许才有可能等到真正的最佳买卖点。

次小级别中的中枢至少连续出现多次以上才有可能构造出较大级别的中枢形态，这符合对中枢扩展的定义——达到连续9段或以上出现价格在水平方向上重叠时。也符合越到大的底部或者顶部，股价变化空间越大越激烈。

在对应以上每一个中枢构造过程中，在操作上一定要严格地控制好进出时间，严格尊重级别与空间成正比的规律。例如在上述中枢1、2甚至中枢3中，新低时做买进之后，后面不做对应的卖出，必然会造成资金被套与投资损失。

在下跌中，每一次新低才是一个相对较好的买入时机；反之，上涨中，每一次新高才是一个相对较好的卖出时机。

最后一点启示是，正确区别中枢中各段内部（指代次小级别中）对应出现的背离情况，因为按照本理论多定义的，但凡有背离，趋势必然会有改变原趋势性质的要求，只不过差别在于被改变的趋势所持续的时间有时长有时短而已。于是，基于次小级别的顶背离与底背离反复的出现，造成较大级别中临时多头主导与临时空头主导之间频繁的转换时，往往会把人搞得晕头转向，从而造成操作上的错误。对于这个实际案例的启示，我们在实际操作和运用中应牢记。

四、趋势之转势在实践中的应用研判

从对趋势的实际运用解说开始，首先一点必须要明确的是：任何级别之中，当前如果处于下跌趋势时，只有对应的动态指标出现底背离迹象，然后出现新低时，后面才可能出现趋势转变的拐点，且出现趋势的转势情况。反之，在上涨中，出现顶背离迹象，且股价不断新高时，才可能在后面出现趋势走势的拐点，然后出现趋势的转变。对应操作为：下跌中，不断地出现新低时，才能够买，也才会形成买点；上涨中，不断出现新高时，才能够卖，也才会形成卖点。

根据理论所描述的，趋势性质的转变，只有背离发生后，才可能造成趋势性质的转变。从而可知，对动态学中背离的判断成为了关键。实际操作中，由于趋势构成时间、空间均太长久，且其构造时间和空间都与级别成正比，所以并不是最好的操作对象。但是，如果从实用性出发的话，我们要结合实例探讨。究竟趋势在实际操作中起到怎样的作用？

在前文中，笔者曾描述过同一品种在同一阶段内，在不同级别中，例如在大、小级别之间所存在的形态关系。其中尤为重要的一点是介绍了大级别的一个段元素或者是次、小级别中的一个趋势元素形态。由此点可知，实际运用中，我们若要跟踪任一级别中的一个段元素的话，想要跟踪和研判未来一端的分型在何处何时出现与形成的话，那么，要降低到更小级别中去跟踪和捕捉——此时，或者在次小级别上，刚好能够找到一个符合趋势元素的形态出现——它或者刚好与大级别中的段元素相对应。

由图4-68季线与周线级别形态对比可知，研判趋势的转势就是研判较大级别中的分型构成情况。由此指引当下的操作。两个级别可以结合观察研判。

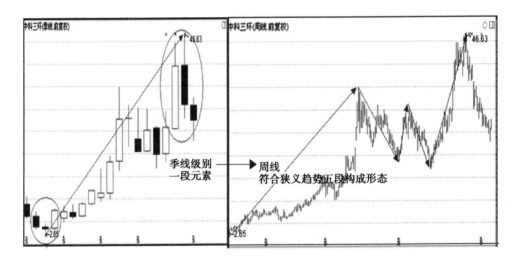

图4-68　中科三环分别为季线与周线走势形态对比

最后，需要强调的是，任何级别上的走势，其趋势性质转变之判断为操作之关键。那么以下出现的变化规律，实际运用之中可作为参考：例如，当处于下跌形态中时，当前级别在满足符合趋势形态，或者相对应的同阶段内的次级别中，出现了符合趋势形态，再观察此时相对应的动态指标——MACD出现绿柱子面积越来越小，甚至消失，且出现红柱子，DIF指标也出现与股价相背离现象，那么，此时趋势性质发生转变的概率很大。即，后市多会出现拐点，至少是一个阶段性的拐点。即使此时再度出现大幅度的下跌，屡屡创出新低，那么只要上面描述的现象并未改变，那么下跌趋势性质转变，出现拐点可能性更大。此时还应具备的条件为：大级别必须要临时性的支持，进入临时性多头（或者空头主导状态）。即此时处于下跌时，则看到大级别出现临时性多头主导。

若是处于上涨形态时，以上所应具备的规律和条件则及其研判结论刚好均与之相反。

形态学运用原理讲解^①

  关于本理论形态学的基础知识，尤其是形态学五元素基础知识，其实非常容易理解和掌握，在前面章节里，我们已经对其各自的概念和定义做过一些具体的讲解和介绍。可问题是，许多朋友一回到实际运用时，凭借这点所学的基础知识，仍然会碰上许多棘手问题，从而显得有点捉襟见肘与束手无策。

  基于市场是复杂多变、难以精准预测的，所以在实际中遭遇困难，其实也实属正常，何况此前所学仅为基础知识呢。当然，形态学的五元素作为最为基础的知识点，好比入门知识，是必须要学习与掌握的，因为这是学习理论的一个必经阶段。这样的过程就好比我们在上学前班的阶段，如果只是认识了从 0 到 9 十个阿拉伯数字，学会了数数，但是，在没有学习和掌握"加减乘除"之运用法则时，对于刚上学前班的小朋友们来说，便会对数学计算显得无能为力。同样的道理，在学习完基础知识后，想要更好地面对复杂多变的市场时，我们还要进入更加深入、更系统的形态学运用原理的学习中。为此，我们则要开始全新代入形态学运用原理的几个基本概念，例如走势类型、走势结构、走势分类、走势的完整性和走势节奏等。

一、走 势 结 构

  与后面即将介绍的走势类型这个概念一样，走势结构之重要性也是显而易见的。至于何谓走势结构，我们亦要围绕形态五元素分别地展开说明。同时，有必要了解走势结构在实际运用中的重要意义，下面将会——作解。

  原本在对形态五元素做定义时，其实就已经包含了每一个形态元素的走势结构的定义。而且这些元素定义是符合客观规律的，是从无数历史走势形态中归纳总结、提炼出来的，具有普遍性和适用性。由此说明了各形态元素所定义的走势结构，是符合客观规律，也具有很广泛的普遍性和适应性。

---

  ① 节选自《解缠论 3》之形态学运用原理。

　　只不过需要说明的是，笔元素的特殊性，没有所谓的结构特征，所以，对于走势结构介绍主要围绕其他四个元素展开。

　　1. 分型结构

　　正如其定义所述，至少要由连续运作三笔构成，中间笔的最高价是三笔之中的最高价，其最低价也是三笔最低价中的最高价，由此构成顶分型结构；反之，中间笔的最低价是三笔之中的最低价，其最高价也是三笔最高价中的最低价，此为底分型结构（见图4－69）。分型结构存在的意义在于，如果确定是真正分型的话，那么这就意味着走势段或者走势趋势将要发生转折。当操作级别足够大、能够覆盖交易成本、具有利润时，则要做买卖动作。

图4－69　分型结构

　　2. 段的结构

　　同样，根据其定义所述，连接一组相邻、性质相反分型即为一段，而且两个分型之间不能出现重叠现象，必须要有距离的空间感，否则就是横盘走势。严格来讲，基于两个性质相反、分型各自至少由三笔构成，所以，一个段元素如果真要符合定义之要求，而且分型之间不可以重叠的话，那么，至少需要六笔构成（见图4－70）。当然，在现实中，完全仅有两个单纯分型构造而成的段元素相当少见，尤其是在较小级别的走势中。

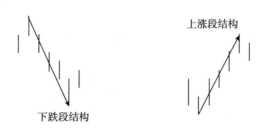

图4－70　段的结构

　　3. 中枢结构

　　一个独立的中枢结构就是三段式，按照起始段涨跌性质划分，可分为两种（见图4－71）：

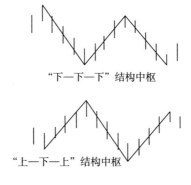

"下—下—下"结构中枢

"上—下—上"结构中枢

图 4 –71　中枢结构

一种是"下—上—下"的三段式结构，主要出现在主级别为上涨方向的趋势之中，并以次小级别走势形式破坏当前级别的上涨走势。

另一种是"上—下—上"的三段式结构，多半出现在主级别为下跌性质的趋势之中，且以次小级别的走势形式破坏当前级别的下跌走势。

实际中，在某种程度而言，所有某级别中被认为是趋势形态的走势，如果上升到大级别去观察的话，有可能只是一个中枢三段式结构。

4. 趋势结构

中枢结构是比段的结构要大的级别，中枢至少包含了三段，而比中枢大的走势结构则是趋势的结构。趋势至少要包含一个中枢，而且结束段必须远离中枢的范围，所以，一个狭义的趋势至少包括了五段，其中至少包含一个中枢三段。趋势五段式结构如图 4 –72 所示：

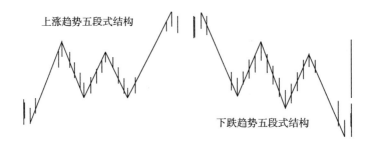

上涨趋势五段式结构

下跌趋势五段式结构

图 4 –72　趋势结构

此外，在现实之中，我们发现，趋势结构在很多情况下，远远不止五段，有时候是七段式的，有时候也可能是九段式的，甚至十一段式的。趋势九段式结构如图 4 –73 所示：

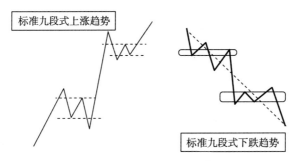

图4－73   九段式下跌趋势

对此，有些朋友或许困惑了，为何会如此呢？但根据我们长期的观察和研究发现，也算是一点心得与经验总结吧，有如下几点内容值得详细介绍：

如果定位于某级别为主级别的话，那么该级别的走势构造最终完成时，就定然会完成一个九段式的，即非常标准的趋势元素出来。如果定义当前破坏走势只是对主级别走势进行暂时性的破坏的话，那么该破坏段走势仅为次小级别的破坏程度，为此，其破坏走势段多半只会构造出一个七段式，或者五段式甚至三段式的走势结构出来。这里需要注意的是，此时破坏段走势整体上看，多是与主级别走势方向相反，它是充当阻挡和破坏主级别走势之用的，其实质上是分力的出现所致。如图4－74所示。

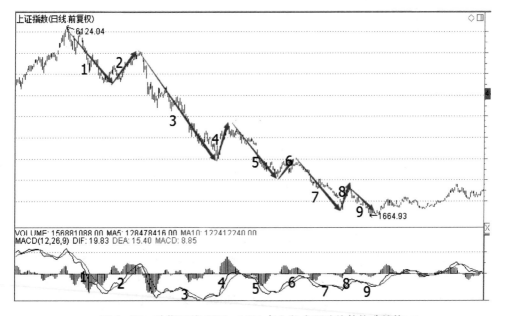

图4－74   沪指日线6124～1664点九段式下跌趋势构造结构

如图 4 - 74 所示，定位主级别为日线级别，从 6124 点开始下跌起，进入日线级别的下跌构造过程中，直到一个完整的九段式趋势走势构造出来，才真正终结了该下跌趋势。但是，对于临时破坏段的 2、4、6、8 段，这四个破坏段走势结构，我们对应到其同期同阶段的次小级别观察的话，你会看到这四段多半是处于三段式，顶多是五段式的走势构造结构中。

此处列举的是主级别走势为下跌趋势的九段式构造，如果是主级别的上涨趋势的九段式构造，同样具有如此特性，只不过反过来理解即可。同样，如果主级别是上涨为主，除了终将会构造完整的九段式上涨趋势结构外，对其次小级别中破坏走势段的构造结构多数是三段式，或者五段式，也有可能是七段式的，且性质是以下跌为主的走势结构。如图 4 - 75 所示。

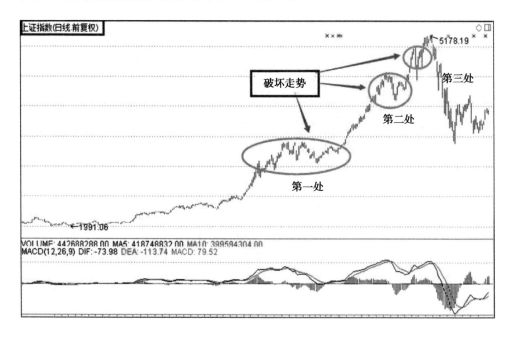

图 4 - 75　沪指日线从 1991 ～ 5178 点上涨趋势中出现次级别破坏走势

再对比同期同阶段的次小级别走势，你会发现一个特点，如图 4 - 76 所示。

通过对图 4 - 75、图 4 - 76 的对比，即可验证我们所讲述的经验：主级别走势总是会完整完成至少九段式，且标准的趋势构造结构，而在其构造过程中，出现的次小级别的破坏走势，往往多数只会构造出七段式、五段式的趋势结构图，甚至三段式的中枢结构图来。如图 4 - 75 中分别标示出的 "第一处" "第二处" 与 "第三处"，将其与图 4 - 76（为同期同阶段次小级别走势）标注处做比较发现：同为 "第一处" 位置，在其次小级别中的走势构造出一个七段式的破坏走势；同为"第二处"和"第三处"位置，在其次小级别走势构造中分别构造出一个三段式破坏走势。

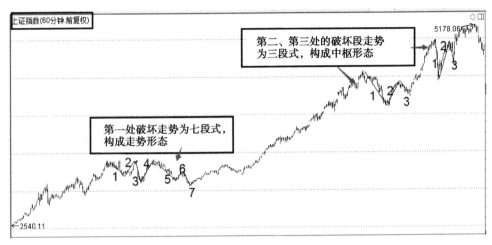

图4-76　三处破坏走势在次小级别走势中具体走势结构

最后强调一点，其实但凡一个拥有一组顶、底分型的段元素，在其次小级别上，都会是一个九段式的趋势元素，而且其间往往包含着两个中枢走势。

二、走势类型

在介绍走势类型之前，先要介绍它与形态元素之间的关系。

如果说形态学五元素是标准的形态定义的话，那么，走势类型则是对各个元素在实际运用中所存的全部情况进行的全部分类。在现实中也许并没有完全绝对标准、符合形态元素定义的走势形态存在，于是，才会有即使隶属于同类的形态元素，也会有多种不同走势类型的情况客观存在。

许多初学本理论的人往往还在犹豫，实际中走势形态是否符合哪一种元素形态的定义时，却已经错过了许多买进或者卖出的机会了。这种一根筋式的固化思维方式来学习和理解并运用本理论是绝对不可取的。我们将市场全部形态归类为五个元素，并且给出标准的定义，甚至画出了其标准的草图，但并非意味着它们就是实际运用中唯一存在且正确的形态。

实际上，基于动态外部因素的影响，还有多、空二力博弈情况总是差别很大，所以，现实中是没有两个完全相同的走势形态存在的。只有通过将类似形态归纳划分，把具有同性质、同元素的类同性构造结构的形态归纳为同一类型，这就好比我们按照人种肤色划分，将人类划分为四种肤色的人种，方法是相同的。这样的划分原则或原理则是源于分形几何学原理启示，及走势形态确实存在类同性构造规律特征。因此，为了避免学习者陷入某种误区，我们代入走势类型的概念，试图通过走势的类同性特征，揭示出实际走势中各类非标准化形态元素所存的全部走势类型的情形，最终方便于我们在实际走势中能够正确识别和灵活运用。

当然，对于走势类型定义，我们首先强调的必然是指相同走势性质（上涨或者下跌）中所存的不同走势形态元素，或者相同形态元素情况下各自的走势的具体分类。换句话说，我们不可以将一个上涨性质的走势分类，与一个下跌性质的走势分类进行走势类型的类比和讨论。走势类型，必然是指同性质走势分类的情形之下的情形。

至于在相同走势性质分类中具体会出现哪一种形态元素，则是我们实际运用中要做好跟踪、观察与研判的重要目标和任务。当然，即使出现相同的元素，例如两个走势类型中均出现了中枢三段式结构，但此时我们就要推导和研判，最终会以哪一种类型的中枢构造完成该走势。又或者假定它们都出现了趋势元素，那么，我们要具体跟踪和研判它具体会以哪一种类型的趋势构造出现和完成该趋势。如图 4 - 77 所示。

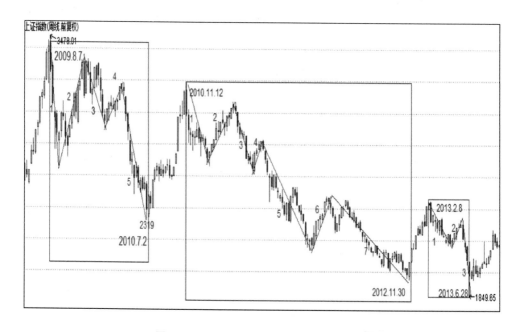

图 4 - 77　沪指周线 3478 ~ 1849 点走势段

图4-77描述了同样是沪指下跌走势，即在3478点（2009年8月7日）起开始，进入长达五年之久的下跌趋势构造中，在其内部以下跌走势进行构造的各走势段均不完全相同的情况：

有的是完整的下跌五段趋势构造，如图4-77最左边的直方形区间。

有的是完整下跌七段趋势构造，如图4-77中间方框内，具体为2010年11月12日至2012年11月30日。

以上两轮下跌走势在形态上不尽相同，但形态元素的归类是一致的，全都符合趋势元素定义的表述，当然如果细究的话，这二者趋势元素的具体构造却不尽相同。这种不同还包括趋势中所包含的中枢的数量及其所处的具体位置有所不同。前者在当前级别中的中枢只有一个，并且该中枢处于该趋势的上半部分，同时，在其次级别中包含了一个中枢，该中枢处于趋势的尾端位置。后者包含了两个同级别的中枢，一个处于趋势上半部分位置，另一个则处于趋势的中间位置，同时在其次级别中，亦至少包含了两个中枢，分别处于趋势末端和中间位置。如图4-59所示。

除此之外，我们在以往书籍之中，曾对同级别的不同走势段的具体形态展开过探讨，发现在同一个趋势构造中，趋势各部分的构造形态很少完全一致，几乎没有完全相同的两个走势段：其中有的是单纯的一个段元素，有的是中枢三段，有的是趋势五段。总之，各部分各不相同。对此情形，用准确的术语描述是，趋势中的各走势段所处的形态元素的级别大小不尽相同，形态上并不完全对称。

不仅如此，我们还探讨了同期同阶段内，不同级别上形态构造所表现出来的形态关系。通过观察发现，存在这样的规律特性：即，越大级别上的形态越简单直观，所构造出来的形态元素级别反而越小；反之，同期同阶段内之越小级别上的形态构造越复杂，其走势构造越趋于完美，但此时形态元素的级别则越大。当然，这里的形态元素级别的大小是相对而言的，并非是指真的大级别上的元素就小于小级别上的元素，二者不可以做同比。综观以上，我们还可换一段话来描述，即，年线级别的一笔，在月线级别上有12笔，这12笔可能是段元素，也可能是分型元素，但是在略小的同阶段的周线级别上，则有48笔左右，其形态就有可能是中枢，甚至是狭义五段趋势了。至于在更小的日线级别上，则至少超过200笔，如此一来，同期同阶段日线级别上就至少可以构造出一个完整的趋势元素，该趋势可能是七段式，也可能是九段式的。当然，在一年内的日线级别走势中，也有可能出现和存在两个不同性质趋势的交替构造。

回顾以上探讨，无论是同级别内一个完整趋势中的各部分走势段的形态会不尽相同，还是同阶段内不同级别上走势形态的不尽相同，这二者都是恰好说明和体现了所有不同种类的走势类型的客观存在。

对于走势类型概念的提炼，主要源于分形几何学原理的启发。其核心观点为，客观事物都具有自相似的层次结构。局部与整体在分形几何图形、功能、信息、时间、空间等方面都具有统计意义上的相似性，我们将其称之为自相似性特征。

不仅如此，在自然界中还有海岸线、各种植物的叶子形状、各人种、物种等的划分，我们均发现了相同性质的事物，在其形态构造上所呈现的自相似性特征，或者叫类同性结构的构造特征。于是，我们断定，此规律性同样适用于价格走势系统。通过观察研究发现，价格走势系统确实具有某种自相似构造特征。

受此启发，我们进一步深入观察研究，并结合分形几何学的原理发现，走势构造也具有自相似性，或者类同性结构特征。于是，我们便可将各个形态元素划分出了许多种不同的形态类型。

又基于类同性结构原理的启发，我们还确定出了各种走势类型普遍存在于所有级别、所有品种之中，这正如上述所讲的，存在于整体与局部，时间与空间中，还有其所具有的功能、信息等中。这一切均如上面分形几何学原理之所述。于是，我们可断定，走势类型概念符合分形几何学的自相似特征，具有普遍性，对其分类也具有广泛适用性及实用性。

那么，走势类型对应形态学的五个元素，各自又存在哪些具体的类型呢？

1. 笔的类型

基于本理论所定义的笔，就是指单位时间级别上的一根 K 线。无论阴阳，都是定义为当前级别上的一笔。所以，笔的类型实质上就是传统 K 线中的那些分类。但是，出于本理论并不过分强调一笔的阴阳性质，反而更加在意被其所包含的次小级别中的每一笔成交量大小的情况，还有笔在运作中走势的方向，以及是否出现重叠的特征，等等。为此，我们将笔的走势类型按照其运作方向，或者是否出现重叠等现象，分为了上涨笔、下跌笔及横盘笔三种。如图 4 - 78 所示：

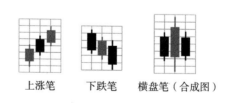

上涨笔　　下跌笔　　横盘笔（合成图）

图 4 - 78　三种笔

由于对一笔、两笔的分析无多大意义，所以，我们将至少连续三笔或以上运作走势定义为基本的分析对象。再根据连续运作三笔是否出现重叠又分为：三笔不重叠的走势笔，三笔重叠的走势笔，即横盘笔两种。横盘笔又可根据运作方向分为：顶分型、底分型及中继型。

通过对同阶段内大小级别走势形态的对比，我们发现了，大级别连续运作的三笔（根据以上所提炼出的至少三种走势笔的类型），在其同阶段内的次小级别上，可观察到，连续上涨三笔，或者下跌三笔，能够形成段，甚至趋势的形态；而横盘三笔的类型，则多半是中枢震荡形态。并且通过事后验证得知，横盘三笔此时不是当前级别走势中的上涨或下跌的中继，就是当前走势的顶分型或底分型的转折拐点。

结合以上描述，我们可预知，在对笔元素走势类型分类的实际运用之中，其难点在于横盘笔出现后，届时的研判和决策该如何进行。因为实际运用中，我们经常会犯这样的错：当我们自以为这横盘三笔是走势转折的拐点（即分型）时，可紧接下来，它就立刻上涨再创新高，或者立刻下跌再创新低，并且快速远离横盘区域，让横盘笔变成了中继形态。再有，正当你认为它可能是中继时，无论上涨中继，或是下跌中继，可根据后面的走势你会看到，横盘笔形态却成为了走势转折的拐点（即分型）。此时你不操作，就将陷入被动。

实际中正是因为有了这些困难的存在，所以我们将横盘运作三笔的判断视为本理论的难点。毕竟一旦研判错误了，那就会导致投资亏损的出现。

可新的疑问在于，是否有某种更好的方法能够有效区分清楚当下的横盘三笔是未来走势的中继或者转折拐点呢？

也许方法是因人而异的，不过在此我们也给出自己的运用经验：即，我们可以通过观察当前已经出现的横盘三笔，在本走势段中是第几次出现。如果是超过一次出现了，那么，就要预防它形成走势转折的拐点（分型）；如果它是首次出现的，那么，它多半还是中继——假如当前走势段是上涨，那么后市还会涨，可以继续持股；如果是下跌的，那么后面它还会跌，操作策略上则要果断离场。并且此时必须特别地注意，如果当前观察和定位的级别越大，那么，操作上更要继续坚定重仓持有，或者快速清仓远离。否则，机会都会与你擦肩而过，风险你却无法有效回避。

有人或许会问，如果有超过三笔，即很多笔重叠的情形出现呢？此时又该如何是好？

很简单，你只要将其视作三笔即可。即使有无数笔出现重叠，但中间最终都会有一笔出现一个最高点或者最低点。此时我们只要将出现最高点，或者最低点的那一笔视作中间笔即可，如此一来，无论出现多少连续运作笔的重叠情况出现，那都可以据此迎刃而解。

最后，补充一个很宝贵的运用经验，就是精准识别中继和分型的方法的关键点。我们对无数已经出现的历史案例展开研究发现，中继和分型的区别在于，右边运作笔是否会出现一笔完全升破或者跌破中间笔的峰值或洼值的信号。如果出现了，那么就证实了当前横盘笔是中继，反之就是分型。而且对此之判断必须要回到当下，要根据多、空二力博弈的实际形势、状况等相机决定。当然，结合动力学的背离理论，是完全可以准确识别出二者的。不过这一切都要在当时去完成，因为现实中对此情形往往是稍纵即逝的，一旦错过终将永远错过。

此时我们还要强调一点，即，对于真正分型的确定构成时，实际走势中往往都会至少有一次围绕横盘笔进行回撤或回拉的走势出现，我们曾经将其定义为对分型的反复。我们这里再度强调一下，在这种情况出现时该如何应付？我们的经验与心得是：如果围绕横盘笔回撤或回拉时，出现了新低或者新高，那么此时多半就可以确定为横盘笔是中继了，当然此时关键还要看是否会出现当前级别的背离与否，如果没有的话，那就可百分之百断定为中继。但是，如果出现了背离，那么无论此时是否创出新低或者新高，那就一定是分型了，即意味着后市走势要发生确定性的转折。当然，一般情况下，围绕横盘笔回撤或回拉没有再度创出新低或新高时，那也多半可以确定前者的横盘笔就是分型，即走势转折拐点。如图4-79所示。

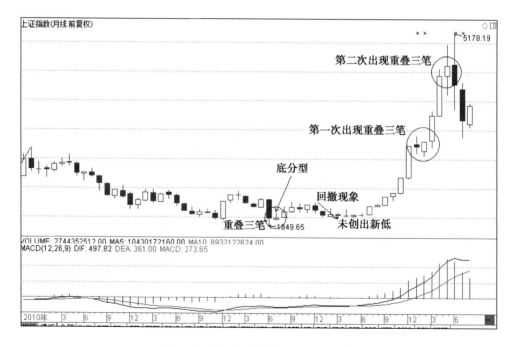

图 4-79　沪指月线走势 1849~5178 点段

如图 4 – 79 所示，当最低指数 1849 点出现时，后市连续三笔出现重叠情形，由此，我们必然产生疑问，即，当前围绕 1849 点的横盘笔是下跌走势的中继，还是走势转折的分型呢？

根据历史经验，在经过了前面漫长下跌周期中，已经出现过至少两次这种连续三笔重叠的现象了，根据后面的实际走势可验证，那都是中继。当然，有时候虽然是中继，但后市却有短暂的反弹出现，只不过好景不长而已。但由此更加证实，此前出现的都是伪分型。

据此，也是告知了我们一条宝贵经验，中继的确定形成和出现，也就是意味着破坏笔，甚至破坏段走势的出现。

当然，有时即使破坏段出现了，而且空间和时间的持续略微较长些，但此时仍不可以确定前面就是分型。因为，根据走势规律的要求，后面必然还有一次回撤或回拉走势，图 4 – 61 是回撤的情形。有此事实即可证明，在 1849 点未出现之前，至少超过了两次围绕横盘笔的回撤走势段，并且都创出了新低。这充分说明，前面出现的横盘笔都是中继形态，直到 1849 点出现后，围绕其回撤的出现，并且没有再创新低时，我们才可以据此判定围绕 1849 点的横盘笔是分型，且为底分型。何况此时当前级别上还出现底背离呢？那就更进一步证明和确定后市走势要出现转折了。

事实亦是如此，在 1849 点底分型确定构造出现后，后面果然进入一个反弹的走势段，而根据目前事实来看，上涨过程中出现了两次横盘笔的情况，且第二次出现横盘笔时，出现了从 2015 年 6 月 16 日开始的大幅下跌，形同股灾。后市走势之事实再度证明，第二次横盘笔出现时，破坏笔走势异常猛烈，其完成构造所需的空间和时间也非常的宽广漫长。对此的例证还包括了前面下跌走势中，也是在第二次出现横盘笔时，后面出现的反弹破坏笔，其空间和时间也相较于第一次反弹破坏笔要长要大许多。这与前面我们提示的经验论相一致。

以上列举的是沪指月线级别的走势图案例，其实，对于任何时间周期级别的走势图，对于横盘笔是中继还是分型的研判方法，都可以以此方法展开。

2. 分型的类型

在笔的走势类型中，我们重点探讨了由出现连续横盘三笔的走势形态的情形，即如何在当下研判它是走势的中继还是分型？鉴于此，假如我们已经确定了是分型的话，那么，我们再回过头来继续讨论下，真正分型的类型有哪些？如图 4 – 80 所示。

由图 4 – 80 可知，按照性质划分，上一排全为顶分型，左上首个顶分型为标准的顶分型，往右依次为三个情况各异的顶分型的类型，分别为：左侧跳空顶分型、右侧跳空顶分型、两侧跳空顶分型。下一排全为底分型，左下首个底分型为标准的底分型，后面依次为三个情况各异的底分型的类型，分别为：左侧跳空底分型、右侧跳空底分型、两侧跳空底分型。

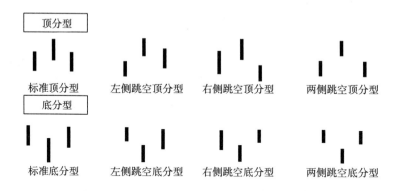

图4-80　分型的类型

对分型的各种主要类型做完识别后，我们再将分型元素的各种分类与传统或经典转折形态类型做比较，则会发现如下规律。图4-80与图4-81所示。

这里还需要特别说明的是，图4-81只是列举了传统的顶部转折形态，底部转折实际上与之刚好相反，此处暂时不展示和表述了。

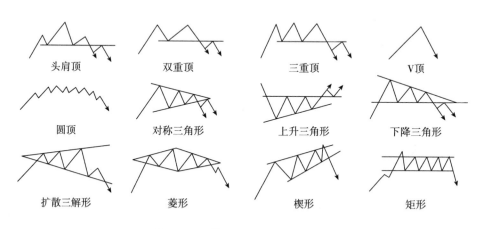

图4-81　传统顶部转折形态类型

对比图4-80与图4-81，我们发现，传统顶部转折形态虽然分为了很多种，图4-81列举了十二种类型，并且都是十分经典的顶部转折形态，但是，按照本理论定义的顶分型，最多可分为四种类型。根据对比说明，本理论的分型概念更加简单直观。

　　如果再从实用性角度对比，传统和所谓经典顶部转折形态，在实际中哪能如此简单地出现如图中那般绝对标准的转折形态啊！再者，这些所谓的经典头部转折形态在实际运用中，往往会给我们造成先入为主的主观偏见，从而影响我们当下的客观判断，而且多半会得出错误的结论。实际运用时，如果按照这些标准的顶部反转形态对号入座，去研判当前走势中是否为头部，往往也是不靠谱的，毕竟这多半是一种经验论，其转折形态都是在确定成为了历史，且被定格之后，才得以被真正明确出来的。在实际运用之中，你很有可能会将中继形态看作上述某种反转形态，从而造成操作上的错误。寻找其根源，就在于传统和经典形态它们只是从表面上告诉我们，以往历史中曾出现的头部转折形态是这样的，但却忽略后未来走势形态的顶部形态，从来都没有完全一模一样的。在现实中，我们也几乎找不出两个完全一样的头部形态，更别说与图中所画的标准形态了。这也就是说，基于传统形态会有先入为主的主观干扰的影响，并不能正确指引我们当下对真正顶部走势的研判和决策。这也是传统与经典形态在对决策和操作指引中所存在的最大弊端体现。

　　区别于传统和经典转折走势形态，本理论的分型实用之法完全可以避免这种片面的误导。因为本理论的分型不会做任何提前预测，它只会做形态学基础构造，与当下多、空二力博弈状态的客观跟踪，再根据合力、分力间消耗情况，然后展开对当下决策与操作的指引。它始终强调的是当下如何做正确的反应，而不会根据历史或者某个标准的经典形态去预测未来的头部或底部是否形成。

　　当然，传统和经典顶部或底部转折形态，有时候可以辅助我们加强对顶分型或底分型的准确研判。

　　这十二种传统或经典顶部转折形态分别是：头肩顶、双重顶、多重顶、倒"V"形反转、圆弧顶、对称三角形顶部形态、上升三角形突破后的转折形态、顶部下降三角形态、顶部扩张型三角形态、顶部菱形、顶部楔形、顶部矩形形态。

　　此外，还需要特别强调的是，传统与经典的转折形态，似乎全在重点强调某大级别中的走势将要发生的转折预判，而本理论的分型元素，则适合任何级别，无论是超大级别，还是较小级别，全都适用。此外，分型不仅仅是趋势转折的拐点，而且也是具体的段元素的两端重要的构造部件。于本理论的分型元素而言，只要能够覆盖掉交易成本，规避掉交易规则的限制，无论在什么级别上，只要具有段元素规定的距离空间感，就能够作为买卖点而展开一次操作。

　　如图4-82所示，分型结构的各个类型存在不同的心理因素。在实际运用中，我们可以参照以上几种类型分类的情形，研判和决策当下的操作行为。例如：

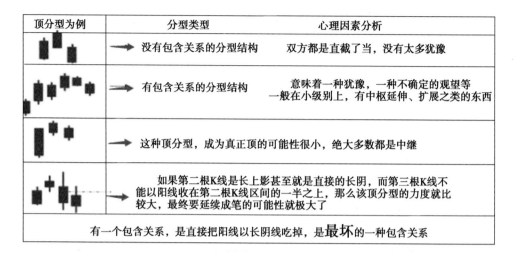

顶分型为例	分型类型	心理因素分析
	→ 没有包含关系的分型结构	双方都是直截了当，没有太多犹豫
	→ 有包含关系的分型结构	意味着一种犹豫，一种不确定的观望等 一般在小级别上，有中枢延伸、扩展之类的东西
	→ 这种顶分型，成为真正顶的可能性很小，绝大多数都是中继
	→ 如果第二根K线是长上影甚至就是直接的长阴，而第三根K线不能以阳线收在第二根K线区间的一半之上，那么该顶分型的力度就比较大，最终要延续成笔的可能性就极大了
有一个包含关系，是直接把阳线以长阴线吃掉，是**最坏**的一种包含关系		

图4-82 分型结构各类型的心理因素分析（感谢网友提供）

第一种顶分型的分型属于那种标准的顶分型结构，即一旦确定形成，那么后面必然是一下跌走势的开始。此时对应的市场心理因素分析是：显示双方都是直截了当，没有太多犹豫。

第二种类型的分型属于犹豫型的，右边笔包含于左边笔中。这种情况也类似于传统头部转折形态中的圆弧顶形、菱形、楔形等。对应的市场心理因素分析为：意味着一种犹豫，一种不确定的观望等。这在一般级别上有中枢的延伸、扩展之类的情形出现。

第三种类型的分型也是包含关系，能否真正形成顶分型还有待观察，至少要等回拉走势进行确定后，如果不能再度新高就要预防顶分型形成，若情况相反，则可能还是中继。对应的市场心理因素分析为：这种情况成为真正分型可能性较小，绝大多数成为了中继。

第四种类型的分型是较为确定的顶分型结构，因为右边笔是以下跌为主，且包含着左边笔，这种包含关系在实际中就是顶分型确定要形成的表象特征。对应的市场心理因素分析为：如果接下来第二根K线是长上影线，甚至为长阴线，而第三根K线不能以阳线收复第二根K线区间的一半以上的话，那么此时形成真正顶分型概率偏大，最终延续成下跌段的可能性极大。此外，还有一种包含关系，是直接把阳线以长阴线吃掉，那是最坏的一种包含关系，后市百分百确定为分型构造出现。

以上所有列举的是顶分型的案例，对于底分型刚好反过来就是了，这里就暂时不论述了。

在实际操作中，当然远远不止这么几种分型，而且对于其心理因素的分析也没有这么简单，现实之中往往要比这复杂千万倍。在此，我们也只是将一些普遍性的经验介绍给大家，便于我们学习时能够容易理解。当然，随着投资经验和盘感的积累，再复杂的心理因素，或者再复杂的分型构造类型都可以迎刃而解了。

3. 段的类型

段元素的构造定义本身就十分简单直观，并不存在太多重大差异的类型。如果非要探究段元素究竟有几种类型的话，那么，主要指在其内部走势的次小级别中存在几个中枢，及中枢在走势段中所处的位置，由此进行区分段的类型。

有人或许会质疑，有没有一个段元素，在其内部走势中，即在其次小级别中，没有出现过中枢呢？

答案是否定的。毕竟一个段元素之所以成为段元素，就因为首尾两端存在分型，而分型结构至少由连续三笔相邻的重叠构成，而连续重叠三笔状态在其次小级别上一定是中枢形态的出现。因为分型在一定程度上，就是次小级别的中枢震荡形态。由此可知，在段元素的内部构造中，其次小级别上至少存在两个中枢，而且这两个中枢固定位于段元素的两端。

因此段元素的第一种类型就是在其次小级别上只有两个中枢，而且这两个中枢只存在于段元素的首尾两端，中间不存在任何一个中枢。而在实际中，这种段元素往往是呈现逼空或者逼多的单边上涨或下跌走势。

段元素的第二种类型是除了第一种类型中已经拥有的首尾两个中枢外，在其内部的次小级别中，只包含了一个中枢元素。这种段元素比较常见，在其次小级别中，它实质是一个五段式的趋势构造。如图 4 - 83 所示：左边为大级别周线上325 ~ 1052 点的上涨走势段，右边为同期同阶段内次级别日线上走势形态。左边图中直观看去没有任何中枢出现，可是在次小级别的日线级别走势中看去，在趋势的中间位置出现了一个中枢。

第三种段元素的类型，则是在第二种类型基础之上，在其次小级别上的中间位置出现了两个独立、不重叠的中枢。实质上，在其次小级别走势中，这是一个九段式的趋势元素。在现实中，这也是十分常见的一种段元素。

以此类推，还可以根据一个段元素次小级别中包含多少个中枢，排列出很多种类型的段元素出来。不过，一般中间如果十分标准地包含两个独立不重叠的中枢，已经非常不得了了，在其次小级别走势中也定然是十分趋于完美的。对于次小级别中包含两个中枢的类型，如图 4 - 84 所示：左边是较大级别日线级别5178 ~ 3373 点下跌段走势图，右边则是同阶段同期内次小级别 60 分钟上下跌趋势的走势图，该趋势中出现了两个明显的中枢，一上一下。

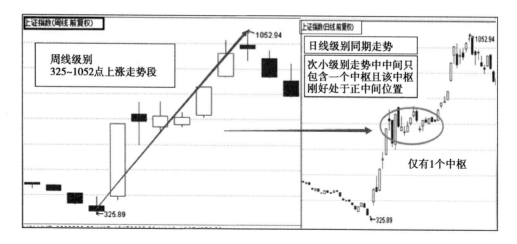

图 4 - 83　次小级别仅包含一个中枢的段元素

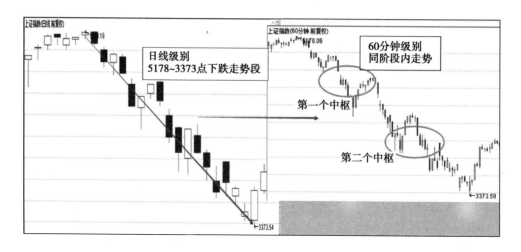

图 4 - 84　次小级别中包含两个独立中枢的段元素

以上两个案例讲解是从次小级别中所出现的中枢数量进行分类的，如果从中枢所处的位置分类的话，段元素的类型至少又分为以下几种，此处以只有一个中枢的情况为例：

第一种是中枢出现在了次小级别走势中的上半部分，无论上涨走势还是下跌走势，都可以按此类型分类。

第二种是中枢出现在了细小级别走势中的下半部分。

第三种是中枢处于中间位置，如图 4 - 83 右半部分所示。

如果以有两个中枢的情况为例的话，那么，对于段元素类型又有以下几种：

第一种是两个中枢在次小级别走势中上、下半部分位置各占一个，如图4 - 84右半部分所示。

第二种是都集中了上半部分，又或者都集中在了下半部分。

第三种是有一个处在中间位置，另一个处在上半部分，或者另一个处在下半部分。

总之，各种情况都有吧。

至此，又出现一个疑问：次小级别中的中枢个数，还有所处的位置，对实际操作的研判和决策有什么指引作用？以下推介我们的经验：

对于次小级别走势中出现中枢的个数多少，能够说明多、空二力博弈的大小程度情况，还有主导性质合力与分力大小情况。例如，只出现一个中枢，且出现在上半部分位置时，这就说明，主导性质的合力基本控制走势的方向，分力力量较弱小，不具备抵抗力，由其合力完全主导了未来走势方向。如果此时是上涨的，那么后市还将强势上涨，反之，如果是下跌的，后市还将快速下跌。假如出现两个中枢，而且都集中在某一端附近，比如都处于走势的下半部分位置时，这就说明，分力已经逐渐对冲和消耗掉了前面主导性质的绝大多数的合力，后市极有可能发生走势的转折。如果此时是处于下跌走势段中，那么后市极有可能反转向上；反之，如果出现在上涨走势段中，那么后市极有可能马上反转向下。如图4 -85所示：

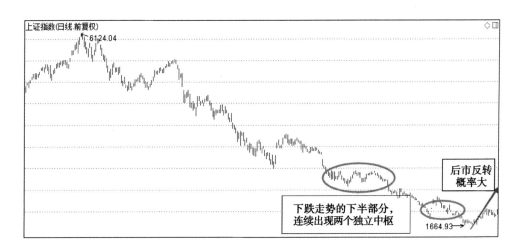

图4 -85　下跌走势的下半部分连续出现两个独立中枢

根据图4 -85的描述，中枢连续出现两个，而且均处于走势末端，按照上述的说明，此情况即意味着做空力量已经被做多力量对冲和消耗掉，逐渐进入衰竭阶段，后市走势有可能出现转折。根据后面走势的事实看，自 1664 点之后，走势果真出现了转折，沪指一路上涨，最高至 3478 点。

综上，能够总结出来的经验是：段元素的不同类型中，次小级别出现的中枢数量越多，说明合力分力博弈状态越发复杂，做多做空决心越发犹豫不决；反之，中枢数量越少，说明合力意图和实力非常坚定且强大。如果中枢出现的位置在走势前端上半部分时，说明刚确立形成的新趋势将来的走势还将进一步蔓延和扩展；反之，若处于走势末端下半部分时，那么当前走势面临终结，可能随时发生走势的转折。

4. 中枢的类型

按照中枢的同类走势性质划分，中枢的走势类型至少存在以下几种，以"下—上—下"结构中枢为例，如图 4 – 86 所示。

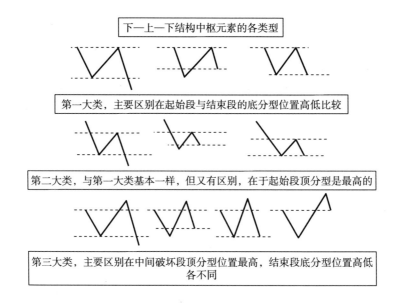

图 4 – 86　"下—上—下"结构中枢的走势类型分类

图 4 – 86 展示的是"下—上—下"结构的中枢类型，也就是处于上涨走势中出现的中枢形态的类型划分，至于"上—下—上"结构的中枢类型划分，与上面（在起始和结束段的情形）刚好相反，这里就不论述了。

根据以上十种同性质中的中枢类型划分与对比可知，不同类型中枢的差别在于中枢三段四个分型峰值（或洼值）高低大小不同，根据这种不同，我们分类出以上十种类型。

基于中枢实质上是某走势中的破坏段形态，至于出现的原因，从多空二力博弈角度分析，可能是由当前出现了较强分力对抗主导走势合力而产生的。从背离理论角度描述，中枢的出现是由当前走势中的次小级别出现背离所致。由此可知，如果走势中途出现了破坏段，而且构造出了中枢三段式结构，那么，我们不必过于担心当前走势已经结束了。又基于每一个走势段中所出现的分力大小情况往往是不同的，所以，由此造成了次级别发生背离的程度和级别大小亦是不同的，于是，其表现在走势形态上，就会出现以上多种走势结构相似，但是内部具体构造情况又不完全相似的中枢形态来。我们在实际运用中对此要灵活理解、掌握与运用，绝对不可以用固化思维来应对现实中的动态情况。毕竟任何时候多空二力博弈状态是不同的。

为此，对于上述中枢形态元素的全部类型，我们应该像输入数学模型一样，全部输入大脑之中，永远地记住它们，以便应用于实际中，在出现任何一种情况时就能准确地识别出，最终方便我们在实际中做出正确的预判和决策。

最后，我们以实际案例来展开论证和说明，如图4-87所示。

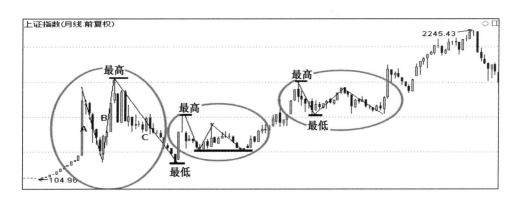

图4-87 沪指月线104~2245点上涨走势中的中枢形态类型展示

图4-87是沪指月线级别104~2245点上涨走势，对其做历史分解后可以看到，它中途出现了三个中枢（如图中所标示）。我们可以将这三个实例中枢图形与图4-86所展示出的十种中枢结构分类做比较，找到各个实例图的中枢分别属于中枢类型中的哪一种类型。

前面实例图为一个上涨趋势中出现的中枢形态的情况，对于下跌趋势中出现中枢的实例，如图4-88所示。

以上所列举的实例，是在两个走势性质完全不同（图4-87是上涨趋势性质，图4-88是下跌趋势性质）的趋势元素中所出现中枢的情况，以及二者分别在月线级别（见图4-87）与周线级别（见图4-88）中的实例图。

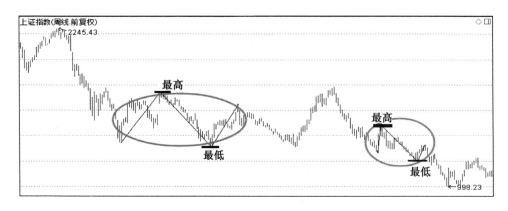

图4-88　沪指周线2245～998点下跌趋势中中枢形态类型展示

由此即可充分证实，在实际之中，中枢会存在于任何品种、任何级别中。换句话说，中枢随处随时可见，而且有许多种类型存在。于是，在实际运用之中，最令人头痛，也是最为复杂、最为困难的问题在于，基于同性质的中枢存在至少十种中枢类型，当下有许多种选择，为此我们无法提前得知，由开始确立到未来中枢完成构造，其整个过程之中，中枢三段会选择以哪一种中枢类型展开构造与完成？对此，我们无从得知，这也进一步说明，股市是不可预测的。

5. 趋势的类型

如果按照趋势中包含几个中枢的数量来做划分的话，趋势的类型有这么几种，即：仅包含一个中枢的趋势类型，或者包含两个，甚至两个以上中枢的趋势类型。当然，这里所说的中枢是不算次小级别中那些情况的，只是计算当前级别中的所属情形。

此外，基于中枢本身的类型就分很多种，由此可知，如果一个趋势中包含了两个或以上中枢时，那么，对其走势的分解，还有类型的划分，无疑显得更为烦琐复杂了。以下仅仅列举标准的趋势元素，即包含两个中枢、九段式的经典趋势图例，作为学习理解参考本知识点，如图4-89所示。

根据图4-89的分类和注释，结合前面介绍段元素分类的类型经验所讲述——关于段元素类型的分类，主要在于观察其次小级别上有几个中枢，据此划分出几种不同类型的段元素。而在此处，对趋势类型的分类，主要从当前级别中观察有几个同级别中枢进行划分的。当然，图4-89所列举的是一个完整走势中包含两个中枢时的八种不同类型的划分。这八种走势大致可以划分为三大类：

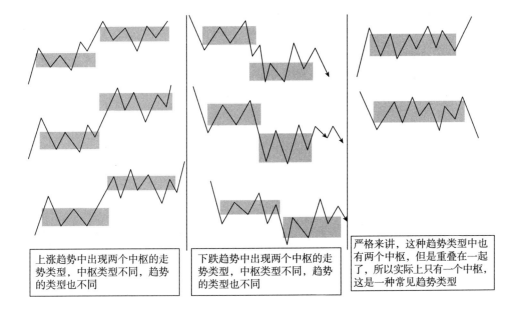

上涨趋势中出现两个中枢的走势类型，中枢类型不同，趋势的类型也不同

下跌趋势中出现两个中枢的走势类型，中枢类型不同，趋势的类型也不同

严格来讲，这种趋势类型中也有两个中枢，但是重叠在一起了，所以实际上只有一个中枢，这是一种常见趋势类型

图 4 – 89　趋势的走势类型按照中枢个数的分类

最左边的三个趋势为一个大类，其共同点是后一个中枢位置在前一个中枢的上面，由此构成一个完整的上涨走势。然后将其分类发现，后一个中枢所处类型不同，所以造成这三个趋势最终类型也不同。

中间的三个趋势可以划分为一个大类，其共同点是后一个中枢的位置在前一个中枢的下面，由此形成一个下跌趋势形态。因为后一个中枢属于不同类型的中枢，所以造成这三个趋势又为各不相同的三个趋势类型。

最右边的两个趋势为一个大类，其共同点是，前后两个中枢的位置处于重叠状态，实际上变成了一个大中枢，只不过该中枢出现了扩展，在取中间发生重叠段中的最高和最低点后，即可确立出一个大中枢来，但根据后一个中枢的最后一段的走向划分，这一大类又可以细分为两个不同的趋势类型。

以上所介绍的实质上与段元素的类型划分中所讲的是同一个道理。因此，对于其学习和掌握，这里结合一个实际案例图来理解以上知识点。如图 4 - 90 所示。

图 4 - 90 为深圳成指周线级别，从 13936 ~ 6959 点的下跌趋势走势，该走势图包含两个同级别的中枢，后一个中枢的位置在前一个中枢的下面，所以，构成一个下跌趋势的走势图。它比较符合图 4 - 89 中间部分的第二大类趋势中的某一种趋势的类型。

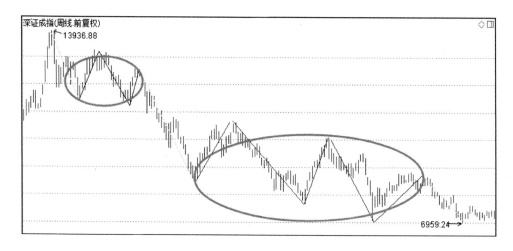

图 4 – 90　成指周线 13936 ~ 6959 点下跌走势

　　我们在此介绍实际走势图例主要是为了证实我们所讲述的趋势走势类型的分类不是空穴来风，更不是随意的主观强加行为，而是想要证实，图 4 – 89 的趋势类型的八大划分，全部都可以在现实的走势图中客观地寻找到其实例图。这里我们可以将图 4 – 90 的实际走势与图 4 – 91 中所列举的下跌趋势中的类型进行对比。通过这种对比，加强我们对此知识点的理解和掌握程度。

　　以上是从中枢的个数来划分和介绍趋势走势类型的，如果按照走势构造的段数划分可以分为：五段式、七段式、九段式，甚至十一段式等。全部都是奇数。因为任何走势是从一开始，而不是从二开始，所以，走势在最终结束和完成时，必然也是奇数结束，并与一相呼应。但是，如果从实际案例中统计出来的数据看，出现最多的趋势走势段数为九段式的趋势，那么，它无疑也就成为了接下来我们作为标准案例讲解的较佳选择。我们将其定义为标准趋势的类型。为此，我们绘制了目前为止在实际走势图中已经出现了的全部走势类型情况，如图 4 – 91 所示。

　　整体来说，图 4 – 91 中展示的是上涨趋势的九段式走势类型之全图谱，具体可以分为四大类型：

　　第一大走势类型为图中第一排（共七个）：根据主导合力大小和中枢个数划分为一个标准九段走势类型和三个其他非标准走势类型（见图 4 – 91 所标注的①、②、③等）。

　　第二大走势类型为图中第二排：根据中枢出现扩张情况，形成两个中枢变异，甚至出现重叠现象的分类（例如图 4 – 91 中标注为 4，则是中枢出现上下均扩张现象，从而在走势中间位置出现重叠，构造出一个相对标准的中枢）。后面则是中枢主要集中在下面扩张，而造成下方有连续七段重叠的现象，因此形成下部分中枢七段的类型出现，右边则刚好相反，出现在走势上方有七段式的中枢类型。

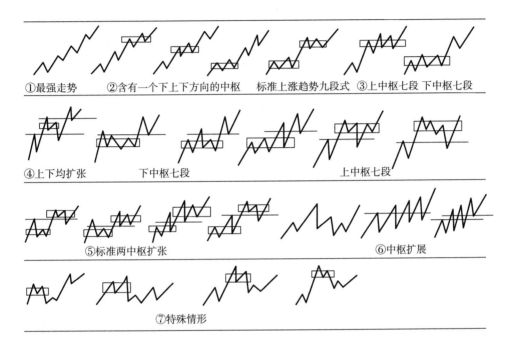

①最强走势　　②含有一个下上下方向的中枢　　标准上涨趋势九段式　③上中枢七段 下中枢七段

④上下均扩张　　　下中枢七段　　　　　　　　　　　　上中枢七段

⑤标准两中枢扩张　　　　　　　　　　　　　　　　　⑥中枢扩展

⑦特殊情形

图4-91 上涨趋势九段式走势类型全图谱（感谢网友提供）

第三大走势类型为图中第三排：是指趋势中包含了两个中枢的标准走势的类型，但是基于图4-91中标注的⑤是两个独立中枢出现了极少部分相重叠的情况，从而造成中枢扩张现象；标注为⑥则是两个中枢大部分或者完全重叠的情况，从而形成在走势的中间位置出现中枢扩张现象。

第四大走势类型为图中第四排：则是出现完全变异的走势类型，中枢的位置本末颠倒现象。如图4-91中所标示为⑦的四幅特殊图例。

对于以上划分，之所以会有这么多种不同的类型，实质上取决于我们在做走势分解时，采取了怎样的连接律。一种连接方法就代表了一种分解方法，甚至得出一种研判结论，从而采取正确的走势分解与连接，也是至关重要，因为有时候它会决定我们的操作行为。对于该问题会显得十分复杂，有待留到后面的章节中再做详细讲解，此处不论述。不过我们先要介绍一下对此的运用经验。

当然，如果按照中枢所处个数和位置不同的划分，也构成了以上趋势类型的具体分类。

我们在本段知识点开始时就介绍过了，实质上，趋势走势的类型按照段数分，可以分为五段式、七段式、九段式，甚至十一段式等。那么，对于以上九段式走势类型的全图谱，如果按照分解原则中，对图中所有的走势段中的分型按照取最大或取最小价格的确立原则，并采用合并术后，那么将有许多走势类型，例如其间出现了中枢扩张而发生重叠现象的，或者出现走势发生变异现象的，在通过这么一合并后，最终可能只能剩下五段式，或者七段式，甚至三段式、一段式的构造结构了。如此说来，走势真的是没有绝对标准的形态，也没有最完美的走势形态，而只有更完美的走势形态。基于取决于走势的完美化、完整化结束其构造，且发生走势转折的根本因素，不是取决于由这些历史案例所提炼出来的走势段的数量，而是取决于在实际运用中多、空二力动态博弈的状态，或者说是由合力与分力博弈之状态决定的，并且最终都由它们来决定走势未来将会以几段式完整完成其构造。由其多空博弈的能量决定形态构造的最终形态。九段式只能说明其为一个标准式形态。

上述是列举的上涨趋势中九段式的走势类型全图谱，同样，我们也将下跌九段式的走势类型的全图谱放上来做学习参考，如图4-92所示。

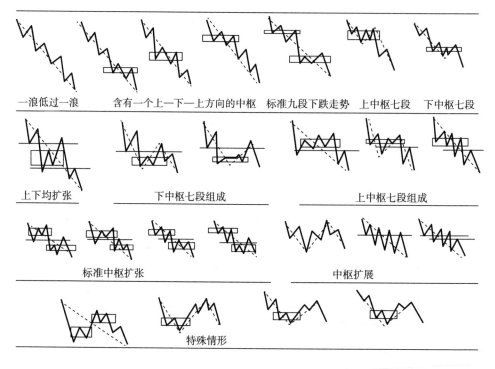

图4-92 九段下跌走势类型的全图谱（感谢网友提供）

最后，还需要强调的是，对于以上所有形态元素的走势类型划分的介绍与讲解目的不仅仅只是为了看图识画，而要通过此实际的历史图例，提炼出所有可能存在的走势类型，做到提前了解学习并掌握这些走势类型的特征，也是要做到像前面所讲述的，像在电脑里输入模型一样，我们也要将这些走势类型当作模型输入自己的大脑中，永远不要忘记，然后方便我们在实际运用中，结合当下走势情况进行识别对照，从而提高对当下走势的研判和决策的正确概率。当然，在实际运用中，对走势类型的运用困惑，总是无时无刻不存在，以致我们在许多时候总是被搞得焦头烂额、手忙脚乱，从而造成投资和交易中的失误频频发生。即使如此，我们仍然不应该放弃，而应该静下心来认真做理性分析和总结，直至完全掌握和熟练运用本套理论。

我们所说的走势类型的运用困惑在于，对于同性质、方向的走势和相同的形态元素，总是存在多种不同的类型。这些类型好比多种模型，在现实之中，总是不以人的意志为转移，无时无刻都处于动态变化的状态之中，从而使得理论的学习者们在没有更好地掌握和驾驭这套理论时，不知不觉陷入掷骰子般的赌博游戏中，由此导致平时投资和交易没有任何提高与改善。因为，他的判断总是错的，造成操作也总是错误的。正如这般描述：当他认为当下走势会按照某种走势类型进行构造时，后来结果却告诉他，他是错的，因为走势完全按照另一种类型完成了构造。时间久了，他们必然会认为，本理论对市场历史走势的分解、分析，还有对未来走势的推导，都是无任何作用和意义的。

其实，对此困惑十分正常。因为对投资境界的修炼是一个漫长的过程，绝非速成的，即使速成，那也会走火入魔。毕竟本理论从头到尾都在阐述一个观点，市场是不可预测的。我们对走势类型的完整分类也告诉了我们，市场中所存在的走势模型实在是太多了，所以，走势自身的选择也会有很多种。基于此，你如何提前知晓未来准确的走势类型呢？再说了，最终的每一个走势类型都是由当下的合力、分力博弈而决定，这种博弈力量还包括我们每一个当下的参与者们。简单点说，任何走势类型都是市场在当下的选择。我们只有待到走势类型最终构造完成了，完整地显示在我们眼前时，才会发出一声惊叹：哦，原来是这样的！

如此说来，走势类型的完整分类，其实是告诉了我们市场的本质，正如那句哲语——世上没有完全相同的两片叶子存在。悟性好的朋友应该可以马上意识到，假如要取得好的投资成绩，想在市场中永远立于不败之地，那么，要正确学习、理解并掌握本理论揭示出来的市场本质与特征，然后，利用好这些本质的知识，勤加练习和实践，或许能够找到投资之道。

学习完以上所有形态元素的走势类型的划分后，接下来，我们就要做一个浩大的记忆工程，那就是分别将笔的类型、分型类型、段的类型、中枢类型、趋势类型，全都熟记于心，同时还需随时与实际走势中的实际案例结合起来，通过反复地观察对比，寻找其间的规律性。然后，根据我们第三章所讲述的形态学的三个功能，对已经发生的历史走势进行客观的分解，并对未来走势进行纯逻辑的推导——至于推导逻辑，即以上文走势类型的客观分类做支撑，最后，以此推导结论，指引我们当下的投资预判和决策。实际上这已经涉及后面章节的内容，即本理论的实际运用之法，具体详见其后。

三、走势分类及其运用原理

（一）走势分类

走势分类有好几种，如果按照走势性质和方向分类的话，可划分为上涨、下跌及盘整三种。

如果按照级别大小或包含关系进行分类的话，则可分为五种基本的形态元素，即：笔、分型、段、中枢与趋势。

如果按照走势类型进行分类的话，那么，在相同的走势性质中，即使是同一阶段的不同品种中，或同一品种的不同时候，都会出现多种不同分类的走势类型。直白点说：

第一种分类情况，假如所有个股都是从沪指 998 点（2005 年 6 月 6 日）开始出现走势的转折，并且进入上涨走势的，但问题在于，在未来的上涨过程中，相同时段内，不同品种在同级别走势中，所构造出来走势形态却会出现较大差异：有的是上涨段，有的是上涨中枢三段，有的是狭义的趋势五段。

第二种分类情况，譬如同样为沪指走势，从 3478 点（2009 年 8 月 7 日）开始，进入长达五年之久的下跌趋势构造中，不过问题在于，同样的沪指大盘周线级别上，在这五年期间，出现了几轮下跌、反弹、再下跌的走势，无论哪一轮下跌或者上涨，其内部走势形态构造都不完全相同：

有的是完整的下跌五段趋势构造（如 2009 年 8 月 7 日至 2009 年 7 月 2 日）。

有的是完整的下跌七段趋势构造（2010 年 11 月 12 日至 2012 年 11 月 30 日）。

有的则是完整的中枢三段走势构造（2013 年 2 月 8 日至 2013 年 6 月 28 日）。

这三轮下跌走势在形态上不尽相同，即选择了不同的走势类型完成各自的下跌形态的构造。不仅如此，在图 4 - 71 中每一个下跌走势（见图中标示的奇数段）或者上涨走势（见图中标示的偶数段），其内部走势形态构造也不尽相同，也各自选择了不同走势类型完成各自之构造。

综上所述，按照走势类型的分类，走势可以是单纯一段，也可以是三段式的中枢，亦可以是五段式的趋势，又或者七段式，甚至九段式的趋势，等等。更有甚者，在实际情况中，相同的走势类型（例如中枢三段）又可以各自分为好几种走势类型。以图 4 - 77 中第三轮下跌走势的中枢 1、2、3 段为例，该图中的第 3 段底分型的最小值比第 1 段底分型值要小。但这只是一种中枢走势类型的分类，实际中还会存在第 3 段底分型值比第 1 段大的情况，自然也会有二者相同的情况。换句话说，这种中枢走势的类型，都可以至少分为三种，区别无非在于 3 段比 1 段是小还是大，或者相等。

综上所述，对于走势类型的分类，可按照同性质走势，按照不同的形态元素展开划分，各自又可以分为多种不同走势类型。接着再对同性质的分型进行分类，也是可以分为许多种不同类型的分型。

如果按照走势结构进行分类的话，同性质走势，根据各自主导力的大小可分为不同类型：一段式、三段式、五段式、七段式、九段式，甚至十一段式等。实际上，走势结构的分类，全是由于主导力量之合力与分力博弈大小决定的。例如：

某主导走势性质的合力为超级强势，分力极度弱小时，那么，走势结构往往会为简单的一段式，或者干脆的一个上涨段，或者一个下跌段。

主导走势性质合力较为强大，分力较弱时，那么，基于分力会做至少一轮反抗，从而形成中枢三段式结构。

依次类推，分力越来越大时，那么，破坏段出现频率就会越多，从而形成五段式、七段式、九段式，甚至十一段式的走势结构。

最后，根据以上几种走势分类情况看，走势分类的概念在形态学的运用原理中具有非常重要的地位，且会起到关键作用。可以说，它是形态学运用原理的基本准则与核心。结合形态学的未来走势推导功能，走势分类运用的功能性则完整且具体地显现出来。

（二）走势分类的运用原理

通过以上各种情况的走势分类，我们发现，如果将其运用到实际中的话，无非是以下流程：

当我们对历史及当下走势做完客观的分解后，接下来是推导未来走势的各种情况。例如，根据走势分类的性质与方向划分，确定未来走势的性质是上涨还是下跌，或者横盘等性质的分类推导。当然，如果能确定未来走势会选择以上三种走势性质分类中的某一种的话，那么，必然还要对当前走势完整性做出研判，必须要确定出当前走势是否已经结束。此时，要根据形态元素的分类，先确定分型元素有没有出现：如果确定分型出现，即意味着走势将要出现转折或改变，那么，接下来要对未来走势类型和走势结构进行推导；如果没有出现分型或走势并未见完整，那么就继续等待，直到出现为止。对于走势类型和走势结构的推导，至少要先看到当下已经走出或者构造出了某些形态之后，才可以据此作推导。而且此时提前做任何主观的预测都是不可取的，精确和具体的走势是难以绝对推导出来的。至于具体运用之法，可以参照前面所列示的各种形态元素的完整分类图，结合起来理解和使用。

以上流程实际是走势分类的运用原理，在实际之中，我们至少还得经历几轮上涨或者下跌的完整趋势构造后，或许才能够真正掌握该概念的运用真谛。

四、走势的完整性

根据形态五元素的定义、走势结构及走势类型等知识的介绍，我们会发现，五元素都有着严谨的构造结构规则与定义的要求，而且走势类型告诉我们，即使是同一类形态元素，对其具体构造上会存在某些差别，但对于其定义和结构构造的基本要求仍是不偏差的。我们根据这些形态学基本定义和概念展开研究发现，在实际运用中，对于真正的形态学运用原理，关键在于对走势完整性的正确判断，只有确定了某走势完整完成了，才可以指引我们当下的操作决策。如此说来，对走势完整性准确判断与否，无疑将决定当下的操作对与否。那么，对于如何准确研判走势的完整性，则成为关键之所在。接下来，我们讨论走势完整性的运用之法。

走势完整性，顾名思义就是走势会走完，在结构上会完成其构造，符合我们形态所定义的某元素形态定义的表达。对此概念，"缠师"称之为走势终将完美！是的，任何走势终将完美，而且没有最完美，只有更完美。

例如，任何趋势的走势，无论是上涨还是下跌，在其构造过程中，它的形态构造终将完整完成。只要它此前发生过背离，那么，按照理论和走势规律的要求，它必然在相对应的级别上完整完成其走势结构的构造。具体地说，如果是一个周线级别的顶背离，那么，它必然是已经完整完成了一个上涨趋势了。而且有可能是五段式或是七段式，当然最完美的表达是九段式。

至于实际之运用中，究竟会是以几段式结构完整完成走势构造，我们定要结合背离理论的辅助研判。但是，如果非要强调只能停留在形态学的运用和研判上的话，那么，当我们发现走势出现第五段，或者第七段，甚至第九段时，就要引起重视了，至少要开始做好准备工作了。

对于走势完整性的运用经验，我们还得强化记忆这几点内容：

第一，要学会确定什么级别中的背离及其性质。因为这将决定我们后市应对的策略计划。如果是大级别，那么，策略上适当延长等待操作的时间和空间；反之，如果级别较小，那么调整等待时间和空间。与此同时，走势的完整性的体现也将会相应地发生改变。如果是大级别上的背离，那么，走势完整完成构造所需要的时间和空间必然是要很大很久的；反之，如果是小级别，那么完整完成走势构造所需时间空间也会相应减少。而且此处需要特别强调的是，次小级别中的走势完整性研判对操作的指引，一定要尊重大级别走势完整性的研判，以此从中寻找和确定出能够进行有效操作的机会。如果此时大级别走势完整性研判得出的结果是卖出，即使此时次小级别走势完整性研判得出的结论是买进，那么，出于"小尊大"的原则，我们则不可以参与小级别的买进指导，尤其是在微小级别限制于交易规则的市场中；反之，如果是大级别走势完整性得出可以买进的结论，即使此时次小级别走势完整性研判得出结论是卖出，那也不必理会。对此运用方法的具体讲解，可以参考后面章节的介绍，此处暂时不论述。

第二，在级别定位好之后，即将展开对当前级别中，过去至当下历史走势的分解，通过分解观察和研判走势的完整性情况。这里，我们就要充分运用好形态元素定义和结构，还有走势类型的分类，结合当下动态博弈状态，从而确立出走势完整状况。如果是中枢结构的，那一定是完成三段式构造，或者"上—下—上"的结构，或者"下—上—下"的结构。如果是趋势的，那么至少要看到趋势第五段的出现，而且该段多半会远离中枢，当然也可能继续留在中枢之中，形成中枢的扩张，但无论如何，此时定要利用好动态博弈的背离理论，不过我们这里指成功脱离中枢范围的走势。如果趋势出现延续的，快速脱离，并远离前面的中枢范围内的，说明走势没有完成，那就继续等待其完整完成，直到其后市构造出第七段，甚至第九段来——出现第十一段的情形很罕见，尤其是在较大级别上出现可能性较小。等待的时候一定要有耐心，只有等到这些段数全都出现，说明走势才完整完成当前的构造，如果此时能够结合动态学的背离理论的话（实际上每一个结束段的终结处就是背离的拐点），那么，准确研判出走势转折的概率就会很大。如果已经观察和确立到当前走势将要完整完成时，那么就进入第三步。

第三，通过前面两步判断出走势趋于完整后，接下来要结合当下市场实际情况，对未来走势类型做推导和定位。虽然股市不可预测，对未来走势也不可能精确推导，但结合前面的概率，可以推导出未来走势的大致情况：例如走势性质和分类、走势类型和结构等。只要我们将走势性质、走势类型做好分类就能够以实际情况制订当下的操作策略了。

有人或许会经常碰到这样的情况，就是已经看到大盘走势，或者个股走势已经具备完整性意思的表达了，但他就是不采取行动，事后，等到走势果真出现变盘走势，于是又开始直呼悔不当初！而且，这里不仅仅局限于他是使用本理论做完整性研判，有可能仅仅是运用传统或经典技术分析法作研判基础——很多传统或经典理论方法也会教我们看图说话，教我们识别走势如何出现转折，是否趋于完整了，并提示我们应该采取行动了。但是，他依然会麻木不仁地不为所动。其实，这不过是人性弱点的正常表现罢了，仍是"贪嗔痴疑慢"作怪也！这里犯的是怀疑和反应迟钝，还有痴念。所以，由此即可知，不是理论好不好的问题、理念对不对的问题、方法准不准的问题，而是人性的问题总在干扰我们做判断和行动。其实理论本身是没有错的，错的永远是人！

是的，最终我们都将回归到对人性的认识，对自我的认识与管理上去。不仅在投资领域如此，其实在任何领域、任何方面均是如此。

不过，在本章节内容中，即，如果对形态学运用原理的学习作最高要求的话，就要学会并掌握对走势完整性的正确研判。不会研判走势完整与否，那么，股市投资后果必然是一塌糊涂。至于如何研判，也没那么复杂，因为任意一个走势完不完整，一看便知，没有太多麻烦事！

五、走势的节奏

与走势完整性研判同等重要的就是走势的节奏了。

仍是根据形态元素和结构的要求，也无论你是哪种走势类型，我们发现，除了全部具有走势完整性的表达之外，还有就是走势节奏的体现。

走势节奏的概念提出，是为了弥补实际走势中，对经常出现形态元素的构造结构或者完整性在出现非标准定义的偏差时，尤其是出现那种特殊的走势类型与结构时，如何正确应对。

根据前面走势类型的详细介绍，我们了解到了，即使是同性质、同级别的走势形态，也会出现许多变异或特殊的走势情况。例如，某级别中一个预计为九段式下跌趋势，目前已经完整构造出了前面八段，后面原本预计再度出现的第九段下跌时，则多半会再次创出新低的，可是此后的事实结果却告诉我们，第九段并没有再度出现新低，而是与前面第七段低点几乎相等，甚至还略高于该点位。出现此种情况时，该如何是好，按照走势完整性，还有走势结构要求，又该如何应对呢？

按照前面所有走势的运用概念，确实是无法解答。但是，如果我们提出了走势节奏这个概念的话，那么对此问题即可迎刃而解。

若按照走势的完整性和结构定义要求，例如某个完整的走势一定要创出某个新高或者新低点，才算完整，才符合定义，才可以判定该走势已经完成，然后才可以采取行动。可实际中如果没有出现这一点呢？走势节奏的概念却告诉我们，只要节奏上相匹配就可以采取行动了。

因为实际之中，走势能否再度创出新高，或者新低，一切皆由现实情况决定，由市场自身说了算，而不是由定义或者某个概念所规定的那般。所以，当以上情况出现时，即使不再创出新低或新高，但操作上仍应该做买进或卖出。再者，在实际之中，我们还会常常见到这样的一幕，就是主级别中一旦确定了某性质的走势后，此时走势或者完全被空头绝对主导，又或者完全被多头主导了，那么，次小级别中的任何破坏段走势，多数时候有如下几种情况：

在空头完全主导时，是直接低开低走，再反抽，但反抽形成的高点已经严重远离前面下跌段的最低点了。

在多头完全主导时，是直接高开高走，再回撤，但此时回撤形成的低点已经严重远离前面上涨段的最高点了。

此时却要特别注意了，虽然这两种情况的表现较为极端，但它们此时仍然标准地完成了一个符合定义与概念要求的走势结构及走势类型。联系到实际操作中，前一种往往是买早了（或者还未卖出），再次看见反抽时，却发现反抽的最高点还未到前期最低点就又开始往下走了，从而出现被套或者进一步加大亏损；后一种则是卖早了（或者还未买进），再次看见回撤时，却发现回撤的最低点还未到前期最高点就又开始进入拉涨了，从而造成盈利减少或者错失机会。

如此说来，对实际走势的研判和决策的最重要参考，不是按照历史出现的最高或者最低点来决定的，甚至亦不是提前预计好，或者推导好的某种假设的走势类型与走势结构决定的，而是由走势节奏是否匹配来决定的。由走势节奏来决定，何时才是正确的买进或者卖出时机，虽然这个时机不是我们心目中的那个最好时机。

何况走势节奏在中枢、趋势等形态中，也确实存在这样的规律：

例如，中枢始终都是"上—下—上"，或者"下—上—下"的三段式结构，我们将其节奏定义为"121"。对于实际中的后一个"1"的具体构造结构和长短大小的问题，我们往往是无法提前得知的，并且，按照走势类型中的诸多分类，又正好告诉了我们，走势是不可以完全精准预测的。既然不可以预测是长是短，那么，仅仅根据走势定义和概念的要求，你如何能对走势做出客观准确的研判呢？那此时你为何还要去计较走势必须要按照定义的要求或者必须要新高或者新低呢？其实，这时候，我们只要能够确定它此时的走势节奏是正确的就可以了。

因为此时相对比较起走势节奏来说，似乎走势节奏感更加重要了。

　　本理论所指的走势节奏，实质上主要是指走势的涨跌起伏、进退的节奏，而非指如音乐般长短、快慢、轻重等节奏。

　　最后，我们据此总结出一条形态学运用法则：

　　对走势节奏和完整性匹配的研判结论作为决策与操作指引的第一法则。

　　对走势结构与走势类型的研判结论作为第二法则。

　　对历史也已出现的某些所谓的重要高、低点位等作为最后参考的法则。

第五篇

动态学运用原理篇

动态学之实用理论讲解[①]

一、与级别相关的实用理论讲解

【级别实用理论的重要观点】

级别理论存在两个重要的数学特征：一是同一品种的大、小级别之间存在数学区间套的特征；二是大、小级别之间存在着方向趋同性特征。

级别定位理论不仅仅是简单的定义为固定于以某一种级别进行单一的对应买卖操作，而要从整体上理解各级别之间所存在的关系。只有正确理解级别理论后，才可以做到心中有数，清楚地知道当前市场上涨或者调整是什么级别、什么程度的。然后做出更为灵活的操作，最后对不同级别行情采取不同操作风格。

结合背离理论，正确理解了各级别之间存在的关系之后，可以更好地、更彻底地破解股市中操作风格定位的问题。

（一）与级别理论相关的三个比喻

在运用级别理论之前，先正确理解级别理论则是其基础。为了便于形象直观地理解何谓级别，及各级别之间究竟存在什么样的关系，还有各级别背后所对应的操作如何展开等问题，则先来看看三个比喻：

第一个比喻：日落日出的 24 小时自然循环规律。我们将 24 小时中的中午 12 点——太阳最圆、气温最高的时段看作某只股票的最高价，即对应着一个顶分型元素。那么从此时开始，太阳的运作节奏是开始下落，类似于股价见顶开始进入回落阶段。直到下午 6 点，太阳基本下山了。气温随着太阳下山，逐渐下降，直到晚上 12 点——24 小时中气温最低时段，可形象地看作某只股价最低价，即对应一个底分型元素。从此时开始，太阳又开始进入向日出运动了。早上 6 点，太阳露出红脸，气温开始明显回暖，而且太阳的高度继续上移，直到中午 12 点达

---

① 节选自《解缠论 1》动态学实用理论讲解。

到最高最热的时候，又一个顶分型元素形成了。只是今天的太阳已经不是昨天的太阳了。即，这里的顶分型已经不是昨天那个顶分型了。

以上是以太阳的日落日出 24 小时为单位周期进行的比喻，它虽然只是描述大自然的客观规律，无疑透露出了股价走势中某个周期内高点出现后，在一定周期内它依旧会再度出现的道理。区别不同的是，今天的太阳已经不是昨天的太阳了，两个顶分型所对应价格或许不一样了，但是日落后必有日出却是亘古不变的。

我们再以月亮的圆缺周期做第二个比喻：

大家都知道，月亮圆缺完整循环一次需要 30 天（农历算法）。如果将这个大周期比作股价运作的话，那么月亮在 30 天之中最圆最明亮的农历十五，可比作该周期内的一次顶分型。于是，后面若要再度看到下一个月亮最圆最明亮的时候，即又一个顶分型的出现，则需要 30 天时间。很明显，该周期的跨度相较于 24 小时日夜轮替还要更长一些。

通过比较可知，如果以 24 小时为操作周期的话，那么这无疑是属于较短的操作周期，可以 30 天为一轮操作周期则应该属于较长的操作周期了。且后者周期包含了 30 个前者周期。

第三个比喻：我们仍以大自然规律类推下去发现，一年的春夏秋冬四季依旧可以作为一种更长的周期，即，若将夏季的夏至日（一年中最热之日）比作股价在一年中的顶分型位置，那么，要想看到下一个类似的顶分型，则要等待四个季度之后才可以看到，时间跨度是 365 天或 12 个月。这与上面一日、一月的周期比较的话，无疑是更为长久的周期了。因为它里面还包含了 365 个日落日出或者 12 次月圆月缺的循环。

通过上面的三个比喻，将其联系到股市里，结合本理论的级别定位理论，可以得出以下观点：

在一月或 30 天里，每天的太阳还是依旧会落下并再度升起；而一年之内或 12 个月里，月亮依旧会月圆月缺 12 次。也就是说，即使一年之内的夏至日出现了全年中气温最高，等同于一年中的顶分型位置，那么后面若要再度出现下个夏至日，则会再度出现 12 次月圆月缺的循环——以月为周期的顶分型一年中对应出现 12 次，以日为周期顶分型则会再度出现 365 个顶分型。且各自的底分型均与之相对。

回到本理论中，上面描述的日落日出、月圆月缺及四季转换的例子，分别代表了三个由小到大的不同级别的周期。且可分别比作为日线、月线及季线三个不同的级别。通过比喻可了解到大小级别之间所存在的关系，即，大级别完整地包含了各个小级别。

　　另外，还可以从三个比喻中提炼出级别运用的三个原则。原则之一即小级别尊重大级别。例如，当处在月线级别的下跌趋势时，即月亮开始进入月损周期时，每个日线级别中每一次太阳高高升起的时候就是一次卖点。之所以要卖出是因为该级别的一次完整运作已经结束了，太阳相对于该级别来说，是必须要下山的，这就是级别尊重之原则的直观体现。

　　原则之二是可以提前利用小级别研判大级别段元素的买卖点。级别越大，对于顶分型的描述就越模糊，可是级别越小（例如将一天与一个季度相比较的话，分型的精确描述自然是级别越小）就越发清晰了。所以，最佳的买卖点应该是从小级别上提前观察到。

　　原则之三是最基础的——任何级别走势都终将完美。即，24 小时的日出日落、月圆月缺及四季轮替的三大自然规律是不可改变的。这自然对应了股价走势中，各级别中所有元素的运作走势，如分型、段、中枢及趋势构造都终将完成。自然地，在操作上，各级别段元素的买卖点都相互完美对应的。

　　根据三个不同周期，我们还可以分别找到各级别所对应的操作风格。对应三个比喻，其操作周期分别是 24 小时、30 天及 4 个季度为一个来回周期。

　　笔者假如用另外一大段文字来进行验证该理论的规律性的话，那估计完全是浪费口舌。可是，回到上面所列举的三个比喻，就可以轻轻松松理解级别理论、各级别关系及相关运用三大原则了。理由如下：

　　日落之后，还会日出！（日落日出）

　　月缺之后，还会月圆！（月缺月圆）

　　冬天去了，夏天回来！（冬去夏至）

　　《解缠论》的级别定位理论与上面三个比喻相通，如果阅读完了，那么对其级别定位理论的理解也就会简单许多。

（二）级别理论的两个数学特征

　　为了更直观地理解级别理论，我们有必要将与本理论相关的一些数学或其他领域的知识加以引进和运用。例如，数学中的区间套原理和期货现货中价格趋同性的特征，我们在学习和理解本理论时就会经常碰到。

1. 大、小级别存在的闭区间套特征

　　先了解下区间套的定义，其实区间套分为闭区间和开区间，我们只要弄懂其中一个就可以了。这里我们学习下闭区间。

　　所谓闭区间就是指数轴上任意两点和这两点间所有点组成的线段为一个闭区间。

　　闭区间套的定理：有无穷个闭区间，第二个闭区间被包含在第一个区间内部，第三个被包含在第二个内部，以此类推（后一个线段会被包含在前一个线段里面），这些区间的长度组成一个无穷数列，如果数列的极限趋近于0（即这些线段的长度最终会趋近于0），则这些区间的左端点最终会趋近于右端点，即左右端点收敛于数轴上一点，而且这个点是这些区间的唯一公共点（以上是闭区间的原理解释，至于开区间同理）。

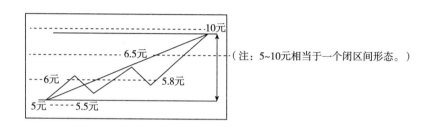

图 5 - 1 闭区间

结合图 5 - 1 详解：对照上面区间套定义和定理：任意两点和这两点之间所有点组成的线段成为一个闭区间。那么，直接连接 5 ~ 10 元这任意两点的情况，即为一个闭区间。而此区间内出现的 5 ~ 6 元一段、6 元回到 5.5 元一段、5.5 ~ 6.5 元一段、6.5 元又回到 5.8 元一段及 5.8 ~ 10 元一段，都是该区间内的小级别的闭区间。而且遵照上面闭区间定理来看，假如直接连接 5 ~ 6.5 元这一段，那么 5 ~ 6 元和 5.5 ~ 6.5 元就被包含在这一段区间内。

按照闭区间定理规定的，如果将此包含关系无限地延长下去，并且假定其间出现无数个大区间包含小区间的情况，那么 5 元最终会向 10 元这个终点靠近，从而完成该区间。届时，此时不同级别中由 5 元开始，最终都将于 10 元处相交，而且以 10 元为终结点结束。

当然必须要明确的是，实际运用中，这里的 10 元价格是未知的，并不是如眼下笔者所标示这样，就是等着你达到的，而是伴随着趋同性原理，最后实现各级别价格的最终统一，并且是在未知中实现二者的统一的。这一点在投资中必须要十分清楚。

2. 大、小级别之间价格趋同性特征

实际投资中，我们不可以将 5 元的价格等同于 10 元价格，这也是不现实的，但我们可以明白另一层含义，那就是 5 ~ 10 元内部无论出现多少个被包含的闭区间的一段，其最终结果都是向 10 元这个终点趋同而"会师"。所以，趋同性就是这么来的。在此举个比较典型的例子。

在期货交易中，所有期货合约都将于未来某一日进行交割，而且交割后的价格最终都等同于交割日时的现货价格，即，实现期货价格与现货价格的统一。由此可知，在此之间的期货价格的变化都是阻挡或者改变不了这个结果的。于是，我们将此过程到结果的整个特性的描述称为趋同性。

当然，笔者相信在此过程中定然会出现价格运行方向不趋同的时候，从而此时定然会有价差的出现，一些技术高手，尤其擅长做波段操作的，会利用此过程中方向不趋同时做波段，尽量放大其盈利目标。如果懂得了大、小级别区间套原理与趋同性原理，我们在实际运作之中就会很清楚当下该做什么，该如何操作了。在级别理论运用的三大操作原则中，笔者曾经讲过级别的尊重原则。那么，价格趋同性就是对该原则的再次详解，有心者可以慢慢地去悟一悟其背后的含义。

小级别中价格运行方向不趋同时的情况，仍然是以上面的区间套图例做详解。

假如我们将 5~10 元这一段看作是某大级别的一段，假定此时 10 元就是该级别最终的目标价（对于该目标价的研判是非常关键的，也是一个值得深究的问题，因为 10 元是假设的，实际中它是未知的），那么，我们此时看回到其小级别中去，从 5 元出发，明显走出了 5 个小段，其中有两个破坏段（分别是 6 元到5.5 元和 6.5 元到 5.8 元的两回落段），也就是说，这两个破坏段出现了与大级别价格运行方向（5~10 元上涨方向）不趋同的情况。

可按照级别尊重原则，此时只要满足级别足够大、涨跌幅空间足够大这两个前提条件，对于此时机会是完全可以参与的。再结合上述图例，该波段操作的流程为：在 6 元处卖出、5.5 元处捡回，6.5 元处卖出、5.8 元处捡回。

这里描述的是上升过程中的情况，下跌过程中或者买卖动作相反就是了。总之，道理是一样的。以上就是不同级别价格在趋同性原理中，结合级别运用中的尊重原则实际运用的体现。

通过以上可知，级别定位理论存在两个重要的数学特征：一是同一品种的大、小级别之间存在数学区间套的特征；二是大、小级别之间存在着方向趋同性特征。

（三）案例详解级别理论中运用原则的体现

图 5-2 为某阶段实际指数 30 分钟级别的一下跌段，含下跌三笔，从 2586点开始。且其中有三笔出现价格水平方向重叠的情况。如果出现此重叠的情况，那么肯定是次级别出现了中枢。

图 5-3 为对应图 5-2 的 1 分钟级别，且已构成一下跌趋势元素图，内含两个中枢元素（后面一个中枢属于 1 分钟级别的趋势元素 2 段内部的中枢元件）。

若连接图中起始分型之顶分型（2586点）与结束分型底分型，即构成图5-2中的一个下跌段元素。

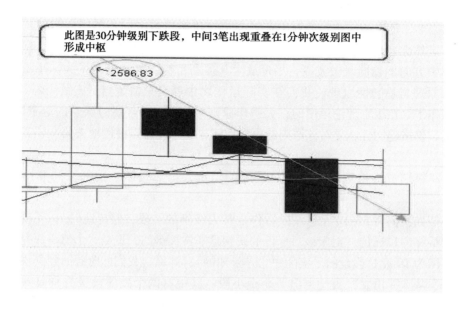

图5-2　30分级别下跌段

结合实例图解：对比图5-2、图5-3都是指数由2586点开始下跌的同一段不同级别（一个30分钟，另一个1分钟图形）的走势图。图5-2属于大级别、大趋势的方向，图5-3反映的是图5-2内部具体运作的小级别、小趋势运作情况。大级别、大趋势方向是下跌的，直到出现底分型结束，可能只需要几笔完成，图5-2中是5笔，但小级别、小趋势方向却可能是很多笔元素，至少150笔，因为5笔30分钟就是150笔1分钟的。由此两幅图例，级别定位理论的运用原则也从中被体现出来。

如图5-3中注解所示，由于目前是下跌趋势元素中，从而研判三类卖点成为了关键。继而下跌趋势中的中枢的第一类买点、第二类买点分别对应中枢的第二类卖点及第三类卖点。虽然此时1分钟级别中枢中的第一类买点、第二类买点在30分钟级别上完全看不到，但在理论上，像这样次级别的机会是可以参与的，前提是操作空间、交易规则及交易成本允许的情况下即可。

若按照级别中三个运用原则之一，之所以要在1分钟级别的第二类卖点和第三类卖点做卖出动作，不仅仅是因为当前级别是否出现了次级别的背离，也是尊重当前大级别的运行方向也该作卖出动作。这也是级别尊重原则的体现。

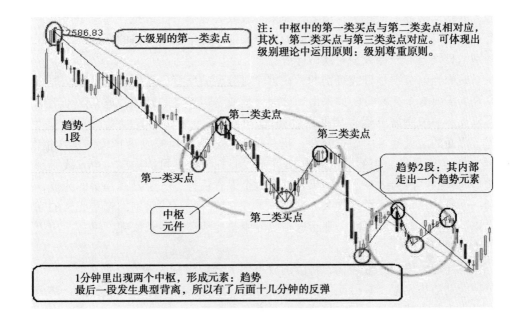

注：中枢中的第一类买点与第二类卖点相对应，其次，第二类买点与第三类卖点对应。可体现出级别理论中运用原则：级别尊重原则。

大级别的第一类卖点

2586.83

第二类卖点

第三类卖点

趋势1段

第一类买点

趋势2段：其内部走出一个趋势元素

中枢元件

第二类买点

1分钟里出现两个中枢，形成元素：趋势
最后一段发生典型背离，所以有了后面十几分钟的反弹

图 5 – 3　为 1 分钟级别下跌趋势元素

当然实际运用中，1 分钟级别由于太小，有时候操作起来空间不具备，往往会受到限制。可举一反三，如果将此处的级别放大到日线、周线级别，即使处于下跌趋势，但出现在其次级别上的第一类买点、第二类买点则完全可以参与。因为笔者相信，在其级别足够大，且大到能够正常回避交易规则之前提规定情形下，且幅度空间足够大时，这些利润是可以去博取的，但前提是技术要好、水平要高。

其实，有时将同一品种、同方向，却不同级别的走势图结合起来进行对比观察，你会发现此时显现在你大脑内的图形不是平面的，而是立体几何图形。由此，可以对未来任何阶段的走势，包括每一段每一细节的具体走势都能够提前做到了然于胸。甚至对于短线，抑或中长线的不同操作风格做出灵活应对。

（四）各级别之间所存关系及对操作风格的影响

有很多人一直无法弄清楚自己的操作风格，搞不清楚所指的短线或者中长线是以什么为标准的。对于当下参与的买进或者卖出都不知道是什么级别，及应当采取什么样的操作风格。这往往都是因为没有搞清楚级别及各级别之间所存在的关系。

其实操作风格无非就是持股或者观望机会所需要的时间。如果时间较长，在

给人的感觉就是中长线了；反之，如果持股或者观望时间太短，那就是短线。但有一点可以确定的是，即选择不同的操作周期决定了操作风格的问题。下面我们分别以日线与 1 分钟级别对此做详解：

假如当前级别是日线级别的，在排除对分型的反复、运作笔的延续，那么一段至少需要 6 个交易日。如果出现分型反复或者运作笔的延续，那么这个周期还将延长。一段所需的运作周期尚且如此，何况一个完整的日线级别的趋势元素呢？前面的定量变量中做过介绍，仍是排除各分型的反复及运作笔的延续情况，至少 18 个交易日。当然，实际中 18 个交易日往往是不可能构成一个日线级别的趋势元素的，因为太少了。如果将其再做个保守估计，一个日线趋势的完成，少则一个月，多则可达数月之久。试想一下，完成一个日线级别的趋势元素的完整操作，要长达数月的时间，那么这在实际中是短线还是中长线呢？感官上应该属于中线吧。

同样地，按照此推理，若将级别放小到 1 分钟级别去观察。那么完成一个 1 分钟级别趋势元素，有可能仅仅需要半分钟，即使再将时间适度延长点，单个交易日之内或许就是完成一个趋势了，甚至几个趋势。

通过以上讲解，我们可以对操作风格做定位，其定位源于时间周期的长短大小。对操作风格的影响是，级别越大，操作风格越偏向于中长线；反之，级别越小，操作风格越偏短线。且短线的操作周期只需要考虑交易成本、交易规则及操作空间的问题即可。

我们还发现，其实级别定位理论不仅仅是简单的定义为固定于以某一种级别进行单一的对应买卖操作，而要从整体上理解各级别之间所存在的关系。只有正确理解级别理论后，才可以做到心中有数，清楚地知道当前市场上涨或者调整是什么级别、什么程度的，然后做出更为灵活的操作，最后，对不同级别行情采取不同操作风格。

当然，以上任何级别买卖点均需要结合背离理论的研判，只有正确理解了各级别之间存在关系之后，才能够更好、更彻底地破解股市中操作风格定位的问题。

（五）级别与操作格局之间的关系

级别与操作格局成正比关系：级别越大，操作格局越大，持股或者观望时间将越长；反之，级别越小，操作格局越小，持股或者观望周期越小——可是买卖频率越频繁。

二、与背离相关的实用理论讲解

【背离实用理论重要观点】

当前级别的背离迹象出现后，先跟踪背离段，跟踪背离段直到背离点的出现，背离点即是最佳买卖点。

实际中判断精准的背离点要留意以下规律，即背离段的运作周期及空间往往与级别成正比。级别越大，跟踪背离段之背离点等待的周期越长，空间也往往越大；反之，级别越小，背离段运作周期及空间越小。

背离存在于所有品种和级别中，且对于同一品种而言，具有着由小级别向大级别进行递进的关系。当背离递进到更大级别时，那么更大级别的趋势发生转变后，其后市运作所持续的时间与级别成正比的规律。即，运作周期会随级别变大而变长。假如，此时是出现更大级别的底背离的话，那么该底背离往往是股价继续创新低而换来的；反之，若是更大级别的顶背离的话，它往往是股价继续创新高而换来的。

同理，因为背离在级别中存在着由小级别向大级别递进关系，所以，在级别与操作空间或操作格局中，二者也有成正比的特点。即，级别越大，其所对应的操作空间往往越大。

要将背离与多、空头主导二者之间的关系严格区别开来。某级别的多头主导或空头主导现象出现时，肯定是其次级别出现了背离。

如果当前级别频繁反复地交替出现多、空头临时性主导现象，那么一定是其当前级别或者其次级别出现了中枢元素或者中枢震荡情况。

另外，当前级别背离的出现，一定是对应了当前级别趋势元素性质的转变。即，终结前面趋势元素运作，继而开始朝相反性质趋势元素的运作与构造。

（一）背离相关的三个概念——背离现象、背离段及背离点

阅读本理论应避免一个误区，不可看到了背离就动手参与买卖。因为实际中，你若做出了买或卖的动作后，其股价在接下来走势中往往会继续延续前面趋势方向的运作方向；另外，真正的分型有没有确定性的出现，以上若没有判断正确，会出现这样的情形：不是卖得太早，而错失更多利润，或者就是买得太快，抄底失败，结果被套，面临亏损。

由此，我们必须要明白一点：在实际中，背离并不马上意味着买卖点的出现，尤其是在越大级别的时候。那么，与背离相关的三个概念需要明确：

概念一，背离现象的出现。这是指当前级别股价与指标反方向运行现象的出现。详见前文背离理论的介绍。

概念二，背离段。该段往往是指趋势或者中枢的最后结束段，多是指趋势中的 2 段或中枢中的 C 段。当然，趋势中的 2 段或者中枢 C 段内部还有可能再度走出一个内部的小背离段出来。无论如何，实际操作中，进场出场的最佳时点还是对背离点的判断。

概念三，背离点。以中枢中的 C 段作为背离段进行讲解的话，那么该段的背离点就是指结束分型的至极价位。若 C 段为下跌段时，指底分型的最低价位；反之，C 段为上升段时，则指顶分型的最高价位。

通过上述三个与背离有关的概念后，但凡看到出现了背离迹象，则应该知道这只不过是背离现象，还不是背离点。由此落实到操作中，当背离出现时还不能够马上动手操作，尤其是在更大级别中。因为背离出现后，还有一背离段的运作，且背离段的运作周期与级别存在一定的关系——由以上三个概念我们可以了解到：待背离出现后捕捉背离段的背离点才是关键，且背离点才是最佳的买卖点。

（二）背离段运作周期与级别之间的关系

基于上面三个有关背离的概念，我们必须要回答一个问题，即背离段的运作周期与级别之间的关系。其实，二者呈正比关系。即：级别越大，背离段的运作周期越长；反之，级别越小，背离段运作周期将越小。

由此关系可知，越大级别跟踪背离段的背离点时间会随级别的变大而延长。那么在实际操作中，背离出现后，首先要确定当下是什么级别的。并且，在实际操作中级别越大就越需要耐心跟踪和等待了。

（三）案例详解背离段运作周期在不同级别中的体现（分别以日线与 1 分钟级别详解）

为了将以上情况说清楚，先做如下解说，以中枢中的 ABC 三段为解说基准（A 为起始段，B 为破坏段，C 为结束段，也为背离段），且分别以 1 分钟与日线级别作解：

（1）假如是 1 分钟级别的，在运作完破坏段 B 段后，出现了背离段，即 C 段的出现。而这一段按照理论的最低构造要求，最少 6 笔才可以完成。这对于 1 分钟级别来说，往往只需要 6 分钟时间就可以看到后面是否出现背离点，即使算上分型反复或者运作笔的延续，也还是停留在相对较短的时间周期内。这里的 6 分钟是个极小的周期，是立刻就可以感知得到的。由此可知，级别越小，时间就越短，我们马上就可以看到背离段完整的出现，而且在当下能够看到出现。从理论上讲，当下立刻进行操作，自然是可以的。

（2）假如是日线级别呢？同样地，排除分型的反复及运作笔延续的情况，日线级别C段至少需要6个交易日。即，日线级别出现了背离现象，但C段的运作周期至少需要6个交易日才可以完成，后面才可能会看到背离点的出现——而这个点位是最佳的买卖点。

在实际操作中，如果你一看到背离的出现，就立刻做买进卖出动作，或许有时候，在空间幅度上不会有太大差别（实际中一般是有着严重的差别的）的，但时间上或节奏上已经出现了严重的错误。这就是"时间空间"在节奏上的不同步所致的，从而会导致操作节奏上的混乱。

由于平时多半是以日线级别为操作对象的，而日线实际上属于较大级别，所以，即使我们发现出现了背离，赶紧动手操作时，结果却屡屡错误。错误的原因就在于，没有弄清楚日线级别背离段的运作周期至少还需要6个交易日。如果出现反复或者延续情况出现，这个周期还将延长。这在感官上是属于较长的周期了。

以上也就刚好可以完整且正确地解释实际操作中的卖早或买早的错误操作。很多投资朋友操作级别比较混乱，可以说是没有任何级别概念，其操作都是随心所欲、凭感觉买卖的，所以投资绩效往往是时好时坏。当然，作为个体投资者实在把握不好，进行逢高兑现也是正确的。真正等到见底见顶时，参与买卖的速度是极快的，很多人也无法做到及时的操作。

最后，再做个简单的梳理：

对于当前级别出现了背离迹象之后，是否构成当下的操作，接下来还需继续跟踪背离段（趋势的2段或中枢的C段）的情况，顺着背离段一直跟踪下去直到该段结束分型的确定出现。届时操作上就要毫不犹豫了。若是底背离点，果断买进；是顶背离点，则果断卖出。

（四）大、小级别间背离关系的探讨

背离情况是可以出现在所有级别中的，而且级别越小，出现背离情况的频率就越多。原因是小级别的时间周期小于大级别的周期。而且，大级别的时间周期由小级别共同组成。问题是：既然各级别都会出现背离情况，那么，大、小级别之间的背离关系是怎样的呢？还有，不同级别的背离出现后，与之对应的操作空间又是怎样的呢？回答这些问题之前，让我们先来看一个不同级别之间的等式：即，1笔日线 = 4笔60分钟线 = 8笔30分钟线 = 16笔15分钟线 = 48笔5分钟线 = 240笔1分钟线。

正是有了这个等式，小级别的背离与大级别背离之间便存在这样的关系：往往是小级别连续出现至少两次以上的背离，才会出现一次大级别的背离。即，一个 1 分钟级别连续出现两次背离，才会有一次 5 分钟级别的背离。

以此类推：至少连续出现两次以上 5 分钟级别的背离，才会出现一次 15 分钟或 30 分钟级别的背离；至少连续出现两次 30 分钟级别背离，才会出现一次 60 分钟级别的背离；至少连续出现两次 60 分钟级别的背离，才会出现一次日线级别的背离。当然，实际情况没有发现究竟几次小级别背离才准确地出现一次大级别背离。可是有一点可以确定，基本面情况变化多端，外因干扰过多往往会增加当下级别中背离出现的频率，从而更加大了判断背离的难度。

由以上分析得出：背离存在由小级别向大级别递进的规律。同时，还需要说明的是：每一次大级别的顶背离，往往都是股价创新高换来的。反之，任何更大级别的底背离都是股价继续创新低而换来的。

此规律对应的操作是，当大级别顶背离形成之后，随后市场处于下跌趋势中，之后必然会先在其次、小级别率先出现一次底背离，但这种小级别的底背离最终会受到大级别顶背离发生状态的制约，走出的反弹空间十分有限。而且，在后面你会发现，当小级别继续酝酿第二次，甚至更多次底背离的时候，股价会继续创出下跌中的新低，但在此过程中，某相对较大级别中的一次底背离或许会出现一次，相应地，此时因次级别出现底背离后的反弹空间会放大。这也正好对应了背离出现后的空间与级别成正比。小级别顶背离酝酿出现大级别顶背离的情况与上刚好相反。

根据以上的描述，大、小级别之间的背离关系具备这样的规律或特征：

一是存在小级别的背离向大级别逐渐递进的规律，而且，小级别的背离现象至少出现两次以上，才可能会出现一次大级别的背离。

二是背离出现后的操作空间与级别成正比：即，级别越小，操作空间越小；反之，级别越大，操作空间越大。这条规律对我们的实际操作同样有着重要的指导意义。

以上两点规律在实际运用之中，也是本理论的高级运用了，要学会融会贯通使用，它将作为决定最佳买卖点的重要支持依据，而且决定了操作风格的问题。当看着不同级别的背离出现，你就该知道眼下是什么级别的反弹或者下跌，以及什么级别的趋势元素会出现——因为这将对应我们后市的操作空间。不过，在实际运用中，对于众多 A 股股票建议至少选择 15 分钟或 30 分钟或以上级别进行操作，因为这个空间已经足够大了，它基本上可以应付市场上所谓的机会或者风险。当然排除股票品种的话，本理论也适应于其他交易品种，届时可以依据不同品种而异。

（五）背离与多、空头主导在不同级别中所存关系及其特征讲解

1. 次级别出现的背离对主级别操作影响的分析

在实际运用中，经常会发现这样一个现象：某品种的次级别出现的背离情况，且此时的背离往往会对主级别的走势产生一些影响。由此影响，我们发现以下问题：次级别产生的背离对主级别产生了什么样的影响？及它是怎样影响主级别的走势呢？还有，它是否会促使主级别出现变盘而出现主级别的买卖点呢？又或者其次级别还得尊重大级别，不过是完成属于自己范畴内的行为而已呢？回答以上系列问题，我们首先要确定当前主级别是由哪种力量在主导：是多头主导，还是空头力量主导（而且对这一点进行准确判断的尤为重要！因为它将决定实际中的操作动作是买还是卖的问题）？下面对此情况做分类回答：

情况一：假如主级别属于空头主导状态时，相应的股价处于下跌中，当前未出现背离现象，不过此时次级别产生了底背离——次级别与主级别对股价运行方向的影响产生了不趋同的情况。从而，在实际操作中，我们是可以参与此时次级别的投机机会的，但前提是在交易成本与交易规则完全允许和支持的情况下。

可仍需要弄清楚的一点是：次级别底背离点的出现，即意味着次级别原趋势的性质的转变。在随着趋势结束 2 段的底分型买点的出现，此时的次级别是必然进入多头主导情形之下的。由此，也就回答了上面提及的一种情况：次级别的临时多头力量主导，或许有可能暂时性地改变主级别空头力量主导的情形——可能会将主级别的空头主导情形进行临时的改变为多头主导的情形。当然其实质是将改变主级别股价运行的方向。

那么，经以上描述，此时在实际操作中其意义是：一旦发现主级别由空头主导突然转变为多头主导，操作上则可暂时持股（只要符合多头主导持股是正确的动作）。该动作直待到临时性的多头主导情形的结束，那么，对应的卖点是仍然要参考次级别顶背离点为基准——这也符合级别定位理论的原则之要求。

至于上面所提及的次级别出现底背离对主级别产生的影响情况的分析，假如次级别出现的是顶背离，那么其对主级别产生的影响又是怎样的呢？其实，其分析过程是相同的，不同的是其实际买卖动作相反而已。还需要特别注意的是，假如次级别出现了顶背离，产生了卖点，做了卖出动作，基于此时主级别仍属于多头主导的情形，从而，此时相对于次级别买点再次出现时，依旧要做再次买回的动作，因为这里仍然用到级别的尊重原则。

以上分析的是当主级别处于空头主导（或者多头主导），未出现背离，其次级别出现的背离对主级别所产生影响的情况的描述与分析，及在实际运用中的指导意义。

接下来，我们看看当主、次级别均出现背离，此时次级别的背离对主级别所产生影响描述，即情况二：

假如此时主级别出现了背离——这里仍以底背离为例，且仍处在临时的空头主导的情况——这一定对应了次级别出现了中枢元素的走势形态。此时往往处于该下跌段的末端——下跌趋势结束2段的底分型附近——此时股价处于结束2段底分型附近或者开始接近结束底分型的范围了。最主要的是，股价运作方向仍处于下跌之中。

回到这里讨论的情况：既然假定主、次级别均出现了底背离，那么，主、次级别一定是产生了背离的共振。主、次级别背离出现了重叠，同时出现了——那么其在实际运用的指导意义是：此时可以研判为当前绝佳买点，而且出现的行情与级别成正比，级别越大后市行情运作的空间越大；反之，假如是主、次级别顶背离的共振，那么调整风险也与级别成正比。

将以上描述进行小结，即，次级别出现的背离对主级别产生影响的分析分为两种情况：

一是当次级别出现底（顶）背离，但主级别没有出现背离现象，此时，假如主级别处于空头（多头）主导时，或许会有可能暂时性地改变当前空头（多头）主导的情形，临时性地由空头（多头）转变为多头（空头）主导。对此，在实际应用中的指导意义是：只要交易成本允许或者不受交易规则的限制，出现次级别的背离，甚至会改变主级别主导力量的性质临时性改变时，可以参与买卖。但前提是，对应次级别的买卖点展开，且要尊重主级别的当前趋势的性质。

二是次级别、主级别均出现底（顶）背离时，而且主级别处于临时空头（多头）主导时，当然这里必须要明确的一点是，只要出现了背离，主级别的空头（多头）主导往往就在那一瞬间会变成多头（空头）主导——这一稍纵即逝的点往往是最佳的买卖时机。在实际运用中，一旦发现次级别的背离刚好与主级别的背离同时出现了，那么，此时参与的买卖动作速度就要迅速果断。同时，出于级别运用的尊重原则，后市的机会或者风险都是以主级别做参照的。

由以上分析可知：情况一是发现主、次级别价格运行方向不趋同时所存在的机会点或者风险点，实际操作时进行临时投机还是可以允许的。情况二则是情况一的深度跟踪，相比之下，情况二更是稍纵即逝的最佳变盘点位，机会与风险同时汹涌澎湃。

以上情况实质上可以归纳成更为直观的实际运用指导规律，将在后文详细介绍。

2. 背离与多、空主导状态间关系及对实际操作的影响

透过现象看本质，同样地，由上文可以提炼出以下相关实用规律：即，当前

级别的多、空头主导情况的出现，一定是其次级别出现了背离。如果主级别出现多头主导情形，那么肯定是其次级别出现了底背离；反之，如果当前级别出现空头主导情形，那么一定是其次级别出现了顶背离。这里仍需要强调的是，如果级别和空间足够大，当前级别出现多、空头主导情况出现时，可以参与操作。尤其是在上升趋势元素中，参与的成功概率将会很大。实际中对操作指导为，次级别底背离则做买进动作；反之，顶背离做卖出动作。

假如暂不理会次级别出现背离的情况，直接对应到当前主级别出现多、空头主导情况时，其在实际操作中的指导意义是：当出现多头主导时，做买进或者继续持有动作；空头主导时，做卖出或者观望动作。若结合次级别情况，那么要求做到从整体上定位操作格局，一定是以波段操作、差价交易较好。研判方法还是以次级别是否出现背离为依据和关键点。

3. 多、空头主导在实际运用中所具备的特征

特征一，多、空头主导会暂时性地出现在当前级别或次级别的中枢及中枢震荡中，而且是反复地出现。

特征一，这样的理解，当前级别一旦出现多头与空头主导状态的轮流反复出现，那么一定是其当前级别或者次级别分别对应地出现了中枢形态或者中枢震荡的情况。实际中对应的操作指导是，以段为基础，空头主导出现时做卖出，多头主导出现时买回。因为中枢形态的出现意味着波段差价交易与之相对应。

特征二，多、空头主导所出现的频率与级别成反比。即，级别越小，多空头主导出现的频率反而越高；级别越大，多空头主导出现的频率将会越低。

如果参照特征二的话，考虑其出现频率与级别成反比，所以，在级别越小情况下，空间也会很小，从而不便于展开上面所说的操作方法。只有在级别足够大，空间足够大时参与较为合适。

特征三，多、空头主导所出现的周期与级别成正比。即，级别越大，多头或者空头主导的时间将会越长。

特征三的理解是，按照该特征的描述，结合实际对比做如下规定：对于15分钟以下的小周期的级别，因为其主导时间较短，所以仍不建议参与上面所说的操作方法。

（六）背离出现在趋势或者中枢中的特征讲解

背离最大的特性或者实际运用中的指导意义：背离即意味着当前级别原趋势性质的转变。一旦出现背离，当前级别的原趋势元素将终结，后面将立刻出现一相反性质的趋势元素。此时对应的操作是：底背离做买进，对应当前级别，后面继续持有下去；顶背离做卖出，后面空仓观望下去，直到相反性质背离点的

出现。

由于趋势元素构造必须包含了中枢元素，而中枢元素又有第二类、第三类买卖点的出现——有买卖点出现必然对应了背离。问题是该背离点出现是否改变当前级别的趋势性质。答案是不会。且在实际中，中枢元素的形态确确实实会对应着背离的出现，而且符合当前级别背离现象的出现。这又做何解释？本理论规定：如果背离出现在中枢形态或者中枢震荡中，往往是不会改变当前趋势性质的。只有中枢构造完，出现了创新高或者新低的结束2段后才会出现改变当前趋势性质的背离。

万一当前级别出现了背离，而趋势并未构造完，则一定是对应中枢元素。那么，在实际操作中应该自动降低其操作的级别，将其作为其次级别的背离，而做出相应的较低级别的买卖动作即可。即，当前级别的中枢中的背离往往是其次级别产生的背离，如果次级别足够大，操作空间亦足够大的时候，才可以参与。

（七）背离与分型是否同步出现及其实用讲解

某级别中，背离的出现一定对应了相应分型的同时出现。可是，某级别分型的出现则不一定对应当前级别背离的出现。当然，需要补充的是，当前级别的分型确定出现的话，那么，其次级别或许出现了背离。

这也说明，当前级别中，背离不一定与分型同时出现的。有可能当前级别仅仅出现了临时性的多、空头主导的情况而已。

在实际运用中，选定好操作级别后，最佳做法是耐心等待该级别底背离出现最买进动作，顶背离出现做卖出动作即可。

三、三类买卖点实用理论讲解

【三类买卖点实用理论重要观点】

结合三类买卖点完美化的操作流程及分解中，可决定出两种不同操作的风格：

第一种风格，在确定当前级别后，背离也确定出现了，后市操作对应一个趋势元素即可。即操作上仅做一组该级别的买卖动作。当级别够大时，这往往对应一次较长周期的中长线操作风格。

第二种风格，在第一种风格基础之上加以改进，灵活地参与中枢中破坏段的机会。不过基于其买卖频率问题，所以其操作风格相较于之一属于短线交易特征。

在实际运用中不可以提前固定任何级别下的三类买卖点的具体位置，避免犯教条主义错误。三类买卖点理论最大意义是提前告诉我们一个市场规律：买点与卖点的机会都至少有三次。而本理论是帮你如何在当下把握三次机会。

（一）三类买卖点理论下的完美化操作

下面讲解的是，在某级别中包含两种相反性质趋势的元素，且可实现收益相对最大化及完美化的一套操作流程，该流程即通过三类买卖点理论进行完整的演绎。如图5-4所示。

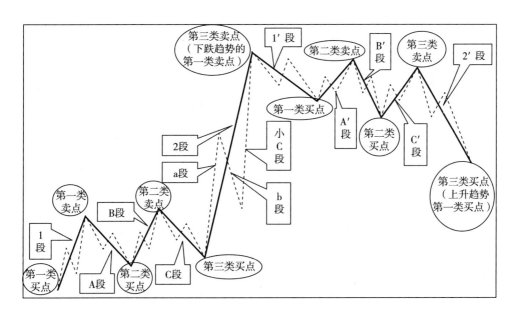

图5-4　三类买卖点完整演绎

图5-4描述的是任何品种某级别的一次相对完整的走势图，包括一次完整的上升趋势元素和一个下跌趋势元素的形态。上升趋势元素完成标志着该品种上升告一段落；反之，下跌趋势的完成标志着该品种下跌告一段落。其构造要件分别为：

上升趋势元素为：1段+上升中枢（A段+B段+C段）+2段；

下跌趋势元素为：1′段+下跌中枢（A′段+B′段+C′段）+2′段。另外，图中由上升趋势起始1段开始到下跌趋势结束2′段而构成。每一段都在其次级别上出现了中枢（也有当前级别出现中枢的），暂可以用abc三小段来表示。例如，图5-4中所标示：大2段由其次级别的abc三小段构成（次级别的中枢）。现实中，不仅仅 2 段内部次级别会出现 abc 三小段（一个次级别的中枢），其实，在其他段元素，甚至在其次级别上或许都会出现更小级别的中枢（甚至有出现趋势元素的可能）。而且此规律会按照区间套原理一直无限地延续到最小级别中。

1. 三类买卖点下的完整操作流程

如图 5－4 所示：上升趋势元素中，首先在第一类买点处买进后，第一类卖点对应卖出；其次第二类买点处再度买进，第二类卖点处卖出；最后第三类买点处买进，第三类卖点卖出，该卖点创新高，且上升趋势元素终结。假定此时该级别出现了顶背离，趋势性质发生转变，开始向下跌趋势进行构造。于是第三类卖点与接下来下跌趋势第一卖点重叠了。我们就暂且将第三卖点定义为第一卖点。原本出现第一卖点之后，因为标志着后市正式开始进入下跌趋势元素构造，对于技术不好的投资者可以不用参与后市，可是，在实际中我们往往又会发现，在对第一类卖点反复的过程中还会出现中枢（A′B′C′三段构成下跌趋势中的中枢）元素。于是，我们又可以借助中枢的出现进行风险性较大情况下的获利机会的操作，当然技术好完全是可以实现获利的。接下来若参与的话，我们还可以再度在 A′段第一类买点处买回，A′段第二类卖点处卖出，然后在 C′段第二类买点处买进，而在 C′段第三类卖点处做最后的卖出动作，从而等待较长时间的 2′段下跌周期。

要说明的是，以上每一段的次级别中，只要空间幅度足够大，不受交易规则的限制，对于其次级别的上升段机会依旧是可以参与的。这样做都是为了实现利润最大化，使资金运用率达到极致的状态。且以上图例和操作都建立在背离理论的前提之下，千万不要照本宣科，对照着图形生搬硬套，试图寻找与上面相类似图形的买、卖点位置。图形往往会经常相似，可结果有时候是不一样的，一定要结合动态学的背离理论，以及结合市场当下的实际情况。

以上图例不是唯一的，而是个标准的模板。实际中不会按照这个图例进行照搬照抄而完成的。也有可能在趋势元素中出现多个中枢元素。图例中只画出了一个上升和一个下跌中的中枢元素。实际上并不仅仅是这样的，而会复杂很多。

原本，对于上升趋势元素中可以一直持股不动，也就是赚取由 1 段第一类买点开始到 2 段第三类卖点结束的整个一上升趋势元素的利润。但是，如果学会并掌握本操作理论，完全可以在中枢出现过程中灵活地参与差价的交易，这样累计起来的利润无疑是超过前面情形的。

同样地，原本从 1′段第一类卖点之后，到 2′段底分型结束的整个过程中，我们完全可以不再参与任何操作，坚决回避下跌风险。可是，对于一名操作高手来说，下跌趋势元素中的中枢出现时，对于 A′段第一买点与 C′段第二买点的买点也是可以适度参与的。

按照上面的描述，一次完美化的操作，不仅仅是第一类买点开始到第三类卖点结束——这仅仅对应了一次绝佳买点和一次绝佳的卖点而已。在实际中，完全可以根据实际情况而更为灵活地参与市场中所体现出来的其他机会。因为，至少我们还可以获取 B 段、A′段与 C′段三段的利润。所以，对于此三段机会在理论上是可以参与的。自然而然地，此时买卖点的频率增加了，至少超过 1 次买或者卖了。由此也说明，对于操作风格定位可以随市场情况做出灵活调整的。对此理解清楚了，就是对级别定位理论进一步的理解和掌握了。

看完以上完美化流程，经对比后你会发现，自己所处的操作仅仅属于以上操作流程图中的某一段，甚至仅属于某一段的次级别的某一小段而已——这样的利润自然是十分有限的。此外，对于以上操作的前提是：当前操作级别要足够大，相对的操作空间或幅度也足够大，尽量不受交易规则的限制，等等。例如你无法在 T＋1 的 A 股市场上对 1 分钟级别完成如上的操作，若排除了以上的限制因素，此操作流程还能够在上升趋势与下跌趋势的全部流程中得以完整的体现的，从而得以实现利润的最大化。

2. 三类买卖点与中枢、趋势相结合，及其在实际操作中的指导意义

首先要明确的是：所谓的三类买卖点主要指在出现中枢的情况下进行有价值性的讨论。没有中枢的出现，买卖点都只有各一次。其实，相对于段元素来讲，买卖点确实也只有各一次：即一段的底分型至低价位就是买点；反之，一段的顶分型最高价位就是卖点。之所以要给出三类买卖点理论，完全是因为所有当前级别的元素形态都不可能只有笔、分型与段，而是随着时间的推移，即使最大级别的年线级别都会出现中枢和趋势形态。既然每个级别都终究会出现中级元素中枢和高级元素趋势，那么，在这些较大元素中，则必然会出现三类买卖点。

通过某级别中的趋势元素的完整演绎，我们可以发现，第一类买卖点往往是当前级别趋势中最完美的开始。如果是上升趋势中，第一买点无疑是该趋势中全局之中最低的最佳买点，放弃后面中枢或者次级别出现的小级别机会，该过程可以持股不动；反之，下跌趋势中，第一卖点位置往往是最高的最佳卖点，同样，放弃后市中枢出现或者次级别机会，后市可以一直空仓观望。

而第二类买卖点呢？它确定出现在中枢中，可是出于第二类买卖点相对应性特征的考虑，以及级别大小、交易成本等问题，由它所定位出来的操作风格只能够属于短线的差价操作。不同的是，在上升趋势中，操作动作是在第二类买点买进，第二类卖点卖出，第三类买点再度买回。只不过，很多操作技术不好的人是在第二类卖点卖出后，在第三类买点却再也捡不回来了，从而错过上升趋势中涨速最快、空间幅度往往可能最大的结束 2 段的机会；反之，下跌趋势中，操作动

作是第二类卖点卖出后，第二类买点买进，本该在第三类卖点再度卖出的，可很多人却在第三类卖点没有再度卖出，后面结果自然是不难得知的，则会承担下跌最快、空间幅度最大的下跌趋势 2 段的风险。

在当前级别中，由于中枢和趋势分别属于中级和高级元素，其构造需要一定过程和时间，所以，对于三类买卖点理论在实际运用中，应更加灵活地以每一段元素作为买点、卖点判断之标的与基础。认真研判每一段的分型成为了操作中买点卖点的关键，由此，在当前级别逐渐走出中枢雏形时，则要结合多、空头主导（或者背离）研判买点、卖点。于是，在此情况下，三类买卖点或许会逐步呈现出来，而且具备着理论所描述的相对应性特征。

3. 完美化操作流程下对投资风格的影响

结合图 5 - 4 及三类买卖点完美化的操作流程及分解，可决定出两种不同操作的风格：

第一种风格，在确定当前级别后，背离也确定出现了，后市操作对应一个趋势元素即可。操作上仅做一组该级别的买卖动作。当级别够大时，这往往对应一次较长周期的中长线操作风格。

第二种风格，在第一种风格基础之上加以改进，灵活地参与中枢中破坏段的机会。不过基于其买卖频率问题，所以其操作风格相较于之一属于短线交易特征。

（二）三类买卖点的实用理论特征及研判标准

1. 三类买卖点才是唯一正确的买卖点

不管什么理论、什么方法，最后落实下来无非就是确定出买卖点，及怎么买、怎么卖的操作问题。如果我们将买卖问题回放到现实中，再结合本理论进行对照的话，绝大多数人的买卖恐怕都有问题，而且都有着十分严重的盲目性，多半都是在乱买乱卖——基本上还被美其名曰"看心情凭借感觉"来操作。可感觉这个东西，其中往往夹杂最多的因素就是心态，恐惧与贪婪，及一时间的喜好得失的情绪。岂知，以上几点基本不良影响都可以要了人的"命"，只要反复错误地折腾几次，就可以空着手离开这个市场了。

其实，现实中是没有所谓真正意义上的三类买卖点或三次买卖的说法的，买卖点实际上只有一次买与卖。本理论用三类买卖点进行描述，是为了更加形象地描述市场中不同进场或者出场的时机而已。按照本理论定义看，所谓的买卖点有且仅有三类，至于其他的买卖点都是错误的，或者盲目的——这不分什么级别、什么品种，都会在其趋势元素中出现完整的三类买卖点，而且各级别的三类买与卖点都严格地具备着其相对应性特征。

三类买卖点只是为了区别和方便识别，就像商标的标签一样，一看就知道当前处于什么位置，属于什么情况。另外，无论哪一类买卖点，一定严格对应着顶、底分型和顶、底背离的同时出现，那么以此为标准的买卖点才是最为安全的、最确定的（以背离为准的情况确定性较好于多空、头主导的情况）。

2. 三类买卖点的研判标准

按照本理论所述，每一类买卖点实质上描述出两个方面的内容：

一是形态学上对买卖点的形态描述；二是动态学上的动态描述。可在实际中我们则要将二者紧密结合起来。即，对三类买卖点的研判不是孤立的，不管是第几类买卖点，都必须要将分型与背离理论（多、空头主导情形暂略）相结合起来配套使用。且不可一厢情愿地按照自己的理解纠缠于三类买卖点的具体位置，如果像死读书般、教条式地提前将这三类买卖点固定于某具体位置，这无疑是自缚手脚，使自己处于被动挨打的局面。机械的定位三类买卖点位置肯定是要犯大错误的。总之，在实际运用中不可以提前固定任何级别下的三类买卖点的具体位置，避免犯教条主义错误。何况，三类买卖点理论最大意义是提前告诉我们一个市场规律：买点与卖点的机会都至少会有三次。而本理论是帮你如何在当下把握这三次机会。

由于不管是第几类买卖点，其背后都少不了对应着顶背离（或底背离）和顶分型（或底分型）的相结合研判。所以，一切买卖点一定要结合分型和背离理论，还一定要从当前的实际情况出发。而实际中的情况往往是，早有了底背离的现象，可就是不见买点的出现，价格继续一路向下创新低。其背后原因是没有确定形成真正的底分型。一种情形是底分型经常出现，可是价格也会继续出现创新底，而破坏掉前面的底分型。这是为什么呢？这都是因为光有底分型，却没有底背离，所以结果必然再次研判失败，走向错误了。

此外，有时候还会出现中枢和中枢震荡的情况，所以这里必须要对买卖点进行区别了。虽然一次"底分型＋底背离"就是一个买点；反之，一次"顶分型＋顶背离"就是一次卖点，可是在五大元素中除了段元素之外，还有中枢和趋势元素。即，任何股价形态都不可能是无限长的直线，而是线段，以段为基本元素构造，连接两端的就是买点与卖点——但仍然是以段元素为其操作的基准对象。

在实际运用中，我们发现段与破坏段之间会形成中枢，再连接两个同向的中枢又会形成趋势，所以，我们就必须要对段元素两端点的买卖点进行区分，这种区分主要是为了搞清楚不同时空上的买卖点位。

（三）第三类买点的重要性

1. 第三类买点优势

参考前面理论的讲解和上升趋势的图例，你会发现在中枢三段结束后出现的第三类买点有如下优势：

首先，资金布局所需的时间成本最少。对比于其他买点可知，第一类买点往往经历漫长的下跌趋势元素的构造完成而出现，尤其等待某较大级别之底背离点的出现，往往需要很长的时间，所以对第一类买点的捕捉极为不易，我们往往需要很好的耐心。至于第二类买点，往往要经历中枢的来回震荡与反复，稍有迟缓，不及时地做相对应的卖出，很有可能造成投资收益再度打平，回到起点。而且，由于中枢震荡的反复出现，还也会增加资金布局的时间成本。

其次，第三类买点后，下跌趋势元素中的结束 2 段的上涨往往是趋势所有段里上涨幅度最大的。如果操作得好的话，可实现所需时间最短、投资收益却最大化的效果。

以上两点足以吸引大量短线高手对第三类买点的疯狂追逐。

2. 如何捕捉第三类买点

要成功捕捉第三类买点，可参考如下方法：

首先，在形态上，确定出第三类买点所处的大概位置，一定是当前级别的上升趋势元素的中枢即将结束时。在形态上表达是上涨一段后的横盘阶段的尾端。

其次，在动态学上，要形成第三类买点，当前级别一定出现了底背离或者其更大级别在多头力量主导支持之下。捕捉到该背离点成为关键之所在。

有了以上两点的支持，成功地捕捉当前级别的第三类买点的概率会相当大。

动态学深度研究与实用解析[①]

本章主要内容分为两大点：第一，围绕三大操作理论展开深度研究与实用解析；第二，对影响股价变化的广义动态影响因素进行分析及探讨。

三大操作理论深度研究与实用解析

（一）【级别理论】的深度研究与实用解析

级别理论是动态学三大理论中的第一个理论。对其理解和掌握能够使我们真正看懂市场脉络，以及标的股价演变时所存在的规律。级别理论属于时、空学知识。而理解时间、空间变化规律，有助于理解级别这个概念及其相关理论知识。

1. 关于时间的概念

在讨论级别这个概念及其相关理论之前，我们必须要先讨论关于时间的来源及其相关概念。

在物理学上，这样描述或定义时间：它是指记录由某一点到达另一点所花费的某种计量单位的频率。例如，当我们统计完成两点之间的距离一共眨了多少下眼睛时，这个眨眼睛的频率所描述的就是时间的概念。又或者，当我们利用光速作为计量单位时，时间则指记录由一点到达另一点的距离中光速来回反复出现的频率。以上用数学公式表示为：时间（t）＝距离/光速。

当我们观察太阳系中的太阳、地球及月亮三个星体相互围绕运转的规律时发现：地球围绕太阳运转一周再回到原点，往往要经历春夏秋冬四季，或365个左右日出日落的频率之规律，这里的365个日落日出就是365天，刚好满足一个单位年。其间，我们还观察到月亮的变化规律，发现月亮连续反复出现由圆变缺再变圆，一共出现了12次。再将此联系到实际的月份记录时发现：这个数字刚好等同于我们一年中的12个月。然后，如果我们将前面的365天划分到12个月份

---

① 节选自《解缠论2》原第三章动态学深度研究和实用解析。

中，那么每个月刚好为 30 天，也正好对应了月亮在这 30 天中的由圆变缺再变圆的完整演绎。

当我们将以上规律用数学等式描述的话则为：1 年 = 4 季 = 12 个月 = 365 天，1 季 = 3 个月，1 个月 = 30 天。如此继续下去，继续观察发现，太阳日出日落再日出大概需要 24 个小时（刚好大概等于地球自转所需的时间），而其中每个小时有 60 分钟，每分钟包括 60 秒。用公式描述为：1 天 = 24 小时，1 小时 = 60 分，1 分 = 60 秒。对此，我们按照此标准将时间进行精准划分的话会发现：这一切都显得竟然是那么的完美无缺。由此，通过再次回到对宇宙行星运作的自然规律的观察与思考后，我们不得不感慨这宇宙中所隐藏的神奇力量。似乎它出自于上帝之手。

或许正是在长年累月中的观察，我们人类祖先发现了这些宇宙中星体的运作规律，从而发明了时间这个东西。并且时间概念成为了我们宇宙中一个十分重要的维度，很多事情都必须要与之相对应，且在对任何事进行描述时都必须要运用到它，没有它很多事情无法解释清楚。同样地，记录股市的价格交易变化时，我们也少不了运用时间这个概念。

2. 级别与时间的关系

在爱因斯坦的《相对论》中，有这样一个颠覆性的观点，他认为：时间不能完全独立于空间，而必须要和空间结合一起形成所谓的时空客体。

如果将此联系到股市中，同样的道理：在对股价的运作状态进行客观描述时，也少不了同时运用到时间与空间这两个概念。假如将任意一个成交价格定义为一个"事件"的话，那么该"事件"一定是发生于特定时间和空间中，及特定于一点的某种东西。以股市价格形态阐述和描述的话，我们可以用"时间—价格（空间）"的坐标轴定位出该点。其中，垂直向上的纵轴定义为价格（空间）轴，水平方向的横轴定义为时间轴。若将二者结合所定义出来的，就是一个具体"事件"点位了。该"事件"绝不可能静止不动，或仅为一个单独的个体，而会永远不停地向前推进，且出现许多个这样的价格点位。然后，当我们将所有记录于该坐标轴上的价格进行连接的话，就构成了价格的各种形态。描述这种价格形态一共分为五种元素。关于这五种价格形态，在本书前面已经有过详细论述。反倒是，与每笔价格相对应的、一直处于动态状态运作下，并不断向前推进的这个要素，一直未做出系统完整的讨论。这个要重点讨论的要素就是时间。

其实每一个单位时间里总至少对应了一笔交易，区别仅在于将这里的单位时间按照严格与标准的规则划分后，则出现了不同等级的单位时间周期（这些个不同的时间周期就是狭义的级别）。

当没有对时间进行标准的单位时间划分时，每一个最小单位时间周期一定都可以对应上每一笔交易，但若按照单位时间划分后，所有小单位周期中的每一笔交易就被合并于较大单位周期时间中（如果这笔交易金额太小、影响力有限的话，则在大周期内一定是看不到的）——这种被合并的情形好比将某张纸上原有的文字全部被折叠进现有折叠形状纸中，很多原本出现在纸上的文字被折叠后就看不见了。

如果用数学等式描述的话，则为：1 秒钟或者 1 分钟对应的所有笔交易，全部都被"折叠"进比其更大的单位时间周期里了。例如，1 分钟被包含进 5 分钟及以上所有的大周期内，5 分钟则被包含到 15 分钟及以上较大周期内。以此类推，所有较小周期都将被包含进比其更大周期内了。并且，在大的单位时间周期内无法直接看到小周期上的所有笔交易价格的。

反过来，对于大时间周期而言，同阶段内所有小周期的交易价格走势形态就好比是在用放大镜所观察到的图形，一切看起来显现得那样具体而又翔实。

以上所描述的时间周期及其之间所存在的关系特征，其实就是我们之前反复提及到的级别。当然，这里的级别仅为狭义上的理解——这正是时间与级别二者之间的关系所在，也是我们所要寻找的东西。级别是时间进行标准的周期划分后所出现的。只不过每一个标准划分的时间周期都是时间概念上的一种分类而已，所以这种单位时间分类是狭义的。

对狭义级别的理解，是指通过时间的标准周期划分后，单独对其所处的生存环境状态，及在此状态中所有"事件"的具体分析。这里的"事件"是指每一个"时间—价格"轴上所对应的交易价格中的全部记录，即指呈现出来的价格走势图形。

当我们对这种将时间进行标准的单位周期划分后，当期周期内单独体现出来的"时间—价格"轴上的价格形态进行分析时，发现它仅仅是被定义到某个单位周期中，且被局限于某个标准划分时间周期内。而该划分的时间周期并不能全部描述其他划分时间周期上的价格形态，并对其进行分析。所以，我们把这种只能将该标准划分的时间周期定义为狭义的级别。

由以上分析可知，级别原本与时间并无本质上的关系，它仅是时间的标准划分周期中的一种分类而已。尤其是在股市里，股价的运作方向不会刚好以某个固定的级别而开始或者结束，又或者，股价涨、跌所持续的时间并没有严格和标准的时间划分，而在其终将构造完美之时而结束，然后重新开始。

另外，还可发现级别有大、小和严格的等级划分。如果说级别有大、小之分的话，那不过是基于划分时间周期的大、小不同而已。当划分单位时间周期越大时，显示级别越大；反之，当划分的单位时间周期越小时，显示级别越小。

3. 级别与空间呈正相关关系

通过对时间与级别关系的探讨发现，级别与时间并无本质关系，只是，若按照时间的标准周期划分的话，二者还是呈现了等级大、小之分。即时间越长久，显示级别越大；反之，时间越短小，显示级别越小。除此之外，根据"时间—空间"二元结构二者缺一不可的要求，必然要展开级别与空间关系的探讨。

如果硬要说级别与空间二者之间存在关系的话，那么则呈正相关关系。即，级别越大时，对应空间上所持续的"事件"记录则越发长久；反之，级别越小时，所对应的空间上持续的"事件"记录则极为短小。由此证明，级别与空间呈正相关关系。甚至，由此我们发现了级别的广义理解。级别不仅仅指代单位时间概念，还可以指代或者等同于空间的概念。

也可以说，级别理论其实就是时间与空间学知识的混合体。因此，我们十分有必要对该理论理解、掌握并熟练运用它。又基于该理论包含着数学和几何学中的数学等式关系与包含关系，还包含着宇宙中的时间、空间学知识——宇宙时间一直在不停运动着，所以级别理论应属于动态学范畴，被归纳到动态理论是科学客观，而且正确的划分。

4. 狭义级别与广义级别的区别

如果说时间的标准周期划分产生出了狭义级别概念的话，那么也可将股价按某种趋势运作而出现的空间状态定义为级别的又一个狭义的概念。意思是说，当下跌空间足够大时，我们也可以说，这是个较大级别的调整；如果下跌空间较小时，我们则说成较小级别的调整。由此，我们可知，原来级别并不是时间概念的唯一指代，它在此仅作为描述时间概念与状态的代名词而已。另外，级别还可以描述势态运作时所创造出来的空间大小及范围。于是，我们将级别单独指代某一要素时将其称之为狭义的理解，而将二者综合的指代时，则定义为级别的广义理解。本理论级别多是指代前者，即时间周期上的划分。

5. 股市所定义级别的来源

形态学对股价运作与构造形态做出了客观描述，但通过严格和标准的时间周期进行划分后发现：任一周期之中都有对价格形态的描述。如果将每一周期中的价格运作的构造形态进行客观描述的话，则必须要标示出每个时间周期中股价所对应的时间状态。这时间状态就是指级别状态。

在宇宙学中，时间、空间及引力三个要素，构成与描述宇宙中万事万物之间所存在的规律与关系。从中我们还证实，原来万事万物都离不开时间、空间这两个概念。又因为级别与时间、空间之间所存在的关系，所以在股价分析系统与操作系统中，都少不了对时间、空间概念的讨论。正因为如此，级别理论也便由此而诞生。

股市级别理论表面上看最为简单，可实质上却暗含许多难以理解的东西。很多人简单地认为，按照标准划分的时间周期就是级别，其实在股市的实际操作中，远远没有这么简单，其复杂性是难以预计的。只有正确理解了级别，那么实际运用中才不会晕头转向。

6. 股市级别理论存在的意义

（1）可以确立清楚股价运作的时间、空间状态，指引我们当下的操作行为。例如，春天伊始，桃树上的桃花开得烂漫且繁多。假如将一棵桃树比作一个股价走势的分析对象，那么桃树上的每一朵花，将其进行时间、空间定位的话，则都可以将其具体的位置给确定出来。按照主干分干的路径，我们就可以找到，每一朵花分别开在了哪一根最细小的分枝上。这根最细小的分枝又是从哪根大的分枝上分枝出来的。而这个较大的分枝又是从哪根主枝干分枝出来的。股市中级别的含义与此类似，而且任何一只股票的价格走势，按照"主干枝—大分枝—小分枝—花"的路径都可以一级一级地寻找得到。而这种路径就是股市里所谓的级别理论。实际操作中，如果我们找到了这种级别路径，就能够了解到股价运作所处的级别状态，从而有利于我们当下的操作。花开的位置就好比某个级别上出现的一个买卖点。

（2）可提高操作的成功概率和投资收益最大化的目标。由于每一个价格必然都对应上"时间空间"相交的某一点，而这一点好比发生的某一"事件"，该"事件"即指构成的一笔交易价格。时间、空间二要素确立了具体之股价点位。这是对任何事件进行完整描述的必然要素。因为仅有描述股价的空间，而无时间，显然不完整。所以，级别理论中时间概念的引入使得本理论更加完善。只有时间级别概念的引入，对股市分析的描述与实际操作中出现的问题才能迎刃而解。

将所有组时间、空间交汇形成的价格点位顺次相连，则形成了股价形态，而又基于形态始终都是对应时间、空间（价格）二元要素之构造而成，所以，在第一部分形态学分解与介绍里，我们从始至终都仅停留在股价这个单一的概念要素上，无法单独解释本理论，往往都要提及级别概念。本部分，我们单独讲解级别，而且展开了深入讲解，特意将级别理论引入，这也就使得本理论变得更为系统化、实用化及完美化。同时也为分析和操作提供了更为完整有效的理论依据。通过正确理解级别，在实际操作中能够大大提高我们成功的概率。

7. 如何解释级别现象或特征

级别存在着一定的关系特征，例如大、小级别之间所存在的包含关系。对它的正确理解，使我们在实际运用中得到便利。比如从年线到最小的分时图中，1笔年线或者等于 N 个分时图级别的趋势形态。但是，如果具体到每个交易日里，则往往会反反复复出现多个不同性质的趋势形态。基于此特点，我们定义级别理论为动态学范畴，而不是一成不变的概念。

那么，如何正确有效地理解"级别"理论呢？

首先，要弄懂大、小级别之间所存的包含关系，可以用三个例子进行辅助理解。例如，可以列举一年之中，太阳、地球及月亮三个星体互相围绕运行或者自转时所存在的规律进行例证。

根据以上三个星体运作规律，地球围绕太阳公转一周会出现春夏秋冬四季，花时365天左右（太阳一年日出日落的频率），又或12个月（月亮一年圆缺变化的频率）。还有，地球自转一周刚好需要24小时左右。

其次，我们再将以上每个不同的运作周期定义为级别，而且将每个级别中都分别设定出顶分型和底分型。由此发现，除了年，四个季成为了一年中最大的级别。再将这一年之中的夏至日的气温，假设这天气温为最高，即相当于四季周期中唯一一个顶分型；而最冷的冬至日则是气温最寒冷的阶段，可以定义为底分型。于是，四季在一年中只有一组顶、底分型。

可按照月份这个级别观察的话，发现每个月的农历十五月亮最圆，最圆之日好比一个顶分型，而完全消失的时候假定为底分型，如此这般，一年下来，12个月份中会出现12组顶、底分型。以此类推，每天之中，白天正午时分往往是一天之中气温最高的时辰，仍将其定义为顶分型，而相反的午夜时分，往往是一天中最冷的时辰，则定义为底分型。这样一年下来，会出现365个相对于该级别的顶、底分型。

季、月、日除了存在以上规律之外，还存在这样的包含规律：日被包含于每月之中，或每季之中，而月又被包含于每季度之中。形象地说，不管春夏秋冬四季如何演变，月亮如何圆缺变化，每一天太阳都会照常升起，当然也照样会落下。正午午夜这两个分型依旧出现在每个月份或者季节的每一天中，此规律不会改变，而且分别对应30次或者90次左右。

至于月亮的圆缺变化的极端情况，则会出现在每一个月份中，依旧不停地循环着它由圆变缺再变圆的规律，而且同样遵循着一年12次的频率。如果将以上的描述与股价走势形态与级别理论进行划分的话，在暂不管具体股价出现的顶、底分型的情况时，从而得知，当我们选定季这个级别时，一年中只有一组买卖操作行为。而对于月度这个级别，一年中则会有12组买卖行为。每日24小时这个级别，在一年里或者会有365组买卖行为。

如果将以上这种规律继续按照时间周期进行无限度的划分下去，那么，就会出现 N 个不同分析级别，而且每个更小级别都将被包含于比其更大的所有级别中去。由此可知，原来任何一个时间级别都会出现根据级别大小不同的情况，而出现不同频率的顶、底分型的次数（买卖的次数）。只要条件允许，这种呈区件套式的规律下都可以支持我们进行买卖操作。这又正如前面章节中所说的，操作的空间与级别呈正相关关系。

8. 大、小级别各自特点及优缺点分析

大级别的优点在于能够从整体上更为直观地了解到股价运作的方向。至少在大级别上，股价原来趋势方向不会轻易改变。这是因为周期越大，所对应的形态构造最终完成所需的时间往往越长，因此，造成该级别上股价原来运作方向马上出现改变的困难增大。

大级别的缺点在于它对买、卖点判断的误差较大，而且级别越大时越想精准把握该级别的买卖点往往更加艰难。举例说明，当我们观察年线这样级别的买卖点时，往往需要几年时间才能够看到买卖点附近分型是否构造成型且成功的状态。试想一下，一个买卖点要等几年，相对于其他较小级别，恐怕花儿都不知道开落几回了。

至于小级别的优点则刚好与之相反。级别越小，对于该级别买、卖点的研判往往可以做到十分精准的程度。例如一个分时级别，一旦发现背离，往往当下就可以看到一个相反性质的形态进行构造（底背离即上涨、顶背离则下跌构造）。只是缺点在于，级别越小，股价趋势性质会十分轻易地发生改变。小级别所存在的缺点致使操作中手脚过慢，很容易陷入被动与不利局面。

基于大、小级别各自所存在的优缺点，如果死板地将其单独运用到某一个级别中，则必然无法实现盈利的最大化和较高成功概率的目标。对此，唯一解决的办法就是将大、小级别的优缺点结合使用，互相弥补。例如，在了解到大级别上原趋势方向不轻易改变时，则要运用到级别的尊重原则，小级别上的 N 组买卖点或许在某些时候，都仍然难以改变大级别原运作方向。操作上，小级别买卖点都要尊重同阶段大级别的运作方向。

当了解到大级别原趋势方向可能将要发生改变之前，我们可以利用其次小级别来提前研判和捕捉更为精准的买卖点。

总之，结合大小级别的股价走势，融会贯通利用好级别的三个运用原则，例如任何级别走势终将完成，利用次小级别提前捕捉买卖点，还有级别尊重原则等，往往可以很好地弥补大小级别各自所存的缺陷。从而最终提高操作成功的概率和投资收益。

其实这里的大、小级别的三个运用原则，也类似整体与局部的关系。大级别好比整体，小级别好比局部，一般情况下，在对趋势性质做研判时，是局部先发生变化的，并且开始量的积累，初期阶段局部的变化暂时影响不了整体的趋势性质，所以我们要遵循大级别的趋势性质。可是到一定程度后，量变可能引起质变，大级别的趋势性质都有可能发生改变了，整体或将被改变，那么此时要想提前知道大级别趋势性质在哪个具体时间及空间点位上出现，那一定是继续回到处于局部的小级别上进行跟踪观察了。

9. 关于级别理论的小结

级别理论实质上就是时、空学知识，时间即指买卖点的时机，空间则指买卖点的价格。实际中，对级别理论首先要有正确的理解，然后才可能做到正确的使用。

级别被划归为动态学理论范畴，主要是源于同阶段的股价形态在对应不同级别上呈现不同的形态状态，而这种形态状态是各自不同的，且不断变化着的，并非静止不变的。既然它是相对变化的，所以就应该属于动态学理论的范畴。而我们对其正确的理解，并且熟练科学地运用它，则成为了关键所在。

(二)【背离理论】的深度研究与实用解析

背离理论不仅仅只运用于股市，其实我们还可以用它描述很多与人相关的事情。它是股市动态学理论中最具有人文研究意义的关键词之一。在股市的操作系统里，它是指引和提示买、卖点的重要理论知识。从本质上正确理解和掌握该理论可大大提高操作成功的概率。

1. 背离出现的原因及本质探讨

背离理论实质上属于动力学和博弈学的双重知识，在股市里，它实质上描述是多、空两种力量博弈时，在某个阶段里出现了性质转变的现象。例如，跌势正猛时，当下分力出现了，虽然这种分力的影响暂时不能够改变当前的跌势，可实质上，在分力的影响不断增强时，它终究会逐步影响并且完全转变跌势的性质。而对于涨势的情况则刚好与之相反，分力出现时，慢慢地影响和改变，直至将涨势性质彻底改变。

以上就是说，在多、空两种力量博弈时，某个级别上的价格趋势所出现的性质转变，即为背离现象。可问题在于，这种现象是否可能不会出现或存在呢?

答案是否定的。

在自然界中，地球磁场存在着阴阳或正负两极。人类按照性别分为男与女，亦是两极，男为阳，女为阴。同样，股市中的多、空两种力量亦是天然存在的。但凡有人的地方、有市场的地方、有争斗博弈的地方，人性自利性之下，就必然有此二力的存在。而且多、空二力无时无刻不处在博弈的状态中。至于对博弈状态的描述和记录则构成了股价的形态。例如本理论总结的五大元素形态，这些形态元素按照从小到大级别进行记录时，会逐渐地构造出较为大型的形态状态，而且又完全地符合较大级别的形态统计与描述的规定。这种小级别构造到大级别的最终构造也完全符合达尔文的进化论。即，万物存在由小到大、由简单到复杂、由低级到高级的发展和构造规律。很明显，股价形态构造也是符合这样的规律的。

我们所看到的形态即是多、空二力博弈所留下的直接证据。而且这种博弈中出现性质转变情况和现象时，就意味着背离的出现。

由此可知，背离的出现是必然的，其出现的原因及本质就是多空二力博弈所致。

2. 背离的外在表现形式

基于事物的形态构造实质上就是力学博弈所致，同样地，股市中的形态构造亦是如此。即是说，股价的形态实为力学的载体，是对多、空二力博弈的客观记录与描述。又因为对背离本质的描述是十分困难的，那么其解决之道，除了要利用形态这个载体，还要外加当下动态走势中的先行指标相结合展开观察和对比。通过对二者的观察，寻找和发现是否出现异常变化。如果出现了，那么这种异常变化往往就是背离现象的出现。我们如若掌握了对这种异常现象的研判，并将其与操作行为结合起来，则可达到指引我们当下的操作动作。

背离的本质为多、空二力博弈所致，即背离从动力学博弈开始。又基于对背离本质的描述和解释是困难的，则必然要结合股价形态这个证据，来描述背离本质的外在表现，并且由背离现象寻找到提高操作成功概率的研判方法。

紧接着，则要试问：股价的外在表现，尤其是在形态和先行指标的结合运用方面，又是如何体现和寻找背离现象的呢？通过长期观察，发现了以下重要规律：

（1）股价在不断新高或者新低中出现背离。顶背离，是在股价不断新高中出现最佳卖出的拐点；底背离，则是在股价不断新低中出现最佳买进的拐点。而且此现象适合于任何级别之中。背离从股价新高或者新低之后才刚刚开始，但到最佳点位的捕捉还要等待若干单位级别的时间。其实，这里揭示了一个极为简单的道理。即，下跌中产生买点，上涨中出现卖点。任何级别皆是如此。

（2）股价与先行指标运作方向的变化特征。除了股价新高或者新低现象之外，判断背离的形态变化还需要结合先行指标进行研判。而对此研判背离现象方法观察时，往往会出现这样的规律：股价与先行指标由相同运作方向开始向不同方向运作的改变，即为背离现象。这里简单总结形态的背离方法为，主要观察股价与先行指标运行方向是否趋同。如果出现不趋同时即为背离现象，后面还需要跟踪该单位级别上，至少一个或以上的段元素的运作时间及空间，或者才会有最佳买卖点的出现。

（3）对辅助判断背离之先行指标工具的探讨。

1）先行指标辅助判断背离的实用性。背离本质上无法达到指引操作的实用目的，从而只好利用能够描述和揭示背离本质的外在现象的方法，达到对背离的正确研判（因为本质往往是看不出来的）。还有十分重要的一点是，正确理解和掌握了利用先行指标研判背离的方法后，才算是找到了永久盈利的不败法则。只是现实中，不懂、不会判断背离，或者对此判断总是失误的人，永远都是绝大多数，再加上一个级别问题没有厘清之前，则对背离的研判失误更是频繁出现，由此造成的操作自然是一塌糊涂，从而产生对本理论质疑的情绪。由上可知，对先行指标的准确研判之法是决定实际操作中尤为关键的一环。而利用先行指标研判背离的实用性，其实就是对买、卖点的确定与捕捉。实际操作中，问题的关键在于，如何更加精准地研判背离的形态的准确揭示。

2）浅析先行指标的设计原理。先行指标可以作为辅助判断背离的重要工具，那么，简单对先行指标进行探讨是有必要的。之所以称为先行指标，主要原因在于，指标的表现往往是客观跟踪和描述当下合力分力变化的情况，而这种变化往往优先反应于股价运行方向的本质变化，所以称之为先行。而我们往往是先通过先行指标，然后通过这种变化情况研判买、卖点。

目前存在的指标多达几十种甚至几百种，但其设计原理万变不离其宗，总少不了股价、成交量等要素的演变，再通过设计几个数学公式出来，然后分别计算出几个要素在短、中、长三种周期中演变的情况。同样，它与股价记录形态方法相同，描述上述情况的参数标示到坐标轴上，就形成了各种指标的外在形态。实际中，我们正是对这些指标的变化形态展开对背离的辅助研判。

之前我们主要列举了 MACD 这种指标研判背离，实质上，我们还可以经常运用到 CCI（商品路径指标）、RSI（相对强弱指标）、KDJ 及 BOLL（布林通道指标）等。具体使用方法，在相关行情系统软件或者专业书籍及网络上均有详细的介绍。

至于直接利用均线系统判断背离也是可以作为参考方法的，只是使用中会经常发现一个问题，即基于均线始终都是某个周期的价格平均线，所以当短期价格平均线与中长期价格平均线互相缠绕交叉而形成金叉或死叉时，往往与当下打出的极端股价具有着严重的时滞性。究其原因，这实质就是源于均线乃股价被平均所致——下跌中极端下跌价一定是更小于均价的；反之，上涨中极端上涨价一定是大于均价的。因此，平均价格的短、中期变化始终是慢于当下极端价格的变化的，而实际操作中，我们把握的就是越极端的价格越极端越好，毕竟这将决定我们的盈利多少。可是，如果按照均线均价变化，其反应无疑远离于极端价格，这样一来，会在很大程度上影响投资收益。所以，均线系统的研判背离方法存在这样的缺陷，致使本理论不做推广介绍。

3. 背离与外在形态关系及必要性探讨

（1）背离与形态构成的关系讨论。背离本质是天生的多、空两种力量的存在和其博弈所致。力学博弈产生形态，而且基于力的作用之下，形态不停地在变化之中。实用中的关键是，如何去跟踪和度量多、空这两种力量的大小变化情况。再者，基于二力的分力的出现，会使股价原来运行方向发生相应的改变，分力越大，股价改变运行方向的维持时间、空间或者更长；而当分力越小时，则改变运行方向维持的时间、空间则会越短。这也是为何中枢有时候会出现在 1 分钟、5 分钟这样的极小级别中，又或者出现 30 分钟、60 分钟，甚至日线这样的较大级别中的原因所在。实质均为分力大小所决定。也正是在此过程中，形态由此开始不停地变化或完成历史的构造。

（2）背离理论存在的必要性。背离存在有其必要性。没有背离，就没有股价趋势性质互相转化现象；没有背离，股价的运作形态只有一种。而这无疑违背自然规律和社会规律。所以，背离的存在有其必然性。

4. 背离理论的小结

背离理论的学习是最为简单的，但对其准确的研判却是最为困难的。背离的本质实质就是分力出现所致，其分力大小决定股价改变性质运作的持续空间和时间长短。可描述和记录背离的还是以股价运作历史形态和当下正在构造的形态作为观察和分析载体，然后将其与先行指标结合起来，达到精准研判某级别上背离的买进或者卖出的拐点所在。

（三）三类买卖点理论的深度研究与实用解析

1. 狙击学知识

在谈及三类买卖点理论之前，先谈一下与之相关的狙击学知识。猎人打猎之前有几件事情必须要做：寻找猎物经常出现的场所——这好比实际中对买卖点的跟踪；静待猎物的出现——确定买卖点的过程；待到猎物出现，然后扣扳机，射击猎物——相当于采取行动实施买卖操作。此番比喻提示我们，实际操作中，无论是实施买还是卖的动作，都是在确定了买卖点之后采取的行动。由此也说明，对买卖点的研判及相关的操作知识就相当于狙击学知识。

既然是狙击学知识，那么要讨论的是，在扣扳机那一刻能否一击即中，命中目标，则成为最终决定成败与否的关键。此话运用到"三类买卖点理论"的探讨中同样适用。实际上，在对三类买卖点进行跟踪时，如果始终都只看而不采取行动，又或者稍有迟疑的话，犹如枪口下"猎物"般的买卖点就会被错过了，而投资的盈亏也无法体现出来。所以，在"缠论 108 篇"中，原作者"缠师"不断强调股票是"干"出来的，而不是凭空想象或者"意淫"出来的。确实存在着其道理的。

不仅仅如此，在三类买卖点中，无论是第几类买卖点，都是这样稍纵即逝，错失时则彻底错失的，尤其是较小的级别中。瞄得再准，可就是不扣扳机不开枪，一切都等于零。

问题是，若不想错失"猎物"，之前的几个准备工作一定要做，而且务必要做到精准无误。在股票投资中，必须要对三类买卖点掌握正确的研判和捕捉方法。因为只有这样才能够取得投资上的完胜。

2. 三类买卖点与形态学的关系探讨

实际操作中，很多人在对买、卖点将出现的位置做提前的研判与定位，事后结果却告诉我们，这种对买、卖点位置提前做预估往往是错误的。至于原因，是因为他们内心深处都有一种先入为主的错误习惯。笔者对此现象做过深度研究发现，产生这种错误习惯的原因或者与"缠论108篇"中对于买卖点的位置的具体描述与定位有着很大的关系。

实质上，我们发现所有买、卖点最终的定位往往是当下出现，再经过事后确认后才被确立出来的。无论是"缠论108篇"还是《解缠论》，对各自所定义的三类买卖点的位置具体定义原本都没有太大错误。因为，在当下我们实际操作中，尤其是在较大级别的操作周期中，即使对哪类买、卖点的判断出错了，可是紧接着后面再度出现的买、卖点也仍然是符合我们所定义的买、卖点位置的。当然这里需要规定的前提是，首先要对形态的趋势性质做出正确的研判，否则甚至会犯，将原本属于次、小级别中临时第1、第2类买卖点（注意区别第1、第2与第一、第二类买卖点）当作当前级别的第一、第二类买卖点的严重错误。因为等到其股价再次新高或新低时发现，原来前面所谓的第一、第二类卖点实质上是次小级别临时的第1、第2类卖点而已。

对以上出现的这种经常性问题，我们除了要对形态学的趋势性质与背离做出准确的研判之外，还要弄清楚一个尤为重要的规律，那就是：三类买卖点与形态学二者之间所存在的关系。经过观察提炼发现，如下观点可供参考。

三类买卖点与形态二者之间存在如下关系：二者相辅相成，且三类买卖点是形态学的附属产物，它是以形态学为分析载体的。例如在伴随当下形态做跟踪时，总会先入为主地提前确定当下属于第几类买卖点研判的这种"意淫"的错误。为何如此？因为买卖点都是当下的，都是在其股价动态运作中随机形成的——形态的构造总是处于不断地做动态变化和构造之中。所以，我们不可以主观地提前对买卖点做研判，学"解缠论"者不"意淫"，因为事实证明，但凡"意淫者"则必犯错误。

这正如形态学与动态学的二者关系描述那样，无论是第几类买卖点，它都是以形态为分析的载体，且由动态学中的多、空二力的博弈所致，从而最终确定出股价形态。然后在此形态基础之上，尤其是在当下所构造出的段元素中的分型处出现买、卖点。而对此买、卖点的最终位置的定位，是绝不可以提前进行研判与定位的。

3. 真有所谓的三类买卖点吗

回答该问题我们分作两个小的问题展开回答，参考如下：

（1）三类买卖点理论对于各自位置的描述在其所有最终完成的形态中，都是符合理论所定义的——无论是"缠论108篇"所规定，还是《解缠论》所定义的，皆是如此，毋庸置疑。只不过问题是，处在当下之时，往往难以对买、卖点做出完全精准的研判。

从而作为学习者，似乎便会产生一种自相矛盾的感觉：一边说，理论中对三类买卖点的位置描述与定义没有错；另一边说，在实际中是很难对三类买卖点位置做出精准的研判。那么，这个三类买卖点理论还有存在的意义吗？回答此问题，还得借用形态学与动态学二者之间关系的定义原则。即，形态学是对动态意思的客观反映，动态学决定了形态学的最终构造。

又由于三类买卖点是以形态学为分析载体的，形态的构造完成与否，决定了买卖点最终位置的定位。所以，综合以上，三类买卖点的位置，无论是哪一类买卖点的位置，其最终位置的定位都是在动态运作之下逐渐构造，且确立出最后的位置来的。对于那种先入为主、主观定位某类买卖点的位置必然会在哪里出现的观点，往往是要犯错误的。但是，又不可否认，在所有形态最终的构造完成时，三类买卖点位置的定义又绝对符合理论所定义的描述。

（2）在前面概念篇中，曾对三类买卖点理论做过介绍，描述了某级别的一个上涨趋势至少包括三次买点，分别定义为该上涨趋势中的第一类买点、第二类买点及第三类买点；且其中的第一、第二类买点分别各自对应了一组次小级别的临时的第1类卖点与临时的第2类卖点。而情况与之刚好相反的是，在某级别的下跌趋势中，至少包括了三次卖点，分别为：该下跌趋势的第一类卖点、第二类卖点及第三类卖点；还有分别与第一、第二类卖点相对应的次级别临时的第1类买点与临时的第2类买点。

此处的问题是，实际中，真的分别会提供三次买或卖的机会给我们吗？或者，这三次买卖机会是否为固定不变的，而会出现只有两次，或者多于三次，甚至更多次呢？

结合实际走势，尤其是众多个股的实际走势，对此问题可做肯定的回答。三类买卖点不仅仅是指固定的三次买卖的机会，有时候完全可能出现两次买卖点机会，又或者可能出现超过三次买卖点的情况。根据每一个具体个股所存在的动态影响因素，以上情况往往是客观地出现与存在的。

从广义的角度出发，动态学的三个操作理论都可以做到灵活运用，不可死板教条且固执的一根筋式的理解。因为对此动态规律的描述与发现，也只不过是一个概率的问题而已——当然是出现概率最多的情况之下的归纳提炼与总结。所以，同样地，三类买卖点理论对于其实际运用中的灵活运用之法，其意义远远大过理论本身及其所做的定义。

从投资学的角度出发，投资最终目的是为了盈利，如果不能做到盈利，任何方法都没有存在的价值与意义。既然如此，对于我们正在讨论的三类买卖点理论，其关键则在于如何正确使用它，从而在实操中达到精准的研判目的。

4. 参照点与拐点理论及实用之法（三类买卖点的发展理论）

既然本理论对三类买卖点的位置描述和定义没错，再结合上面的分析，说明三类买卖点理论也确实是没有错的，但实际操作中经常会判断错误——不是买早被套，就是卖晚少赚。现实之中，如要避免出现这般错误，则必须要求我们严肃认真地对待和试图破解此问题。

由上述分析可知，我们要将三类买卖点理论的实用性展开深入研究和探讨，试图寻找到更有利于我们实际操作，获得实用有效的方法。对此，笔者在三类买卖点理论基础之上提炼并发展出了更为实用的买卖点理论——关于参照点与拐点的研判之法（图解说明参照点与拐点的研判之法。）

（1）何谓参照点（用字母 C 表示）与拐点（用字母 G 表示）？

对照以下图示，标示着字母 C 为参照点，标示着字母 G 为拐点。若将次、小级别中的参照点、拐点与三类买卖点的位置进行对比发现，二者之间存在以下关系：

第一种关系：参照点、拐点与三类买卖点处于相同位置之上的情形：参照点的位置是原趋势形态中临时第 1、第 2 类买卖点（不是第一、第二类买卖点，注意区分 1、2 与一、二）所处的位置，拐点的位置则是在参照点为参照之基础上，趋势性质发生根本转变上的第一类买卖点位置上的。如图 5 – 5、图 5 – 7、图 5 – 8 及图 5 – 10 所示。

第二种关系：参照点、拐点与三类买卖点不完全处于相同的位置之上的情形（或者参照点、拐点与三类买卖点处于错位的情形之下）：参照点是峰值或者洼值（第一类买卖点位置），如图 5 – 6 与图 5 – 9 所示，后面出现向此参照点连续回踩但不会再度新低或者新高时，如此这般第二次以后的次峰值或次洼值就是拐点所在的位置。

由上可知，参照点是已经出现的重要峰值所在位置，拐点是确定趋势性质发生根本转变的峰值所在位置。实际中往往是先有了参照点的出现，然后以此作参照，随后确定出最佳拐点所处的位置。

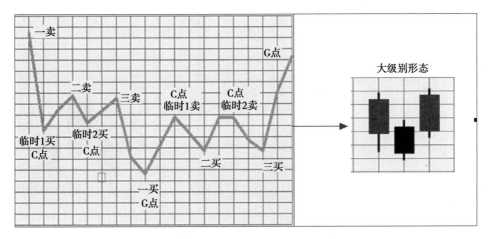

图5-5 次小级别与大级别形态对比（常见情形一）

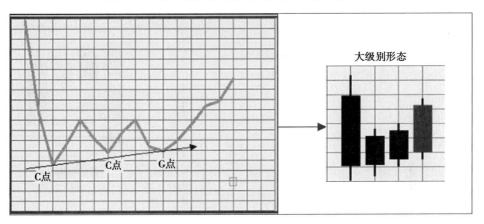

图5-6 次小级别与大级别形态对比（常见情形二）

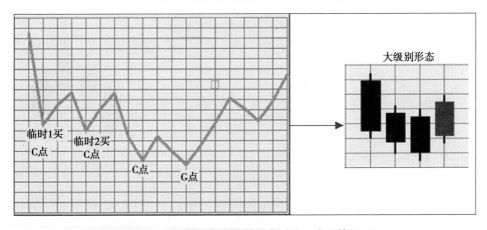

图5-7 次小级别与大级别形态对比（常见情形三）

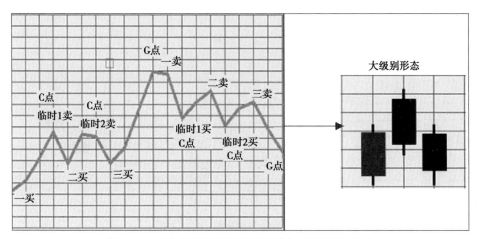

图 5-8 次小级别与大级别形态对比（常见情形四）

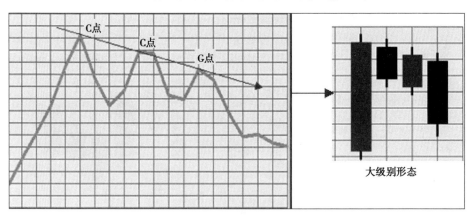

图 5-9 次小级别与大级别形态对比（常见情形五）

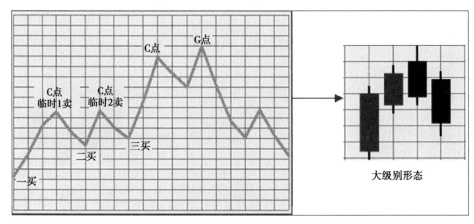

图 5-10 次小级别与大级别形态对比（常见情形六）

　　它们可能与完整趋势形态中的三类买卖点存在着完全相同的位置情形，也可能不存在二者之间完全处于相同的位置情形。这或者就是对参照点与拐点所存在的意义的描述与揭示。

　　还有一点需要明确的是，参照点、拐点描述的是某个次、小级别中趋势形态上重要，且能够直接指引实际动手操作的买卖点。或许相对于某大级别中的一个段元素，在其次小级别上呈现完整的三类买卖点关系，只直接指引我们实际操作的是在下跌趋势中，股价逐渐新低时，捕捉到最佳的，且从根本上转变趋势性质的第一类买点——可形象地定义为最佳的买进拐点；反之，在上涨趋势中，股价逐渐新高时，能够尽力捕捉到最佳的，且从根本上转变趋势性质的第一类卖点——可形象地定义最佳的卖出拐点。

　　以上换句话说，三类买卖点不是提前定位，然后在实际操作中对号入座的展开买进卖出的买卖方法，而应该充分利用好其在原趋势中做反向操作跟踪的实用性出发，利用参照点，努力捕捉最佳拐点的实用性理论。

　　另外，三类买卖点揭示的主要是某个完整且符合趋势形态的每个部分中最佳买进或者卖出的洼值或峰值买卖点位。而参照点、拐点则更加适用于较小级别中，对大级别段元素两段分型极端峰值研判中，利用到其相同阶段内，次、小级别参照点及拐点结合则可实现准确捕捉。

　　有了以上完整的三类买卖点理论，再配合上参照点、拐点实用性理论后，无论大级别中所处的任何一个段元素，再对应到其次小级别上时，都可以按照此方法寻找到最佳的买卖点位置。

　　（2）如何正确运用参照点与拐点来指引和提高我们实际操作的成功概率？在一个相对于30分钟级别的次小级别里，例如1分钟或5分钟的走势图中：假如此时30分钟级别为一个段元素，未来关键在于对该段元素即将出现分型的研判，而这里又要结合次小级别，1分钟或者5分钟级别在相应阶段内构造大级别分型的真实状态。如图5-5至图5-10所示。其研判方法为：在次、小级别中，跟踪发现股价连续新低或新高（如图中标示"C"点位置），且出现了背离现象，那么，在其连续出现第二次或以上新低或者新高时，当下就会出现拐点（如图中标示"G"点位置）。此拐点实质上就是大级别中分型的峰值或洼值所在（趋势性质转变的分水岭）。又或者次、小级别上最低洼值或者最高峰值已经出现了，跟踪发现后面出现股价继续往下反复，而又不再继续跌出新低或者新高时，当下拐点也会随机出现。

　　（3）参照点与拐点所存在的重要特性。经过众多实际案例观察发现，参照点、拐点二者的"身份"经常出现互换的情形。在图5-5、图5-7、图5-8及图5-10中，拐点往往就是原趋势发生根本转变的极端峰值、洼值所在位置，参照点则是前面已经出现的次高或次低的峰值或洼值位置所在。可是在图 5 – 6 与图 5 – 9 中，我们又发现，根据后面走势证实，参照点则已经是处于最佳卖点或者买点的位置之上了（最高或最低值），后面的拐点是指股价继续向参照点反复时，当下观察它们是否会继续新低或者新高时，然后指引所做的买卖操作行为。

综合以上可知，参照点、拐点没有绝对固定的位置，一切皆以实际中所出现的情况，在当下所做的瞬间决定。这一点与三类买卖点理论完全不同。三类买卖点理论最大的意义似乎仅在于趋势性质确定形成和趋势构造完成后可能会出现的几次买点或卖点机会。可实际上这种机会往往是被动的，是对于前面第一类买卖点出现后的弥补。实际上，我们发现第一类买卖点距离第二类买卖点的空间幅度往往很大，所以这种弥补是被动的。换句话说，实质上，在已经确立的趋势形态中，无论是卖点还是买点往往都只有一次，而且是一旦错过就永远相对性地错过了。反而实际情形是，在当前趋势已经处于动态构造过程中时，例如上涨趋势中时，我们接下来已经不是捕捉买点了，而展开相反的做法，如何捕捉最佳卖点？对此的研判与捕捉离不开参照点与拐点理论的运用。基于此，我们提炼出了参照点与拐点理论，及对其运用的详细讲解。

（4）任何级别中任一段元素两端分型与次小级别构造形态分解。有人或许不认可三类买卖点仅是被动的或者弥补性的买卖点的说法，其实，这也确实是为了更加精准表达和阐述自己的观点不得已而为之。实质上，任何一个较大级别中的段元素，无论该段处于趋势中的哪个位置，都可以利用其次、小级别中的所对应的趋势形态中的参照点、拐点来捕捉该级别一段的分型峰值所在的价位。当然，这也是实现投资收益最大化的最佳方法之一。

例如，在某大级别的上涨段中，对应的同阶段内其次、小级别上出现的趋势形态后，反复新高过程中，继第二次新高后，在此参照基础之上，或许会对应的出现拐点，尤其是动态指标显出背离迹象时。该拐点就是大级别上涨段的顶分型中的峰值卖点。而与之相反的下跌段中，情况刚好相反。

5. 第三类买点在次小级别中运用的讨论

如果我们将以上 6 幅图中所描述的第三类买点放到较小的级别中去做跟踪会发现，例如 1 分钟这样的小级别中，第三类买点会经常出现。从而，结合第三类买点所存在的优势，我们完全可以将其运用到次小级别中。

虽然如此，但次小级别中也存在一定弊端。我们已经反复论证得知了，级别越小时，操作空间往往受到限制，这种限制还包括交易规则的限制（A 股是 T + 1）。所以，即使次、小级别能够经常看到第三类买点的出现，但碍于这些弊端限制，也很难展开有效的操作。另外，操作品种的股性过于迟钝时，也会对操作空间造成极大的限制。例如那些大盘蓝筹股，股价波动的幅度在绝大多数时候都是围绕0.3%～2%波动。给人感觉就是一动不动的。即使按照三类买卖点理论所描述的，次小级别上出现了第三类买卖点，扣除掉手续费，根本无法实现盈利。

基于以上，我们使用第三类买点时，应该要综合考虑几点因素：

首先，要挑选股价波动幅度较大、股性相对活跃的品种，以此应付交易成本的限制——这样的品种则多半对应着当下市场中的炒作热点，因为股性要活跃，其最大特点是换手率极高。而换手率很高的时候，往往预示着参与资金量比较大，且进出频繁，这样就很容易造成股价波动幅度增大，股性也相对活跃很多。参与这样的品种便于我们发挥第三类卖点的优势，回避受到交易成本的限制。

其次，要选择相对合适的操作级别，以此应付交易规则的限制。一定要选择适合的级别，级别不可太小，太小的话，出现的第三类买点往往频繁地出现，即使买进但卖不出去。根本无法实现有效操作。级别太大，等待时间往往又太久，根本等不来，适应不了短线操作风格。所以，选择一个合适级别，结合该品种的股价运作特性，但凡捕捉到的次级别上的第三买点后，多数情况下还是可以回避交易规则的限制，而在下一日卖出的。同时，在合适级别定位好后，这里还要选择个正确的操作时机。如要锁定较小级别中的利润，必须要选择合适的时机出手，否则也很容易造成亏损的风险。笔者建议多参与在下午时段次小级别上出现第三类买点的机会。因为，当天买进的数量无法当天卖出，所以如果上午出现的第三类买点机会可能到了下午却会因为股价回落到原点而变成了风险。可是在下午参与，就有可能在次日早盘逢高抛出。由此回避交易规则限制而影响投资收益。

最后，需要特别声明的是，将第三类买点运用到次小级别中而展开操作，绝对是一种纯粹的投机行为，是为了追求更高的投资收益的投机行为，笔者实质上是不太赞同这种投机行为的。因为这里面的弊端和坏处也是很多的，量子理论就可以证实，这里就暂不做具体阐述了。总之，本理论实质上不是教我们去如此投机倒把、放大贪缠，反而更多的是在介绍一种使我们变得更为理性的投资之法，稳定而又长久地获利。

6. 三类买卖点理论的小结

首先，三类买卖点是狙击学知识。如果前面的形态学、动态学及其他动态因素的综合分析都等同于狙击中的瞄准做准备的话，那么，"猎物"出现时，则要扣扳机，做出开枪射击的动作，如果未能执行此动作，那么前面的所有准备工作则等于零。

其次，我们必须要明确的是，三类买卖点是系统性地揭示任何一个级别上的趋势形态中至少三次买进与卖出的机会。例如，在一个上涨段——在同阶段内的次、小级别中，往往呈现趋势形态。该趋势中会有三次买入的机会，无论是"缠论108篇"抑或本理论都将其定义为三类买点理论；反之，下跌段中，对应的小级别趋势形态中会有三次卖出机会，即三类卖点理论。由此可知，至于两种理论对三类买卖点的位置描述是否一样，其实并不重要了。

从理论上，上涨时描述的是买进机会，下跌时描述的是卖出时机。可实际上呢？上涨时，相对于买点，则早已错过了；反之，下跌时，相对于卖点，也早就远去了。前者，我们真要对号入座试图确立第几类买点做买进时，则多半又要被套住；后者，我们试图捕捉哪一类卖点做卖出时，则发现永远迟了一步。这里的早一点晚一步，往往是差之毫厘谬以千里，尤其是做差价操作时。

如果按照三类买卖点理论的实用性考虑的话，较小级别的实际操作并不实用，但与之相反的是，在对较大级别中的趋势构造中，三类买卖点的位置描述则取得了尤为关键的作用。也就是说，三类买卖点理论在较大级别中的位置描述比其较小级别的实用意义要大很多。越小级别中的趋势形态构造往往完成得越快，所以，三类买卖点的位置描述很容易便失去了实用性。反而此时参照点和拐点则频繁地运用于较小级别之中，例如一个30分钟级别的段元素在一定程度上就已经适用和满足于我们实际操作了。若展开投机操作，此时则可利用1分钟或5分钟这样较小级别出现的参照点、拐点之法，辅助判断30分钟级别中段元素两端的买、卖点位置。其实参照点、拐点就是分别处于趋势中临时买、卖点的位置上，而且弥补了上涨中寻卖点，下跌中寻买点的思路和逻辑。

最后，想说的是，三类买卖点理论从实用性分解的话，应该做这样的划分：当前在处于下跌趋势中时，三类卖点则成为了研判的关键。出于尊重趋势、顺势而为的原则，逢高捕捉最佳卖点成为了投资收益放大的关键所在；至于当前在处于上涨趋势之时，情况则刚好相反，研判和捕捉三类买点成为关键。而对应于中枢之中的各自出现的临时的第1、第2类买卖点（临时第3类买卖点则刚好与第一类卖点、第一类买点相重叠了），则成为了进一步放大投资收益的追求极致与完美的做法。临时的第1、第2、第3类买卖点分别又与参照点及拐点处于相重叠的位置上。只是通过上面的实用性分解可知，在实际中，越大级别上，等待三类买卖点（或临时买卖点）完整出现所需的时间与级别呈正相关关系，因此我们很难在短期内实现这样的操作，于是只好将参照点及拐点运用到较小级别中。

三大操作理论实践应用讲解[①]

在实际运用中，围绕级别、背离及三类买卖点这三个理论展开的应用，是何其重要。理解对了，运用时如鱼得水、如虎添翼，在操作中游刃有余。所以，本部分将结合实际案例详细讲解。

一、级别理论在实践中的应用

对于级别理论正确理解远比其如何展开使用更为重要。为何如此说呢？

第一，很多人习惯地以为现实之中有且仅有日线这个级别，并且只有在这个级别上才会出现涨或者跌的形态，才可能出现顶、底背离，然后发生趋势性质的转变。可是根据本理论的介绍，其实不然，因为实际情况是，在任何级别中都会出现趋势，都会出现顶、底背离，趋势的性质也都会发生转变。只不过不同在于，对于不同的级别而言，例如在分时图上，一天之内可能会多次出现背离，而且是顶背离与底背离在同一天里反复出现，随后就会对应地出现趋势性质的转变。

可对应到日线级别呢？出现一次背离，无论是顶背离，还是底背离，趋势性质发生转变所需要的时间及空间往往都是比较漫长的，绝不可能在一天之内就会构造一个同级别的趋势，然后又对应出现相反性质背离，且趋势性质随之跟着发生转变。这就是级别不同，所表现出来的相应的表现各异。

可是在没有本理论单独提出对级别理论，以及对级别的相关概念作介绍之前，很多人可能对级别认识比较混乱，由此操作上也显得杂乱无章。

第二，对级别理论的认识与理解还不能仅仅停留在以上第一点的层面上，还应该进一步深入地了解各级别之家所存在的关系。当然，这种关系主要是各级别的走势形态及与动态之间所存在的关系。对各级别之间所存在的形态上的关系前面已经有探讨，这里不再重复。至于各级别之间动态指标上的关系，在前面章节中已有简单谈论，在此不再赘述。

---

① 节选自《解缠论2》原三大操作理论实践应用讲解。

　　第三，在第二点基础上，正确理解并掌握了各级别之间所存在的形态与动态上的关系后，结合到实际运用中时，还应严格遵循级别运用的三大原则（分别为：小级别尊重大级别的尊重原则、利用次小级别提前研判大级别买卖点原则，以及各级别各元素走势终将完美的原则），而且要活学活用这些原则。实质上，级别运用的三大原则是以上两点原理规律的总结及提炼。

　　根据以上三点解说证明，要正确使用级别理论及其三大原则，首先就要做到对级别正确的理解。以下我们举例说明（见图 5 - 11 至图 5 - 16）。

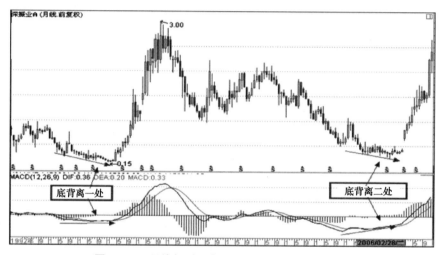

图 5 - 11　月线级别上出现底背离、趋势发生转变

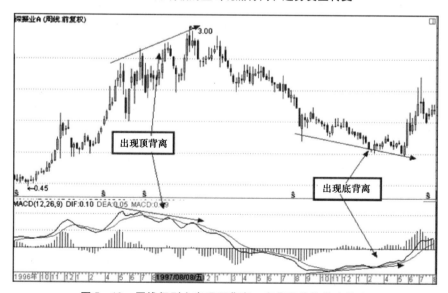

图 5 - 12　周线级别上出现顶背离、底背离趋势发生转变

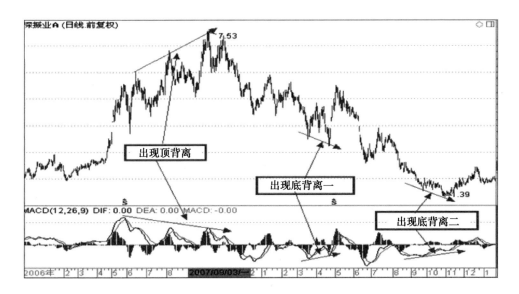

图 5 - 13 日线级别上出现背离、趋势发生转变

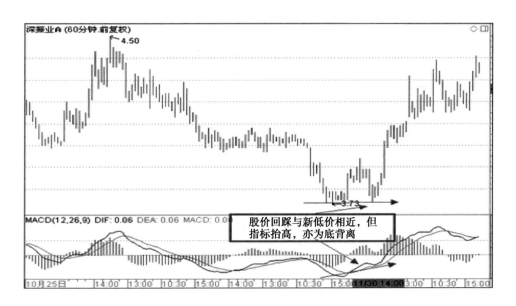

图 5 - 14 60分钟级别上出现背离、趋势发生转变

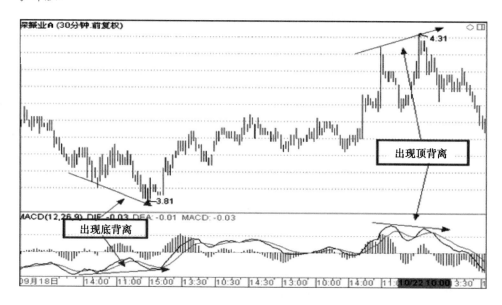

图 5 - 15　30 分钟级别上出现背离、趋势发生转变

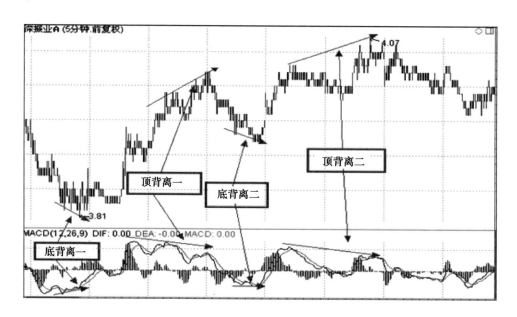

图 5 - 16　5 分钟级别出现背离、趋势发生互转

　　以上是列举的同一品种（深振业 A）的各级别走势，由以上实例图可知（见图 5 - 11 至图 5 - 16），各级别都出现因为背离所致的趋势性质的转变情形，而且级别越小，背离性质变化的频率越快，趋势性质转变得也越快。

　　至于趋势中各级别因为所存在的形态关系及动态指标变化存在的关系，可对照以上各图中的 30 分钟与 5 分钟两个级别由 3.81 元涨至 4.31 元，这同一阶段的走势情况做解释，分别如图 5 – 15 和图 5 – 16 所示。由这两个同一品种同一阶段，但不同级别的走势图对比可知，5 分钟级别上反复出现了多次顶背离与底背离，且 2 次顶背离之后，但最终都未能改变比其较大的 30 分钟级别上继续上涨趋势的性质——由 30 分级别走势可知，最高涨至 4.31 元。这就是对应了级别运用原则中的级别尊重原则。

　　虽然如此，但 5 分钟级别上的只要出现背离，且由此产生趋势性质的转变，都会在当前级别上运作完成——这符合了任何级别上走势都终将完美原则。

　　最后，基于任何小级别的走势实质上是对应大级别上走势的放大，所以，若将 5 分钟级别走势图与 60 分钟级别走势图（见图 5 – 14），取 3.81 元处作比较（60 分钟级别该价位在 3.73 元的右边低点处出现）可以知道，60 分钟级别上的几笔下跌对应 5 分级别却是一个背离段的形成，而且底背离点是 3.81 元，此处即可作为买点买进。买进后，且做跟踪发现最高涨至 4 元上方。

　　级别理论中大、小级别间的关系，还有所揭示出来的三个运用原则，其实运用哲学上的观点，可作如下解说。大级别相当于一个整体，小级别相当于局部，在多数情况下，局部的变化都影响不了整体，所以，小级别的走势在多数情况下要尊重大级别的走势性质（这是尊重原则）。

　　可是，局部的量能逐渐聚集的时候，就有可能出现从量变到质变的情况，此时小级别作为局部上的变化，极有可能开始改变大级别的整体走势的性质——基于大级别作为整体，其性质要彻底地发生改变，又非一日之功，而需量能慢慢地积累，当积累到一定程度时，甚至已改变整体性质时，要引起重视，若要提前预知整体性质何时完全转变，则有必要回到局部上，即小级别上去提前跟踪与捕捉。

　　除此之外，通过观察发现，无论局部还是整体，其运势都会完整地构造完成。

二、背离理论在实践中的运用

　　背离的作用是结合动态指标，辅助研判当前多、空二力相互博弈的真实情况，由此对未来趋势走势的性质提前做心理上的预判，从而指引当下的操作动作。可是，实际运用中往往却会出现背离了又背离的情况，因此会搞得人晕头转向，失去了对背离的精准判断，最终影响投资结果。

有人甚至以为，本理论主要讲解的是如何判断背离，将背离理论搞清楚了，操作中就无往不胜。此话一点没错。因为理论说得很清楚了，背离即意味着旧趋势性质的转变。这里做下发展和衍生。一旦发生背离，即走势的方向将发生转变，而且背离后将至少构造一个段元素，或者中枢三段的形态，甚至构造一个符合狭义趋势形态定义的5段，当然最完美的是构造出一个广义的趋势形态出现，即8段论。至于实际中会出现哪一种情况，则一切要视当下盘中多、空博弈的胜利方的真实实力情况而定。

在此，我们仍结合级别理论中所运用的案例，将其作为背离理论的实践运用讲解的实例。

由上述各级别中所列举图例可知，背离出现在任何级别之中。且级别越大，背离出现的频率越少；级别越小，出现的频率越多。同时，从上图中各级别背离出现后，对应的维持周期并不对称的情况看，还可得出以下一些规律。

规律一：将月线级别和周线级别在同一阶段内上涨至最高点3元的走势对比，月线级别在次高点处进入临时的空头主导状态（MACD的红柱子缩短状），周线级别却出现典型的股价与动态指标运作方向做顶背离的特点，如图5-17所示。这验证了前文章节中的一句话：大级别上出现临时多头或空头主导状态之时，说明其次、小级别上出现了底背离或者顶背离迹象。

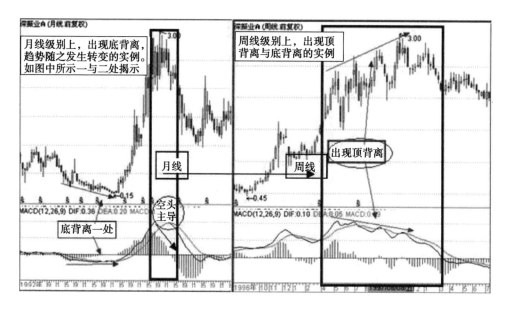

图5-17　月线与周线级别形态走势、动态指标变化特征对比

规律二：某级别中出现背离之后，后市开始进入反性质趋势的构造时，例如，顶背离之后，后市开始下跌，则在其下跌过程中，完全允许出现相反性质的底背离情况（对应必有反弹走势出现，或一个反弹段或一个上涨趋势等形态出现），而且底背离的出现允许超过一次。

由图5-18可知，同级别中的顶背离、底背离出现后，其各自出现的形态构造在空间幅度或者时间周期上并不完全对称地出现。甚至，后一次出现的背离往往出现的反转幅度要比前一次要大很多。当然这种情况也不是绝对的，实际如何出现仍要参考当时多空博弈的二力的实力情况决定。只要背离所出现的级别足够大，操作空间允许，一般都是可以值得去参与的，即使底背离之后它仅构成一个段元素而已。例如上述的日线级别底背离，其操作空间完全是具备的。

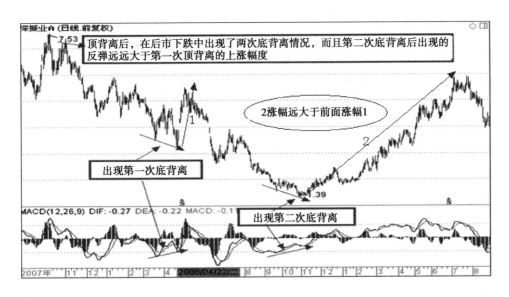

图5-18 同级别中底背离后上涨空间不对称的走势

规律三：在次、小级别的中途曾出现的顶、底背离，暂时改变或者影响不了前面趋势的性质。例如我们对比图中的5分钟（见图5-16）与30分钟（见图5-15）级别的同阶段走势图可知，30分钟级别上于3.81元出现了底背离，后市自然至少出现一个上涨段。不仅30分钟级别上如此，5分钟级别上，该至低点处也出现底背离（与30分钟级别共振点），那么对应的5分钟级别上，也至少该有个反弹段出现。我们继续跟踪发现，5分钟后市仍多次出现顶背离与底背离之转换情况，可同期的30分钟级别走势图中，直到4.31元时看见顶背离出现，才暂时结束该级别上自3.81元以来的上涨走势——观察其图形，在形态上已符合一个上涨趋势的形态。此点规律所得出的操作启示是，各级别上因为背离性质的转化而对应出现的趋势性质转化，在理论上都可以在当前级别内实现买进卖出的操作，而且基于次、小级别的买卖点往往又被包含于大级别的走势中，所以，操作上可以灵活地选择是否放弃小级别上的高低点的操作机会，而一直持仓到该较大级别上的卖点出现。

三、三类买卖点理论在实践中的运用

·三类买卖点理论所存在的价值与意义，有点类似于形态学中分型和中枢二元素对走势形态的描述性功能。而且这种描述性功能在趋势元素走出后，将更为直接直观地体现出来。所以可以这样说，三类买卖点理论的描述功能比其实际运用中的价值要更高一些。

那么实际运用中，我们如何将三类买卖点理论糅合到实际操作中呢？答案是不太实际的，由此只有借用参照点与拐点或者能够更为直观地揭示实际操作中如何捕捉买卖点，而这些个买卖点是暂时不用去理会其是第几类买卖点的。

我们都知道，段元素的两端分型不是买点就是卖点，只要级别足够大，空间具备的话，对一个段元素的两端至高至低点的捕捉就成为了实际操作中的关键所在。所以，如何运用三类买卖点理论的发展性理论，即参照点与拐点成为了关键。下面将列举实例展开讲解。

如图 5 - 19 所示，下跌中再度出现新低 2.21 元时，对应前面低点 2.59 元，动态指标开始走平，不随股价同方向运行了。此时确实为背离，但仅为背离迹象。另外，2.21 元自此段最高点 3.91 元下跌以来，其内部还并未出现底背离，说明还需继续跟踪观察。此处的新低 2.21 元可做临时参照点。如图 5 - 10 所示。

根据图 5 - 20 可知，继续之前的跟踪，前面的 2.21 元的临时参照点被替代，最新新低价 1.55 元为当下临时参照点。而且该点出现后，意味着该下跌段内部（3.91 元 - 1.55 元）底背离迹象出现。所以对应了后市的快速反弹（次日就出现涨停板）。在此情况下，可以暂且做个心理预判。内部段（3.91~1.55 元）的底背离迹象出现后，随之必然出现一个反弹段（至少 6 笔日线）的走势出现，又或者出现一个中枢（至少 18 笔日线）乃至一个趋势（至少 30 笔日线）的走势形态出现。不管怎样，这样的破坏旧趋势走势的形态出现，操作技术过关是可以暂且参与下的，只不过要降低操作的级别。实际中，后市究竟会构造出一个什么样的反弹走势形态呢？我们继续往下跟踪。

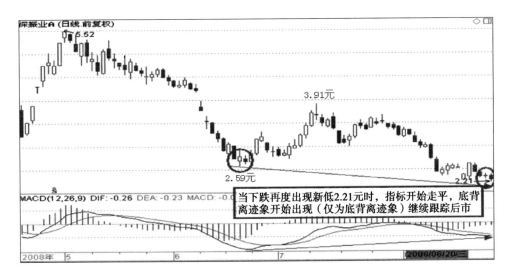

图 5 - 19　深振业 A 在新低 2.21 元时出现的底背离迹象

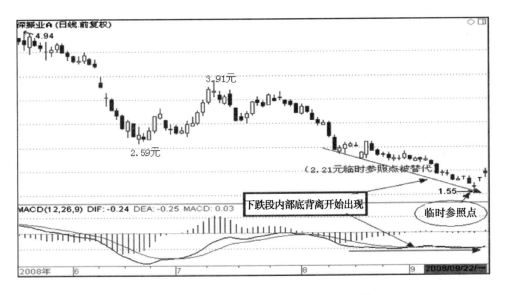

图 5 - 20　深振业 A 再创新低 1.55 元时的背离情况

　　往后继续跟踪发现，如图 5 - 21 所示，股价再度出现新低 1.39 元，该低点不仅仅相对于 1.55 元在该段内部出现了底背离，而且相对 2.59 元也是底背离（当然，1.55 元相对 2.59 元亦是出现了底背离，但仅为背离迹象而已），那么，此时 1.39 元相对于参照点 1.55 元来说，极有可能就是拐点。也就是最佳的第一类买点所处的位置。

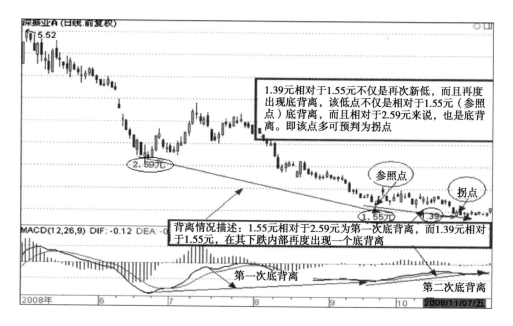

图 5-21　深振业 A 再创新低 1.39 元时的背离情形

　　在前面的理论介绍中，已经探讨过关于参照点与拐点的结合研判法，这里不再赘述。对此用法，具体可参考图 5-19 至图 5-21，认真再做一遍回顾，或许就能够心领神会而掌握。笔者根据自身的经验，做下简单的提示：何谓参照点？那一定是指出现背离迹象后的新低点或者新高点；那么何谓拐点？其实它就是最佳的第一类买卖点的位置，但实际运用中，它就是参照点之后，再度出现的最低或者最高点，而且此时一定要对应有动态指标的二次背离出现。如果不再出现新低或者新高，那么此时就看当前级别的动态指标是否被多头或者空头主导之下。若有的话，那么拐点形成或已出现概率偏大，操作上要采取应对策略和行动了。

动态学运用原理讲解①

在本章介绍中，我们终将所谓的时间级别与空间级别，进行了相通性的解释与统一，实质上也是将级别理论及其运用原理进一步系统化、明确化与实用化了。此外，本章还有个最大的亮点是，我们重新定义出了一种更为实用的买卖点理论，同时，你将会了解或者掌握到一种更为系统完整的所谓三种类型的买卖点理论体系。

一、级别（定位）的运用原理

级别概念，实质上是走势在时间（周期）、空间（价格）上的具体展现及其特征性，同时，展现出来的还有多、空二力动态博弈的背离特征及买卖点的规律性。并且根据无数历史走势案例在级别上的时间、空间的规律特性，我们总结出了级别运用的三个原则。基于走势规律是对历史的总结与提炼，缺少实用性，所以，我们直接将这些表现在级别中的走势规律，转换成级别的运用原则，以用来正确引导我们在实际运用中当下的分解和操作。如此一来，原本只是客观反映走势形态及动态博弈等表现特征的级别现象，则演变成了级别运用原理。

由此入题，我们首先要厘清几个级别的相关概念，其次，再详细讲解走势在级别中的规律特性、背离特性等，最后详解级别运用原理或步骤。

（一）级别的相关概念

1. 空间级别与时间级别的相通性

当我们描述沪指从 998 点涨至 6124 点，或者从 6124 点跌至 1664 点时，会说这前者是超级大级别的牛市行情，而后者是超级大级别的熊市行情。这里所提及的"超级大级别"实质是对股指或价格空间涨、跌大小的描述，亦即我们经常说的级别是指空间级别。但需要特别说明的是，试问，前者从 998 点涨至 6124

---

① 节选自《解缠论 3》原第三章动态学运用原理。

点的巨幅空间，或者后者从 6124 点跌至 1664 点的巨幅空间，是一天两天，或者一个月两个月就能完成的吗？

是的，在此我们就是想要表达一个观点，即，走势的涨、跌空间大小与所需要的时间呈正比关系。也就是说，上涨或下跌空间越大，那么所花的时间就越多；反之，涨、跌空间越小，那么所花的时间往往越少。这里本质上说的是，完成涨、跌空间和所花时间形成最终的平衡特性，二者呈正相关关系。具体例证我们就不展开了，因为事实胜于雄辩。

所以我们说，空间级别与时间级别是相通的，空间即时间，时间即空间。并且为了方便实用，尤其是在所有周期级别中的走势进行分解时，已经非常直观简单，于是，我们干脆将时间周期的级别作为主要指代对象。本理论中所提及的级别主要指时间周期级别。

2. 时间级别的划分意义

既然如此，那么，我们则按照时间周期级别的现有划分，也是自然规律所提炼出来的时间周期规律，将时间级别划分为如下系列：年线、季线、月线、周线、日线、60 分钟（或 30 分钟）、15 分钟（或 5 分钟）、1 分钟（分时图）八个主要时间周期级别。

如果从走势运作特性还有实用性角度出发，以上很多级别我们一般用不到，或者说，从个人境界及风格出发，有很多级别根本用不上。例如，年线、季线这么超级大的级别，就很少被用到。按照 A 股仅仅 20 多年来的走势看，能够运用到月线级别，那已经很了不起了。

另外，对于分时图或 1 分钟这样微小的级别，基于其在走势涨、跌性质上的极度不稳定性，所以，在很多时候，我们也总是很难能够在其微小级别上应付过来，特别是在受到 T + 1 交易规则限制的 A 股市场里。

为此，通过级别的划分，我们可以了解到走势体现在时间或空间大小上的重大差异特性，差异性使我们做到心中有数，据此应付实际中所有可能出现的情况，分类制订不同的操作策略。

当然，对时间级别的划分最大的意义在于，但凡结合了走势的分解之后，立刻就能让我们明确出任何时候、任何情况下最值得操作、最具操作价值的时机，或者风险所在。即，明确出任何时候、任何环境下的"有所为、有所不为"准确状态。

3. 形态五元素在级别中的大小排序

原本形态五个元素没有大小之分，如果说有分别的话，那是指在同一级别中，确实存级别的大小之分。而且这里的级别暂时指空间价格级别。如果将五元素从大到小排序的话，即趋势、中枢、段、分型、笔。在同一级别中，排在后面的元素全都是前者的构造元件，例如趋势后面的四个元素就都是其构造的元件。且趋势是任何级别走势中的最终构造目标，其性质的转换都是以其完整构造结束而发生的。

4. 级别在合力运作下走势之时间、空间具体体现

合力的强弱、大小，决定了走势时间、空间之大小及长短，亦即决定了走势运作的方向所持续的时间、空间之大小及长短。换句话说，合力大小决定走势级别大小和长短。

在某种意义上说，无论空间级别还是时间级别，都是某性质合力与分力之博弈而"画"出来的外在体现。

假如合力是超级主力、占据绝对优势，那么，走势无疑会在较大级别上进行全面的形态构造。此时若用形态五元素进行具体描述的话，至少会构造一个趋势形态出来，而且最少是一个五段式的趋势元素形态。

如果合力相对较小，分力力量的破坏加大，那么，此时可能只能构造出一个中枢。

以此类推，如果合力已经被分力消耗过大，那么，合力反而主导的形态就只能剩下段，甚至分型形态了。

以上叙述换句话说，某主级别内的走势形态元素的级别大小，实质上是由该主导级别的合力大小所决定的。

另外，根据分力大小，我们还可以识别出某趋势走势构造中，分力形成的破坏段走势的程度。如果分力较大时，形成的破坏段可能会是一个次小级别中的狭义的趋势；如果分力一般时，它所对冲和消耗合力的一般，所以，此时次小级别上形成的破坏段走势可能是个中枢；如果分力较小时，那顶多只能够形成一个段的形态，而且时间极短暂。

此处给予实际中的指导意义在于，越小级别的分力，时间越短促，持续的回拉或回撤的空间越小，但如此连续出现这种回拉或回撤现象超三次时，就会在一定程度上形成对合力的消耗，从而可能形成更大级别的破坏走势。由此所对应的级别也会更大，从而再次造成出现回拉或回撤现象，不过此时的时间与空间都将会变大、延长。如此循环，直至递进到更大级别中。这基本上是将合力与分力的能量的博弈状态进行完整的描述，实际中应多加实践运用、体会和思考，或许能够理解。

综上所述，我们在实际中学会懂得预判合力、分力实力大小成为了重要的任务。

5. 级别定位的意义

级别理论全称级别定位理论。无论是仅仅从走势分解的目的出发，还是从实

际操作的层面出发，都有必要对级别进行定位，否则，我们的分解和操作将会陷入混乱。

通过以往的级别理论的阐述，我们可以了解到，级别的分类特性好比"多重天"的规律特性，每一重天内都有其自身趋于完整和完美的独立运作周期和特性。无独有偶，我们进一步研究发现并了解到，不同级别之间还存在"共振现象"。这又说明，任何级别都不是完全孤立地存在和运动着的，它们彼此之间还会形成"牵引力"，并始终相互影响。如果没有了解到这个状况，或者未能理顺这些问题，我们将会陷入分解和操作上的混乱。例如，面对任意一个走势时，你无法定位出它属于哪个级别的走势，或者属于什么状态下的走势构造过程，如果胡乱地参与进去之后，你会立刻发现，它的大级别还处在漫长下跌过程中，则你此前的参与是错误的，因为它仅仅是一个较小级别的机会而已。这种混乱现象经常出现在实际操作中。而对此问题，我们只有通过级别定位，才能够慢慢理顺和弄清这些问题。至少可以通过进一步观察发现，主次或大小级别之间所存在的关系，然后通过这些关系和规律特性，正确指引我们当下的操作。

级别定位好后，某人的投资风格也就定位出来了。是长是短，是激进还是保守，都非常清楚了。而且一切遵照级别走势要求即可。

还有人提出了趋势定位的概念，其实，在本理论而言，基于趋势元素出现在任何级别中，而对于一个 1 分钟级别或分时图的趋势定位，甚至在某些股性迟钝的权重股的 5 分钟级别上的趋势定位没有任何意义，因为即使定位好了，你也未必能有效参与，或者得到实质有效的收益。所以，对于趋势定位的概念，仅仅适用于较大级别中，譬如提前做出一个较大级别中趋势走势的推导才是具有较好意义的，较小级别并不适用。不过，在传统分析理论中，当没有级别这个理论和概念时，大家对所谓大级别的趋势定位是困难的，是十分模糊的。但在本理论中，无论怎样，相较于趋势定位理论，级别定位更加适用。而且在正确理解和运用后你会发现，它与趋势定位实质上是一个意思，级别定位，就是对趋势的定位。趋势定位不过是级别定位的一个狭义概念而已。因为你只有定位好了操作级别大小，才能定位好时间、空间格局，才可以去定位趋势，才能在实际运用中更加有效及实用。

（二）走势和背离分别在级别中的规律特性

1. 走势在单一级别中体现的规律特性

通过对无数历史案例的统计发现，走势在任意单一级别中，都会有走势趋于完整完美表达的特征。无论是一个趋势的五段式结构，还是七段式、九段式的，在其完成构造时，都是趋于完整及完美的表达。该规律性我们在前面形态学知识中已经做过概述，此处不过是重复提及，其实不仅仅是趋势元素，其他元素也都具有这种规律特性。如果结合前文主、次级别走势规律特性进行展开说明的话，次、小级别则需要完成三个同方向走势类型和两个反方向走势类型，这里一共出现五个走势类型，也许各段的走势类型或走势结构会完全不一样，但是，他们在当前级别中的走势趋于完整性表达的意思肯定是没有错的。即单一级别中，任何形态元素构造，无论是哪一种类型、哪一种结构，都终将完整完成其构造，一定会符合走势完整性的特征。

2. 走势在主、次级别中形态关系的表现特性

按照笔者以前书籍中的介绍，我们了解到，同阶段内的走势在不同级别上，会出现完全不同的形态元素。例如，一笔年线，在月线中可能只是个段，甚至分型元素形态，而在周线上，可能是个趋势或者中枢，而在日线上，可能已经出现几个不同性质的趋势了。当然实际中没有那么完全标准的刚好按照一笔年线就是最高或者最低点的形态分类，我们这里只列举一个特殊的例子进行说明而已。或者这样说更为准确，年线级别上的连续三笔走势运作，其形态上可能只是向上或向下的走势笔形态，但在其月线级别上，则是一个段元素，而且日线级别上可能是趋势元素。根据主、次级别中所体现出来的形态关系特征，虽然它只是对历史走势形态规律的体现与总结，但它仍然启发了我们，在当下实际运用中，如果利用这个规律特性，能够达到更加准确研判、推导未来走势和正确指引当下买卖的决策的功用。

例如，至少其中有这样的一个特性，即，越大级别中的走势，越轻易发生趋势性质的转折，却总是没有那么快，至少在当前级别上是如此，所以，这必然会造成很多人分析的结论出现错误，判断要么太早，要么太晚。根本原因其实在于，没有看懂是什么级别，即使看懂了，但是，越大级别中真正出现走势转折的时点产生的误差也越大，这种误差有时候会相差几十个点的幅度，甚至数十个交易日。另外，越小级别，尤其是微小级别上的走势，走势又极为不确定，涨、跌方向非常不稳定，可操作性也非常差。一旦参与某微小级别的操作了，如果没有时间精力和专业性的条件支持，那么，结果往往事与愿违。

有朋友或许会研究，一个主级别走势，到底与次小级别走势之间存在怎样的具体关系。在此，根据我们的经验，其实二者之间也没有完全绝对或者固定的形态关系，甚至在走势结构或走势类型上具有某种固定的关系，但值得重视的一条经验是，当主、次级别从同一个起点分型开始运作时，如果发现其次、小级别上连续出现了三个同方向运作的走势类型，和两个破坏的反方向运作走势类型的话，那么，大级别的某个走势类型或者就会构造出现。并且次小级别中的三个同方向的走势类型在具体构造结构及走势类型上往往不尽相同，而两个破坏走势的

反方向走势的结构与类型也不尽相同。不过该条经验只做参考，一切还应该依据实际走势而决定，且灵活决策应对。

3. 级别运用的三个原则

根据走势在单一级别中的完整性构造特征，及其在主、次级别上所存在的形态关系特征，我们提炼出了三个走势规律特征，其实这三条规律特性在以前的书籍中已经做过介绍，即为：

任何级别中的形态元素和走势构造都终将完整完成；在大级别走势未趋于完整时，小级别走势方向往往会服从于大级别走势的方向；当大级别走势在完成构造时，次小级别往往会十分完整地展现其具体构造形态。

由此三点特征，我们可推导出三个级别的运用原则，以方便我们在实际运用中参考使用，即为：

运用原则一：任何形态元素和走势在任何级别上都终将完整完成构造、趋于完美表达。

实际运用中，当我们定位好了操作主级别时，按照此运用原则，严格遵照提示，耐心等待该级别买点出现时买，该级别卖点出现时卖即可。

运用原则二：当大级别走势未趋于完整时，次小级别走势方向要尊重与服从大级别走势方向。

实际运用中，当我们定位好了主级别后，即所谓的大级别时，观察到主级别走势仍未完整完成构造，那么，即使次小级别出现暂时反向运作走势时，我们也不用"心动"，而应该明白，这种反向运作的走势最终会"夭折"的，它只是暂时的，原因就在于小级别走势尊重和服从大级别走势原则。

运用原则三：完全可以灵活运用次小级别走势完整性来提前研判大级别走势转折的拐点。

根据以上主、次级别中走势规律的体现，我们在实际运用中，如果发现次小级别在走势结构、频率和完整性上与主级别走势的完整性出现共振时，即可以提前做出对大级别转折拐点的研判。

具体案例可以参考笔者以往书籍介绍。

4. 背离在级别中的规律特性

对应走势的规律特性，与之相对应的则是背离特性。一个完整的走势，必然是以当前级别背离的发生而出现走势的完全转折。而且与走势在级别中所体现出来的规律性相似，背离也存在完整性的特点。并且一个完整的走势，无论什么级别中的走势，都必然有背离与之相呼应。走势形态发生转折，即动态背离相应地出现。只不过区别在于，越大级别发生该级别背离的时间会越长，空间会越大；反之，较小级别走势的时间往往较短，空间较小，时效性较差。

5. 背离在主、次级别中背离频率的规律特性

根据走势在大小级别中的形态规律，次级别至少发生三次背离时，才会出现一个大级别的背离，而且次小级别第三次背离与大级别首次背离形成共振。当然，该规律性也只做参考，实际操作中要灵活应对。

（三）级别运用原理或步骤

（1）先定位好主级别，并分解主级别历史走势，结合背离理论分析主级别最近的一次走势的背离性质。如果是顶背离的话，那么意味着当前正在运作的走势会继续以下跌走势进行构造；反之，如果是底背离的话，未来则以上涨走势进行构造。于是，根据此判断，了解当前走势状态，分辨走势属于哪个阶段的构造，还有背离情况的跟踪研判。同时，根据现状继续跟踪，推导未来走势分类、走势类型、走势结构等情况。

（2）可以灵活运用次小级别提前研判走势转折拐点，甚至参与一些扩大收益的次级别买卖机会。当然前提是级别足够大，有足够的空间适应于我们当前的操作。如果不具备的话，可以忽略。

（3）基于 A 股市场只能做多，所以，我们也只建议在走势处于底背离之后，进入上涨时，积极参与。对于下跌趋势时，尽量不要冒昧参与，否则一旦看错级别，就会陷入被动。同时，对于级别选取和定位方面，我们建议选择 15 分钟以上级别，一般对应趋势操作的话，选择日线级别最佳。

二、背离的运用原理

背离运用的关键意义在于，辅助研判走势是否完整，及走势性质是否发生转折。所以，背离的运用原理主要在于走势是否完整，以及走势中出现背离情况的跟踪研判与精确捕捉背离拐点的一套运用方法。它是从市场动态博弈的层面，决定当下走势是否完整完成的重要判断依据之一，并且是对所有级别走势拐点的研判方法。

谈到背离，少不了谈论如何判断背离。在走势形态上，研判什么时候会背离。

可以通过走势结构的分解，先确定出背离段，还没有出现背离段时，就等到其出现为止，再重点跟踪该背离段。基于背离对应形态走势中的重要拐点，并且每一个拐点就是买卖点。基于形态学中重要的研判方法是完整性的研判，由此可知，结合形态上的走势完整性的研判，对背离段的完整性跟踪成为我们当下最重

要的任务。如果在实际中，已经确定走势趋于完整了，而且又发生了背离，那么，当前级别走势发生转折和背离点的概率将是肯定和必然。

如从动态学上研判的话，譬如与级别理论结合运用的话，如何研判什么时候会发生背离？

根据级别大小不同，往往会得出不同的结论，尤其会出现时间与空间上的重大差别。因为，背离会出现在所有级别走势中，并且出现在小级别走势中背离的频率非常高，不同性质背离转换也非常之快；而出现在越大级别中的背离则越来越少，像年线级别走势上，可能几十年的走势中都不曾出现过一次背离。因此，级别与背离结合非常重要，而且厘清各级别，分清主、次级别走势规律特性，然后研判各级别的背离情况，确立最佳的操作策略，往往成为了我们实际运用中的最高境界。当然，与此同时还要牢记级别运用的三个原则。

在以往，只要我们提及背离，都认为背离就是价格走势与指标运作方向发生反向运动的表象特征。甚至很多人认为，用此办法就可以精准地研判走势完整完成构造时的转折拐点。其实，这并非是我们关于对背离理论的本质表述，而只是背离的外在表现形式而已，绝非其本质。并且需要特别说明的是，实际运用中是绝对没有一成不变的，或者绝对按照某个标准化背离（指某种外在表现形式）作为其评判，或证实当下的走势是否发生了转折的方法存在的。何况如果以形态学运用为主时，背离有时候只是从动态学的范畴，用以辅助我们判断走势是否完整，及研判走势是否要发生转折的一种参考标准。

如此说来，背离不过是形态学运用的重要补充，因为根据形态学运用原理，我们也有办法研判出走势是否完整，且一旦确立完整了，走势往往会发生转折。不过，说到本质或根本上，最好还需要判断背离与否，再做出决定性的判断和决策。

背离的本质，实质是市场的本质，虽然有人总是片面地认为，走势的最终形态是因为它应该那样，其实，走势的完整性终结是由市场综合合力分力的动态博弈所决定的，也就是由多、空二力的博弈的结果所决定的。多头胜、主导趋势，于是走势将重回上涨走势；反之，空头胜、主导趋势，于是走势将重回下跌走势。而通过博弈产生出来的临界点，即走势转折拐点就是背离点。

当然，背离虽然对市场多、空二力博弈状态和结果做了跟踪及描述，但如果相对于那些本身就是多、空二力中的真正主力角色时，他们是否会参考所谓背离与否呢？换句话说，如果有人知道了多头主力实力大小，又或者了解到了空头主力的实力大小，或者他自身就是主力时，那么，此时的背离理论对他们还管用吗？毕竟趋势涨、跌方向，或者趋势的创造原本就有可能是由他们说了算的。

其实，这里不过是在讨论市场是否为有效性市场的问题。如果某个品种的趋势，例如大盘的走势，是由某个主力说了算的，也就是说，他要大势涨，大势就涨；反之，他要大势跌，大势就会跌。对此一说，不知会有多少人相信呢？也许某些个股，尤其是流通盘和市值都很小的品种，可能会存在被某人操纵的可能性，但说到大势，要另当别论。因为在此，我们更加坚信一个说法，那就是，大势的走势是全部参与者的合力、分力博弈后的综合表现行为与结果，虽然其间存在拥有超大资金或者筹码在手的所谓"主力"，但是，那也不过是市场参与者的一部分而已。因为他们并不能，也不可能完全能主导市场全部走势。市场走势由市场全部参与者说了算。

插句题外话，蒋介石八百万军队，且是先进的美式装备，足以掌控天下大势了，可是，最终结果却还是输了。原因在哪里？其实这就是绝好地说明了任何市场都是全部参与者，都是合力、分力博弈角色之一分子而存在着的，天下大势的走势内在规律是不会以任何一个人的意志为转移的，哪怕你的力量足够强大。这也告诉了我们，真正的力量来源于所有"人民群众"，并且人民群众一旦形成更大合力扭转趋势了，那么新的趋势就会确定形成。紧接下来，在短时间内要想改变新的趋势就会显得十分困难。除非随着新趋势构造，时间在推移，量变也跟随着积累，直至趋势暗中再度发生了质变为止。届时，我们就要学会研判和捕捉这个"质变"的背离拐点了。只是这需要等待相当长时间的周期。原本拥有强大力量的蒋介石之所以失败，其根本原因还是在于，他低估了人民群众的力量。起初，人民群众没有被团结起来时，力量零散，犹如散沙，根本不足以形成较大分力对抗"国军"，但是，一旦这些看似零散无力的分力形成了合力，而且大过于原性质力量时，就有可能扭转乾坤，挫败旧力量，反转大势，重新创造属于自己的趋势。

既然如此，回到正题，背离理论及其运用我们每一个人都需要严肃、重视对待，而且还要认真地学习并正确地掌握它。在此，我们暂时忽略背离的外在表现形式的展示（暂不列举背离的实际走势图形中的案例，无论是顶背离，还是底背离都不列举），是为了避免造成先入为主的误导。

背离，实质上也是客观反映走势发生转折的重大特征的体现之一。不过，基于其重要性突出特征，从而就慢慢演变成了我们实际运用中的重要原理之一，而且逐步形成更加系统化的用以研判走势转折的重要理论依据之一。

在此，根据对无数案例研究，我们总结出以下几点背离的实用规律：

（1）背离发生在任何时候，任何级别里。转变走势的状态（指持续时间、空间）大小情况由某性质分力的大小所决定。级别越大，出现背离所需时间空间越大；反之，级别越小，出现背离时间空间往往越小。

（2）大小级别上出现背离的频率不同。级别越小，出现的频率越高；级别越大，出现的频率越低。并且次小级别多次背离后，则会递进到一个更大级别上的背离（背离具有小级别向大级别递进的规律）。

例如，大小级别上出现背离的频率不同，由此可以发现，在次小级别多次背离后，则会递进到一个更大级别上的背离。本规律即是说，在下跌走势中，但凡一个破坏性的反弹走势出现时，即意味着次小级别出现一个底背离，不过，基于是次小级别的反抗，所以反弹结束后，估计还会往下跌，直到出现第二次下跌时，然后再度出现一个次小级别的底背离，这时主级别随着次级别底背离的出现仍会有短暂的反弹，但很快又会结束。如此反复，直到第三次下跌时，或许就会出现较大转机而且出现较大级别反弹。对此规律性的解释，大致就是如此，具体可以亲自找实例跟踪观察与验证。

（3）大级别走势段性质转变，即使界定出分型时，本级别不一定会有背离现象，但是会出现临时多头、空头主导现象。不过此时定会在同期、同阶段的次小级别的走势中出现背离。具体点说，即主级别进入临时多头主导时，一定是其同期、同阶段的次小级别中出现底背离。反之亦然。如图 5 - 22 所示。

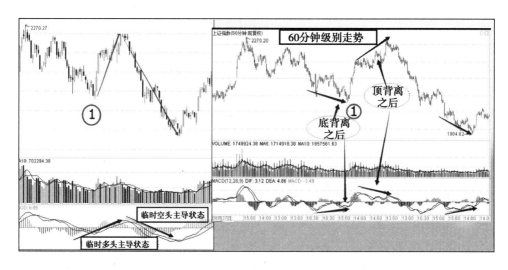

图 5 - 22　临时多头、空头主导在次小级别上的背离体现

如图 5 - 22 所示，图的左边是大级别日线级别的走势，在标注为①处，为一个次级别走势转折的拐点，对应下方指标看，开始出现了临时多头主导状态，当然，根据后市走势看，拐点出现后，后市构造出一个上涨段走势图；与此同时，图的右边则是其相同阶段、相同时期的走势，即 60 分钟级别走势图，同样是在对应拐点标示①的地方，出现明显底背离特征，于是后市随即上涨。这说明，大

级别多头主导出现时，即意味着次小级别出现了底背离。反之，亦是如此，且看图左边，上涨段结束后，下方所对应的指标开始进入临时的空头主导状态，此后走势开始下跌。此时再对照图右边，我们看到顶端部分出现了顶背离特征，此后走势再度重回跌势。也即说明了，大级别进入临时空头主导状态时，亦即次小级别对应出现了顶背离。

通过此实例图，即充分验证了，大级别走势图出现临时多头、空头主导时，即意味着次小级别走势出现背离。

三、三种类型买卖点的运用原理

（一）买卖点在走势中分类的具体体现

根据段元素的构造原理，我们可以知道，买点或卖点就是一个走势段元素中两端上极端点位。说得精准点，也就是一组相对应的分型中的峰值或者洼值位置。由此可以知道，买点、卖点就是段元素中的转折点，分布于其两端。这实际是买卖点的最本质描述。可是，实际中发现，一个完整的趋势构造，绝不是一个单纯的走势段就可以完成的，而是要经历一番波折，甚至几番波折才会完成的。如此，根据对历史走势无数案例的研究发现，五段式或者七段式，以及九段式的趋势成为一个行情走势，无论涨或跌走势中的常规构造的完整表达和展示的形态。

我们暂以一个五段式的走势构造为例，对其走势中出现的所有值得参与的买卖点进行位置上的描述，并且意外地发现，以下几个重要位置的买卖点值得重点介绍。

如图 5-23 所示，左边是上涨趋势形态，右边是下跌趋势形态。区别在于，我们将上涨趋势的详细走势画了出来，例如破坏段走势的 2 段和 4 段内部的中枢震荡形态，我们也做了详细的展示，而右边的下跌走势中，暂时没有对破坏段内部的中枢走势做具体展示。但这个涨跌趋势的三个买卖点位置描述也是接近标准了。对这三个买卖点位置的定义式的描述如下：

趋势走势性质完全发生转折时出现的第一拐点位置，即为第 1 买卖点，此后走势开始向新的走势开始进行构造，一般会出现一轮快速远离拐点的走势段，接着再度出现回撤或者回拉的走势，再度出现的最低点位或者最高点位，就是本类型的第 2 买卖点；如此循环下去，再度出现回撤或回拉时的最低点或最高点，就是第 3 买卖点的位置。并且，如果在第 1 买卖点（或临时第 3 买卖点）处确定发

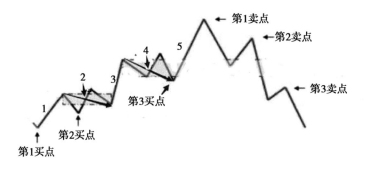

图 5 – 23　第一种类型三买卖点位置

生了走势的转折的话，那么，后市就进入趋势切换的买卖点循环重复的特征中。

　　这是标准的第一种类型的三个买卖点位置的具体描述，如果细心点我们还会发现，此时还存在另一种类型的三个买卖点，不过它只是次小级别的买卖点而已，也就是分别与第一类型中第 1、第 2、第 3（其中的临时 3 买卖点与转折拐点的第 1 买卖点位置重叠）三个买卖点相对应的临时买卖点。即第二种类型的三个买卖点，如图 5 – 24 所示。

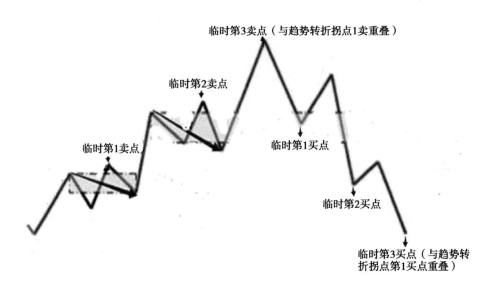

图 5 – 24　三个买卖点

　　如图 5 – 24 所示，在左边的上涨趋势走势中，临时的第 1、第 2、第 3 三个卖点分别与图 5 – 23 中第 1、第 2、第 3 三个买点相对应（图中所标示的位置是依据内部次小级别出现的中枢的最高点，实际上亦是必须要遵照此取大原则，若将此中枢合并后临时第1卖点、第2卖点必然要如图中作前移）。在图右边的下跌趋势中，三个临时买点则刚好又与图5-23中第1、第2、第3三个卖点相对应。而且临时第3买卖点均与趋势发生转折的拐点，即与第一种类型的第1买卖点发生重叠。

以上就是我们所要描述的第二种类型的三个买卖点，即临时性的三个买卖点，对照图形可知，它们实质上是次小级别的临时破坏段的出现而形成的买卖点。当然，除了临时第3买卖点之外（因为它与第一种类型的第1买卖点位置重叠，那就可能是当前主级别的买卖点了）。

至此，我们已经描述了两种类型的各自的三个买卖点，但问题却在于，这两种类型的买卖点不过是对任何性质、任何方向走势中所存在的三次必然的买卖点位置的理论上的描述与定义。如果按照这两种类型买卖点位置所描述的指引，将其运用到实际中时，你就会发现，它们根本不实用，而且会使我们犯先入为主的错误。亦即走势未出现，或者仅仅出现走势的部分结构，我们就开始主观地预测接下来出现的将会是第几买卖点。如果我们一旦如此做了，必然是错误百出，对投资自然是非常有害的。

基于走势本身就是不可预测的，尤其是有了走势类型的分类后，走势最终将会以什么"面目"示人，更是无法提前得知的。如此一来，对于买卖点的提前研判和定位，那也会犯主观错误的。至少按照走势的完整性结合研判的话，才有可能正确判断出买卖点。但是，实际运用中，仍会有许多复杂的不可预知的事情，将会造成我们在现实中难以准确判断买卖点。

基于此，我们从实用性角度出发，提炼并总结出了又三个买卖点理论。即，第三种类型的三个买卖点运用之法。这种类型的三个买卖点之功用在于，可以弥补实际运用中源于走势类型的不同，而又可以更加强化对走势的买卖点精准判断的方法。如图5-25所示：

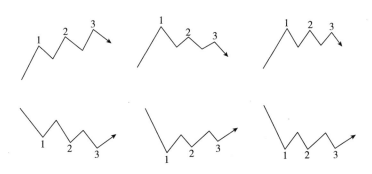

图5-25 第三种类型三买卖点在不同走势类型中的位置分类

当然，需要强调的是，我们这里所描述的走势图形，一定是次小级别的，虽然有时候这些走势图也会在当前级别中出现，但你仔细看的话，它仍属于次小级别的走势图形。且上一排中的三个，实际上描述的都是以上涨为主所出现的转折的三种不同走势类型，下一排则是以三个下跌为主而要出现转折的三个不同走势类型的情形。对比发现，无论是在上涨还是下跌中，这三个各自不同的走势类型的主要区别在于，第2、第3买卖点的位置与第1买卖点位置大小有所不同。此时的三个买卖点具体位置在实际中之所以各不相同，主要由于走势类型存在不同而造成的。

实际中，这三个类型是客观存在的，所以，根据此不同走势类型的分类，也就造成了走势的不可预测性。但是，我们将此特征和此类型三个买卖点提炼出来，其实是为了应对实际运用中，我们对未来每一个买卖点的精准研判和捕捉。为了便于理解，我们将上面图例在实际中进行合并，或者上升到更大级别中你会发现，它们实质上描述和展现了第一、第二类型中，每个买卖点的具体位置，只不过此时是通过其次小级别走势形态表现出来罢了。

在前面章节中，我们讲述过，大级别一个走势段发生转折时，在其次小级别上会详尽地展示其内部的具体构造形态，而这些构造形态又各自不同，若按照粗略划分，至少可以分为图5-24中的几种类型。我们发现了此规律，于是将其运用到实际中，且用来研判大级别走势转折拐点中——无论买点还是卖点均可运用。

并且，根据该图走势分类的描述，我们还可发现，它与古语中所说的"兵之气势，乃一而再、再而衰、衰而竭也"的变化规律非常相似。即，任何次、小级别走势都会经历这样三个节奏的演变，最后形成大级别走势的转折发生，虽然大级别上的转折只有一个买卖点，但是在次、小级别上却定然会连续地出现1、2、3三个买点或者卖点——这也是次小级别分型形态的完整展示。只不过关于次小级别中出现的1、2、3三个买点或卖点，三者所处位置的大小会有不同，往往存在这样的分类，正如图5-25所示，分别为：

处于后面的买点/卖点2或3的价位相较于1的价格逐步降低/抬高（卖点逐步抬高，买点逐步降低，见图5-25左边的上下图）。

又或者刚好相反，后面的买点/卖点2或3的价位相较于1的价格逐步抬高/降低（见图5-25中间的上下二图）。

又或者后面买卖点与第1买卖点基本持平（见图5-25最右边的上下二图）。

存在这种分类和差别，更加符合客观的现实表现。这也正如分形结合学所揭示的那般。如果要具体深究和讨论，为何会出现这种不同的分类和差异，对其原因无非是，基于不同品种在当下所处的做多、做空的力度与能量往往不同，由此不同，那么合力分力博弈之时，必然会构造出不同的走势类型出来。当然，主要级别的趋势性质和所处状况不同，也会造成次小级别分型及分型反复形态构造时出现不同。例如，根据过往使用经验，我们发现：

当主级别处于下跌趋势构造中时，次小级别的反弹结束后，再次下跌出现的第 2、第 3 买点的价位呈现逐步压低特征，如图 5-25 下排左图所示；与之相反的是，如果主级别处于上涨趋势中时，次小级别出现的下跌走势结束后，再次出现的上涨走势中，第 2、第 3 的卖点则多是逐步抬高的，如图 5-25 上排左图所示。

当然，还有一种情况就是，主级别（日线）处于强势多头主导，次级别（30 分钟级别）出现临时破坏走势，此时的破坏段走势在完成构造结束时，其更次小级别（5 分钟级别）上出现的三个买点可能多半会处于逐渐抬高之势（见图 5-25 下排中间图）。此种情况若能出现，那定然说明此时的主级别，即日线级别的走势，处于绝对多头强势主导情况之下，届时次小级别中的三个买点位置规律必然大概率地呈现此前之描述——三个小级别买点逐级抬高。

至于主级别处于强势空头主导时，情况则与之相反，如图 5-25 上排中间图所示。

回到实际中，我们非常确信，这种现象随时、随处可见，我们可以自主列举实例做跟踪理解，此处暂不展开。

至此我们发现，第三种类型的三个买卖点，具有非常好的实用性，能够非常方便我们在实际中展开运用，至少能够对任何走势情况下的转折拐点做出准确的研判。但是，其复杂性和难点在于，我们无法提前预测到未来会以哪一种走势类型出现。也就是说，无法提前知道未来连续出现的三个卖点，或者三个买点，它们之中谁才是最佳（最大或最小）的拐点，尤其是当此种情形出现在较大级别中时，更会严重影响我们获得最佳、最大收益的可能性，因为届时我们必然会做出错误的判断和决策，毕竟实际运用中，无论上涨还是下跌，它至少有三种类型做选择。而我们在实际中，面对当下、展望未来时（当至少会有三种方案供选择时），定然茫然且困惑地有些不知所措。试想一下，一个周线级别（周线为超级大的级别）若出现三个向上的走势段，分别形成图 5-25 中上一排的三个卖点的三个类型形态之一情形时，由于周线级别时间间隔会很大，空间幅度相差也会较大。所以每一个卖点间隔会很长，三个卖点中最高点与最低点在空间上可能出现相差百分之几十的幅度。不仅如此，现实中最无奈的困难在于我们即使出现了第一卖点，但仍然无法提前预判第二卖点、第三卖点比一卖是高还是低。

综上，第三种类型的三个买卖点理论对实际操作至少有以下几点启示：

启示 1：因为自相似性和类同性结构特征，任何级别走势中都会出现这种类型的三个买卖点规律。换句话说也对，即本类型中的三个买卖点适用于所有级别。

启示2：次小级别中连续出现这样的三个卖点或者买点时，往往就是某大级别的一个拐点。可据此规律辅助对大级别最佳买卖点的研判与捕捉之功用。

启示3：基于任何品种在任何级别中，都是在下跌时出现三个买点，在上涨时出现三个卖点。所以，交易中应坚持下跌时买，上涨中卖。若想要卖到或者买到最佳点位，还要具体分析、具体对待，借助其他方法。

启示4：只要级别足够大，股性足够活跃，在交易规则和成本不受限制情况下，可以利用该三个买卖点与形态构造规律，参与某级别中的交易。

最后总结下来，按照本理论所介绍的，所谓的三类买卖点理论，其最完整、最系统的定义实质是，三种类型中的又三个买卖点理论。如第一种类型三个买卖点理论，我们在以往已经做过详细介绍和探讨，虽然对于位置定义还有极大争议，不过从实用性角度评判，这根本就不重要。同时，该类型的买卖点除了第1买卖点是本级别的，其他两个，即第2、第3买卖点则是次小级别的，并且它们是对第1买卖点的补充性买卖点。

至于第二种类型的三个买卖点，其实是临时性的三个买卖点，而且从分析视角上看，也属于次小级别的买卖点，在走势中是破坏段走势的转折点，只不过它们是临时的买卖点，因为原来的趋势此时往往还没有结束。

第三种类型买卖点，则是按照走势客观存在各种类型的分类原理，还有大小级别所存在的走势形态的关系规律体现，于是从更加实用性角度将其总结提炼出来，以便于我们在实际中能更加准确地研判和指导决策买卖。该类型的三个买卖点也是从次小级别角度出发的，而且合并次小级别走势后会发现，它实质上是前面两大类型中每个当前级别买卖点的内部具体的描述与展示。据此，我们可以用该类型买卖点的规律性，研判所有较大级别中的走势的拐点。

三种类型的又三个买卖点的全局如图5-26所示。

根据图5-26可知，第一种与第二种类型的三个买卖点各自所处的位置描述，我们不再重复，在此只想特别说明的是，我们列举了第一种类型的第一买点（或第一卖点）在其次小级别中具体展示，即刚好就是我们所介绍的第三种类型的三个买卖点的情形。例如第一买点位置处（见左下角处），在其次级别走势构造中，出现连续下跌1、2、3的三个逐渐走低的买点，将此合并，上升到当前大级别看，或许就是一个买点，即第一买点处。至于第一卖点（见右上角处），情形刚好相反，次级别中三个卖点逐渐抬高，但它们构成了大级别的第一卖点。

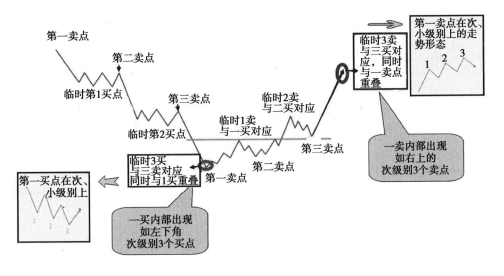

图 5 - 26　三种类型各三个买卖点全局图

（二）三种类型的又三个买卖点的由来

本质上，任一买卖点都是因为当前走势趋于完整，及背离发生了，而由此形成的走势转折拐点。只不过区别在于，该买卖点发生在走势的什么级别上，是主级别上，还是次小级别上的不同。

从根本上说，在同一走势级别中，买卖点只有一组，就是我们说的第一买卖点，其他所谓本级别走势中的买卖点，实质上都是其次小级别中的临时买卖点。如果加上主级别走势中，临时出现的次级别破坏段走势中的转折点，那么，还真的存在第二买卖点及第三买卖点。不过，这仍是按照传统型的分类，实质上仍是从买卖点理论位置进行介绍的，主要特征体现在：一个主级别走势中，可能存在的三次买卖的机会。这三次机会实质是一个某性质合力主导价格走势最终完整完成构造过程中，必然会受到分力的反抗，由分力所造成的破坏走势而出现的投机机会（上涨趋势中为投机机会）或者逃命机会（下跌趋势中为逃命机会）。只是按照众多案例出现的概率进行统计后发现，可能所谓的"三"出现的频率较多，从而形成第一种类型的三个买卖点，而且第二、第三买卖点是次级别的，也是补充性的买卖点。当然现实中，真的构成较好操作的买卖点并非真的只存在三个买点或者三个卖点。

进一步观察，我们发现，其实每一次临时破坏段的转折点，都会有一个临时性的买卖点与之相对应。从而又出现了第二种类型的三个买卖点。不过这里需要特别强调的是，下跌趋势构造中的反弹破坏段走势，不建议太积极参与，尤其是级别较小时的反弹。

正如前文所述，第一种、第二种类型的三个买卖点只是从理论上描述和定义了各自的位置，在实际运用中根本不实用。为此，如果从实用性、有效性角度出发，寻找更好的买卖点方法的话，第三种类型的三个买卖点出现了。

通过对大级别走势和次小级别走势形态对比观察发现（尤其是拐点处位置的对比）次小级别中三个同向的走势类型（自然也包含两个破坏段的走势类型，一共五个走势类型）出现之后，将会与大级别一个走势类型的拐点形成共振，从而出现大级别中的破坏走势。所以，据此规律，我们总结出了第三种类型的三个买卖点。它相对前两种而言，在买卖点研判和捕捉上更具有实用性，其指导性作用更强。

最后，想说的是，其实所谓的买卖点理论的正解，实质是指最优、最佳、最有效情况下的买卖点，只要符合这几点就是好的买卖点，不管它是什么类型的第几个买卖点。甚至也不用理会它是哪一种情况下的、哪个级别中的，只要严格遵循这几个特征的，就是好的买卖点，就足以刺激我们要采取行动了。这或许才是本理论强调的真正的买卖点。

（三）三种类型的又三个买卖点的运用原理

如果我们定位好了操作级别后，紧接下来要做的事是，分解历史走势情况，还有就是确定当前级别属于什么性质背离之后的状态，且确定走势到了什么构造阶段，以及估计距离未来的某性质背离还有多久远。

如果对走势分解完之后，发现前面背离是顶背离性质，那么，目前无疑仍是处于下跌趋势的构造中。而根据趋势构造结构，至少要分为五段式，因此我们就要确定当下处于第几段式的构造。如果刚好发现已经进入第五段式构造了，那么，接下来要跟踪背离段与底背离点什么时候出现。是的，如果跟踪到背离点了，那么，它就是当前所定位好的级别中的走势转折拐点，即第一买点。实际运用中，我们正是运用此法跟踪捕捉任何级别第一买点，或者第一卖点，卖点只是反过来看即可。

至于第二买点，按照理论描述，它是基于第一次破坏段走势完成时所形成的，所以，如果还有资金可以在这里继续参与买入。而且该买点多数情况下不会再创新低，不会比第一买点的位置低。当然也有例外，那就是我们对真正的第一买点判断错了。

对于第三买点，不过是在重复第二买点的情况而已，此处不再重复了。

至于第一种类型的三个卖点的运用方法，反过来理解即可。

更加容易理解的是，第二种类型的三个临时性的买卖点，无非就是降低定位级别到次小级别中去跟踪观察，第一个破坏段、第二个破坏段的转折怎样形成，及何时形成。这里的关键点是，基于破坏段的转折拐点形成不是当前级别的，所以，必须要降低观察和跟踪级别，才能够加大成功捕捉这三个临时买卖点的概率。至于具体运用之法，都要学会利用第三种类型的三个买卖点在走势上的具体分类。一旦确定了走势的具体分类和类型，接下来就是执行力了，因为买卖点理论还有一个重要的知识是，强化执行能力，不能光看不练，毕竟站在岸边是永远也学不会游泳的。

基于买卖点的位置描述和定义都是从无数历史案例中提炼出来的，但实际运用中，却是强调当下和未来走势研判，所以，必然要强化买卖点实用性的一面。实质上，买卖点就是结合了形态学的走势结构，与走势结构中的转折点相对应。同时，又与动态学的背离理论达成一致性，从而得出走势是否真会转折的结论，然后按照提示展开行动。

第六篇

综合运用原理篇

其他相关实用理论讲解^①

一、《解缠论》在实际看盘运用中的四步

第一步：准备工作。

当我们打开行情软件后，随便找一个自己熟悉的品种作为案例。为了方便正确理解后文的意思，请务必配合在键盘上输入"MACD"，且敲回车键进行指标切换的确认。此时 K 线图下方的指标栏应该显示的是 MACD。

以上准备工作完成后，目前大家所看到的某品种的 K 线图是默认显示为日线级别的。几乎所有行情软件的左上角都显示日线。那么这里的每一根日 K 线就是指以一个交易日为最小单位一笔元素。日线虽然是周期，但习惯上笔者将其称为级别。且日线级别是所有行情软件默认的状态。

请首先确定好截止到目前最后一笔（为 K 线图右边最后一根 K 线）的所处情况，暂不用理会该笔的阴、阳性质。我们所看到当前的最后一笔，它是绝对不可能单独地存在，更不可能完整地表达出某种重要的意义。事实上，它只有与其他笔，包括前面的一笔或者许多笔，还有即将出现的未来一笔甚至众多笔，组合成一个具体的形态，例如分型、上升段、下跌段、中枢等。由此它才会，而且是必然地会表达出某一个完整的意义来。这些形态一旦确定了，实现了完整的构造的话，那么它的意义表达也就完整了。那么，接下来的情况就是必须的，也必然地会出现，准确地说，接下来的事情是绝对性地出现。这就像白天结束后就是夜晚，夜晚结束了后必然是白天一样——这是不可更改的大自然的规律。同理对照，即底分型之后，接下来就绝对性地出现顶分型与之相对应。

除了以上要准确地判断分型与段外，在当下，我们出现最多的情况往往会是犯迷糊，用本理论关键词来说，就是活在缠中，一直很迷糊、很纠结，看不透当下，判断不了未来。为此，我们必须要更加系统地进入以下流程的介绍。

---

① 节选自《解缠论 1》其他实用理论讲解篇。

第二步：确定当下笔所处在何种元素。

从整体上把握全局的话，该步骤的具体流程应该如下：首先研判当前级别一笔是处于什么性质的趋势中。假如是上升趋势，则要定义该笔处于趋势的中枢或者哪一段元素中。假如确定目前是处在中枢元素之内，则要搞清楚眼下处在中枢三段中的哪一段中，及处于段中的哪个状态上——是分型的构造，还是分型的反复之中？如果是在分型构造之中，那么要确定前面分型在哪里、分型是什么性质，是顶分型还是底分型？以上都是要搞清楚的。因为只有搞清楚了分型的性质，我们就可以知道接下来段元素是上升段还是下跌段。以此可以决定我们将做出买还是卖的动作。

假如当前笔处于分型的反复中，还需要观察当前这笔与前面分型之间含有几笔。如果只有一笔，那么当下属于分型之后的延续或者分型反复的第 2 笔。至于这第 2 笔究竟是对分型的反复，还是已经脱离分型范围进行方向的延续呢？这务必要搞清楚的。假如没有脱离分型的范围，那么就只能定义为对当前分型的反复了。如果脱离分型范围了，那就是出现运行笔的延续了，甚至也有可能直接进入与当前分型之相反分型的构造。搞清楚了当下是对分型的反复，还是运作笔的延续，就可以决定我们接下来的操作，即做卖出还是继续持有动作。对当前笔的元素定义都是为了研判我们的实际操作动作。

可问题是，怎么较确定地判断当前是进入相反分型构造，还是方向的延续呢？进入第三步：学会跟踪和观察背离，及结合背离研判各级别之间的关系。

如果发现当前这一笔在当下这一段中创新高（或者新低）了，那么接下来那一笔如果不能再创新高（或者新低）了，就有可能是当前分型的构造结束。请特别留意，笔者在这里说的是有可能，而不是一定。为什么呢？在此，其研判的关键是动态学的背离理论。而判断背离的辅助工具是前面要求大家准备好的MACD 指标了。先找到 MACD 的 0 轴线，就是那根上下立有红、绿柱子及被白（DIF 参数值）、黄（DEA 参数值）二线缠绕的水平线。找到 0 轴线后，请观察对应当前笔的红、绿柱大小的情况。当然，也可以观察白线（DIF 参数值）所处位置的情况。以上方法都可以，只要有一个满足背离条件，那就说明背离出现了。这里以该指标的 DIF 参数值与股价运作方向做比较，而研判是否出现了背离（背离的具体方法参考前面的介绍）。只有背离点真正出现了，那么相对应的形态学中的分型才会被真正定格出来。区别分型反复还是运作笔延续均以此为标准。

这里不仅要学会观察和跟踪背离点，更要将级别理论与背离相结合使用。假如当下是日线级别的，则要退回到 60 分钟或者 30 分钟级别（按 F8 进行切换，直到左上角出现 60 分钟或者 30 分钟字样），对此二种次、小级别所需要观察的东西是一样的，即查看该级别是否背离。判断背离的方法同上。此时还要结合次级别背离对主级别之影响的规律特性实际运用。

假如日线上已进入某临时性的多头主导状态情况，那么此时次级别的底背离情况肯定是越发明显了。此时股价继续上涨，较大级别之日线级别，乃至周线级别定然处于多头力量的状态之下。原因在于次级别底背离影响了大级别走出价格上涨的情形。

当然，假若此时能够结合段元素，且确定出同向相邻的两段进行比较，那就更好了。因为由此可以确定出最佳的买点或者卖点。这里也暂不限定是第几类买卖点。

第四步：通过以上三个步骤做出最后的操作动作。

假如当前定位的是日线级别的话，次级别出现背离时，当前级别进入临时多头或空头主导状态，那么此时则该做出买进或卖出动作。顶背离做卖出，反之，底背离做买进。

考虑到其他级别太大或者太小，分析方法也一样，但若发现具备操作空间，还是可以比较灵活参与操作的。

二、股市能否预测的讨论

如果说股市是可以预测的，那一定是相对于本理论的形态学的元素基本构造条件来说的。假如，当前已经确定出现了背离，那么，处于底分型范围的至高价，或者处于顶分型范围的至低价，便是运作笔首先就得突破的目标位。关于此观点可以参考前面分型范围的讲解。即，在分型范围左、右两笔中，选取出现最高或者最低价作为运作笔首先突破的目标价。为了更好理解，下面将以底分型为例详解：

假如当下底分型左边笔最高价是 D 元，并且当下确定出现了底背离，那么运作笔朝相反的分型运作时，后市首先要突破的目标就是 D 元这个价位。而且只要有底背离出现，这个目标必然会出现。此处回到前面"时间、空间"及"定量、变量"分析的相关文章有具体讨论。从而，这就说明了对后市的上涨幅度是完全可以预测的。当然，除了依据定量价格 D 元对后市涨跌幅度做预测之外，同样，也可以对时间周期做类似的预测。假如当前级别是 30 分钟，那么当前底分型确定形成后，后市至少则有 3 个 30 分钟是朝着顶分型方向运作的。这里的 3 个 30分钟，是可以准确预测出来的。如果级别是日线，那么这里的 3，就是指 3 天了。即，可以确定后市至少需要 3 个交易日完成相反性质分型的构造。

以上就是片面地回答了股价或股市是可以预测的——根据元素中对定量要求的规定。至于股价或股市是不可预测的观点，就是指 3＋T 和 D＋P 这两个公式中 T 和 P 这两个变量的出现（详细可以回顾前面文章）。说简单点，假如分型出现了反复，运作笔出现了延续，那么时间上就出现 T 这个变量，空间幅度上出现了 P 这个价格变量。由此，我们可以说股价或股市是不可以预测的。

另外，基于在 3＋T 公式中，因为不同级别所对应的周期大小不同，例如日线级别背离后，其对应的当下就至少是以天数计算的，而分钟级别是以单位分钟计算的，至于较大级别的周线、月线则是以一周或一月为单位进行当下周期统计或预测的。由此，也可以说股价往往都是只对当前级别的运作周期做统计或者预测。而且仅对当前级别的定量做预测，却无法做到对变量进行预测。而变量往往是常态，定量则是在较少情况下发生与出现的。

以上分解即说明，股市是不可以预测的。

三、《解缠论》的突破性意义

（一）其突破性的重要观点

（1）对传统的形态学理论进行了突破。相较于传统的形态学理论，本理论对其进行了突破，尤其是对众多已经出现和存在的传统技术分析理论进行了革命性的突破。例如，可以破解传统形态学理论中头肩顶（底）或波浪理论在实际买、卖点中之模糊的指导。本理论中的动态学三大操作理论可以对任何买卖点进行精准描述和研判，且往往是进行当下的判断。头肩顶或者波浪理论并无系统地介绍买卖点，纯粹是单纯的形态上的描述。另外，对传统的 K 线组合理论，则可以用形态学的五大元素进行更为客观的描述，且意义更加的广泛。目前总结出来的 K 线组合或许已经有几百甚至上千种，可是笔者仅仅用五大元素就可以对实际中股价任何走势进行精准的描述。从这里进行比较，本理论更为简单直观。

（2）可以简化了江恩理论中关于时间、空间运用的复杂性。

（3）可以对切线理论之关键点进行修正。切线理论中有两个十分重要的关键点：一是在下跌中，顺着前面低点所画出的切线上的重要支撑点；二是在上涨时，顺着前面高点画出的切线上的重要压力点。可是在本理论看来，对于切线理论所认为的许多重要支撑点位、压力点位在实际中并无太大的意义。实际中，是否成为重要的支撑点或者压力点，关键还要看该点位在当下有没有出现背离。在本理论的动态学看来，任何买卖点形成多半是偶然出现的，理由是基于它们多是在动态博弈中而产生真实的买卖点，所以提前对某点位做出支撑或压力点在有些时候并无多大的意义。

（4）可对各技术指标片面独立使用进行弥补。在传统的技术指标用法中，往往都是脱离与股价之结合运用的，只是单一片面地做金叉买进、死叉卖出的傻瓜式参照操作。而本理论则会严格利用指标作为辅助参考，并结合市场的实际情况，尤其是形态学的五大元素相结合，从而判断出更为精准的买卖点。

（5）可以对量、价结合分析法的描述。本理论暂没有对量、价结合分析理论与均线理论做深切的研究。因为量、价结合分析法可简单理解为，行情好成交量大；反之，行情不好成交量就小。当然有时候量、价结合分析法在某些关键时候还是可另做参考的，详见后文。

（6）还可对传统的均线理论进行补充。至于传统的均线理论，因为均线都是均价，所以，其在实际中研判某阶段市场强弱情况还是具有十分重大意义的。可相较于均线理论，本理论研究的却是每一级别中最重要的交易价格，且该价格往往影响着其更大级别运作笔未来的运作方向，即对实际操作动作给了指导作用，由此可知，这个意义远远大于均价背后的意义。

（二）颠覆意义之以道氏理论和波浪理论为例的分解

道氏理论的创始人是美国人查尔斯·亨利·道，在业内普遍认为道氏理论是技术分析的基础。它所反映的是市场的总体趋势，其主要观点以为：①市场价格指数可以解释和反映市场的大部分行为。②市场波动存在三种趋势：即主要趋势、次要趋势及短暂趋势。而且通过趋势的划分为其后出现的波浪理论打下了基础（这里的趋势区别于笔者理论中提及的趋势元素）。③交易量提供的信息有助于我们理解某些市场行为。④收盘价是最重要的价格。

通过以上介绍，我们可以确定性地发现，道氏理论对与我们实际操作中的作用不大，对操作构成研判的作用和意义也不明显。它只是泛泛地以为价格和交易量研究的重要性，可以理解市场的某些行为。其描述的趋势理论也更是如此，泛泛而谈，对实际操作没有指导意义。正如后人对道氏理论不足之处进行描述那样：道氏理论对小趋势和日常波动的研判显得无能为力，给出的信号在一些情况下不够明确，滞后于价格变化，可操作性较差。但是，如果用《解缠论》却可以对此进行弥补，尤其是弥补趋势理论中小趋势的波动行为，仍然是可以帮助我们起到较好的实操作用。且经过对比可知，本理论可对道氏理论的不足进行解释与描述：

（1）本理论形态学的五大元素相较于道氏理论主要观点①，往往能更加客观和系统性地描述市场更多的情况，且更具有广泛的意义。

（2）对于道氏理论所描述的三种趋势，在本理论看来，完全可以利用动态学之级别理论进行完整的解说或演绎。这里也不分大小周期的趋势，均可以结合五大元素进行精准的描述。更有甚者，可以利用背离理论对该理论中任何趋势起始或终结点进行精准的研判。即，有效地弥补了对"较小趋势的日常波动之判断无能为力、信号不明确、可操作性差"等缺点。

（3）对于交易量描述等同于前面介绍的观点。

（4）对于道氏理论认为收盘价为最重要价格的观点，对本理论来说，前面笔者已经反复说过许多次了，或许只有当收盘价刚好成为某级别中成交金额最大那一笔交易时，才是最为重要的价格。

由道氏理论所产生的波浪理论：

波浪理论是美国人艾略特所发现的，它是由价格上涨下跌不断重复的启发而试图寻找其上升或下降规律而被发明出来的。波浪理论以周期为基础，他把大的周期划分为时间长短不同的各种周期，并指出，在一个大周期中可能存在一些小周期，而小周期又可以再度细分成更小的周期。每个周期无论时间长短，都是以一种模式进行。即，每个周期都是由上升（或下降）5个过程和下降（或上升）3个过程组成。这8个过程完结后，就进入另一个周期。新的周期仍然遵循上述模式。

波浪理论主要考虑的因素为：

第一，价格走势所形成的形态；

第二，价格走势中各高低点所处的相对位置；

第三，完成某个形态所经历的时间长短。以上中价格形态最为重要，因为它是指波浪的形态和构造。

波浪理论如图6-1所示。

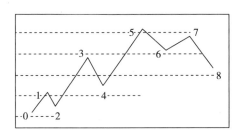

图6-1　波浪理论8浪

如图6-1所示，0~1是第一浪，1~2是第二浪，2~3是第三浪，3~4是第四浪，4~5是第五浪。在这五浪中，第一、第三、第五浪为上升浪，而第二、第四浪成为对第一浪及第三浪的调整浪，笔者习惯称破坏段。上述五浪完成后，紧接着会出现一个三浪的向下调整，这三浪分别是第六浪（5～6），第七浪（6～7）及第八浪（7～8）。

以上是波浪理论的形态表达，但只要略微懂点波浪理论的朋友应该知道，理论中有着极为严重的局限性：那就是对每一浪的级别难以进行准确的判断。另外，主浪及调整浪的变形多会产生复杂的形态，所处的层次又会产生大浪套小浪，浪中有浪的多层次形态。这些复杂形态在现有的波浪理论知识中暂时很难做出解释，但这些问题不弄明白的话，在实际运用中会出现较大的偏差，这种偏差若出现在对浪的层次确定及浪的起、始点的确认中的话，对实际投资来说是危险的，因为每一浪的起、始点往往就是最佳的买卖点。

要解决以上一系列问题，仍然可以利用《解缠论》进行破解和回答。

（1）对波浪理论的五浪上涨和三浪下跌之形态描述，亦可以用五大元素进行全部完整描述，且更有广泛的作用与意义。还可以十分确定的是，波浪理论整个形态的描述对本理论来说不过是一种特殊或者巧合形态而已。又或者仅为趋势元素中的某一部分而已，相较于同一级别而言的话。

（2）基于波浪与周期有关，可是其对每一浪周期的起始与结束的判断显得无力和模糊——这对实际运用中来说就是失去了对买卖点的判断。一个理论失去了买卖点的研判是没有多大意义的。可是利用本理论却可以对波浪理论中任何一浪的买卖点进行准确的研判。

至于对第五浪（指4～5浪）是否成为上升趋势的终结浪，从而开始改变其趋势性质，成为下跌趋势，对本理论来说则完全取决于当下是否出现了背离，不过一定也对应了五大元素的构造必将完美之特性。另外，背离往往是动态的，需要动态地跟踪，所以又可以在跟踪的当下确定出最佳买卖点，有效地弥补了波浪理论的模糊性缺点。

（3）对于波浪理论中主浪或调整浪等出现变形，且出现大浪套小浪、浪中有浪等多层次的复杂情况，也可以用本理论进行详解。即，可以用本理论的级别定位理论进行完整的解答，将所有主浪中包含的小浪进行完整的构造描述。同时，对于浪中有浪出现的多层次形态，更要结合大、小级别之间所存的关系，处理好中枢元素在其所对应的实际操作中的指导意义。

至于，波浪理论中所提及的需要考虑的第三个因素，即"完成某个形态所经历的时间长短"，这对于本理论来讲，并无实质上的意义。因为前面已做过讲解，每一段内部运作的时间长短往往与外界干扰因素多少有关，这种干扰会产生分型的反复或运作笔的延续，及中枢震荡等情形的出现——它们是变量因素，其出现会延长当前元素构造的时间。而时间的延长往往是无限期的，因为外界干扰因素是复杂多变、不可预测的。由此本理论以为，对时间的问题考虑并不是最为重要的。

四、《解缠论》中关于 T+0 操作的实现

什么是 T+0 操作？

T+0 操作是指时买时卖，即当天买的可以当天卖出。这种交易规则在其他交易品种或者国家和地区的资本市场允许存在。但国内的股票市场规则规定却是今天买的股票次日才可以卖出（国内的交易品种中，T+0 操作规则仅仅适用于期货、权证等品种）。

既然 A 股交易规则是 T+1，那又怎么实现 T+0？

其实，这种说法和做法仅适用于原本就持有某品种的情况之下，原来并没有持有该股票，当天买的无论如何是无法卖出的，这一点要弄清楚。能够卖出的肯定是之前持有的那部分。

那么，在一天走势中，什么情况下才可以实现 T+0 操作呢？

为了回答以上问题，我们先将一天中所有可能出现的走势图形排列出来，然后从中寻找到适合做 T+0 操作的情况。这里暂时以 30 分钟级别为例进行描述与解说。

笔者在这里以 30 分钟级别为例，是因为该级别出现在一个交易日里有 8 笔出现，而这 8 笔又完全可以构成段元素，段元素又足以方便我们分解盘面和实现该操作。举一反三，比 30 分钟小的级别都可以实现 T+0 操作——理论上均没有错，实际中则要考虑交易成本和空间等问题，如果满足则也可以实现。另外，以下图例其实是绝不会单一出现的，笔者所画出来的不过是刚好仅仅只以一个交易日作为例子。

单个交易日内，30 分钟级别走势图例分类：

以下 7 幅图例，基本涵盖了以 30 分钟为级别情况下单个交易内的走势段图形。主要分为：单边下跌段（见图 6-2），单边上涨段（见图 6-3），横盘段（见图 6-4），及存在底、顶分型的上涨段（见图 6-5），存在顶、底分型的下跌段（见图 6-6）和出现了中枢形态（见图 6-7 和图 6-8）。

以下七种图例不仅出现在 30 分钟级别，其实它还可以出现在其他任何级别里。笔者在这里列举 30 分钟级别，是因为该级别足以应付一个较好波段操作机会。而且可以这样说，T+0 操作仅仅指代了一天中的上午出现底分型，可下午紧接着再度出现顶分型的情况，自然而然，相对于同一品种而言，实际操作中，

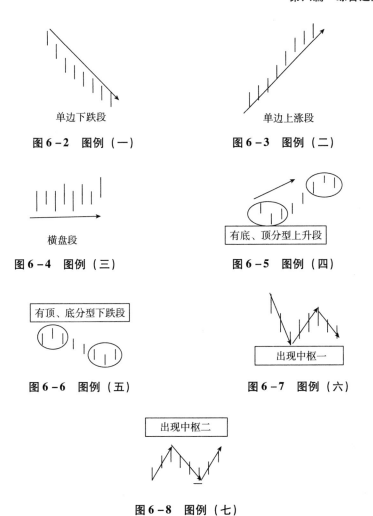

单边下跌段

图6-2 图例（一）

单边上涨段

图6-3 图例（二）

横盘段

图6-4 图例（三）

有底、顶分型上升段

图6-5 图例（四）

有顶、底分型下跌段

图6-6 图例（五）

出现中枢一

图6-7 图例（六）

出现中枢二

图6-8 图例（七）

对于早盘出现的底分型做买进，下午出现的顶分型做卖出，实际可卖出的不是当前上午买进的部分，而是头一交易日就持有的部分。这即是很好地实现一次 T + 0 操作了。

此情况回到形象的操作上，即，当天早盘出现低点可以买进，但到下午时候出现相应高点，则要卖出。如果股性活跃，很多品种在此中间，或许存在着好几个百分点的差价。这个差价明显是完全可以放心参与的。

那么，对比发现，有底、顶分型的上升段的图例（见图6-5）满足这样操作的条件。其他情况下出现了中枢的图6-7也可以，不过担心空间和交易成本问题，恐怕做不过来。当然技术好也可以适度参与操作。

这样做 T + 0 操作的好处与意义是：如果做得好的话，可以将我们持仓成本降低，实现收益率的最大化。

　　其实，你如果是个真正理解了本理论的高手，学会利用以上 7 幅图例，进行自由灵活的链接和组装，组建出更多便于我们操作的情况出来，你会知道很多买点、卖点应该在哪个地方出现，以及为什么会在那里出现。当然，所有买、卖点出现的原因，一定是分型和背离（或者多空头主导）的同时出现。那么，对应该情况出现时间就是买进卖出时机——这个时间将会定格在那里，永远不可更改了。

　　以上 7 幅图例包含的意义太多，不仅仅只是包含了实现 T + 0 操作的机会——至少用来研判某个交易日的最高或最低点，还是绰绰有余的。笔者将其列出是为了帮助读者在阅读过程中能更加正确地理解。

其他动态影响因素分析及方法探讨[①]

一、其他动态影响因素分析全貌的分解

（一）其他动态变化因素分析之概述

众所周知，对于一国政府来讲，其最为关心的就是该国宏观经济走势情况。如果用数学指标来描述的话，最为常用的要数 GDP，或者还有在一国产业经济中担当重要角色，例如用来描述和反映工业制造情况的 PMI 指标。当然，美国、欧洲等发达国家还经常关注失业率这个指标。

以上几大指标的增长或者减少的变动，哪怕是轻微的变动，往往都会牵动着政府的敏感"神经"。政府出于对自身执政能力与合法性考量，甚至为了避免政权被颠覆的极端情况出现，必然会十分关注和重视宏观经济的变化情况，而且会对原有政策做出科学的调整，制定相对科学合理的政策举措来努力解决问题、改善现状。

例如当 GDP 等指标出现积极向上增长时，政府层面会相应地做出有关财政、税收、货币、贸易及产业政策等调整。同样，在下跌时的情形也是如此，只是调整方向不同而已。基于政府层面对各项调控政策手段在不同情况下做出的态度的不一样（但存在量变到质变的特点），因此这些政策最终在持续原调控方向一定时间后，必然会间接乃至直接影响金融市场、资本市场及其他的市场。

最近几年，尤其是 2008 年由华尔街次贷危机引发的全球金融危机以来，我国宏观经济出现了较大回落，对比"三驾马车"的各项数据发现，出口贸易的数据下跌最快。由此反映出当前全球发达经济体及我国当前经济存在的系列问题。先看美国，奥巴马上任后，美国经济增长持续低迷，失业率仍居高不下，次贷危机阴影并未散去。欧元区情况更加糟糕，从希腊、西班牙到意大利等，众多

---

① 节选自《解缠论 2》其他动态影响因素分析及方法探讨。

欧元区国家陷入了所谓的主权信用危机，经济亦是无法自拔。正是在这种背景之下，再加上人口红利优势的渐渐远去，欧、美原有的强势消费能力快速萎缩，由于它们的消费不给力，直接造成后果就是，原本作为世界制造"加工厂"的中国的出口贸易出现快速且大幅度的萎缩。所以，作为"三驾马车"之一的出口被"瘫痪"的隐忧。再加上持续不放松的楼市调控政策，"三驾马车"之一的投资这一块又出现了极大问题，虽谈不上瘫痪，但也是"一拐一瘸"的。投资整体上被限制，尤其是房地产。

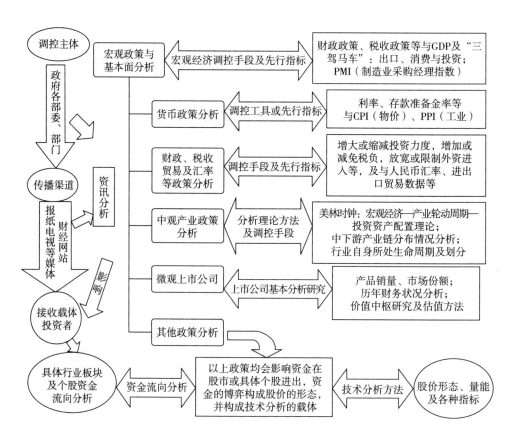

图 6-9 其他动态影响因素

以上现象无疑暴露出了我国过去30年经济发展模式的弊端。即，过于依赖出口，且内部的投资也过于偏向了房地产，从而造成了高房价、高通胀的问题。之后伴随而来的还有贫富差距越来越大、种种社会矛盾与问题频频出现。不懂经济对此就不会明白，也无法理解。其实这一切都与宏观经济及其发展模式，还有配套的各项宏观调控政策有关。这种关系正如"毛与皮"的关系：首先是毛与皮的依存关系；其次是毛与皮相匹配的好与坏的问题。依存关系是皮之不存，毛将焉附？二者匹配关系是只有好皮才配得上好毛。同理，经济与政府政策之间的关系就如此，只有科学正确的政策相匹配，才会有健康良好的经济发展形势。

基于过去30年我国经济发展存在的弊端，中央政府打出了"力促经济转型"的口号与目标，制定了扩内需、促进消费的发展政策，试图摆脱对外贸出口的过度依赖。不可否认的是，宏观经济及相应的调控政策对股市有着重要的影响，哪怕仅仅是从心态上施加影响，都会波及到股市。

综合以上，我们有必要对宏观经济及相应的调控政策，与股市之间的关系进行讨论，从而找到宏观经济及相对应调控政策，作为动态影响股市因素，以及影响程度的具体情况进行掌握，直接指引我们当下的投资行为。再者，基于传统观点认为："股市是经济的晴雨表"——这正好证明了股市与经济二者之间的关系。由此也证明了对宏观经济的基本分析，以及相对应的各项政策的分析有助于我们理解资本市场变化的逻辑原因，也是提高投资成功胜算的重要因素之一。这无疑是我们本部分所要探讨的问题之一，也是作为影响股市或股价走势形态的其他动态因素分析之重要内容。

总的来讲，宏观政策与基本分析主要包括以下几部分：

第一，与宏观经济相对应的调控手段及重点关注的先行指标，手段包括财政政策、税收政策、贸易及汇率政策等；重点可关注的先行指标有GDP、PMI（制造业采购经理指数）及"三驾马车"：出口、消费与投资数据。

第二，财政政策、税收政策、贸易及汇率政策等，各自又有其具体的调控手段与先行指标相对应。例如，增大或缩减投资力度的财政政策，增加或减免税负的税收政策，放宽或限制外资进入等外资资本政策，以及与人民币汇率、进出口贸易数据挂钩的汇率出口政策等。

第三，货币政策的调控工具及先行指标，调控工具主要有利率、存款准备金率、公开市场操作等；先行指标为CPI（物价）、PPI（工业）等。

第四，中观产业政策调控手段及相关分析理论方法，又分为几点内容。①美林时钟的启示：在宏观经济形势下，所处的产业轮动周期分布及其投资资产的相关配置理论及方法。②任一行业中，自上而下的上、中、下三游之产业链分布情况分析。③行业自身所处生命周期及划分。

第五，微观个股公司基本分析及相关影响政策结合分析。其主要内容包括上市公司生产的产品销量、市场份额分析、历年财务状况分析以及价值中枢研究及估值方法等。

第六，资金流向分析。以上所有层面都会最终影响投资主体所持资金的流向问题。越宏观的政策影响的往往是整个资本市场及其相关资金流向情况的分析，越是中观微观的政策因素影响的或者改变的是具体行业或者个股资金流向的问题，而且其中最有效、最直观、最能够立刻影响资金流向的因素就是信息。

所以，本理论的动态影响因素分析仍少不了对资讯情况的及时捕捉与分析。资讯分析这一块，我们需要了解和时刻留意与关注调控的主管部门，还有准确无误进行传播报道资讯的媒体平台，例如财经网站、报纸及电视等，保持随时沟通，掌握第一手资讯。最后，如果还要展开更为高级与深入的研究分析，则还有对终端的接收载体，即绝大多数投资者对相关资讯的反应情况的提前预判，从而决定自己最后真正的操作行为。

在以上几个方面的分析基础上，尤其是资金流向分析基础上，最终由于资金的博弈，形成了股价交易的形态，并由此形成了技术分析的载体。若再结合股价形态、交易量及各种指标的话，则构成了技术分析领域的绝大部分要素了。

最后，除了以上几个方面的分析，其实还有更为直接影响资本市场的金融政策、资本政策的分析。这些政策有时候也在一定程度上显著地影响着股市的变化。我们有必要掌握和了解。

（二）各分支政策动态变化之影响分析概述

在整个宏观经济之下，政府各部门又各自对应了一个调控权限。例如，财政部负责制定财政政策、税收政策、分配政策及宏观经济政策等；发改委除了参与财政部各项职能外，还组织实施产业政策和价格政策等；国资委则负责国企和资本市场改革、发展及监督等法律法规政策；商务部、外汇局负责外贸出口及汇率等政策；中央人民银行则主管货币政策调整；等等。对政府的各部委、各部门的职能及权限的了解，有利于提高我们的政治觉悟，从而直指我们当下的操作策略。另外，对于各行业产业也各自对应了相关的部委，有必要去了解，并做到但凡涉及某行业产业政策出台时，就能够立即了解对其各自所产生的影响。

2008 年末 2009 年初，我国为了应付全球金融海啸的负面影响，出于对国内经济出现硬着陆的担忧，由国务院牵头联合几大部委联手出台了刺激经济保增长的两大政策：即"四万亿的经济刺激计划"与"十大产业振兴规划"。这其间就涉及了财政部、工业部、信息部、财税部、中央人民银行等各部委各部门。也正是在此大背景下，股指从 1664 点涨至 3478 点。沪指在 9 个月左右的时间里出现翻番，这充分证明了，作为影响股指或股价的动态变化调整的政策及宏观基本面的分析方法理解与掌握，对我们的投资显得尤为重要。

（三）汇率与贸易政策动态调整变化之影响分析

2007 年，资本市场上最为流行且被广泛认可的观点是由于人民币升值致使大量外汇不断增持人民币资产，进入中国市场。从而在其外资的大力推动下，股市、楼市等一路高歌。沪指由 998 点涨至 6124 最高点。

无论此种观点是否正确，但不可否认的是，自我国加入 WTO 后，中国市场逐步被打开，基于此时国内廉价劳动力与材料成本优势，受到了发达阵营制造企业们的青睐，于是不断地吸引着国际巨额资金的流入。此举当时被称为"狼来了"，广受争议。中国作为加工厂、世界的生产制造基地，欧美人消费结构在此期间形成。也正是在此期间，在经历了近 10 年的快速发展，勤劳的中国政府与人民慢慢积累起了大额财富，外汇储备高达两万亿之多。可世间规律往往是此消彼长的。随着我国财富的增长，美国财富逐渐流出，全球的财富结构也开始潜移默化地发生改变，最终也改变了各自的地位。目前情况是，我国的世界地位不断提升，影响力越来越大。与此同时，作为衡量中国财富的货币——人民币的汇率也随之发生变化，进入快速的升值周期。仍然是从量变到质变的规律，随着以上情况的持续，一国之本币在对外开放之际，其汇率变化逐渐发生了本质上的变化。例如人民币的价值乃至价格随之也发生着变化。

众所周知，某物质价值的增值，价格也随之增长。于是人民币作为中国财富的度量衡，但凡与之挂钩的资产，例如房地产、股票等资产均伴随增值。从而得出结论是，随着人民币的升值，外资资本大量流入中国市场，从而推高与人民币挂钩的所有资产，所以股市才会大涨。

可是，前几年，以上情况又发生了质的变化。欧元区主权债务危机四起，欧洲诸国纷纷陷入历史以来最大的困难时期；大西洋彼岸的美国，经济亦是继续保持增长乏力、失业率高居不下现状。奥巴马政府最为头痛的失业率问题若长期得不到改善，在其连任后，面临的财政悬崖仍是悬而未解。美国人也消费不起了。为了自救，我们看到美国政府改变了对华的贸易政策，当然主要是竖起贸易壁垒、进行贸易保护政策为主。在美国国内的贸易保护主义抬头之际，逐渐开始深深地伤害着大量的中国出口型企业。对此，我国也做出了反击的对美贸易政策，进行报复和回击。当然，以上政策的调整与变动，都将会影响和改变与人民币挂钩的一切资产，自然也包括股市的证券资产价格。

综上可知，汇率及贸易政策调整变化会影响宏观经济。而对宏观经济影响又将促使国内外均改变原贸易政策，致使汇率发生变化。于是，影响和改变人民币价值与价格的变化，从而最终影响和改变与人民币挂钩的一切资产（包括股市的股票等资产）。

最后补充一点，基于对世贸组织的承诺，我国的经济市场，尤其是资本市场终将会全面放开，届时随着大量海外资本的流入，国内资本市场的货币流通环境无疑又会发生巨大变化，从而同样终将影响一切与人民币的挂钩资产，包括股市。我们将拭目以待!

(四) 货币政策动态变化之影响分析

关于货币政策的调整,作为相关的管制部门中央银行,无疑是经常关注物价消费指数（CPI）这个指标的,并会以此指标作为参照,动用货币政策调控工具,如利率、存款准备金率及公开市场业务等,进行参数值的调节,试图通过对货币供应量的控制,实现对物价的管制,减轻通胀的压力。

这项政策的调整原本与资本市场并没有直接的关系,可通过近年来对物价指数 CPI 的变化及央行调整利率、存款准备金率的时间窗口,与沪指走势的对照发现,二者存在一定关系。当然这种关系存在着以下几个特征。①时滞性的特征。即货币工具调控,不会马上改变股指的长期趋势。可是经过量变积累,例如多加几次利率与存款准备金率时,股指在随后的 3~6 个月内往往会出现较大的变化;反之,再连续几次降低利率时,股指也多会在后面较长一段时间里发生趋势改变。②利率在 3% 为重要的分水岭。加息到 3% 以上,并维持一段时间后,股指发生拐点向下的可能性增大;反之,降息至 3% 以下时,股指出现拐点向上的概率增大。详细可参考图 6-10 至图 6-12。

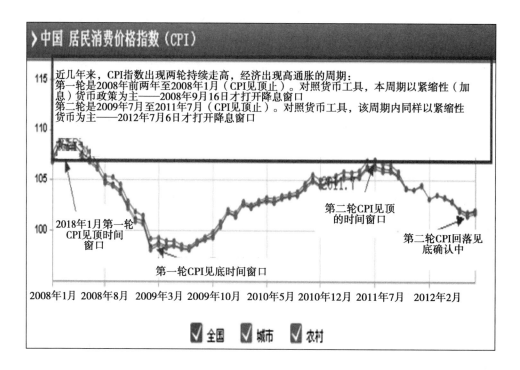

图 6-10　货币调控工具参照指标 CPI 近年来的情况

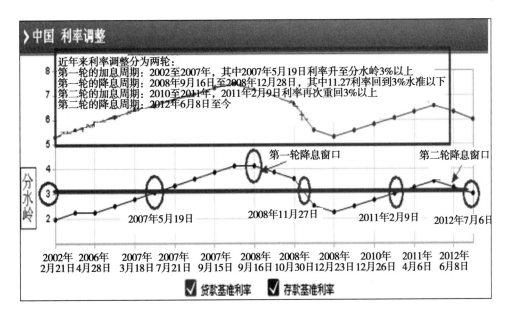

图 6 - 11 货币工具利率近年来动态调控情况

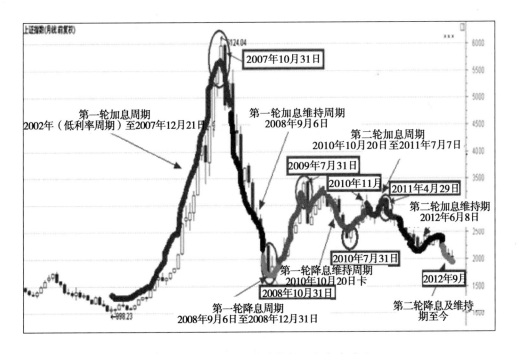

图 6 - 12 近年来沪指走势与利率变动对照

通过对以上对照发现，在面临高通胀时期时，管理层一般都会动用利率和存款准备金率这两个货币工具，采取加息与提准的紧缩性手段，试图通过控制货币供应量，达到控制好物价水平及降低通货膨胀的目的。但是，对货币工具的调整，即意味着货币供应量的改变，尤其是信贷资金量也会跟随发生改变，货币流通性往往是股市生存的基础，其改变间接影响资本市场的货币供应情况。

一般来讲，当股市货币流通性受到限制时，基于参与市场资金的减少，股指在缺少做多资金的支持下，无法持续上涨，于是在其他因素影响下，此刻多半会出现下跌趋势开始的拐点。关于利率调整变化与沪指走势的对照，可参考图 6-11。尤其可对照下两轮利息升降至 3% 这个重要分水岭时的时间窗口后股指后市的情况。

综上所述，货币政策的调控一般会间接影响股市。其具体根源在于，货币流通性情况的改变。当处于紧缩性货币政策时，央行银根开始紧缩，在外流通的货币无疑受到限制，而股市需要热钱和较宽松的货币流通才会有上涨动力，如果没有出现这种支持，那么就会以下跌为主；反之，当货币政策以宽松为主时，基于宽松的货币流通性，股市无疑是如鱼得水，以不断上涨为主。对此特征通过研究金融市场货币流向情况，还有资本市场资金流向情况，知晓其大概。

综上可知，对货币政策的了解和分析，有助于我们对股市的分析研判，达到指引我们当下操作的策略和目的。因此该动态影响因素有必要很好地掌握。

（五）产业政策变动之影响与行业分析理论之讨论

本知识点主要分为以下几个内容，一是先将产业或行业所处的生命周期情况进行学习了解，以及行业所处在不同生命周期时，相对应的产业政策的不同情况分析。二是任何产业按照从上至下，可分为上、中、下三游，所以，有必要对任一行业中的产业链进行熟悉了解，从而整体上了解所属微观个股公司在行业中的地位及发展情况。三是美林时钟的启示：不同经济周期、与不同产业发展状况对应情况，以及不同周期中投资资产的配置情况处理。具体如下：

1. 产业生命周期的划分及分析

产业生命周期是每个产业都要经历的一个由成长到衰退的演变过程，是指从产业出现到完全退出社会经济活动所经历的时间。一般分为初创阶段、成长阶段、成熟阶段和衰退阶段四个阶段。

产业的生命周期对企业发展战略的制定有着非常重要的影响。在初创阶段，公司总是试图吸引客户对其产品的注意力。当产业进入增长阶段，潜在的竞争者被吸引并进入该产品市场，市场竞争加剧了。当这种产品满足了市场上所有的客户需求时，增长率开始降低，市场进入成熟阶段。这时尽管增长有所减缓，但新的竞争者可能还在进入该市场。为了争夺更多的市场份额，每一个公司都展开了更加激烈的竞争，因此市场逐渐变成了更小的碎片，市场份额已经变得非常分散。行业进入了衰退阶段后，整个产业的利润大幅度下降，产业中的竞争者通过转产逐渐退出该行业。

因此，研究认为产业生命周期是当前培育具有国际竞争力的细分产业，实施产业创新，培育新产业的中心任务，对于企业决策和政府产业政策的作用非常重大。同时产业生命周期规律也随着时代的变迁和全球化的发展而进一步深化。

对企业决策来讲，一个企业总是从事于某种产业，只有明确产业所处的生命周期阶段、企业的所处产业价值中的地位，才能做出明确的企业战略定位。处于不同的产业发展阶段，企业就具有不同的战略态势，只有对产业有足够的认识，认清产业未来发展的方向，才能更好地根据产业特征确定企业的发展战略。最积极的战略当然是引领未来产业的创新发展。

作为当前我国 A 股市场已经成功上市的公司，都基本上是出于成长或成熟的阶段，当然也不排除有些上市公司的某些经营业务暂时出于初创阶段，或者又有另外一些传统经营业务或已进入到衰退阶段了。可是对政府决策来讲，只有懂得产业生命发展周期，才能了解产业发展规律，针对生命周期每个阶段的特征进行产业规划，制定相应的产业政策。

要达到上述目的，需要从产业生命周期曲线、产业生命周期阶段、产业生命周期机制三个方面对产业生命周期进行研究，掌握产业生命周期规律，了解各种因素对产业生命周期的影响，正确判断产业所处阶段，认识产业在不同阶段的特征。才能做出正确的产业战略、区域战略、企业战略，实现真正的产业结构调整。能否抓住产业生命周期规律是一国经济能否稳定快速发展的关键，也是企业能否发展壮大的关键。

通过以上分析可知，针对不同的产业周期，政府政策都会做出相应的政策，以优化市场产业发展结构，实现经济发展的最佳效能状态。在此环境下，各产业中所对应的上市公司则将会受到不同程度的影响。

比如，在处于落后的即将被淘汰的夕阳性行业，随着其产能过剩，政府政策一定会对其制定更加苛刻的产业政策，逐步将其从落后的产业中挤出，而迫使其寻找到新的出路。与之相反的是，对于高科技的新兴产业，政府则多会采取更为有利的政策进行倾斜，进行大力的扶持。例如，当文化产业被纳入"十二五"规划重点发展产业，且将其明确定义为国民经济支柱产业的发展目标时，出现大量投资资金的流入，造成该板块及个股整体偏强于指数。

综合以上，在做中观产业及其政策分析时，对产业所处生命周期及相关产业政策，都需要很好的了解与掌握。

2. 行业中的上、中、下游产业链情况分析（对此分析我们列举案例展开）

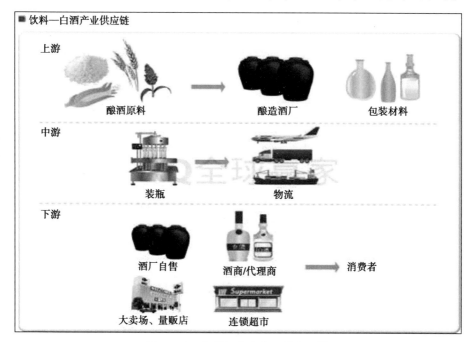

图 6-13　白酒行业上中下游产业链

资料来源：维赛特，下同。

| 酿造酒厂相关公司 | | | |
市场	股票名称	市场	股票名称
	伊力特(600197)		金种子酒(600199)
	贵州茅台(600519)		老白干酒(600559)
	沱牌舍得(600702)		水井坊(600779)
	山西汾酒(600809)		维维股份(600300)
	泸州老窖(000568)		古井贡酒(000596)
	酒鬼酒(000799)		五粮液(000858)
	洋河股份(002304)		ST皇台(000995)
	青青稞酒(002646)		古井贡B(200596)
	杜康(911616)		

图 6-14　白酒的上游产业之酿造厂相关公司

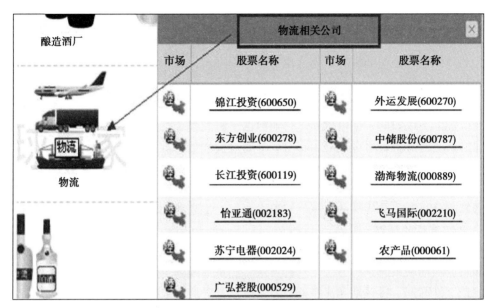

图 6 – 15　白酒中游产业之相关上市公司

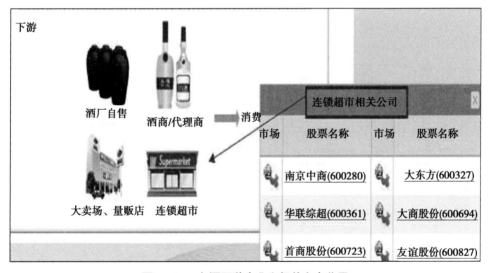

图 6 – 16　白酒下游产业之相关上市公司

如图 6 – 13 至图 6 – 16 所示，我们了解到，原来饮料白酒行业存在以下上、中、下游的产业链情况。其中上游分为酿酒原料、酿造酒厂及包装材料；中游分为装瓶与物流；下游则分为酒厂自售，酒商/代理商，大卖场、量贩店及连锁超市，最后到达消费者手上。除此之外，我们还可以通过上述图例，分别找到对应于上、中、下游产业链中各自相对应的上市公司名单。

以上不过是随便列举的一个例子，其实任何一个行业中均存在着类似这样的上中下游产业链关系图。这种直观的产业链分布图，很大程度上方便我们从中寻找到具体上市公司的情况。当然也可以先根据具体公司，再找到和确立出其所处的行业中的位置。

通过以上分析，有助于我们从整体上了解一个上市公司在整个产业链中的所处位置。不仅如此，还可以通过行业数据了解到整个行业发展现状。根据多个行业的产业链分析，可以确立出相对较好的投资性机会。

如果结合各个产业的政策情况的话，任何一个产业政策的出台，即产业政策发生调整与变动时，都会对其产业链中各个相关公司产生一定影响。我们对这种影响的分析方法与规律的掌握能够极大程度上提高我们的投资成功概率。

3. 美林时钟理论的启示

如图 6 - 17 所示，美林时钟，也叫美林投资时钟，是一种将经济周期与资产和行业轮动联系起来的方法。这种方法将经济周期划分为四个不同的阶段——衰退期、复苏期、过热期和滞胀期，每个阶段都对应着表现超过大市的某一特定类别资产：债券、股票、大宗商品和现金。

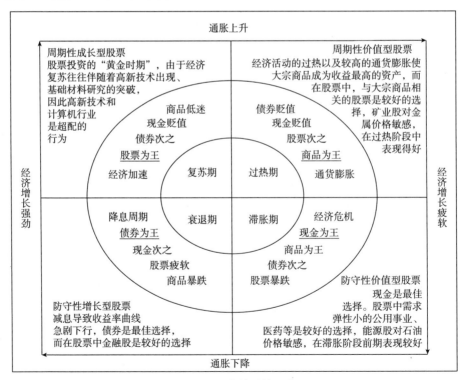

图 6 - 17　美林时钟理论

资料来源：互联网。

运用原理为：在衰退阶段，经济增长停滞，通胀率处于低谷，企业盈利微弱并且实际收益率下降，央行降息以刺激经济，进而导致收益率曲线急剧下行，因而债券是最佳选择或者选择债券型基金。在复苏阶段，经济刺激政策发挥作用，GDP 增长率加速，企业盈利大幅上升。这个阶段是股权投资者的"黄金时期"，股票是最佳选择或者选择股票型指数基金。在过热阶段，企业生产能力增长减慢，开始面临产能约束，通胀抬头，央行加息以控制通胀和过热的经济，因而大宗商品是最佳选择。在滞胀阶段，GDP 的增长率降到潜能之下，但通胀却继续上升，股票表现得非常糟糕，现金是最佳选择或者选择货币型基金。比较几类资产的收益率。以下列出每个阶段的收益率排序。

Ⅰ衰退：债券 > 现金 > 大宗商品；股票 > 大宗商品；

Ⅱ复苏：股票 > 债券 > 现金 > 大宗商品；

Ⅲ过热：大宗商品 > 股票 > 现金/债券；

Ⅳ滞胀：现金/大宗商品 > 债券 > 股票。

此理论至今流行于欧美的资本投资市场。很多投资者对此不屑一顾，认为在中国这个还不太成熟的经济市场及资本市场上，这种理论对投资的指引完全没有效果。其实，这个观点是有问题的。任何一种理论的存在与出现其实都有其存在的道理。如果我们仍然用一成不变的眼光看待中国的资本市场，这无疑是错误的。至少笔者认为，随着近 20 年中国资本市场的迅猛发展，A 股市场与投资环境都发生了巨大变化，这种变化也包括投资者的分布结构及其投资理念的树立。当然这种变化是向更好的一面、渐趋成熟的一面变化发展的。

既然如此，美林时钟投资理论也会逐渐在我国的资本市场上找到立足点。这种立足基础我们可以找到一个案例进行分析：从 2011 年 7 月开始，经过一轮长时间的通胀后，我国的经济增速再现快速下跌拐点，出现快速的回落。不仅国内如此，外围的欧洲，其债务危机再次爆发，情况进一步恶化，由希腊逐步向其他欧元区国家快速的蔓延；美国的经济学界也再次出现经济或者二次探底的观点。整体上看，这轮经济所表现出来的特征是滞涨。所以，正是在此背景之下，股票开始暴跌，指数由 2011 年 7 月开始一直下跌到 2011 年底 2012 年的元旦才止跌。指数如此，众多个股可见一斑。

我们对照美林时钟表，发现滞胀期过后，紧接着就是衰退期。纵观 2012 年以来经济增长的情况，发现 GDP 已经跌破 8%，最低跌至 7.8% 了，就在一年前时 GDP 还是 9.6%。再对照衰退期间的投资资产状况，排在第一的是债券。数据显示，债券类收益却是相对可观的。例如华泰证券在 2011 年 11 月发行的华泰紫金策略避险（债券型基金），其收益就不错。如图 6 - 18 所示。

华泰紫金策略避险，半年左右时间，最高收益率高达 6% 左右。这相对于同类债券型品种，尤其是券商类投资品种实属不错。

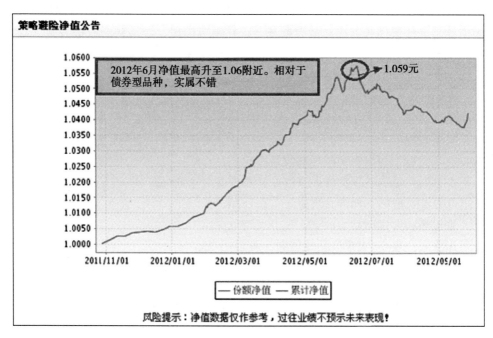

图6-18　华泰紫金策略避险债券型基金

结合以上分析，运用好美林投资时钟理论，结合宏观经济的客观情况，在正确的经济周期中，进行正确的资产配置，展开正确的投资操作，我们能够获得较为确定的投资收益。这里我们仅是举例证明其他因素分析与投资市场的关系，当然，我们最后还是回到股票讨论上。

（六）上市公司基本面及对股价影响变化情况分析

1. 上市公司的基本面分析与基本分析方法的概述

主要分为以下几点：一是产品的销量与销售收入及市场占有份额情况分析；二是上市公司历年的财务报表情况分析；三是上市公司价值中枢研究与估值方法。

在产业基本情况分析中，已经简单提及了行业所处的上、中、下游的相关情况，我们还可以从中得到一些启示，寻找任意一家上市公司的产品在整个产业链中的市场销量与销售收入及市场占有份额情况，然后通过对比，找出更具有投资价值的品种出来。一般来讲，对于公司产品销量和销售收入较好、市场占有份额高的公司，业绩往往会比较有保障，于是相对来说，比较具有投资的价值。换句话说，对公司产品的市场定价与销量情况，还有市场占有份额基本上可以确定出一家公司是否具备较强的竞争力。

除了上面的产品销量与销售收入及市场份额的分析以外，还要对该公司历年的财务报表进行分析。按照巴菲特的说法，如果一家公司的净资产增长率，连本币利率都跑不赢，那么，这样的公司就不具备投资价值。由于净资产增长率是直接反映一家公司盈利能力的强弱指标。除了净资产增长率指标的情况，还有必要对净利润增长率（其高/低表明公司增长能力强/弱，前景好/差）、资产负债比率（其高/低表明公司负债多/少，偿债压力大/小）、净利润现金含量（其高/低表明公司收益质量良好/差，现金流动性强/弱）进行跟踪与分析。

还有就是上市公司价值中枢研究与估值分析方法。目前常用的估值分析方法有相对估值法与绝对估值法。这里主要列举相对估值方法，例如市盈率与市净率的估值法。

市盈率＝股价/业绩。公式中的市盈率可根据同行业相对数据进行定位，业绩基本上是可以按照历史表现做简单预计的，有了以上两个参数，大致可以计算出一家公司的股价情况。而且业绩越高，股价越低，公司越具有投资价值。或者说，市盈率越低时，该公司也就越具有投资价值。

市净率＝股价/每股净资产，即每股股价与每股净资产的比值。同样，该指标也是能够作为上市公司投资价值的分析指标之一。市净率越低，公司越具有投资价值。

按照历史数据，任一行业中同类型上市公司大概具有相接近的市盈率与市净率参数。假如，该参数保持不变时，那么，股价的高低取决于业绩或者每股净资产的变化情况。由此可知，业绩越高，净资产越高，公司的未来股价则可能会变得越高。此时对比二级市场的显示价格，当发现公允价值（市价）远远低于估值价格时，那么，该公司则越具有投资机会和价值。这也叫作价值低估，可做资产配置；反之，当业绩或者净资产表现较差，相对较低时，那么，未来股价则不具上涨的支持条件。同样与二级市场的股价作比较时，发现公允价值（市价）远高于估值价格时，那么出现价值高估，则后市不具备投资机会和价值，应尽量做回避。

根据以上三点，结合实际案例分析。

2. 案例分析：千足珍珠（002173），原名山下湖

（1）公司近年来基本情况（该研究报告参考于财通证券2012年4月13日对外公布）：

根据图6-19至图6-21可知，最近几年来，该公司的珍珠销售收入呈现较高水平的增长。无论是内销业务还是外销业务，均保持较高的增长。这显示该公司产品销量不错。

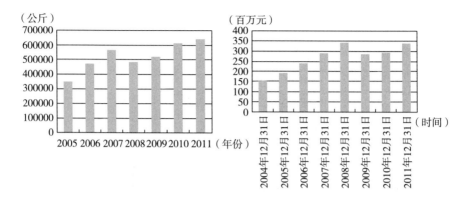

图 6 - 19　我国其他已加工珍珠出口数量变化及公司营业收入金额变化

资料来源：中国海关，财通证券研究所整理（左图）。公司公告，财通证券研究所整理（右图）。

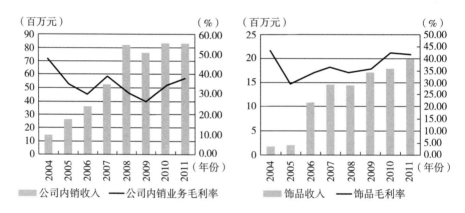

图 6 - 20　公司内销业务收入和毛利率与公司饰品业务收入和毛利率

资料来源：公司公告，财通证券研究所整理（左图）。公司公告，财通证券研究所整理（右图）。

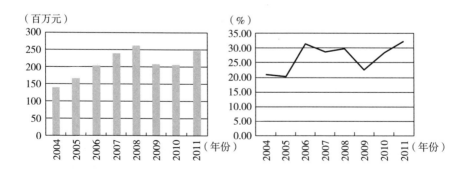

图 6 - 21　公司外销业务收入及毛利率

资料来源：公司公告，财通证券研究所整理（左图）。公司公告，财通证券研究所整理（右图）。

基于目前国内养殖，加工及销售珍珠为一体，并开创了珍珠电子交易平台的上市公司唯独千足珍珠这一家，再加上我国是淡水珍珠的世界第一大供应商，出口总量稳居全球之首。所以，对于该公司的市场占有份额情况可见一斑。

（2）主要财务指标情况。

表 6-1　主要财务指标

会计年度	2010	2011	2012E	2013E	会计年度	2010	2011	2012E	2013E
营业收入（万元）	292.27	336.88	387.42	464.90	每股收益（元）	0.143	0.149	0.248	0.389
同比增长率（%）	2.85	15.27	15.00	20.00	每股经营性净现金流（元）	0.070	-0.020	0.890	0.791
营业利润（万元）	36.33	36.59	62.81	98.35	每股净资产（元）	1.965	2.112	2.360	2.749
同比增长率（%）	129	0.71	71.67	56.58	净资产收益率（%）	7.28	7.08	10.52	14.14
净利润（万元）	31.05	32.14	53.39	83.60	股息收益率				
同比增长率（%）	145	3.48	66.13	56.58	负债率（%）	45.62	46.28	33.36	16.25
营业利润率	12.43	10.86	16.21	21.15	P/E（倍）			38.51	24.59
净利润率	10.63	9.54	13.78	17.98	P/B（倍）			4.05	3.48

通过财务指标我们了解到，该公司未来的各项指标存在较大的增长预期，例如净利润的增长预期强烈，2012 年的增长幅度预计高达 53% 左右，2013 年更是高达 83%。负债率处于较为合理的水平，而且不断回落。从投资角度看，这种业绩优良的品种可以进行逢低配置。

（3）估值情况分析。

该公司业绩得以较好支撑的理由有以下几点（笔者列举的主要亮点）：

·我国出口的其他已养殖珍珠开始出现缓慢的量价齐升局面，这预示着国外需求正在逐步好转，未来公司的外销业务将会明显受益。公司与杭州 3.0 易货交易所开展现货珍珠电子交易，力图通过电子现货竞价交易，提升经过国检标准鉴定的优质珍珠的市场价值，未来通过优质珍珠论粒卖，将大幅度提升公司盈利能力。

·近年来公司存货不断增长的主要原因是抄底国内优质珍珠，未来如果行业需求逐步复苏，配合公司新的商业模式，目前公司现有的庞大优质存货有望释放巨大的潜在价值，我们保守估计公司珍珠存货的潜在价值超过 10 亿元。

·上市以来公司不断投资上游养殖项目，目前公司拥有的珍珠养殖水域面积接近 30000 亩，每年可为公司提供珍珠超过 100 吨，其中优质珍珠接近 40 吨，未来随着养殖业务逐步放量，也有望大幅度提升公司的盈利能力，我们保守估计养殖业务未来有望每年增厚公司EPS 0.2~0.4元，相当于再造一个山下湖。

所以，对于估值情况为：

我们预计公司2012~2014年的EPS分别为0.25元、0.39元和0.56元，对应的动态市盈率分别为39倍、25倍和17倍，考虑到公司基本面正在发生巨大改变，未来盈利能力有望大幅度提升，我们首次给予该公司"买入"的投资评级。

目前已经知道业绩与动态市盈率两个参数，根据市盈率的计算公式，我们则可以计算出股价的情况。再对比市场价格的大小情况，即此过程为估值方法。

再对照出研究报告后阶段内，该股的股价表现如图6-22所示：

图6-22　千足珍珠（002173）实际走势

通过图6-22的千足珍珠股价走势可知，出研究报告的时候，第一阶段该股的股价不升反跌，最低跌至7.61元。下跌时间持续了50多个交易日，在2012年6月29日才止跌反弹。

由此得到的启示是，在对于某公司基本面的情况分析研究时，即使已经发现投资价值，但市场的股价表现可能也不会马上兑现，反而会出现一些完全相反的情况。对此，首先，要从感情上接收这个客观的现实。其次，必须要明确分析系统与操作系统二者之间的差别（后面会具体讨论）。最后，要弄清楚股价突然在2012年6月29日见底反弹的原因。据悉，《上海证券报》曾在此期间连续报道了该公司由山下湖更名为千足珍珠，以及多家机构赴公司调研等报道。这些资讯的报道直接刺激了该股股价于 2012 年 6 月 29 日以后快速反弹。最高涨幅超过 40%。这也提示我们，对各层面的资讯的及时掌握与正确的分析有利于提高我们的投资绩效。

综上所述，通过以上对千足珍珠的案例分析，我们知道，对上市公司基本面情况的分析这个环节是逃不开的。虽然一家公司的产品销量与销售收入及未来业绩存在较强的增长预期的利好情况时，还不会马上就刺激股价上涨，但是，我们仍然不可直接跳过此过程。毕竟对公司的基本情况的熟悉了解，有助于我们实现去感性化的目标，从而使我们的投资尽量回归理性。理性投资才是制胜之道。

除此之外，我们还要在基本分析的基础上，加强技术分析及实际操作水平的提高，且尽可能地去掌握第一手相关的资讯消息。唯有如此，才能够实现提高投资成功的概率与盈利的幅度。

（七）资金流向与资讯变化之影响因素的分析

1. 资金流向的变化之影响分析

无论宏观经济数据，还是其他各项经济数据的变化，以及与之相对应的各项政策的调整与变动，都会对资本市场产生一定程度的影响，而这种影响的最为直观的表现是资金流向的进出。无论是大盘还是具体的行业产业与个股公司，资金流向均具有如此特征与功能。

资金之所以流进他们认为具有投资价值的行业与个股，或者从中流出，均是由于他们手上所掌握资讯的影响所致。这一点毋庸置疑。这也正如前面千足珍珠的案例分析所证实的一样。

2012 年 4 月 13 日，公开公布研究报告后，股价一直下跌至 7.61 元（2012 年 6 月 29 日），但此阶段内成交量的特点却以持续缩量为主，先行指标 MACD 持续走平。这或许存在以下两种可能，或者是暂时没有增量资金买进该股；又或者是前面已经建仓的资金并没有随股价下跌而出货。然后，待到公布该公司更名和多家机构前往调研后，股价和成交量同步增长和放大。才明显显示增量资金有大举买进的迹象。根据此案例可知，从资金流向的单纯的流进、流出来展开操作，往往并不能获得较好的收益，因为当资金已经进入时，股价已经涨上去了；或者资金流出时，股价已经跟随暴跌了。从操作的策略方面看的话，对于资金流向和资讯变化情况进行分析并且展开操作时，不仅仅是停留在发现资金大量流入某只股票，然后跟风买进；或者，发现某只资金大量流出某个股票时，跟风卖出；又或者完全去听消息，靠消息操作股票等。以上种种，如果均按此操作，无疑是要吃大亏的。

只是问题在于：如何精准把握最佳的买点或者卖点时机？可是不管怎样，以上已经充分证明了，对于所有的相关资讯与信息的变化之掌握和了解，对于提高我们的操作成功概率具有重要意义。

同时，基于资金流向与资讯也往往是相辅相成，直接反应和体现在股价形态上的，因此，对此二者的掌握很有必要。如果能够对二者都能够很好地掌握的话，可以极大程度上提高我们的操作成功率。

2. 与资讯的各个主体相关关系的探讨

对资讯相关的主体，一定要做到熟悉和掌握，并且在此基础上，做出正确的操作。在前面的概述中，我们了解到了政府各部委、各部门所掌管的权力职能与权限，还掌握到了最为权威客观及时有效的媒体平台，然后通过对这些资讯收集后的正确分析与研判，从而最终实现指引操作的目标。认识和了解这些实施和公布资讯的部门，也是我们进行投资操作中需要了解和掌握的。

二、证券分析系统与操作系统

关于其他动态影响因素的分析内容，我们已经在前面做了具体探讨，再做下回顾，实质上包括各项政策分析、宏观经济分析、中观行业基本面分析、微观个股公司分析以及资金流向与资讯分析等。在本理论看来，他们都属于广义动态学的范畴，是对狭义动态学三大操作理论的有效补充。

其实，以上这些动态学影响因素，都属于本理论所归纳总结的分析系统范畴。虽然这些影响因素有时候不一定全都立刻就对资本市场或者具体个股走势产生变化和影响，但它们有时候又确确实实会对股价的走势产生一定影响。关键还在于，通过这一系列影响因素的分析，可以达到投资过程中去感性化的目的，使参与投资的主体尽量回归理性，管理好自己的手和心，最终实现投资的较好绩效。

既然如此，我们就十分有必要对这些动态的影响因素，以及分析理论与方法进行掌握，从而提升自己的投资分析能力，更为客观地指引投资者当下的操作行为。

以下，我们将分别对分析系统与操作系统及各自所包含的内容进行讲解，具体分为三个知识点，如表6-2所示：

1. 分析系统与操作系统各自所包括的内容

证券分析系统内容包括：①宏观经济、中观产业、微观个体公司相关分析理论和分析方法；②所有相对应的调控政策变化影响分析与资讯、资金流向及技术分析方法、理论等分析方法。

表6－2　证券分析系统与证券操作系统的比较

	证券分析系统	证券操作系统
内容	1. 宏观经济、中观产业、微观个体公司相关分析理论和分析方法； 2. 所有相对应的调控政策变化影响分析与资讯、资金流向及技术分析方法、理论等分析方法	以形态学为分析载体，尤以本理论所提炼五大元素作为分析基础之上，运用三大操作理论（级别理论、背离理论及三类买卖点理论）研判方法，结合二者展开当下的操作
优点	1. 投资中去感性化必经过程，回归理性投资目标； 2. 挖掘和寻找具有投资价值的品种； 3. 保障投资取得成功与盈利的必要环节	1. 能够把握和控制稍纵即逝的机会和风险； 2. 破解股价涨跌的内部原理； 3. 通过加强实操练习，逐渐形成操作上的良好直觉，从而不断提升自己操作的成功概率； 4. 实现前面分析系统，由理论到实践、完成投资的最终结果； 5. 直接指引对买卖点的及时提示与精准捕捉
缺点	始终停留在理论或思考过程。分析系统的分析环节，即使分析得头头是道，符合逻辑，可是它并不能决定投资一定获利。同样，即使分析错误了，也不会造成投资出现亏损。分析对错与否不会直接影响投资绩效	对错与否直接影响投资绩效

操作系统内容包括：以形态学为分析载体，尤以本理论所提炼五大元素作为分析基础之上，运用三大操作理论（级别理论、背离理论及三类买卖点理论）研判方法，结合二者展开当下的操作。

2. 分析系统与操作系统各自的优缺点对比与功能意义介绍

分析系统的优点或功能：①投资中去感性化必经过程，回归理性投资目标；②挖掘和寻找具有投资价值的品种；③保障投资取得成功与盈利的必要环节。

缺点：始终停留在理论或思考过程。分析系统的分析环节，即使分析得头头是道，符合逻辑，可是它并不能决定投资一定获利。同样，即使分析错误了，也不会造成投资出现亏损。分析对错与否，不会直接影响投资绩效。

操作系统的优点或功能：①能够把握和控制稍纵即逝的机会和风险；②破解股价涨跌的内部原理；③通过加强实操练习，逐渐形成操作上的良好直觉，从而不断提升自己操作的成功概率；④实现前面分析系统，由理论到实践、完成投资的最终结果；⑤直接指引对买卖点的及时提示与精准捕捉。

缺点：对错与否直接影响投资绩效。

3. 分析系统与操作系统二者之间存在的关系

基于分析系统与操作系统二者有各自的优缺点，各自成体系，并且都很重要，必须要学习了解并掌握运用。所以，平时操作中要将二者结合起来运用。

一句话简单归纳二者之间的关系：分析是计划，操作是变化，计划往往赶不上变化，所以操作要灵活多变；但只有操作变化也不行，还应该进行分析做计划，这是理性和认识的必经行为过程。

再者，分析系统是居于理性思考、认真调研的环节，虽然这些工作不能够在实际操作中直接影响投资绩效，可是它仍然为我们提供了重要的分析方法和思考逻辑，它们对实际操作起到一定的去感性化、回归理性的积极作用。同样地，虽然操作系统能够直接找到最佳买卖点位置，可当我们缺少对交易品种的基本情况了解时，那么我们的投资会显得十分空洞无力，多余的担忧情绪往往会袭来。从而摆脱不了"贪嗔痴疑慢"的纠缠。这样又必然影响我们的心和手的实际行为。毕竟操作系统直接决定了我们的投资成败与否。虽然说本理论提出了操作大于分析的观点，但没有分析的理性过程，操作成功的概率往往会大打折扣。

所以，平时投资中，要将分析系统与操作系统同时掌握，结合运用。唯有这样才能够提高我们的投资成功概率。

外因影响分析及运用原理讲解[①]

　　根据哲学中内因与外因关系讨论之说，事物发展规律都是由内因决定的，外因只能强化与影响发展规律的程度和状况。同样，我们也认为股市走势规律的影响因素主要分为内因和外因两方面。至于二者如何影响股市运动和变化，是我们接下来首先要讨论的问题。

一、总论

　　股市走势的运动变化是由内在规律，即由内因所决定的，外因只能改变其外在形态构造。股市的内在规律分为两点，一是形态学的走势特征及规律。无论外因如何影响，及影响力度、深度与广度有多大，它都只能改变走势的形态，及走势类型与走势结构；但是永远改变不了走势自身的运动规律特征，及其最终构造出的某走势性质或方向的完整形态。二是动态学博弈特性永远将决定走势的性质和方向，还有其最终的外在形态的完整完美表达。

　　其实，在前面章节中，我们一直在讲股市中所存在的内在规律特性，尤其是在形态学和动态学两方面中的具体体现，详见前面章节内容。本章主要探讨外力因素的情况，及其对走势的影响情况。

　　股市运动规律符合"粒子式和波动式"的双重特点，且无论是"粒子式"的还是"波动式"的，在其走势形态、走势类型及走势结构上，都具有非常完整甚至完美的形态表达，并且无论外因如何影响，任何形态元素的走势都终将构造完成，这一点外因永远改变不了。即，外因始终改变不了两种仅存的运动特性。那么，外因究竟能够改变和影响的是什么呢？

　　根据观察与研究，我们可以了解到，首先，外因影响和改变的是对股市走势构造的结构特征趋于更加完美性的表达。其次，制造相同性质和方向走势的形态元素中，出现不同的走势类型，致使每一次走势形态具体构造都不完全相同，最

---

　　① 节选自《解缠论3》原第四章：外因影响分析及运用原理讲解。

多是相似。其实形态学中，就是根据其自相似特征，将其划归为每一种走势形态元素中。其原因在于，每次外力因素的影响情况和触发因素都不同，其产生的性质和影响也不一样，所以形态结构和类型各自不同。

为了证明我们观点的正确性，我们引入达尔文的生物进化论思想。根据其所揭示出来的信息得知，原来在地球生命的原始时期，许多生物的外部形态，和现在的生物形态完全不一样，即使它们在种类上原本归属于同一种类。或者基于外部环境的不同，相同种类的生物分布在不同地带时，但其外部形态也会不一样，如图 6 - 23 所示。

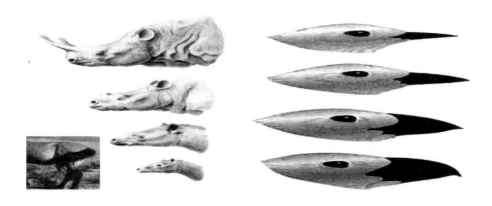

图 6 - 23　同种类动物在不同时代的形态展示

如图 6 - 23 所示，左右两边的生物，原本都属于同一种类，但基于年代环境，或者各自生活外部环境的不同，造成形态上出现重大差别。这就是很典型的，外力因素对形态的影响和改变的具体表现。由于外部生存环境的改变，或许是基于地壳运动所致，偶然性地造成同一种类动物生活在极寒地带，为了抵御极寒，努力生存下去，时间久了之后，它的羽毛或者越来越厚，嘴巴越变越厚实；又或者是因为偶然的地壳运动，同生物的生存板块被撞到十分炎热的地带，因为天气异常酷热，同样为了生存下去，它的羽毛越变越少、嘴巴越变越尖。从而形成了如图 6 - 23 右图所示的鸟的不同形态。

试问，图 6 - 23 中的河马或者鸟的物种特性（指其内在"基因"式的规律特性），因为外部环境的改变而造成了各自其所属物种的改变了吗？

答案十分明显，物种始终都没有因为外部环境的改变而发生过改变。改变的只是其外表的最终形态，例如嘴的大小或者头部体积与尺寸大小的不同而已。除此特征之外，而且无论它们处于哪一种不同的形态之下，其都符合形态学完整和完美特性。例如图 6 - 23 中右边部分的所有鸟的头和嘴的形态，在其整体构造中，都具有其完整和完美特性。

由此，根据以上例证的结论，我们联系到股市中走势规律特性的观点是，外力因素影响只能是改变其走势形态，不同情况下的外因构造不同的走势类型、走势结构，但是，无法改变走势自身的规律特性，及其必然会完整构造出某种性质走势的要求。另外，根据市场中多、空二力博弈的结果，及其形成走势的拐点，判断走势将来的性质和方向，而且一旦走势性质和方向被确定后，无论外力因素如何影响，都暂时只能改变其走势性质和方向，该性质走势终将完整完美地构造出来。

补充性观点是，其实无论是上涨，还是下跌的性质与方向，在其内在走势规律决定下，形态的表达都是相同的。例如，在其形态构造的结构或不同的走势类型的出现等，本质上都是一样的，区别仅仅在于，一个是上涨中的形态表现，一个是下跌中的形态体现。不仅如此，二者都会在内因的决定下终将完整且完美的构造。结合股市实际运用中，我们就要强调和明确一个观点，那就是，要搞清楚形态学（形态最终构造）与动态学之间的关系。只有这一点弄明白了，那么在实际投资活动中所碰到的许多问题将迎刃而解。

二、分论1：外力影响因素有哪些？它们各自对大盘走势的影响分析及运用原理

外力影响因素具体可分为政策面、基本面、资金面及投资者心理预期四个方面。在前面章节中，我们曾概述过各自的功能，而且大致地介绍过如何将其与形态学、动态学知识结合运用。但众所周知，在实际运用中，这些外力因素的影响分析和运用没有那么简单，现实之中往往是非常复杂的，所以，我们接下来要分别介绍各个外因对股市走势的影响程度、大小情况，以及在实际走势中曾出现过的具体表现。

为了使我们的外力因素分析和心理预计能够成为系统性的分析和研判方法，我们先将市场走势分为涨、跌两种走势性质情况下的各自影响分析，还有二者在拐点处，将要形成转折拐点时的影响分析。大致说来，分为以下几种情况的分析和研判：

一种情况是，某走势形态处于上涨趋势，且已经趋于完整表达，后市可能进入向下跌趋势走势的转折中。另一种情况是，走势处于下跌趋势，且已经趋于完整表达，后市将要向上涨走势的转折中。亦即，此两种情况都是要对走势拐点做出研判的时候。此时如果结合以上四大基本外力影响因素，分析各自在此时会充

当什么角色，或者对当前可能会发生转折拐点的走势产生怎样的影响？

先讨论具有最大外力影响因素的政策面。基于政策面是较为宏观、长期，并且极为强势的影响因素，政府不可能频繁地调控某种政策，更不可能对同一政策反复无常地采取完全相反的调控方向，而是一旦确立和定调某政策的调控性质和方向后，就不会轻易改变，并且会保持政策的连续性。直到未来某天政府变调，开始调整或改变政策的调控性质与方向为止。同样，被政府调控的政策手段和工具也经常被用来调控资本市场，即改变对股市走势的未来预期。根据我们观察研究发现，这些政策对股市正面或者负面影响之力都不是一天两天形成的，而是诸多政策的连续调控后不断"堆积"和聚集而逐渐形成的，并且一旦形成，其对股市产生影响力将非常大。

基于以上特征，我们对政策面影响力的分解，首先必然对应到股市较大级别走势中的研判，也就是对时间较长、空间较大之后的走势研判和推导，无论涨、跌皆是，对其产生的影响研判，甚至加强着重考虑，当下的影响是否会对较大级别的走势产生转折。举例来说：

2007 年以后，面对 2006 年的大幅度上涨，A 股股市已经进入疯狂状态，市场出现诸多权重股连续涨停的局面，这于当时来说是股市十几年来的罕见现象。为此，管理层意识到，股市已经出现较大程度的"泡沫"了，有必要给股市降温了。于是 2007 年 5 月 30 日出台了提高股市交易印花税的政策，直接将交易成本调高原来的 3 倍。这是最明显不过的直接针对股市的调控政策之一。该政策之后，加上后市央行不断提高市场利率和存款准备金率的持续调控影响下，再加上全球金融海啸的爆发，股市在当年 10 月以后开始急转直下，于 6124 点发生走势转折。由原来的上涨趋势转折为下跌趋势的开始。

由此可知，政策面因素的影响在长期"堆积"之后，对股市走势转折的发生起到了非常重大甚至决定性的影响作用。此时，基本面情况，如宏观经济数据显示还处在直线上升的如日中天般的大好形势中。也就是说，此时宏观基本面情况的反应非常的好。按此预计，股市还会继续上涨，甚至涨到 10000 点。不仅如此，资金面的数据显示，尤其是从当时的交易金额等数据看，不断地创出当时历史以来的最高值，显示做多的资金仍然源源不断地进入股市，当然是否明智，或者仅为散户资金的流入不重要，重要的是此数据证明了当时资金仍是大幅流入市场的。无独有偶，此时市场的心理预期正如基本面分解所得出的结论那样，市场上绝大多数人继续看多，而且高唱"万点不是梦"。可事实呢？股市未来走势的事实告诉我们，根据宏观经济数据、资金流向数据、还有市场心理预期的调查等，得出的研判结论都是错误的。即，根据基本面上得出的分析结论，从表面逻辑上看，有理有据，"故事"包装得非常不错；再从资金面分析上看，似乎正是对前者结论之有力的证明；更有甚者，整个市场处于浮躁中，并且绝大多数人的心理预期是继续看好后市的上涨。可惜，事实证明这一切都是错误的。

此种情况说明，在某种走势将要完成其形态构造时，对外力影响因素分析得出的结论或许都是错误的指引，而相对正确的某外因影响因素的结论往往又会被我们所忽略和淡忘。因为此时人们总是相信自己愿意相信的，可对于市场出现的任何相反结论和观点，总是不愿意相信。这或许就是人性吧。

此案例也是告诉了我们，市场走势发生转折时，我们都要理性分析自己在当下处于什么状态？各种层面的外力影响因素各自处于什么状态，根据它们的分析所得出的结论又会做出怎样的指引？对此，我们都要一一认真做解。至少本案例中，我们得出一个重要结论，政策面因素往往是引起长期走势发生转折的重要因素之一。

当然，有没有政策面因素的失去效用的时候？也就是股市走势并没有政策面因素的长期"堆积"而发生改变的呢？答案是有的。不过这种情况出现在走势发生转折之后，即处于趋势构造之中，而不是发生转折时。这也就是我们要探讨的第二种情况。即走势定位于某性质趋势的构造过程中，或者确定处于上涨走势中，或者确定处于下跌趋势构造中。此时，我们同样，也分别结合四大外力影响因素对各自影响力情况进行说明。

例如，在2011年4月以后，对照沪指，分解在此后阶段的各层面情况的分解。政策面，管理层出台无数政策，最主要的有引导各种长期资金入市的政策、降低交易成本税收政策，还有长达一年之久的IPO暂停；基本面方面，也并未出现宏观经济数据明显向坏情况发生转变的状况；从股市自身平均市盈率来评判股市当前估值情况，明显是低估——这正如当时证监会主席郭树清犹如股评家的讲话，倡议大家购买银行股。可是股市后来的走势呢？事实是持续下跌，而且持续下跌了长达四年之久，指数从3000点最低跌至1849点，直到2014年4月以后，沪指才进入新一轮大牛市的上涨行情。

据此案例分析我们了解到，此时的各种外力影响因素均没有能力改变或影响走势的结果。至少此时政策面和基本面上都未能正面支持股市出现较好的上涨。而且此时资金面停留在存量资金博弈的状态中，并不见增量资金进场；同时，市场的心理预期较为悲观，因为很多人已经深陷套牢中，而且时间非常久、幅度非常巨大，所以，市场心理预期是极度悲观和消极的。这种情况反映到了市场交易量上。而且它们的负面影响力度远大于前者政策和基本面分析得出的正面影响力。所以，市场持续下跌，而且幅度大、周期长。

至此，我们对四大层面外力影响因素与大盘走势的影响和关系做了大致说明，但是，以上也不是我们全部的观点和结论，基于市场是一个随时处于不断变化调整的状态中，各大外力影响因素的影响情况和影响程度，也总是处在发生变化和调整的状态中。对此，我们应该做到灵活理解及灵活应对与运用。

至于四大外力影响因素对具体个股走势的影响情况分析及运用，也是我们接下来要展开具体讨论的论题之一。

三、分论 2：外力影响因素对个股走势的影响分析及运用

与影响大盘走势之外力影响因素的分类相似，个股走势的外力影响因素也分为以下几大类：

首先是政策面，如果进行行业、产业属性划分的话，每一个上市公司都可以完全划归到某一行业或产业大类中。于是，根据产业或行业直接相关的各种政策，成为了影响行业乃至具体某公司股价走势的重大因素之一。学习者必然要对自己熟悉的行业产业或具体公司做到非常熟悉和了解，然后，平时做好跟踪记录工作，最主要是跟踪记录关于关系到该行业发展的各种政策。

其次是基本面，除了了解公司所处行业之外，还要具体了解公司在行业中所处的产业链条的位置，市场份额，历年来的财务报表情况，例如盈亏情况、现金流情况等。当然我们发现，其实在很大程度上影响股价出现巨大变化的，是关于公司是否出现某种资产并购重组信息的影响。因此，深挖这种具有重组题材或概念的品种，也成为了现实运用之中手段之一。

再次是资金面，如果我们不擅长以上政策面和基本面的分析，甚至消息面的挖掘的话，那么最为直观的做法就是对个股资金面的跟踪和研判。因为我们发现，资金进出于一只个股时，对股价变化的影响也是非常巨大的。最聪明的做法是，跟踪由上交所和深交所每天所公布的"龙虎榜"，那就是最好的市场热点展示。毕竟主力资金进出某个股始终逃不了交易所数据的统计和公示。所以，聪明投资者了解到，资金流向对个股价格走势的影响巨大的话，那么，该方法不失为一个较为明智的办法。

最后是心理预期，每一个投资者都多多少少会对自己正在持仓的品种特别在意和重视，从而往往会根据以上各个方面的信息，产生出较为主观的预期。不可否定的是，许多个股背后的主力，往往会利用这种预期，从而达到自己的真实目的。所以，如果我们了解到这点的话，先要了解自己、了解人性，努力管理好自己，或许能够避免犯许多不该犯的错误。

除了上面提及的四个主要的外力影响因素之外，影响个股走势之外因分析，

还要添加大盘对个股走势的影响。对此,我们有一个基本的运用结论:即绝大多数个股在绝大多数情况下,其走势实质上是跟随大盘走势的。大盘涨时,个股跟涨;反之,大盘跌时,个股跟跌。其实,该结论换句话说就是做个股前,先看懂大盘走势。而且对此结论认同的第一人是杰西·利弗莫尔。基于事实胜于雄辩,我们在此就不过多展开。

看懂大盘走势后,再根据围绕个股的各种影响因素展开具体分析和研判。其实,以上四大基本面围绕宏观具体展开,形式各异,个股同样也具有这种特点,我们要灵活运用它。假如运气好的话,又能够持续做到对市场热点做跟踪研判,从而挑选出最活跃、最强势个股,那也是我们对此做各个层面分析的根本目的之一。有时候,我们做某行业或政策主题之下四大层面的情况分析,有时候其目的就是为了选出最佳的操作标的出来。

此外,对各大外力因素的影响分析,一定要结合个股走势形态、走势结构及走势类型等情况,进行综合性的研判与推导。当然,最为关键的是在个股走势处于转折之际,或者走势已经被定位好之后,各种外力的影响情况又是怎样的呢?

四 、 结 论

根据达尔文进化论思想的影响与启发,我们发现股市形态学的构造特征也具有相似的变化特征。总的来说,主要观点是,外部因素影响和改变的永远是表面的形态,而且会使形态的生长构造趋于愈发完美的特点。这就正如股市的运动变化规律那样,如果外部环境、各种外部影响因素对股市走势形成正面的影响支持的话,那么,股市指数的形态就会以上涨的形态展开构造,而且只要政策面、基本面、资金面和市场心理预期层面等未发生根本性改变时,那么,指数上涨的形态构造就会更加完美。直白地说,在此过程中不要轻言顶部或头部拐点将会在哪里形成,否则你会犯严重主观错误。反之,如果外部环境或外部影响因素形成负面的影响时,那么,股市指数就会朝下跌形态展开构造,而且只要外因未发生根本性的改变,下跌形态的构造就会越来越完美,而此时,则不可以轻言底部拐点会在哪里形成,否则也会犯错误。

由上述结论产生一个较为直观的启发:一旦某种性质的形态,或上涨、或下跌形态拐点出现了,那么,从此开始、直到性质改变前,都要做到顺势而为。因为顺者昌、逆者亡。血的教训要牢记。参与股市投资活动要想赢就得要识时务,看清形势和趋势。

一个启发是,对外部环境的评估,以及对各种外部因素的影响情况分析和评估，得出是正面还是负面的结论，从而与股市形态学、动态学分解情况结合，得出拐点的结论。至少这样做会减少出错的概率。当然有时候外部环境的突然改变是难以预料的，而且往往多半是带有纯偶然性的特征。正如地壳运动什么时候发生而造成大陆板块的分裂，是无法提前预测的。又或者突然某个天灾的出现，造成了恐龙的灭绝，致使整个恐龙的生物形态完全毁灭，也是无法预测的。当然也有另一种说法认为，恐龙中某类品种基于外部环境的改变，使它进化成了现在的某种鸟类。但无论怎样，客观世界的外部环境的突然改变具有极大的偶然性，是无法预测得到的。

区别于客观世界的外部环境的改变是无法提前预测的，由人的主观精神和意识创造出的股市系统，它的外部环境和影响因素的改变，或许正常情况下对其做分析与评估，有时候还是很有必要的，说不定能够推理出外部环境和外因会发生何等影响与改变。

当然，这也仅仅是展开推理和预测其可能性，若要对外部环境和外部因素的影响情况及变化做到完全预知，在很多时候仍然是无能为力的。

解缠论综合运用原理概述①

　　本理论的综合运用，实际的要求是，要将理论的全部知识点融会贯通地使用。在面对市场任意出现的情况时，都能够十分熟练、正确，且得心应手地使用本理论来处理。综观本理论所有知识点，如果全部与现实运用情况结合起来的话，其关键之处无非就两点：一是对走势完整性的推导和研判；二是对拐点的动态捕捉。而走势完整性之推导和研判的关键在于形态学知识的运用。对拐点的捕捉，并且适用于任何级别、任何时候的走势拐点的研判与捕捉的，则要依据动态学知识的结合运用。

　　为了能够更顺畅地使用好本理论，并且做到心无旁骛，我们暂且将本理论中某些关键运用原理或原则，全部集中地列示出来，以便于学习时理解。实际运用中，则要牢记且严格遵循这些原则。

　　形态学运用中，对历史走势分解原则：

　　原则一：先要从大级别分解开始起，遵循先做大级别分解，再做次小级别分解，层层"盘剥"递进式的分解原则展开，然后由此确立出要分解和指引操作的主级别。

　　原则二：在确定趋势或段的转折拐点时的分型定位标准：坚决取最高价或最低价作为分型中间笔的原则。

　　原则三：以连接线段为走势分解的基础性工作。因为无论是中枢或者趋势，其基本构造元件都是段，所以，段的连接成为走势分解基础工作。

　　对走势完整性推导及研判的遵循法则为：

　　第一点：对走势节奏和完整性研判结论作为决策与操作指引的第一法则；

　　第二点：对走势结构与走势类型的研判结论作为第二法则；

　　第三点：对历史也已出现的某些所谓重要的高、低点位等作为最后才要参考的法则。

　　动态学运用中，关于级别理论运用的三原则：

　　运用原则一：任何形态元素与走势在任何级别上都终将完整完成构造，并且

---

　　① 节选自《解缠论3》原第五章：解缠论综合运用原理概述。

趋于完美表达（走势终将会完美、完整原则）；

运用原则二：当大级别走势未趋于完整时，次小级别走势方向要尊重与服从大级别走势方向（尊重、服从原则）；

运用原则三：完全可以灵活运用次小级别走势完整性来提前研判大级别走势转折的拐点。

关于背离理论的实用规律：

规律一：背离发生在任何时候，任何级别里。走势临时转折的时空状态（指持续时间、价格空间）大小情况由分力性质的大小所决定。级别越大，出现背离等待所需时间越久、空间越大；反之，级别越小，出现背离时间较短、空间会越小（背离与级别大小成正比规律）。

规律二：大小级别上出现背离的频率不同：级别越小，出现的频率越高；级别越大，出现的频率越低。并且次小级别多次背离后，则会递进到一个更大级别上的背离（背离的递进规律）。

规律三：大级别走势段性质发生转变，即使界定出分型时，本级别不一定会有背离现象，但是会出现临时多头、空头主导现象。不过此时定会在次小级别上有背离出现。反过来说也对，即主级别进入临时多头、空头主导时，一定是次小级别出现顶、底背离。

第三种类型三个买卖点运用法对实际操作的几点启示：

启示一：因为自相似性和类同性结构特征，任何级别走势中都会出现这种类型的三个买卖点规律。换句话说，即第三种类型的三个买卖点规律体现在所有级别走势中。

启示二：次小级别中连续出现这样的三个卖点或者买点时，往往就是某大级别走势转折中的一个拐点（分型）。我们可据此规律用以辅助对大级别最佳买卖点的研判与捕捉。

启示三：基于任何品种在任何级别中，都是在下跌时出现三个买点，在上涨时出现三个卖点。所以，交易中应坚持下跌时买，上涨中卖，想要卖到或者买到最佳点位，还要具体分析、具体对待。

启示四：只要级别足够大，股性足够活跃，在交易规则和成本不受限制情况之下，可以利用三个买卖点和形态构造情况，参与某级别中的价差交易，不排除运用和实现于日内交易。

几点补充运用原则：

补充原则一：走势分类、走势类型、走势结构及走势完整性与节奏研判适用于所有级别。

补充原则二：任何级别走势的完整性研判必然要与背离相结合。

补充原则三：下跌趋势中，由太小级别的底背离所形成的反弹机会，一般不建议参与操作。即，如果主级别已确定处于下跌趋势的构造之中，而且只要当前走势仍然严重远离其完整完成构造的，往往不建议参与小于15分钟（或5分钟级别）以下级别走势中出现底背离的反弹段的操作。

补充原则四：微小级别走势中的背离并非不重要，而是如果与大级别走势背离产生共振的话，那么，一个1分钟级别走势产生的背离，也会是一个牛市或者大熊市的开始。关键在于是否能够准确识别。

补充原则五：对于30分钟以上级别走势中出现的背离，则一定要引起足够的重视。

补充原则六：在第三种类型的三个买卖点运用中，对于已经出现第二个买点或者卖点时，则要开始引起足够的重视。如果出现的所在级别越大，那么，重视程度随之也要放大。

根据本理论所总结出来的以上所有运用原则或规律，我们在综合运用时，则要充分贯彻执行。基于理论综合运用的最终目的无非两点：一是对走势完整性的推导研判；二是对走势拐点的动态捕捉。所以，在实际运用中，一切都要围绕以上原则、规律或启示展开。

在走势完整性研判中，形态学的理论要点主要分为：对历史走势的分解，对未来走势类型、走势结构等分类的推导。至于历史走势分解的功用性与意义不用展开讲，而关键在于如何分解，以及分解时要遵循怎样的分解原则。为了解答分解中所存在的困惑，我们提炼出了对历史走势分解的三个原则。一般而言，严格按照这三个原则，可以实现对任何品种、任何级别中的历史走势进行分解。然后根据分解情况，为未来走势的推导做好准备，为当下的行为做出更理性的决策。

其实，对历史走势做分解最重要的一点在于，分解当前走势程度是否趋于完整？如果不完整，那么就要知道走势运作到了什么程度？如果完整了，那么对于出现的某些更加"细枝末节"的情况，又该遵循怎样的原则。于是又有了研判走势完整性时的三点法则。正如法则中所强调的，首先是走势完整性和节奏最为重要，其次是走势结构和走势类型的研判结论，最后是对于重要高低点的研判。基于走势类型和走势结构的并不完全相同，所以，有时候会出现不同品种在节奏上、完整性上的趋同，只是具体到某些走势段却又会出现不相同的情形，那么届时应当严格遵循以上三点法则。并以此三点法则指引当下决策与操作行为。

为了更加完整、系统地弄清楚走势形态的规律，我们按照时间周期大小的情况进行划分，对不同时间周期中，即不同时间级别上的走势形态规律进行观察发现：不同时间级别中的走势存在一定的规律特性。例如，无论是较大的周线、日线级别，还是较小的1分钟、5分钟级别，走势形态构造都终将会构造完整，并且次小级别的走势形态构造全部包含在大级别的走势结构构造中。同时，我们还发现，只要大级别的走势性质没有发生转变，那么其次小级别中的破坏走势段最终都要尊重和服从原来走势性质及方向，并且在次小级别中仅仅形成相对完整的破坏走势段。倘若大级别走势性质面临发生转折，那么，在次小级别上可以提前观察和掌握到更加精准的变盘时点。根据以上这三点规律特性，我们实质上是将其演变为了级别运用原理中的三个运用原则。

当然，以上相关规律特性、运用原则或者法则，仍然多数停留在对走势规律的揭示上，而根据这些规律我们提炼出了相关的运用原则或法则。不过这里仍围绕形态学运用，尤其是围绕走势完整性展开的研判关键工作。对于动态捕捉走势拐点的方法、规律特性，及其相关运用原则，这正如上述背离理论的三点规律特性所述，还有第三种类型的三个买卖点运用的启示那般，并且这些启示或规律性是从更加实用的角度出发。譬如根据这些启示，我们了解到，背离会出现在所有级别中，即任何时候。若出现大周期级别和小周期级别的频率不同，当然，只有较大周期级别中的背离才具有操作意义，太小级别是没有多大意义的。还有，大级别中出现的临时破坏段的走势转折，或者只是次小级别出现分力而形成背离而已。因此它暂时无法改变大级别的走势性质和方向。在第三种类型的三个买卖点对实际操作的启示中，则更加鲜明地告诉了我们，如何动态捕捉当前级别中的最佳买卖点的方法。可以说是将买卖点理论做出了最为实用、最为浅显与直白的规律揭示。例如启示二中的所述。

本理论不仅告了我们如何动态捕捉买卖点的方法及规律特性，而且还对什么时候、什么情况下才可以采取行动，什么时候、什么情况下不能够采取行动做出了提示。这也就是提示我们市场中真正的机会在哪里，值得操作的情况在哪里，而不是什么时候都可以参与。也就是说，根据补充运用原则的提示，我们心里要牢记一点，参与投机，"要有所为、有所不为"，对此定要严格理性地做好区别。

同时，本理论也非常重视要将形态学运用原理和动态学运用原理相结合，换句话说，强调将走势完整性研判与动态捕捉任何走势拐点方法相结合。

即使以上规律、原则或法则全都理解透彻了，但暂时还不要高兴得太早，甚至以为自己从此就能够在市场上利用此方法取得投资的成功。不仅不应该这样认为，反而应该更加客观理性地懂得，我们还只是了解到了一套很不错的现代股票交易技术理论而已，还只是仅仅领到了一把开启智慧之门的钥匙而已，面对未来漫长又艰辛的投资之路，这不过是万里长征的第一步，后面还有更多漫长的路等待着我们走过，而且是必须要实际行动走过的，"千里之行始于足下"，只有行动、行动，不断地实践、实践，或许我们才会真正领会投资之道，领会本理论真正的奥妙所在，从而实现财富持续增长的目标。

解缠论实操运用步骤^①

很多朋友或许会问：老师，看书学习时，总是觉得很清楚，可是一到实际运用与实操时，就会犯糊涂，不知道该如何是好。能否说下，在实际操作中，我们首先应该干什么？接着该干什么？然后又该干什么？最后能否说下，在实操中的具体步骤？

当大家初次接触和学习本理论时，又或者炒股时间还不太长时，存在这样的困惑，自然是十分正常、也很具有普遍性。因此千万不要着急，毕竟要想真正理解和掌握本理论，股龄少于3年，甚至5年，那确实是一件极其困难的事情。但是，随着投资经验的增长与积累，还有极高的悟性时，是能够更快地理解并掌握本理论的。并且，如果真正理解和掌握了，不敢说你一定能够在股市里取得成功，但总是完全失败、一无所获，那也是不可能的。所以，我们反而需要更多耐心、更认真学习、思考与不断实践练习，以上这些反而成为我们每一名学习者最为重要的品质。而且随着悟性的不断提高，相信终会有所得。更有甚者，一定能够实现通过股市的磨炼和修炼，取得人生修为与财富的双丰收。

一、实操运用步骤概述

关于上述提问，也正是本章即将要回答的问题。通过反复观察、思考、研究与总结，我们认为，在实际操作中，无论是面对某个股，或是大盘走势时，其操作步骤具体如下所述：

首先，我们要做的就是定位好主级别，该级别既是实操中对历史走势分解的主要级别，也是推导未来走势状况，从而指引实际操作的主要级别。只有定位好了实际操作中的主要级别，无论大盘走势还是个股走势的全局脉络，或者其当前走势形态构造所处的状况，以及动态博弈情况等，便都可以做到大致知晓。同时，还可以通过对大小级别的所处关系展开分析，得出当前主级别走势处于大级

---

① 节选自《解缠论3》原第六章：实操运用步骤。

别的什么位置或状态中，又或者明白其次小级别走势处于主级别的什么状态之中。当然，有一点是可以明确出来的，在以往书籍中已经做过大致介绍了，即，主操作级别的定位，决定了我们操作或投资的格局或者风格，是长（线）是短（线）由此级别之定位而决定。

其次，分解主级别的历史至当前走势的情况。对于历史走势分解原则可参考前面章节介绍。对历史走势分解最终目的无非是为了得出当前级别走势是否完整。

如果走势完整了，则应当采取行动。

对于不完整时，就要知道当前处于什么状态和什么走势节奏中，以便于为当下制定操作策略。

而在对历史走势分解的同时，必然还要去查看比主级别要大的级别走势情况，并确定主级别走势在大级别走势中的位置和状况。对此结合分析也是能够为当下操作策略做好更加准确的计划与准备。

再次，根据历史走势的分解情况和结果做打算。如果当前走势已经趋于完整，那么，就要对未来走势类型、走势结构等情形做纯理性的分类推导。当然你可以说这是预测未来走势，但是，依据本理论而言，这并非预测，还仅仅是推导。因为这些推导不一定完全正确，在实际运用中，如果符合推导预期，那么，我们坚持和执行原操作策略计划；如果不符合预期，那么，我们就要在当下速度做出调整，以适应市场的新情况的出现。如果对于当前走势分解得出结论是还不够完整时，我们则要选择继续等待，直到其走势趋于完整。

最后，结合动态博弈情况的观察，动态捕捉背离拐点。基于以上主要是从形态学层面，围绕走势形态做出的分析分解与推导，而且其关键点在于走势是否完整，走势节奏状况等的研判。实质上，从更实用角度出发，并且区别于形态学的视角，能够真正确立走势是否完整的主要研判依据在于，动态背离拐点的出现。如果出现了背离拐点，那么，走势必定是完整完成当前级别的构造。如果还没有出现背离拐点，那么，走势完整性还有待继续观察和等待。

二、走势研判的实操运用步骤循环

走势研判的实操运用步骤如图 6 - 24 所示。面对一个即将要完成的走势，与将要形成的拐点，接下来要做的是，继续跟踪到其完整完成走势构造及拐点的出现。在原来的走势完成、拐点出现时，后面随即向新的趋势展开构造。新的趋势要完成构造，一般要经历两个阶段：第一个阶段是顺势段构造，即走势方向与合力主导性质一致，此阶段可以形象定义为"上半场"；第二阶段是背离段构造，即走势方向表面看继续与主导性质合力保持一致，但本质上已经发生根本性转变，此时分力已经逐渐暗自取代原合力，成为新的主导性质合力，此阶段可形象地定义为"下半场"。"下半场"即背离段构造阶段，一旦结束，形成背离拐点，即意味着此时走势也最终完成构造，走势性质马上面临转折。

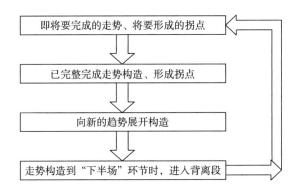

图6-24 走势研判实操步骤循环

经历以上两个阶段后，原来所谓的新的趋势构造，或许已经面临走势将要完成、拐点将要出现的时刻，即重回前面所经历的步骤。在实际运用中，对形态学走势的跟踪研判，其实也就是在不断重复以上图中所描述的各个步骤的循环往复而已。而且该实操步骤的循环图理论上适合于任何级别走势的分解、研判及操作指引。

三、实用步骤的实例讲解

（一）较大级别的实例运用讲解——以沪指周线级别为例

以沪指为例，在分解过程中我们发现，历史上出现的历次最高点、最低点，例如998点、6124点、1664点、3478点、1849点与5178点等，请记住这些重要最高点和最低点，这些重要点位在其周线级别的走势中，都是由一个最低点到另一个相邻的最高点，或者由一个最高点跌至另一个相邻的最低点，无论是从时间跨度，还是空间跨度上看，都是较为漫长，或者巨大的。

回到上述关于实操步骤的介绍，我们一旦确定主级别为周线级别时，结合上述重要点位，如果能够确定其中任意一个点位发生背离时（暂时不理会背离性质），那么后市走势构造必然朝着一个新的趋势展开。当然，如果在以上这些点位还未出现时，那么它们前期走势运作必然还未趋于完整，既然走势未完整，就进入继续观察与等待中。直到待其走势完整了，并进入背离段时，如上所揭示的六个重要点位，都是在周线级别出现背离段时，且在其末端出现背离拐点，走势才发生重大转折的。只不过这个等待过程十分漫长，空间十分巨大。因为我们此时选定的主级别是周线级别，这是一个相当大的级别。其中经历最长下跌时间的有 3478 点跌至 1849 点为 2009 ~ 2013 年，时间上跨度为 5 年之多。最大空间涨幅与跌幅分别在 998 点涨至 6124 点和 6124 点跌至 1664 点（要加强理解最好对照沪指行情中走势图展开）。

我们无论是从走势跟踪研判上，还是对动态走势背离研判上出发，在结合前文所提供的跟踪研判的循环图进行对照时，我们都要严格遵循以上步骤展开工作。只不过要花费很长时间，等待巨大空间被构造出来而已。而股市投资就是这样的，在很多时候，你都是在漫长和无聊的等待中。所以需要很好的耐心与耐性。通过观察发现，失败投资者和成功投资大师的差别往往也就在于此。

（二）微小级别的实例运用讲解——以任意标的 5 分钟级别走势为例

如果我们在实际中随便举一个标的，并且以 5 分钟级别走势为例，进行解说上述步骤的话，那么，在时间和空间等待上就没有那么漫长了。因为 5 分钟级别足够小，可是却能够充分满足我们，无论在走势形态上，可以完整完成某趋势的构造展示，还是在动态上，极快速地看见背离的反复出现。于是，实际运用中必然会提高或增快上述介绍的走势研判之循环图的步骤。但需要特别说明的是，5 分钟走势级别实在较小，一旦选定了该级别作为操作的主要级别，那么，也就意味着选择了较为激进的操作策略，从而所承担的风险和压力随之放大。除此之外，我们要想提高操作的成功性，就要花费更多时间和精力关注市场，专业说法叫作"盯市"，同时要具备非常高超的交易技术和心态。如果以上做不到，建议不要贸然选择激进的操作策略。

（三）不同级别实例运用的心得小结

在任何级别走势中，不管是超级大的周线级别，还是较小的 5 分钟级别，其走势规律总会按照其应有的走势规律出现，并且在其最终趋于完整完成时，在拐点处发生走势转折。所以，对于越大级别，及定位于越大级别作为观察和操作级别时，越要有足够的耐心，务必淡定地做到"不为幡动所搅扰"的定力和信念。

另外，实际运用中一旦选择了怎样的主要操作级别，也就意味着定位了怎样的操作策略，是激进，还是保守，又或者是中性，均已定位好了。所以，要根据自己的选择与定位，制定出与之相匹配的"操作模式"作为应对。

这一番叙述看起来似乎会使我们陷入机械式的行为，但投资成功好与否，有时候就是要靠坚定的信念持之以恒地将机械式操作给贯彻下去。

第七篇

案例解析篇

案例详解①

本部分主要以我国上证指数 20 年来各级别的走势图（时间：1990～2010 年，点位：95～6124 点）与美国道琼斯百年来走势图为实际案例，结合《解缠论》进行实际分解。

一、上证指数各级别走势图分解

在利用《解缠论》做分解时，对级别要求多半是按照由大到小的原则，一层一层往下分解下去，这样才能从全局上把握其整体走势。

本篇是关于上证指数的各级别分解，目的是让大家对未来走势有一目了然、成竹在胸的整体投资格局。在投资中，只要对未来一段时间内有了整体上的了解，尤其是对大盘指数的了解，那么投资对我们来说或许是很轻松的一件事情。我们之所以面对机会或者风险都手忙脚乱，就是因为没有整体上或者较大格局去了解指数未来的走势。没有这样做，或许是因为没有系统的技术理论做支持，又或者自身还不具备这个技术水平，所以做起投资来只能听天由命。《解缠论》可以适用于对众多品种、所有级别的价格走势图形的分解。笔者愿意尝试做这样的分解甚至预测。

（一）上证指数的年线图及分解

如图 7－1 所示，年线在形态上的描述：即连接图中底分型最低价 95 点到顶分型最高 6124 点，刚好构成了一完整的上升段元素（截至目前上证指数在年线上仅为一个上升段元素）。再按照《解缠论》看盘分解步骤，当前一笔（指 2011 年线一笔）属于五大元素中哪个元素状态中？十分明显，继 6124 点最高点确立之后，顶分型由 2006 年、2007 年及 2008 年三笔年线所构成，而后面的 2009 年、2010 年及 2011 年三笔则属于对该顶分型的反复。因为它们还处于顶分型范围

---

① 节选自《解缠论 1》原案例详解篇。

之内。

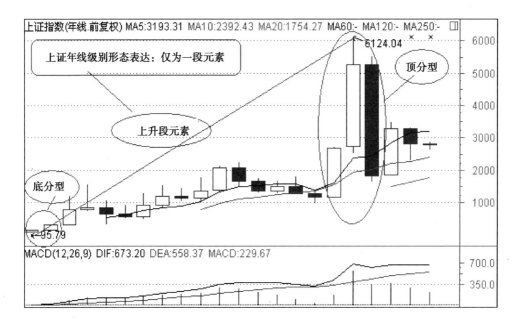

图 7 - 1   上证指数的年线

如果仅从当前年线级别进行分解的话，后市分型的反复有可能出现两种不同结果：一是升破 6124 点，继续创新高，再次确定形成真正的顶分型；二是跌破顶分型范围，跌破 1162 点（准确地说是 1161.9 点），向相反分型进行构造一下跌段元素。至于此种情况是否会出现呢？不会，因为年线没有出现顶背离，只是进入临时的空头主导状态。顺着空头主导的出现，年线出现下跌笔是正常的。另外，由于年线级别当前处于临时空头主导中，这说明次级别出现了顶背离——如果不是季线级别，就是月线级别有显示出来的。

至于以上两种情况出现哪一种的可能性大一点，其判断依据或原则则肯定无法从当前的年线级别进行判断。因为当前年线级别在形态学上的表达仅为一个符合年线级别定义的一上升段元素而已。对其未来更加细致具体的走势，则要通过其次级别甚至次次级别进行研判。笔者觉得应该去观察至少季线级别的走势情况与分解，因为从次级别走势可以了解到大级别的运作方向，尤其可以看清楚次级别背离情况是否发生。季线如图 7 - 2 所示：

（二）上证指数的季线图及分解

如图 7 - 2 所示，其在 6124 点之前的形态表达：图中 ABC 三段是季线级别标

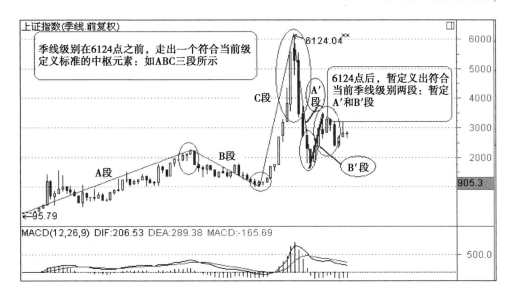

上证指数(季线.前复权)

季线级别在6124点之前，走出一个符合当前级别定义标准的中枢元素：如ABC三段所示

6124.04

6124点后，暂定义出符合当前季线级别两段：暂定A′和B′段

C段

A′段

B′段

A段

B段

B′段

95.79

905.3

MACD(12,26,9) DIF:206.53 DEA:289.38 MACD:-165.69

图 7 - 2　上证指数的季线

准的三个段元素，按照本理论定义，因 ABC 三段出现水平方向价格的重叠，从而构成了符合当前级别所定义的一个中枢元素。当前级别未能够构造出符合当前级别定义趋势元素时，就只能够暂且先定义出一个中枢元素来。随着后面趋势元素构造完整且符合定义时，则可以再度自由灵活地组装与连接了。

继 6124 点以后，即中枢之后又出现了 A′、B′两个符合季线级别定义的段元素，而且 B′段的顶分型已经形成（已经再次说到了季线级别的当下情况），其中 2009 年第三季度出现的 3478 点，即为该段的顶分型的中间笔。可目前情况是，虽然该顶分型范围的 2331 点被 2010 年第三季度一笔跌破了，创出新低 2319 点，但由于其次级别上出现了中枢震荡，从而还未能完整构造出符合当前级别一下跌段元素，因为这里出现了两个分型公共一笔的情况，不符合当前级别段元素定义标准。而按照理论所定义，顶分型后，若有顶背离伴随出现，或者空头主导的出现亦可，后面就是往下跌的段元素的发展，并最终完成该下跌段的底分型。那么后市至少还得出现两笔，而且这两笔中必须得有一笔跌破目前的 2319 点，然后再出现一笔以确定中间那一笔，由此才算完成下跌段之 C′段（假定的）的底分型构造成功。并且这两笔是按照最少的底分型构成要件计算的，如果中途还出现对前面顶分型的反复或者下跌笔的延续，则都将延长这个底分型构造的周期。而且这个周期是以一个季度为最小单位进行计算的。但问题是，本季度出现了破坏笔，即与下跌段方向相反方向的上升笔的情况出现，即出现了对前面顶分型的反复情况。所以，目前季线级别的 C′段没有出现，当前季线运作笔还是对前面

3478 点顶分型的反复之中。

这里的 A′B′两段都是暂时定义的，后面只要再度走出更为完整元素时，则要做灵活的修改了，包括对 6124 点之前中枢的 ABC 三段均要进行重新定义。一切均以最能够完整表达当前级别的完整意思元素之形态为基准。

季线级别在动态学上依旧不可以做是否有背离的判断，顶多可以观察多头主导还是空头主导。从目前迹象观察看，属于临时性的多头主导状态。

不过整体上观察，当前季线运作笔暂时处于时而多头主导、时而空头主导之下，按照前面使用原则介绍的，这应该是属于其次级别，甚至次次级别出现了中枢及中枢震荡的走势。一点没错，往下继续看月线走势图。不过在此之前，先来看一下因为年线与季线分解所出现的疑问之探讨。

1. 年线与季线分解所出现的疑问的探讨

当下的年线和季线级别，特别是年线就有可能出现对前面顶分型的反复。当前这一笔甚至未来几笔都不会离开顶分型的范围，而徘徊在前面顶分型范围之内的，在这个范围内既有可能出现上升笔，也可以出现下跌笔。那么这种情况的出现对操作层面会有怎样的指导呢？其实不难明白，当前形态的表达就是我们经常所说的震荡盘面，震荡盘面下的操作就是采取差价法，且观察小级别的背离点和分型在哪里出现，然后看到操作级别是否够大、空间幅度足够具备应付的时候，但凡发现一段底分型＋底背离出现，就完全可以参与买进；反之，发现一段顶背离＋顶分型出现时，就果断做卖出动作。

可是这样一来，新的问题又出现了：即以上这种对分型反复的情况出现，岂不是在否定顶分型之后则下跌段出现，底分型开始形成这一理论吗？还有，这种无法对后市做出确定性研判的理论跟其他理论有什么差别呢？

2. 对本理论研判精确性意义的回答（对应上段的疑问）

本理论是完全允许以上情况的出现和尊重一切事实的。因为任何股价的走势除了单一的上升、下跌之外，还有在某区间内反复升升跌跌的情况出现，这是完全允许的，这也对应了中枢元素。

上面所出现的对当前顶分型反复的情况是完全允许的，也没有错。同时，这也并不是说无法对后市做精准研判的。其实《解缠论》但凡对后市做出的研判，那都是绝对精准、独一无二的研判，暂时无法做精准研判是因为某些与元素相关的因素还没有消除，或者多空力度博弈阶段正处于胶着状态中——只有暂时以中枢或者其震荡进行描述与表达。

当然最关键因素还是要看动态学中的背离是否出现。面对这种情况，对于真正的学解缠者，你完全可以暂时做认真的跟踪，就像猎手一样，死死盯住猎物，直到某些确定性信号的出现再动手了。而且要注意的是，一旦信号发出，就得毫不犹豫地出手了。当信号没有发出时，除了观察还是观察，但一定是带有某种目的的观察，至少做到心中有数，如果分型反复结束，接下来是向下可能性大，还是反复之中向上创出新高、破坏掉当前的顶分型可能性大呢？其具体研判依据，一切仍然皆取决于实际中动态学背离的情况——并且可以很确定地说，这个在信号发出时都可以明确判断出来。

3. 关于季线分解还有如下内容

既然 6124 点下来，已经十分清晰地出现了 A′、B′两段了，而且是符合季线级别定义标准的两段。那么再出现 C′段就是中枢构造了。一旦 C′段跌破 1664 点，那么此时升到大级别年线观察会发现，眼下不过是年线下跌段的前半场而已。后面不跌破 1664 点，对于年线级别来说就一直处于年线顶分型反复之中。当然这里是否跌破 1664 而新低不是判断根本，根本仍看其次级别是否出现相反性质的背离，这里次级别上若出现了底背离，从而对应假定的季线级别的 C′段将会得以终结。

反之，如果目前围绕 B′段顶分型（3478 点季线级别的顶分型）季线运作笔有一笔在后市出现了创新高——升破了 3478 点，那么前面 B′段的顶分型则要被取代之。前面介绍篇中做过规定，但凡股价新高或者新低，以较高或者较低为真正的分型。

4. 季线改变年线运作笔需要满足条件

要改变年线级别当前顶分型的反复情况，必须要观察次级别季线 A′B′C′（C′段是假定，图例中没有）三段之中枢的构造情况。因为当前中枢是独立出现的，所以实际操作中，其买卖点的判断方法是跟踪每一段次级别的背离与分型结合即可。如果该中枢出现新的段元素，而且这些段始终围绕着 B′C′两段进行震荡的话，即可能会出现 D′段（与前面 C′段方向性质相反，同 B′段同方向的性质，即方向为一上升段元素），甚至出现 E′段（与前面 D′段性质相反，与 A′C′两段同性质，为一下跌段元素），以上已经假设出来 5 段，如果以上五段中最后的 E′段跌出新低，即破掉 1664 点，那么该季线级别一个下跌趋势元素构造结束。由此 5 段构造的描述，即是结束年线级别顶分型反复的另一种相反情况而已。

但反之，若要改变年线下跌段，就必须要有季线中枢的出现，而且这个中枢无论是独立出现（中枢独立出现，下跌末端出现底分型那么就意味着大级别一段或者会结束而发生转向）、还是从当下开始新生出若干段而构成趋势，那么则有可能改变或者破坏掉年线当前元素定义要求。当然研判关键仍以动态学中的是否出现背离为标准。

其实以上不过是个猜测，因为当前季线级别意思表达还不具备这种条件。目前顶多属于季线级别中枢震荡中，中枢运作时如出现次级别底背离的话，年线级别运作笔的方向还是选择向上的，甚至接近前面 6124 点，到时候再去确定是否有当前级别顶背离的出现，以此做卖出动作。

不过回到现实中来，基于季线这么大的级别，做以上那样的猜测是没有太大实际操作意义的，研究好以下略小一点级别元素的情况就完全可以应付当下机会或者风险了。

（三）上证指数月线图及分解

如图 7–3 所示，形态学的描述为：在 6124 点前面已经由"1 – A – B – C – 2"五段构造出趋势元素，当下进入 6124 点之后，也已出现了 4 段，分别标示为：1′段及 A′B′C′三段的中枢构造元素，而且当下 A′B′C′三段属于符合当前月线级别的段及中枢元素的定义标准。

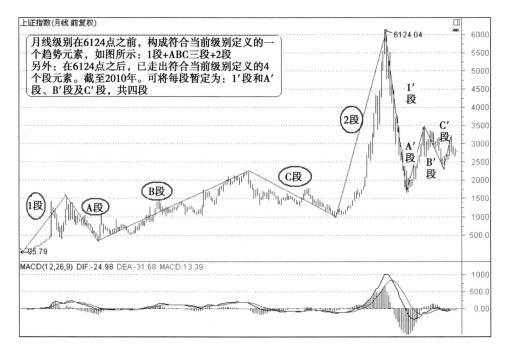

图 7 – 3　上证指数月线

在 6124 点之前的上升趋势元素中，"1 – A – B – C – 2"五段的内部各自走出了或存在一个独立中枢元素，或存在一个完整次级别趋势元素，总之各不相同。至于其原因我们可以分别在相关时间段通过技术走势的外因中找到，例如政策面基本面的情况。同时通过实际走势图形，可以让我们知道，每一大段元素的内部构造形态不一定是完全对称的。但是，趋势元素的构造终将结束，且一定是以 2 段的顶分型及当前级别顶背离（或者次级别顶背离）的出现而终结的——6124 点的月线级别 2 段终结则是次级别顶背离出现而结束了该段，因为图中清楚地显示当前月线级别 2 段只是出现了空头主导状态——这却是次级别出现顶背离的迹象的体现。

至于 6124 点以后的月线级别走势的情况，基于前面趋势性质发生转变开始，所以其中 1′段已经暂定出来了——暂定为后市月线级别的下跌趋势元素 1′段。该段结束后，随即出现了 A′B′C′三段，形成了符合定义中枢元素。不过眼下关键取决于 C′段后面的走势：仍可以分为几种情况：

如果 C′段创新高，即突破 3478 点，那么 A′B′C′三段可以构造出一个大段来（相当于中枢中的大 A2′段来）。

反之，如果 C′段往下跌出一段，假定为 D′段的话，且跌破图中 B′段底分型至低价位来的话，那么那时的 B′C′D′三段则会构造出中枢中的大 B2′段来。

至于以上哪种情况会出现，又该怎么判断呢？仍然观察动态学中反复强调的当前这一段在当前级别或者次级别是否出现背离？或者临时性的多头、空头主导状态亦可作为判断依据。

不过从目前月线级别整体运作形态和动态学相结合来看，当前级别的运作笔仍处于中枢震荡之中——实际中但凡出现中枢震荡段的走势，相对当前级别来讲，其操作上都要调整为以波段为主的差价交易风格。基于此处月线级别足够大，所以，在实际运用中，当前级别至少应该降低至其更小的周线或日线级别上去观察，即利用小级别提前研判大级别一段的买卖点的运用原则。依据该原则，接着做出相应的操作动作。

（四）上证指数周线图及分解

如图 7-4 所示，同样地，在 6124 点之前，周线级别在形态上能够更加细致和精确地描述原月线级别上的那个上升趋势的元素构造形态，且对于该趋势元素内部走势显示得更加直观详细。如图 7-4 所示，周线级别中的 "1 段 + 中枢一 + 2 段" 构成一个上升趋势元素一，且于 2001 年的 2245 点终结该趋势元素。继 2245 点以后，后面又有一个由 "1′段 + 中枢二 + 2′段" 所构成的下跌趋势元素二，且于 2005 年 6 月的 998 点终结。同时除了以上分解外，结合后面的 2″段，还可以这样组装连接 6124 点以前的走势：即 "1 段 + 上升趋势与下跌趋势 + 趋势二 + 2″段"，即可构成一个周线级别大的上升趋势元素。

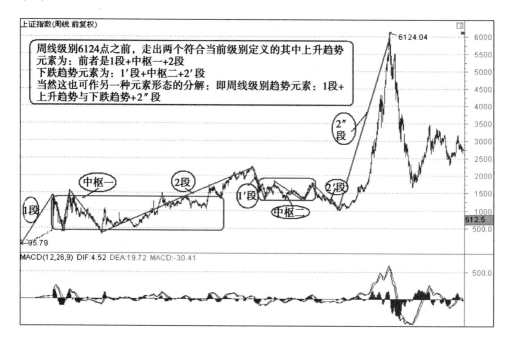

图 7-4　上证指数周线

　　为了更加细致具体地分解当前趋势元素走势，对于前面这两个趋势元素还各有一幅同样阶段的，却经过放大后的走势图（见图 7-5 和图 7-6），可以对照参考与学习。

　　1. 上证周线 1990～2001 年（95～2245 点）具体走势图形分解

　　如图 7-5 所示，描述是上证 1990～2001 年的周线级别走势图。元素表达上为一个标准的周线级别的趋势元素，且由图中的 1 段 + ABC 三段所构成中枢 + 2 段，等同于上面那幅完整周线图的"1 段 + 中枢一 + 2 段"五段的走势图的描述。点数同样对应为：最低 95 点至最高 2245 点。需要说明的是，该图形的 2 段内部由三个小趋势元素构成，而且这三个小趋势元素中各自包含了一个中枢，分别是中枢 a、中枢 b 和中枢 c。这三个小中枢前后分别都连接两个小段，就是大 2 段内部三个趋势元素。

　　实际跟踪中，预示着周线级别趋势元素构造终结的依据是，看 2 段是否升破中枢 ABC 三段中的最高价，一旦升破就已开始预示着当前级别趋势元素的终结。图中标示的是 1999 年，在 1756 点新高后开始。果然，后面出现了背离段，背离段内部又走出了一个包含小中枢 c 的小趋势元素来，然后顶背离明显出现，最后终结于 2001 年，于最高 2245 点而终结。

　　原本，小中枢 a 之所以没有终结当前趋势元素，是因为没有创新高，而小中枢b后创出新高，也没有马上终结，是因为当前趋势出现延续，当然最主要是顶背离没有出现，要背离一定要走出一个背离段。那么包含小中枢c的背离段（其实是个小趋势）就产生明显背离，股价与指标背离了。如图7-5所示。

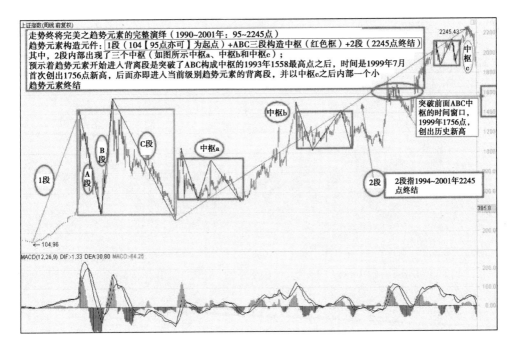

图7-5 上证周线1990～2001年（95～2245点）

此时或许有人会说，前面也有出现过顶背离啊？例如小中枢b之后——可是否发现，当时背离出现后，已经出现一段下跌了！既然出现下跌，那就对了。只是主要问题是跌的程度和幅度没有后面2245那么深、周期没有那么长而已。至于区别呢？一是看是什么级别的背离，中枢b出现的背离是次级别的顶背离多一点。二是它后面的上涨出现了多头的加码支撑——观察其下方所对应的红柱子的面积大小就可以知道。三是当前级别中枢元素所对应的背离现象往往不会改变原趋势的性质。因为观察趋势的背离往往是对2段的观察，该段是趋势的结束段，也是所谓的背离段。因而，不是当前级别顶背离则很重要了。即使第一点不足以证明，还有其次，即终结当前级别的趋势必须要出现当前级别顶背离。在图7-5中，其后面果真是出现了——回顾前面有关背离与级别关系之实用理论的介绍，从而背离与级别及操作空间成正比的规律因此得以被证实。

大家或许会发现中国股市开市以来前十年都是上涨的，而且周线级别上仅仅走出了一个当前级别趋势元素而已。至于2001年的2245点以后，又是怎么回事呢?

2. 上证周线 2001~2005 年（2245~998 点）具体走势

如图 7-6 所示，周线级别的下跌趋势元素，其构建部分由 1 段（2245 点开始）+ 中枢 ABC 三段 + 2 段（998 点终结），共三大部分。且等同于开篇中介绍的"1′段 + 中枢二 + 2′段"所构成的下跌趋势元素二图形（可参考图 7-4）。

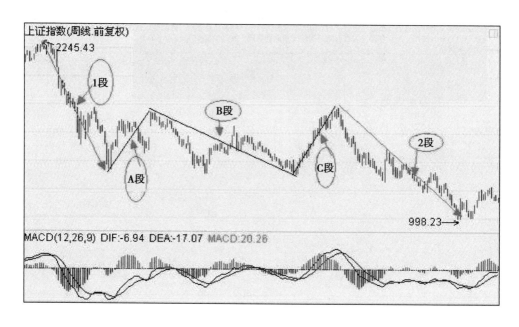

图 7-6　上证周线 2001~2005 年（2245~998 点）

实际运用中，预示着 998 点终结的主要原因是底背离，这个背离出现了两个迹象，几乎是同时出现的。一是 2 段内部出现了次级别的底背离；二是相对 1 段来说，出现了当前级别的背离。事实确实是出现了底背离后，趋势元素性质得以反转，后面出现一大段上涨。及开篇图例中一直上涨至 6124 点的 2″段（参考图 7-4）。

3. 上证周线级别自 3478 点以来的走势分解（截至 2011 年 2 月的走势分解）

如图 7-7 所示，在 1664 点出现该级别的底背离之后，即趋势元素性质发生了转变。后面则可以肯定必然地将完整构造出一个上升趋势元素。但前提是当前级别中枢必须要构造完成（捕捉该级别第三买点成为未来关键所在）。如图 7-7 所示，目前是处于构造 B 段过程中。且有一点可明确的是，在实际运用中，无论怎样，只要 3478 点后市未被突破，当前级别的一上升趋势元素就还未构造结束，所以未来下跌还是买点，且下跌得越深，则机会越大。因为尊重走势终将完美原则，任何级别的趋势元素终将构造完成。

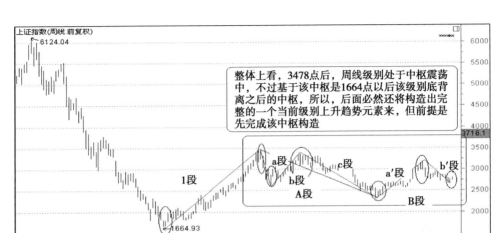

图 7 - 7 上证周线自 3478 点走势

由此处周线级别走势意思的客观描述与表达，我们也就知道了为什么从月线、季线到年线级别，如此较大级别的上证走势均处于一个简单的元素中，其能够表达的信息很少，从而对当下的操作缺少精准的揭示意义。原来，最符合当前走势含义描述与能够确定揭示出后面"定量变量"及"空间时间"的仅仅为周线级别的启示。这也是中枢组合连接之确定原则中所强调的：尽量寻找能够完整表达当前走势意思的级别，进行当下的操作或者盘面分解。目前只能从周线级别上对上证的未来走势进行较确定性的研判。该结论的分解时间截至 2011 年 2 月 11 日。

对于日线级别走势已经接近当下，如果依据以上方法，或者当你阅读到此处时，或者已经是另一个日线级别的走势情况了，那么笔者在这里暂且留个作业，希望你尝试着用以上方法，对当下所出现的上证日线走势进行分解。

（五）上证各级别走势图分解总结

上证指数以最高点 6124 为分界线，那么该点位之前形态学的表达为：其年线级别仅走出一个上升段元素而已，季线级别走出一个独立的中枢元素而已，月线级别已走出一完整的上升趋势元素。而 6124 点以后，月线级别已经走出 1 段加一个暂时符合当前级别定义的中枢元素；至于周线级别，则是对月线级别进行了其内部更为详细具体精致的描述了。而且，从当前所有级别中观察可以得知，目前周线级别有比较确定的形态学动态学相结合后的确定性研判，即周线级别自1664点底背离之后的上升趋势元素还未构造完。由此指导出来的操作动作不用笔者再去啰嗦反复地去讲解了。当然，涉及精准的买卖点的话，则一定要落实到更加小的日线甚至60分钟、30分钟级别上去。

同时，可以知道，如果以上的分解适合于上证指数，那么，本理论定将适合于任何个股。

二、道琼斯指数各级别走势图例分解

要说清楚美国道琼斯指数未来运行状况，我们先来了解一下它的历史走势。具体如下所述：

（一）详解道琼斯百年走势图

图7-8是美国道琼斯指数（1886～2000年）一百多年来走势的缩影。根据其走势，笔者将其暂做形态学的分解，以此从技术走势上了解道琼斯指数走势的历史。按照缩影图进行形态学的五大元素的分解分别如下：

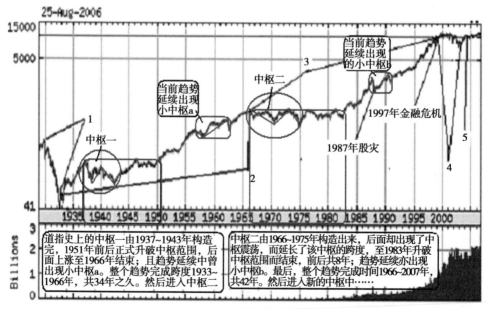

图7-8 道琼斯百年走势

从走势图上可知，一百多年来的上涨趋势中，出现了两个相对较大的中枢，分别是图中的中枢一和中枢二。同时，两个中枢后面都曾出现了次级别的小中枢，如图中的中枢 a 和中枢 b。

中枢一分解：该中枢自 1937～1943 年，共花了 6 年的时间构造完成（由此时间段可知该中枢不是年线级别的），又由于 1951 年正是升破了该中枢范围，所以该中枢一的跨度实际为 14 年。远离该中枢后，当前的趋势延续中曾出现了小中枢 a，且很快结束，后面继续上涨至 1966 年结束。前后趋势完成跨度时间累计为 34 年，然后进入中枢二的构造。

这里我们先回顾一下该期间美国发生了哪些重要的事件，而且必须是对美国经济产生重大影响的事件。由此我们也许能够找到中枢一出现的原因，或者说是什么外界因素干扰而造成中枢一的出现。

据资料记载：该期间出现了自 1929 年以来最为严重的经济危机，其特点是持续时间长，波及范围广，且破坏性较大。美国是危机的发源地，也是受伤程度最严重的国家。经济停滞不前，陷入长期低迷状态，实体经济受损严重，许多公司纷纷倒闭，工人纷纷失业，没有收入来源，以上危害无疑直接破坏上市公司业绩增长，从而影响金融投资的良好环境。

同时，更为雪上加霜的是，该期间美国还经历了第二次世界大战，即美国宣布对德日的反法西斯战争。在以上问题作为重要的外界干扰因素时，致使道琼斯指数走势变得复杂。那么其中的中枢一则是在该背景之下出现的。

更加有趣的是，1951 年朝鲜战争结束后，中枢一范围才正式被有效升破；而越南战争发生期间，小中枢 a 走了出来。

中枢二分解：该中枢自 1966～1975 年构造完成，时间为 9 年（由数据可知该中枢也不是年线级别的）。中枢构造完成后，出现了中枢震荡（1975～1983年）至 1983 年结束，约 8 年时间，所以中枢二的全部跨度应为 17 年，方才升破该中枢，接着一路向上。同中枢一结束后持续上涨出现小中枢 a 一样，在当前趋势延续中，中枢二后同样出现了一个小中枢 b（1987～1991 年），但后市很快就远离该中枢 b，继续进入了快涨阶段，直到 2007 年 10 月 14198 最高点的出现，方才结束当前的趋势，累计时间跨度为 43 年。至于后市怎样？应该是继续进入新的中枢构造中。

同样根据资料记录，我们会找到该期间以下与美国经济有着重大关联的事件：

例如古巴导弹危机及与苏联的世界霸主之争，海湾战争等。因为对战争的恐惧，尤其是对苏联核武器的担忧，美国政府及美国经济都处于一种高压状态之下，如履薄冰。自然而然，要解决这一问题，除非将最大对手苏联搞垮，才能消除美国各层面的不安定因素，才能够保障美国经济有一个稳定高效高速的发展环境。这种环境伴随着不久之后的美元代替黄金成为世界通用货币的核心地位而被奠定，还有不久后最大对手苏联的内部瓦解（虽然苏联于1989年才瓦解，但前十年是其内部问题和矛盾的形成、酝酿及爆发期，相较而言，此时美国却处于10年高速发展阶段，从道指走势就可以看出）而被确立出来。于是道琼斯指数飞速上涨了近十年之久，直到1987年全球股灾的发生，同时加上海湾战争的爆发——所以这里才又形成一个次级别中枢 b，这个次级别的中枢结束后，指数再次一路上涨到2000年，21世纪开始——可接着又伴随科技股泡沫破灭后，指数向下反复，反复结束后，指数又一路狂奔至2007年的14198点，从而结束当前趋势的运作，后面出现了2008年的大幅下跌走势。美国经济进入百年来又一次巨大的金融危机的周期中。

有个观点认为："股市是某个国家或地区经济的晴雨表。"如果这个观点成立的话，那么就可以说，股票市场会因为经济因素、重大的军事、政治事件等巨大因素而受到影响，而且这些影响都会反映到走势图形中。中枢元素形态的复杂体现，往往就是这种外界因素的过多干扰而造成的。

至于接下来，道指是否将出现其历史上的第三个中枢？我们也可以从相关的基本面——各种外界干扰因素的出现，从而考证当下道指是否会出现一个漫长的中枢构造周期。

以下事实我们可以重点留意：经济方面事件，想必大家都很清楚，如2008年金融危机下，以美国次贷危机为导火索，先是金融机构倒闭，宣告破产，例如雷曼兄弟，以及其他几家大的投行公司纷纷倒闭。另外，金融危机继续渗透到实体经济中，包含汽车制造业业绩销量下滑。各种数据显示，美国公布的失业率数据快速上升，至今未能够有效解决。同时，美国参与多起军事战争，例如出兵阿富汗、打击伊拉克等。

以上各方面自然都将为其日后经济发展埋下不良的隐患，甚至当下已经开始兑现这些不良隐患了。又或者是因为美国自身知道内部矛盾问题重重，所以有意采取军事战争转移国人视线，从而达到转化内部矛盾的目的罢了。可不管怎样，这都无疑暴露出了美国经济确实存在严重问题。

而假如美国国内危机仍未有效地被化解，即对未来仍存在的严重不确定性，所以与欧洲国家关系的逐步淡化、用形同陌路形容很恰当，与发展中的国家忽远忽近是很明显地被体现出来。

另外，这个危机所形成的巨大负面因素，必然会反映到经济上，自然也反映到各行各业公司企业发展中，从而形成居高不下的高失业率现象，这是叫人头大的问题。那么，这些负面因素的影响也必然地都将像前面历史那样，在道指运行上留下痕迹，客观地体现在道指的每一次波动中。而一旦出现股价的来回波动，那么中枢形态或许就会在不知不觉中慢慢地被构造出来。

如果以上理论和观点还不足以说服你的话，那笔者就从另一个方面说明美国经济确实会出现问题，而且这个问题是十分要命的。那就是美国人口结构情况：2008 年，美国全国人口平均年龄为 36.7 岁，其中，男性 35.4 岁，女性 38.1 岁。全国人口平均寿命 78.14 岁，其中，男性为 75.29 岁，女性为 81.13 岁。

经济学简单讲过，人就是生产力，那么决定生产力多少的，应该取决于人力和技术。我们暂且不讨论靠技术提高生产力，只说人力因素。人力因素中，我们将老年人和年轻人作比较，自然年轻的男壮力所创造的生产力会高于老年人和小孩。回顾上面给出的美国人口结构数据，男性的平均年龄为 36.7 岁，女性的更高，为 38.1 岁。去过香港的朋友都知道，麦当劳、肯德基及各餐厅，随处可见年龄在 50 岁甚至 60 岁以上的老年人还在辛勤地工作——显示出香港应该是缺少有效高质量劳动力的。以上的结论是，美国人口结构逐步老龄化。再过 10 年，甚至 20 年后，这个男女平均年龄还将增加。据说，美国现在年轻人，即使结婚后也都不大愿意生养孩子。如果没有了后备军，那么美国人口老龄化趋势将会继续下去。如此一来，美国生产力必然再度下降。这也必然反映到美国经济中，形成一个影响经济发展的重大因素之一。目前因为人口老龄化问题影响经济发展，甚至造成经济衰退最为明显的国家是日本，相关数据可以去查询。

如此一来，笔者由美国人口结构老龄化的问题，联系到其对美国经济的影响，甚至提出一个对美国股市影响的假设观点——未来 20 年美国股市将处于漫长的中枢构造和围绕中枢震荡走势之中。为此，笔者列出一个"前无古人，后无来者"的逻辑出来，那就是：我们先假设原本未来 20 年甚至更长的时间，美国经济乃至其股指的实际情况应该是下跌的，而且会跌得很惨。可是，美国人过去一直这么强大，一直是全球经济、军事、政治老大，所以，它们断然不会就这样让自己简单地、没有任何技术含量地垮下去。那么，它们会怎么办呢？它们肯定也思考过这个问题。但没有用，因为"天道"如此——应该准确地说，它们有且只能够这样干，就是消耗未来 20 年时间顶住下跌。为什么是 20 年呢？因为它们平均年龄是 36.7 岁，加上 20 年，就是 56.7 岁了（如果超过 20 年，那么消耗的时间会更长）。等过了 60 岁就不知道该怎么说了。试想一下，一位接近 60 岁的老人，还能够做些什么？还能够为国家增加多少生产力呢？即使 60 岁还可以创造生产力，那我们再给他 10 年的时间，到了 70 岁，估计就不行了吧。加上美国人口平均死亡年龄是 78 岁。所以，接近 70 岁应该是创造生产力的极限年龄了。

不敢说这个观点一定对，但我们可以去验证下。

（二）详解道琼斯各级别走势

1. 道琼斯近24年年线走势（实际截至2011年2月11日）

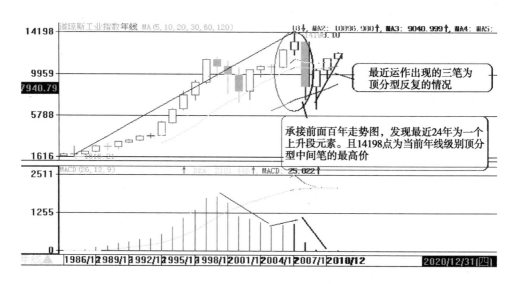

图7-9　道琼斯近24年年线走势（2011年2月）

从图7-9可知，近24年道琼斯指数在形态上处于一上升段元素中。且14198点为当前年线级别顶分型中间笔中的最高价。该顶分型确定后，后面连续出现了三笔，即2009年、2010年与2011年（截止到2月11日）三年对顶分型反复的情况。还可以从图中得到以下信息，整体上看，目前年线动态运作暂时处于临时的空头主导状态中。当前的年线走势无论从形态学还是动态学所能够表达的意思仅此而已，若想知道更加具体，则看其次级别。

2. 道琼斯近24年季线走势

从图7-10可知，近24年来在形态上出现一个中枢ABC三段，且背离段C段出现了背离，于是至少已经走出了下跌A′段。又由于下方的动态学描述中，A′段结束后，伴随着多头主导的支持，反弹段B′段走了出来。这也就正好对应了年线中最后三笔出现反复的情况。目前跟踪季线的话，就看B′段顶分型在哪里形成。要提前知道，继续往下看其更小级别走势图形。

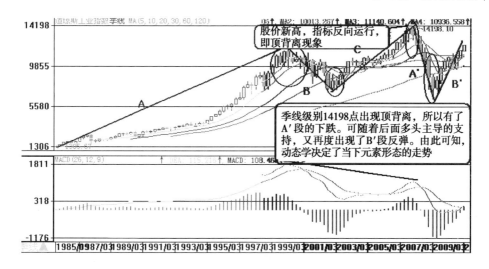

图 7 - 10 道琼斯近 24 年季线走势

3. 道琼斯近 24 年月线走势

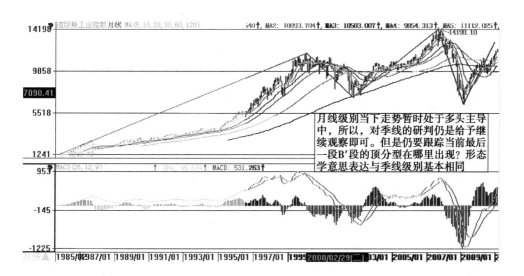

图 7 - 11 道琼斯近 24 年月线走势

图 7-11 表达的意思等同于季线级别的，即给出的都是对当前 B′段顶分型的跟踪（截至 2011 年 2 月 11 日）的指导意思。若要将其每一段的顶、底分型精确把握和研判的话，则必须要看到其更小级别上去。

4. 道琼斯自 14198 点以来周线走势

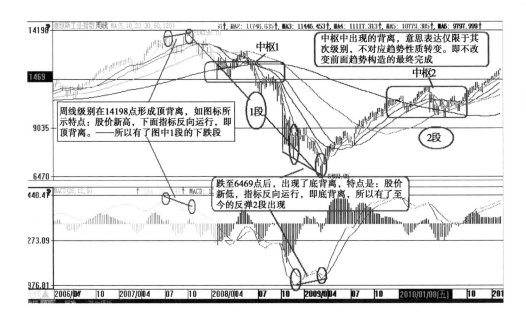

图 7 - 12　道琼斯自 14198 点以来周线走势

如图 7 - 12 所示的特征如下：

特征一：周线级别在 14198 点新高时，出现了顶背离，所以后面一个下跌趋势元素，指图中的 1 段运作出来了；反之，后面下跌至 6469 点新低时，又出现了底背离，所以后面至今走出了一个上升趋势元素来。目前就是对该上升趋势的结束段的跟踪。

特征二：以上两个不同性质趋势中均出现了一个中枢。中枢中也均出现了背离现象，可是为什么当时对应的下跌或者上涨空间不算太大呢？这说明该中枢出现的背离是其次级别的背离。另外，实际操作中，若对于中枢或中枢震荡中对应的出现了背离，仍将其定义为相对于当前级别的波段操作即可。中枢中出现的背离不改变原趋势性质的转变，即，原趋势终将构造完成。

最后，至于日线级别太小，当笔者解读出来时，你又看到本书的时候，或许已经走完了当前解读的阶段了，所以笔者暂且不解读日线级别了。你只要学会了以上分解方法，就可以试着利用该方法对当下看到的日线级别走势进行一次解读。

续解上证指数和道琼斯指数[①]

时隔近两年，A股上证指数和美股道琼斯指数已经重新走出了现成的历史形态。接下来，笔者再度对两大指数最新的走势进行当下分解：一是为了回顾过去走势分解；二是再度探讨最近两年两大指数所发生的最新变化；三是重新预判下各自未来的走势。

其主要内容仍分为两部分：一是A股的上证指数各级别走势续解，二是道琼斯指数各级别走势续解。

一、续解上证指数各级别走势

对上证指数各级别走势的分解，依旧按照《解缠论》中的原则，即遵循由大至小级别顺序逐一进行分解。

首先，看下上证指数年线级别走势续解。

对于沪指年线走势，探讨的关键点仍是围绕6124点的顶分型是否会被破坏？对于其可能性可分为两种情况：一种情况是，后市出现上涨笔，升破6124点构造新的顶分型形态；另一种情况是，出现下跌笔且破坏分型范围的下限值形成一个下跌段。至于此两种情况，哪一种实现的可能性比较大，暂且从当前级别的形态学和动态学做下分解，尝试去寻找答案。

从形态上看，目前的实际情况为，最近的4笔年线仍然处于顶分型范围之内，整体上看是最近几年的年线笔处于横盘笔状态之中。如图7-13中文字备注1所述：2009年、2010年、2011年及2012年四笔仍处在6124点为顶分型的范围之内。当然最近2010年、2011年及2012年三笔为下跌笔。同阶段，对应的动态指标MACD处于临时的空头主导状态。如图7-13中文字备注2所述：结合MACD指标看，仍处于空头主导状态之下。

按照此番形态运势和动态指意，有点类似2005年前的情形。2005年是连续

---

① 节选自《解缠论2》案例续解。

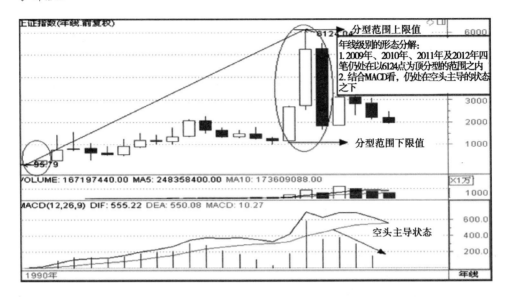

图 7 – 13　上证指数年线级别走势

下跌 5 笔（2001 ~ 2005 年），动态指标亦是处于空头主导状态之下。但 2006 年开始出现转折，指数连续上涨两年，最高至 6124 点。

那么，经过连续三年下跌，临时空头主导依旧占据优势，后市能否也像 2006 年那样出现巨大转折呢？

若要出现此举，只恐非巨大的外界干扰之力的影响因素所不能扭转。如果从资金面看，若非庞大的承接盘资金进场拉抬所不能。而这一切在 2006 年均出现了。

若要继续从技术面分解，想要寻找到当前年线级别的下跌段或者下跌笔（当前为下跌笔）何时止跌，形成向上涨一段，或者上涨笔出现，则要结合次小级别进行研判。这是按照级别理论之运用原则中，可以用次小级别提前研判较大级别的买卖点。

所以，接下来我们暂且看到季线级别走势续解。

季线级别以 6124 点为分水岭，前面自 95 点开始，到 6124 点结束，由小写的 abc 三段构成；而 6124 点后至今，则构成了 ABC 三段，当下处于 C 段的构造之中。关于本级别之形态、动态分解，如图 7 – 14 中框内文字所述，且关键之处在于对 C 段底分型构造之跟踪和探讨中。

从动态指标看，当前 C 段仍处于空头主导状态之下。对此，季线与年线级别所表达的意思差不多，若要寻找到下跌段何时止跌，出现一反弹段，恐怕还要继续往下之更小级别进行跟踪研判。

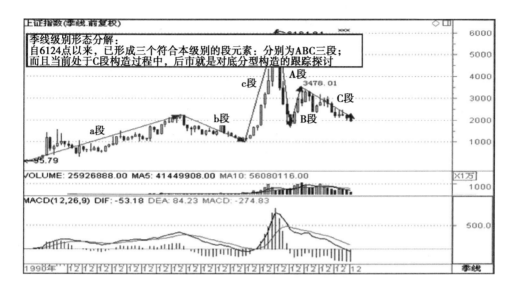

图7-14　上证指数季线级别走势

所以，继续往下看到月线级别的续解中。

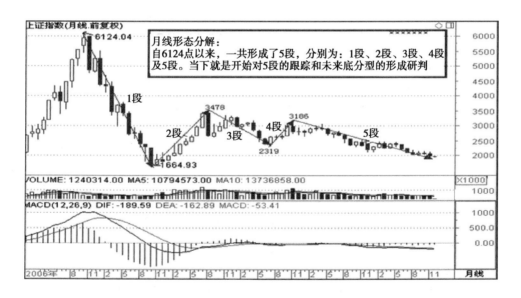

图7-15　上证指数月线级别走势

同样，月线级别以6124点为分水岭，主要续解自该高点以来的走势情况。

如图 7 − 15 所示，符合当前级别段元素定义的一共分为 5 段：6124 ~ 1664 点为 1 段；1664 ~ 3478 点为 2 段；3478 ~ 2319 点为 3 段；2319 ~ 3186 点为 4 段；3186 点下跌至今为第 5 段（截至 2012 年 12 月 4 日，下跌至出现的最低点为 1949 点）。当前就是开始对 5 段的跟踪，以及该段未来底分型形成的研判。

从动态指标指意来看，当前第 5 段整体上仍处于空头主导范畴之中，但值得注意的是，自从 2132 点以后，动态指标就开始出现了临时多头主导状态。而且该迹象自指数跌破 2000 点后一再出现。

如果按此情况所指，当前月线级别上或开始出现止跌，或者反弹笔甚至反弹一段。至于实际中能否真的出现，我们要继续从小级别中寻找支持依据。

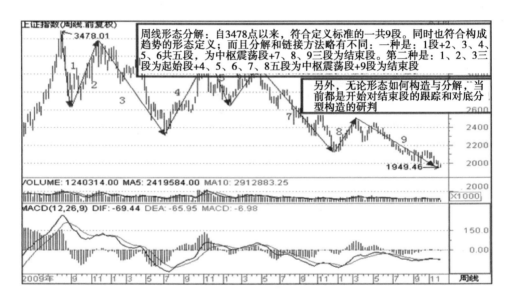

图 7 − 16　上证指数周线级别走势

周线级别的走势分解仅从 3478 点开始，如图 7 − 16 所示，符合当前级别段元素标准的一共有 9 段。这 9 段在形态上也已符合趋势形态的定义了。对于其分解之法可以灵活连接，一种趋势形态构造为，由 1 段开始 +2、3、4、5、6 共五段（构成中枢震荡段）+7、8、9 三段为结束段；另一种趋势形态构造为，由 1、2、3 三段为起始段 +4、5、6、7、8 五段为中枢震荡段 +9 段为结束段。虽然对趋势形态的分解可以多样化，但如果回到实际操作中，最后都得回到对结束段的跟踪，以及其底分型的构造与研判。

从动态指标来看，周线级别无疑已经出现底背离迹象，至于当前已经出现的最低点 1949 点是否为该背离点，还值得在后市进一步确认。需强调的是，近几年来，周线级别的第一次底背离是对应了 2132 点。自该背离点出现后，才相对应地出现了 2012 年第一季度的上涨行情。即，该段反弹对应图中的 8 段。

综上，一切以实用性出发，以 3478 点为最高点以来，从最大级别的年线，到季线、月线分别对应的形态依次为：下跌笔（年线），C 段（季线），3、4、5 三段构成一独立中枢（月线）；它们从自身级别做研判，最终都对应了何处止跌？底分型在哪里形成？上涨笔、上涨段何时何处出现？当然，一切在当前级别中往往很难提前看到，而应该降低到次小级别中寻找这种比较确定性的信号。例如周线级别。形态上构造趋势形态，动态上出现指标与指数底背离，那么按照理论规律所讲，后市至少一个反弹段会出现。

在此，需要讨论一个问题：什么情况下即使月线下跌中出现新低时，在其对应的次小级别中出现的反弹值得参与呢？

月线级别进入临时多头主导状态，周线、日线及 60 分钟级别上出现底背离，或者临时多头主导状态；此情况下，出现的反弹才具有投机意义与价值。

最后特别强调的是，之所以不继续对日线甚至更小级别做层层分解，是因为这些级别相对偏小，分解的结论往往就会很快速出现，所以体现不出本理论的超前性。换句话说，基于分时图这种级别每天都会出现顶背离与底背离，对应的卖与买无疑会显得过于频繁，从而造成当前分解的时效性。所以，对小级别小周期分解在这里暂不做特别的解释。

二、续解道琼斯指数各级别走势

截至 2012 年，道琼斯指数的走势与上证指数走势相比，则完全处于相反的情形。上证指数以下跌且屡创新低为主要特点，作解这会儿沪指最低已跌至 1949 点，而道琼斯指数则主要以上涨且屡创新高为主要特点，道琼斯指数最高已涨至 13661 点。

如果将两国宏观经济作为基本面作比较的话，中国不是发展中国家中最差的，美国却是发达国家中碰到问题较为严重的，至少奥巴马任期内，居高不下的失业率一直成为其较为头痛的问题。当然根据最近公布的各项经济数据看，相较以往已经有很大改善。但这或许也不是道指持续上涨的主要原因。至于为何道指能够持续几年走牛，笔者认为源于美国相对宽松的货币政策。截至目前，美联储已经实施了三次量化宽松政策，中途还进行了一次"扭曲操作"，无论怎样，在此宽松的货币环境下，美元不断被印刷出来，并且向全球投放，一切与美元挂钩的资产价格自然会被拉抬，其中自然包括了股票。

暂且撇开基本因素分析，我们仍然从技术走势层面，对道琼斯指数各级别走势做续解。

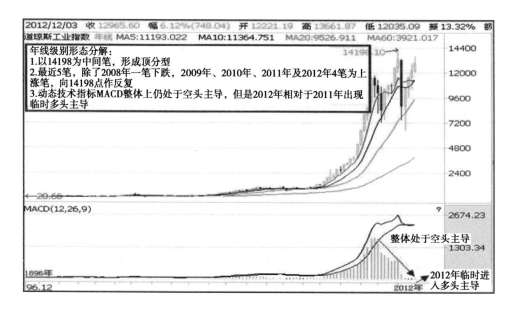

图 7 - 17　道琼斯指数年线级别走势

对道指年线级别形态分解结合图 7 - 17，百年来形成的最高点位 14198 点成为了顶分型的中间笔。且最近 5 笔年线，除了 2008 年一笔下跌外，2009 年、2010 年、2011 年及 2012 年 4 笔均为上涨笔，出现向 14198 点做反复的意思。

如果结合动态技术指标看，自 14198 点以来，该期间内动态指意为，当前整体上看仍处于空头主导状态之中；但 2012 年相对于 2011 年，又出现了临时多头主导状态。

从实用性出发，当前关键仍是跟踪目前上涨笔在哪里结束，然后开始转向，出现下跌笔，或者出现横盘运作笔？如果当前年线级别无法找到更多的信息，则需要降低级别去更小级别寻找这样的拐点何时何处出现？

季线级别形态分解为，自 14198 点以来，形成了两个符合当前级别的段元素。分别是如图 7 - 18 所示的 A 段和 B 段。从实用性出发的话，当前级别应该开始对 B 段做跟踪，研判顶分型在哪里开始构造，或者跟踪拐点在哪里出现？

当前季线级别的 B 段所对应的动态技术指标整体上呈现临时多头主导状态，可是从当下开始看，又有迹象开始出现临时空头主导的迹象。所以，对于 B 段顶分型至高点是否超过 14198 点，值得深思。当然，从实操角度出发，无论 B 段顶

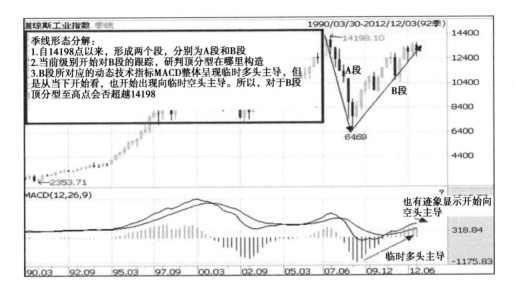

图7-18 道琼斯指数季线级别走势

分型至高点是否升破 14198 点，只要其次小级别中已经出现明显顶背离，或者进入空头主导状态，在操作上都要做好逢高卖出的行为。

道指在月线级别上的走势实质上是季线、年线级别的具体体现。按照级别运用原则所讲述的，完全可以利用次小级别来提前研判和捕捉买卖点。我们用同样顺序，依次展开形态与动态情况的描述和研判。

从当前的情况看，如图7-19所示，道指价格走势与指标运作方向已现顶背离迹象，后市应该开始对顶背离点的跟踪，研判甚至捕捉该点位在哪里形成。

对未来走势形态的构造，大致可分为以下几种情形：①出现下跌笔，构成一下跌段；②从整体上看，当前月线构造形态或还处于中枢震荡范围之内，并且或持续相当漫长的周期，方向还一时难以做选择；③可能继续向上升破 14198 点，出现更高点位，可是终结当前上涨趋势形态的时间空间点位，或越发临近。

周线级别走势图则显得更为精细具体。暂且仅仅对 6469 点以来的走势做分解。结合形态与动态做讲解如下：自 6469 点以来，整体上以上涨为主，且出现了三个大的上涨段，如图7-20所示，分别为上涨 A 段、B 段及 C 段。其中 A 段以 11258 点结束，B 段以 12876 点结束，C 段暂以 13661 点结束，当然还要暂做跟踪。实际操作中，这三个高点均已出现顶背离，而且也都出现了破坏段，A 段结束后，由 11258 点跌至 9614 点，B 段结束后，由 12876 点跌至 10404 点，当下则是跟踪和确认 13661 点下跌至低点。

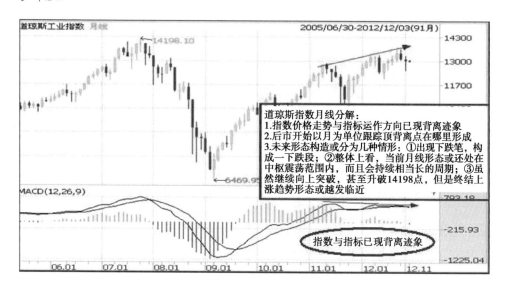

图 7 - 19　道指月线级别走势

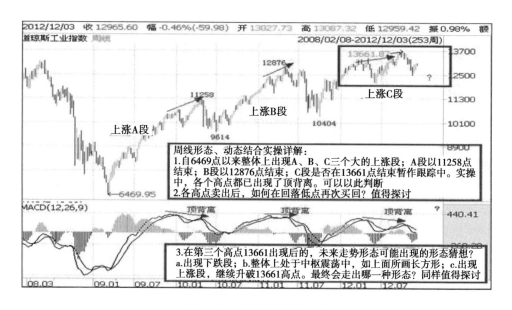

图 7 - 20　道指周线级别走势

以上仅是对形态学做出的描述，可是实际操作中，如何研判要在 9614 与 10404 点再次买回——假如不做买回，无疑将错过后市继续上涨的获利机会。参考方法无疑仍是寻找次、小级别底背离在哪里形成？如果出于安全起见，可以参考本理论前面所介绍的参照点与拐点理论方法，精准捕捉最佳最安全的买点。这里就暂且不做介绍了。

对于第三个高点 13661 点出现以后，对后市走势形态存在以下几种猜想：一是出现下跌笔，甚至下跌段；二是仍处于中枢震荡中，图 7 - 20 中所画长方形，在此范畴内形成区间震荡的中枢形态；三是出现上涨段，继续升破 13661 高点。至于最后会出现哪一种情况?

笔者以为，最主要的研判关键点，还是要看外界动态影响因素的干扰力度，如果仍有外因强势干扰，力推道指上行，那么，道指向上趋势暂不改。虽然从技术走势上看，已经出现调整迹象，之所以迟迟未见深入调整，是因为动态影响因素的干扰所致。换句话说，从形态和动态二者结合分析，道指有调整要求，后市就待该顶背离点的到来。

注：2012 年 12 月交稿，可再次做修订，待出版，上证指数与道琼斯指数形态构造又有出现新的情况。尤其关于道指再度创出百年新高，冲破 15000 点。可无论怎样变化，"解缠论"之方式方法及运用仍可作参考。

——笔者 2013 年 5 月 13 日

指数分解及困惑解答[①]

本章将分别以沪指、创业板指数及道琼斯指数三大指数作为分解标的，展示本理论在实操中的运用方法和经验。

以三大指数作为分解标的，主要理由在于：首先，大盘指数是综合性指数，是市场综合情况的整体反映，所以，对其分解和推导的结论相对来说，比较具有普遍性和全局性。其次，相较于个股的历史走势分解与未来走势推导来说，大盘的分解较为简单直白，个股容易受个别合力主导或者外力因素的影响，从而造成分解、推导结论的有效性、成功概率性等存在较大不确定性。最后，大盘走势代表了绝大多数个股的走势方向。大盘环境较好时，处于所谓上涨牛市时，个股多半是以上涨为主；反之，大盘环境较恶劣时，处于所谓下跌熊市时，个股多半以下跌为主，且极度不适宜操作做多。换句话说，做个股之前，先要分析下大盘的环境，如果是熊市或者下跌趋势为主时，就不要盲目参与了。

一、沪指分解

我们仍然按照由大到小的时间顺序，对沪指进行层层分解。分解遵循的要点和思路主要有：一方面，对历史走势做回顾式的分解，加深我们对理论中的某些知识点的理解和记忆；另一方面，对未来走势做出纯理性的推导，至于推导方法也严格遵循理论中所介绍的。详细分解参考下文。

（一）沪指年线级别分解

图 7-21 为沪指 25 年来的年线走势图（1990 年 12 月至 2015 年 9 月），因为 1990 年 12 月正式创建市场，而且时间上只有十几天，所以不能算作一个单位年，我们按照五年一个时间周期进行统计，则从 1991 年开始算起，至 2015 年刚好 25 年。在以前的书籍中，笔者曾对此做过分解，时过境迁，此处是进一步跟踪续

---

① 节选自《解缠论 3》原第七章：指数分解及困惑解答。

解。按照以往四个五年的规律特性显示，沪指历史上的每一个五年中的第五年之后的走势，都是大变盘的开始。详见图中所标示的。那么同样地，眼下进入2015年（9月9日止分解），亦是一个五年第五年的时间窗口，且是沪指历史以来第五个五年时间窗口的来临期。根据历次历史规律的表现，我们展望未来一年，即2016年的走势会怎样，则是我们当下应当密切关注的焦点。至少从时间周期的规律特性上讲，这一年很重要。

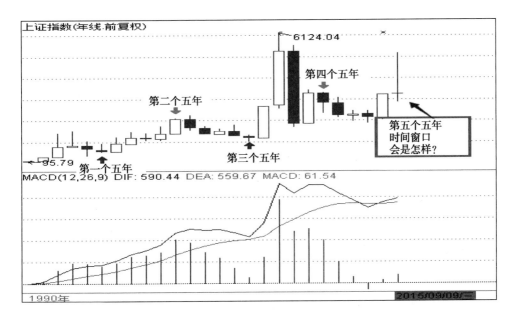

图7-21　沪指年线走势（1990年12月至2015年9月）

如果从本理论的形态学展开分解的话，沪指年线自2013年形成最低点数、2014年出现上涨一笔，2015年惯性使然继续上涨为主，目前有所回落，而且幅度较大，但结合动态趋势指标的提示，上涨仍为主基调。于是按照理论所规定的，年线走势笔至少要连续出现三笔才具有分析的意义和价值，目前看，沪指最近连续三笔是以上涨为主的。

对于连续三笔走势类型的分类，结合当前实际情况，我们推导出未来大概有这么几种：

第一，后面的年线笔围绕2015年进行震荡；

第二，继续上涨，并创出新高，创造连续四笔上涨的形态；

第三，出现破坏笔，向下回撤。

至于后市实际会怎样，我们将此作为跟踪研判的关键点。根据动态指标的提示，自创建市场以来，沪指年线走势一直处于多头主导状态，截至 2015 年依旧如此。并且趋势指标中的短期指标向上穿过了中长期指标，显示短期继续走强成为当前实际状况的真实体现。如果照此情况看，年线级别走势的未来是朝着顶背离的情况展开构造。不过基于该级别实在太大，所以这一天可能要等上很久，以年为单位。

注：以上分解为 2015 年 9 月 9 日所做，如今时过境迁，再次修订此段时时间已到了 2016 年 7 月 19 日。下面我们一起来看沪指年线走势的最新情况。

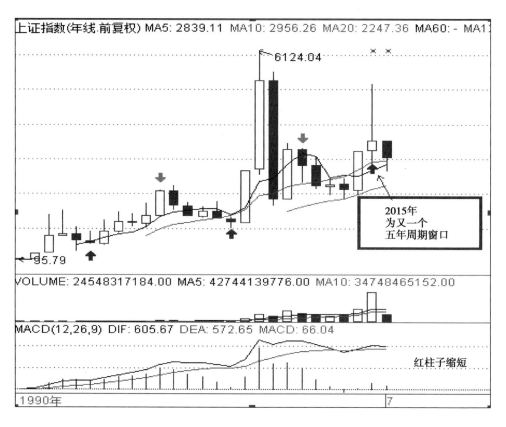

图 7-22 沪指年线

结合前面年线走势笔的分类和判断，2016 年一笔年线目前看是以第三种情形出现，即破坏笔，向下回撤。对应指标红柱子缩短，短期指标走平。至于到 2016 年底结束时，最终是以破坏笔定格，还是以十字星形态定格，则有待观察和确定。至少我们得回到次级别中观察指标能否重新回归多头主导。

（二）沪指45日线级别分解

如图7-23所示，我们在图中标示了四个上涨走势段中出现的顶部拐点。通过观察这四个拐点各自所对应动态指标情况我们发现，这四个顶点都没有对应当前级别的顶背离状态，但是，又确确实实地在此处发生了走势的重大转折，造成较大级别调整为主的破坏段的出现。这四个拐点出现时，顶多只有临时多头或者空头主导状态出现。当然，这实际上意味着其次小级别走势上出现了背离，而且是标准的背离。

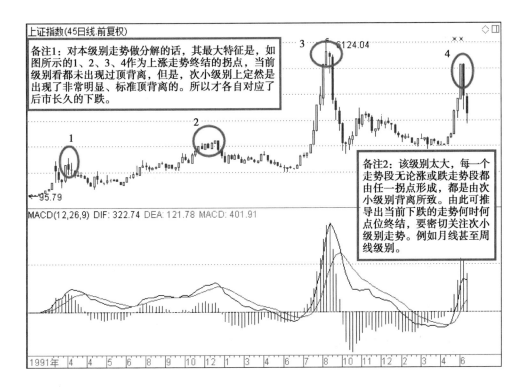

图7-23 沪指45日线级别走势（1990年12月至2015年9月）

回到当下，参考图7-23中备注2的观点：沪指在当前级别上也未见到顶背离，但是却实实在在出现走势转折，5178点成为当前走势拐点（此处标示为4）。于是，当前的问题在于，对后市走势跟踪观察，至少从当前级别的情况看，想要确定该破坏段走势何处、何时发生转折，是难以办到的。解决办法是，定然要对次小级别走势做跟踪观察了。而且在次小级别上定然是可以提前观察到走势将要发生转折的拐点处。

注：以上为截至 2015 年 9 月 9 日的历史走势分解，且看分解之后至当下（2016 年 7 月 19 日）走势的最新情况：

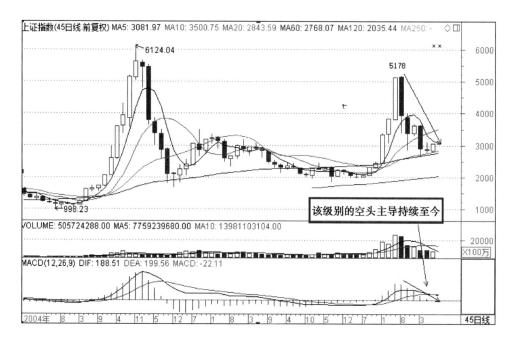

图 7－24　上证指数

从 2015 年 9 月那一笔走势至 2016 年 7 月，观察指标和沪指走势看，该级别至今仍处于临时空头主导状态。由此，从当前情形看，仍然无从确定这种下跌为主的走势段（笔）是否完成，基于此，我们继续去观察较小级别走势情况。

（三）沪指月线级别分解

如图 7－25 所示，在此，我们先对历史走势做回顾与分解，正如图中所标示的备注 1、备注 2 的观点所述，在图中备注 1 处（图左上边）描述的是沪指从 6124 点跌至 1664 点后，出现一个反弹走势段，最高涨至 3478 点后结束的走势情况。此阶段如果分析动态指标的话，仅观察到多头主导特征出现（如指标处标注的文字注解），——而这刚好说明在其同期内的其次小级别中，即在 1664 点处出现了底背离，对此我们去查看周线或日线级别走势时，就可以确定该观点成立。

备注 2 处（见图 7－25 右上边）则描述的是在 1849 点处的本级别上，即月线级别走势上出现了底背离，所有才有了 1849 点涨至 5178 点上涨段的大行情的出现。同时，为了说明此时底背离是当前月线级别的，我们亦在图中三个重要的、曾创出新低的点位标出了1、2、3，分别与动态趋势指标三个最低的参数值处标出的1、2、3相对应，由此显示，此处出现明显的底背离现象。并且可知道当前背离是月线级别的。格局要比前一个大（前一个是周线或以下级别的背离）。正因为如此，我们又有了备注3（如图中最上方所备注的文字内容）的观点：即，根据理论所揭示的，月线级别在1849点出现底背离后，在未来较长的时期内，必然会出现一个以上涨为主的趋势形态。目前看，已经出现了一个由1849点涨至5178点的上涨段出现，与一个从5178点开始下跌的破坏段出现，而且该破坏段还有待进一步跟踪和确定其完整性。从级别定位看，这也是前面理论所揭示的规律性，这样的走势结构还不够完整，也不符合趋势形态的构造结构，后市要完成一个完整趋势形态，定然至少还有超过一个上涨段出现，而且是月线级别的上涨段。当然眼下工作主要是确定第一个破坏段何时、何点位结束？或者说，该破坏段走势的次小级别的底背离会在什么时候、什么点位出现呢？一旦确定此点，那么，后市再度重回新的上涨段就可以预见得到。

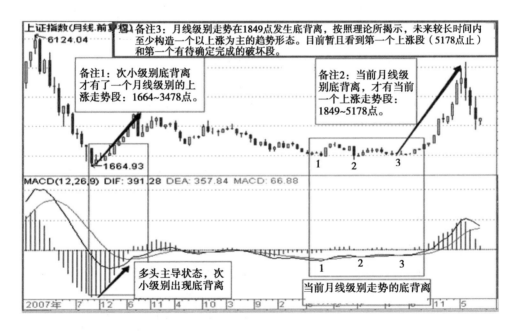

图7-25 沪指月线级别走势图（2007年10月至2015年9月）

同样，时过境迁，基于以上为月线级别到2015年9月9日止的分解，我们回到当下2016年7月19日，沪指月线走势情况如图7-26所示。

由沪指最新走势图7-26可以看出，自2015年9月后，后面连续出现三笔上

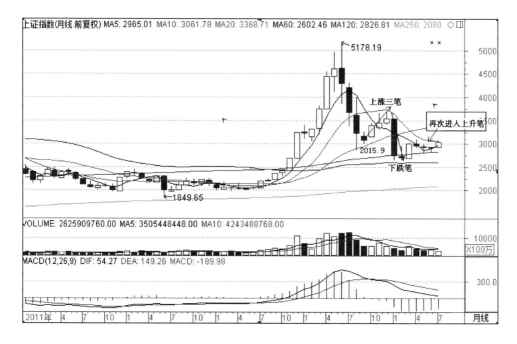

图7-26　沪指月线走势

涨走势笔，接着又是两笔下跌，然后，再次进入上升笔状态中。并且非常关键的一点信号是，目前月线级别走势对应的指标进入临时多头主导状态。指标的绿柱子相较于前面略有缩短。

　　当然，如果要提前知道临时多头主导情况能延续多久，那么，我们定然去查看比月线级别更小的次小级别的走势情况和动态博弈状况。

（四）沪指周线级别分解

　　如图7-27所示，在注解1处（图中左下），我们观察到历史低点1664点出现时，趋势指标完全出现钝化走平特征，当前级别明显出现底背离，后市则必然会有一个上涨走势出现，同时也对应了月线级别会必然出现一个上涨段。同样，在注解2处（图中右下），观察到1849点出现时，趋势指标的参数值不再创新低，形成了继1949点底背离后的多重底背离特征，根据理论所揭示的，此举即意味着当前周线级别走势的底背离将递进到更大级别底背离。我们根据后市实际走势的验证，确实已经出现一轮大牛市行情，沪指最高涨至5178点。在此，我们根据注解1与注解2的历史情况的描述和启示，我们有了图7-27中注解3（图7-27中上方）的结论：周线级别底背离或者多重底背离出现后，促成大级别进入临时多头主导状态，指数月线级别进入临时多头主导。此特征方便我们看盘与分解。

至于注解4（图7-27上方的下一段），围绕当前情况的分解（2015年9月中旬）看，从趋势指标与走势结合分析，并非标准顶背离所致，但仍造成在5178点出现走势的转折。当然，当前周线级别的顶背离并不明显且不标准，那么日线级别顶背离定然是十分标准的，赶紧去查看验证。事实也必然如此！既然如此，自5178点转折出现后，下跌至今，接下来主要工作就是耐心跟踪日线级别底背离和转折点在哪里，以及此情况什么时候出现。

基于日线级别相较于月线、周线级别而言显得太小，如果我们对日线进行分解的话，可能结果在不久的将来就会出现，不具有时效性，甚至待到本书面市时，读者们会觉得我们的分解是"马后炮"。因此我们就暂时不展开了。

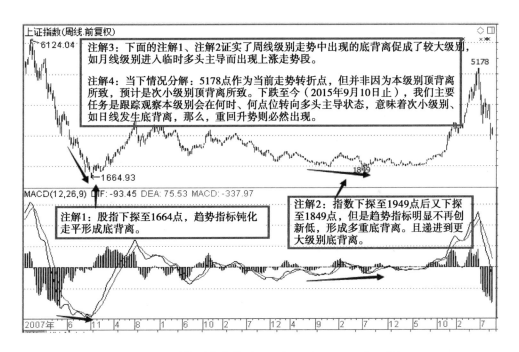

图7-27 沪指周线走势（2007年10月至2015年9月）

注：同样，我们对照一下走势至今（截至2016年7月19日）沪指周线走势情况，如图7-28所示：

对照最新沪指周线图可知，自2015年9月以后，沪指周线级别走势图上，已经分别构造出了三个下跌走势段，两个破坏走势反弹段，如图7-28所示。目前进入新的反弹走势段，紧接着的问题在于，此轮新的反弹走势段为何会出现呢？基于此，当下要确立目前所处反弹走势段——在形态学的分解上，是否为前面（5178～2638点）下跌趋势已经趋于完整完成，与动态上发生底背离所致呢？

参考答案：我们目前无法在当前周线级别上确定，此时动态表达上发生了底背离，只能说成是其次级别底背离所致（即日线级别上第二个下跌段在创新低时和第一个下跌段发生底背离所致），还有形态走势上至少已经出现符合走势定义所述的，即第三个下跌走势段，在走势节奏和走势结构上均符合理论所定义的条件，无论第三个下跌段是否创出新低，只要走势上趋于完整完成，加上此时动态指标仍继续支持为临时多头主导状态的，那么，后市出现新的反弹走势段即成为必然（对此阶段底分型买点的研判，笔者的博客文章中有过具体跟踪和介绍）。

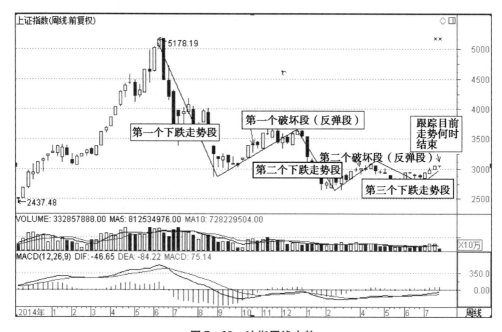

图 7-28　沪指周线走势

至于该反弹段将持续多长时间，持续到什么点位结束，将成为接下来再度跟踪和关注的问题。

根据历史走势分解和推导，我们暂时有如下几个观点，仅供参考：

第一种，如图7-28的分解，沪指周线已经出现三个下跌走势段，和两个破坏下跌的反弹走势段，一共五个走势段。根据本理论走势完整性定义，5178点下跌以来，沪指在周线上已经趋于完整完成。所以，第三次下跌段结束时（2780点处），即为较佳买点。无论是否为走势转折的真正拐点，但自从2780点以后，沪指反弹至今，截至2016年7月19日，最高反弹至3069点。当然，按照此种分解，即意味着该级别的走势已经发生转折，后市将朝着上涨趋势的五段式构造之中。至于此种分解和推导是否正确，我们拭目以待，暂时仅做一种参考。

第二种，如图 7-29 所示：

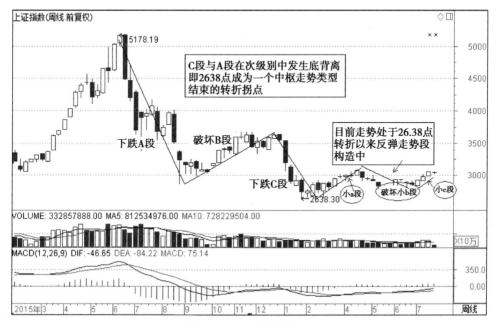

图 7-29 沪指周线走势

沪指周线从 5178 点起至 2638 点止，为一个独立的下跌中枢三段走势类型，C 段底分型洼值低于 A 段分型洼值。并且对照同期同阶段日线级别走势看，2638 点处发生底背离（日线走势形态上符合完整的下跌趋势五段式的表述）。据此可判断——依然同时结合了形态学走势完整性，与动态上背离的发生——2638 点成为了下跌走势趋于完整完成后，走势发生转折的拐点。后市从此点开始进入上涨走势的构造中。再根据理论走势推导，未来上涨走势自然也包括一个三段式或五段式走势构造结构。回到实际走势图可知，2638 点转折后，沪指周线上已经构造出一个类中枢三段的走势形态（见图 7-29）。目前即看小 c 段何时完整完成。

二、创业板指分解

令人欣喜的是，在我国经济处于转型期时，涌现出了许多新兴产业与行业，尤其是在那些所有制定性为私有民营的中小型企业中，往往具有很强的生命力与活力，其产业所处发展形势不仅迎合了时代发展趋势与步伐，而且这些私有民企根据自身优势具有很强的发展潜力与增长动力，为宏观经济发展添砖加瓦。而就在此时，基于政府一直在倡导要大力发展和建立多层次的资本市场，就在该良好的政策环境的配合和扶持下，2010 年 6 月 1 日起，在深圳证券交易市场正式创建了所谓的创业板市场，以私营民企为主的创业板公司迎来较好的直接融资和进一步扩大发展的良机。反映到二级市场上来，整五年过去了（六个年头），目前已经成功在深交所上市交易的创业板公司数量多达 489 家（截至 2015 年 9 月）。而由此取样设置的创业板指数，就基本代表了大多数新兴成长性股票的股价在当前的涨跌与活跃度情况。接下来，我们回到二级指数的指数走势图，并围绕该指数展开层层分解与推导，以便于我们通过技术层面了解和指引实际中的投资决策与买卖活动。

（一）创业板指年线级别分解

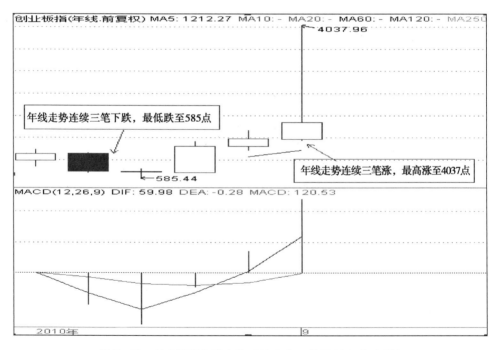

图 7-30　创业板指年线走势（2010 年 6 月至 2015 年 9 月）

如图 7-30 所示，为创业板指数创市以来（2010 年 6 月 1 日起）至 2015 年 9 月的年线级别的历史走势图。对历史形态做分解，过去六年来的走势刚好分为两个部分，前一部分，自创市以来出现整体为下跌的连续三笔走势，后一部分，从 2013 年起，延续 2012 年见底于 585 点后，进入超级大牛市，最高涨至 4037

点，然后于2015年6月开始暴跌。所以当前看留下长长的上影线。以上为历史走势分解，为已经出现的走势，我们说回到当下，无非要分解并且寻找到底部低点585点，及当前已经出现顶部最高点4037点，在其当下出现时的形态和动态特征。目前来看，其动态特征是进入临时多头主导，虽然目前已经出现较大幅度下跌而且出现了上影线，但也仅此而已。所以，从当前年线级别走势图分解，无疑是很难找到该特征的，而唯一办法是到比其小的级别中去寻找。

（二）创业板指45日线分解

如图7-31所示，在注解1处，描述的是创业板指历史以来出现的最低点位585点之后，在注解2处，描述的是已经出现的暂时最高点4037点之后，动态趋势指标分别进入临时多头主导和空头主导状态下的情况。且对应注解1的是，在注解3特别说明，在最低点585点处的次小级别上，必然出现底背离。同样，在最高点4037点处的次小级别上，必然出现顶背离。详细可见月线或周线级别走势图分解。

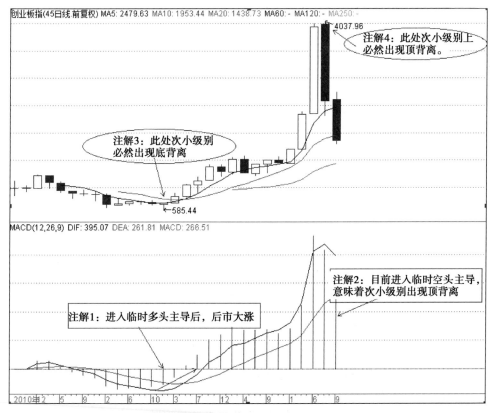

图7-31　创业板指45日线走势（2010年6月至2015年9月）

（三）创业板指月线级别分解

如图 7 - 32 所示，在注解 1 处，描述的是创业板指跌至 585 点时，趋势指标出现底背离现象，后市随即进入一个上涨走势出现，直到 4037 点暂告结束。该表达与上级别 45 日线表达相似，在此不重复了。只是在注解 2 描述中，观察到 4037 点出现时，并没有发生当前级别顶背离现象，可为什么会有如此大幅度调整呢？虽然如此，我们仍然用到走势结构、走势完整及走势节奏的分解，试图找到答案。从形态上看，自 585 点以后，直到 4037 点，月线级别在走势上已经构造出两个大幅度上涨段，及中间部分包含一个中枢走势段（该区间为 1200 ~ 1500 点），在走势完整性上符合狭义趋势形态定义，在其走势结构上为"上涨 + 盘整 + 上涨"的结构，即在节奏上为第二次上涨，形态走势上趋于完成。于是由此推导，其结束时必有调整的破坏段出现，即使当前级别没有顶背离，那么一个破坏段出现也是必然的。预计周线级别走势上对以上分解会显得更加具体和标准，因此 4037 点以后的下跌至少是一个大破坏段走势的出现。

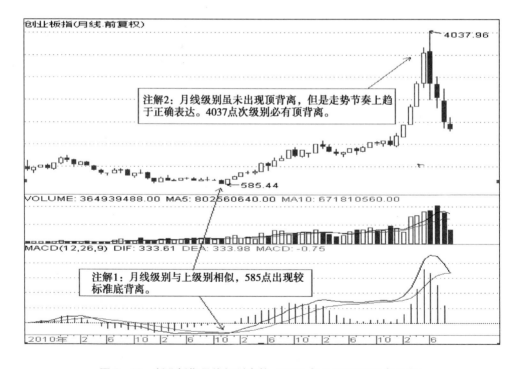

图 7 - 32　创业板指月线级别走势（2010 年 6 月至 2015 年 9 月）

至于 4037 点出现后，在当前的月线级别正处于下跌走势中，后市还将如何运作？或者更为直接点问题是，后市将会在何时、何点位，完成该级别下跌段的终结，然后重回上涨势？目前从月线级别当前的走势形态上看，难以得知，至少该继续顺势而为还是明智的，而当前月线级别中动态指标的提示，也还是进入临时空头主导状态，下跌段终结点有待进一步跟踪，至少直至观察其重回临时多头主导状态。

（四）创业板指周线级别分解

如图 7 – 33 所示，创业板指数自 585 点现出大底部之后，后市进入一个超大空间级别的上涨趋势构造中。而且中途出现两次非常标准的次级别走势的顶背离，如图 7 – 33 注解所示。虽然如此，指数并没有出现较大级别的下跌走势，后市反而进入更为疯狂的拉涨阶段。指数在动态意思的表达完全失真。即便如此，我们仍将第 2 次顶背离之后的拉涨阶段视为背离段，因为前面连续两次次级别顶背离已经符合一个中枢走势的结构了，后面本来就应该再度出现一个必须要创新高（当时创新高指一定要有效突破 1571 点）的走势段，该走势段一般定义为背

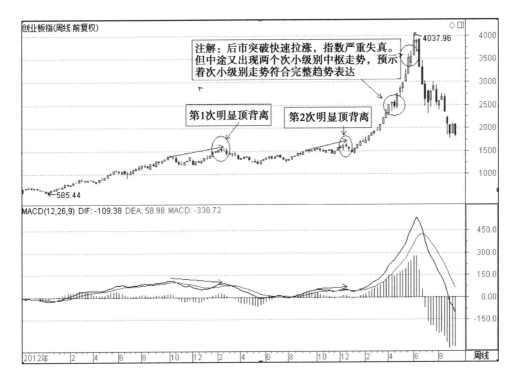

图 7 – 33　创业板指周线走势（2012 年 12 月至 2015 年 9 月）

离段，背离段一般情况下会出现背离特征，如果不出现，走势上符合完整趋势表达的话，那么后市随时也会出现一个破坏段，这是走势完整性要求。当然，如果这里没有出现明显顶背离的话，也不足为怪，毕竟形态学足以能够辅助我们做出正确研判。何况此时周线级别背离段中，在其次小级别上，出现了顶背离，该顶背离经历两个不重叠的中枢走势。即使此时的顶背离发生在日线级别上，但是由其所造成的调整和破坏性也会超级大，何况前面空间拉涨幅度已经如此之大，早就打破原有的涨跌空间和时间的平衡了，所以，一旦日线级别顶背离在4037点形成后。于是，一方面，为了维持时间、空间的平衡特性，涨多少必然要跌去多少；另一方面，一个日线级别走势在完整性和节奏完整表达时，再加上顶背离的出现，那么破坏段走势在空间和时间上必然会被超级放大。

至于当下创业板指走势的周线级别的分解，即4037点下跌以来的周线走势分解，我们至少要耐心等到一个完整下跌走势构造结束。在形态上，我们至少要看到中间包含两个次小级别中枢出现，以及背离段的出现。我们已经看到第二个次小级别的中枢正在形成，接下来是构造周线级别背离段了。如果日线级别提前进入底背离段的话，那么第二个次小级别的中枢，可能在周线级别看的话不是下跌中继，而是底分型了（2016年7月19日回顾看，此处确实成为了当时一个周线级别的底分型）。

再看动态意思表达上，我们参考当前趋势指标的客观提示，我们也已看到了第三次暂时性的临时多头主导状态的出现，而且目前这次出现的临时多头主导状态刚开始。这无疑是在预示，后市会有破坏为主的反弹走势出现。如想知道具体变盘时间窗口与空间点位，可以具体跟踪到日线级别走势上，这里暂不展开了。在此依然给出的提示是，一是观察日线级别有无出现底背离，如果出现了，就赶紧去寻找和跟踪背离段吧。背离段的终结点位就是底部转折的拐点。二是观察走势段的完整性。

三、道琼斯指数分解

在笔者以往书籍中，我们都曾对美国经济的风向标载体，即道琼斯指数做过分解。这次我们依旧对该全球影响力的股市指数做承接性的分解。与此同时，带句题外话，如果按照"阴谋论"的说法，所谓的"美国梦"和"中国梦"是不可兼容的，其具体就反映在各自的股市走势中，那么从目前来看，过去的20多年里，代表"美国梦"的道琼斯指数在很大程度上一直处于优胜者的位置，详见道指的年线走势图。反之，代表"中国梦"的A股沪指年线，详细可见前面

图7-1，直观上看去，其表现确实不如道指，而且多曲折、多坎坷、极不稳定，尤其是自2009年以后的最近六年以来的整体表现，远不如前者。基于某经济学理论，"股市乃经济晴雨表"，经济又将反映政治和综合国力情况。于是，"阴谋论"者看空中国，唱多美国。对此，我们不以为然。毕竟以上仅为历史走势的对比，前面差，却并不代表后面继续差，反之，前面表现好，后面不一定会一直好下去。我们不可能活在过去，而是活在未来。为此，我们接下来将继续分解过去20多年里，世界上综合实力最强大、掌握全球通用货币的国家的股市情况，以及对其未来走势情况的展望。

（一）道指最近26年来年线走势

图7-34为道指年线走势，在注解1处我们发现，自1990年至2015年9月，道指为长达26年的上涨走势。且在形态上已经符合一个狭义的趋势形态。2009～2015年一直处于长达七年，当下进入第七年的背离段的构造中。注解2处则描述的是2000～2009年本级别上构造出现的一个中枢形态，虽然在本级别看来只是

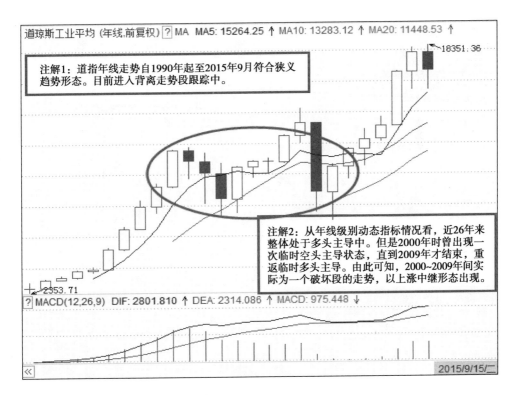

图7-34　道琼斯近26年来年线走势（1990年至2015年9月）

个雏形中枢，但它十分清晰地告诉我们，在这漫长的时间里，曾出现了破坏段走势，而且是首个年线级别上涨走势中的破坏段走势，整体上看，它是个雏形中枢，或者称为上涨中继也可。

就此再度做一下推演，若要完成由 2009 年见底反转以来出现的上涨走势为主的背离段，那么，至少要在其内部出现中枢，至少 1～2 次小级别中枢出现，同时最好伴随有顶背离的同步出现。如此背离段完成最终构造的可能性将增大。目前来看，当前是开始构造第二个次小级别中枢的开始。理由是，当前年线级别已经有连续三根运作笔出现价格重叠现象。既然有次小级别中枢形态将要出现，那么，破坏为主的下跌段将会在次小级别中开始进行构造。

以上也是对道指年线级别未来走势类型、走势结构等的推导。至于具体情况我们还得分解次小级别走势。

（二）道琼斯指数季线级别分解

图 7－35 为道琼斯指数在季线级别上近 26 年的走势，即 1990 年至 2015 年 9

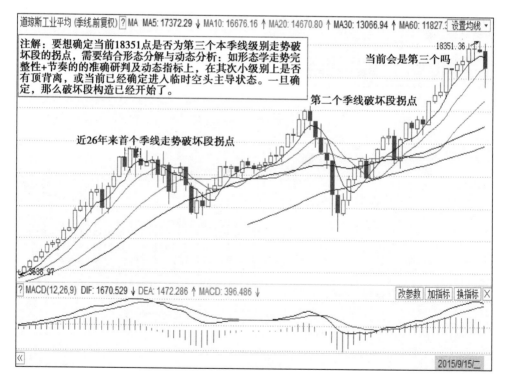

图 7－35　道指季线级别走势（1990 年至 2015 年 9 月）

月的具体走势图。根据此图显示，我们清晰地观察到，近26年来，已经出现了两个重要破坏段走势的拐点，还有一个是当下出现的（暂定18351点）——在做观察和确认中。正如注解内容所描述的，要想确定18351点为第三个重要的破坏段走势拐点的话，仍然需要从走势形态和动态指标提示上作分解、推导与研判。如前两个破坏段走势的拐点出现时，我们观察各自其前面上涨走势段的形态特点，发现二者中途都曾出现明显的上涨中继，作为临时破坏当前上涨走势的形态出现，说明次小级别上都曾出现了级别大小不同的中枢走势。它们是以破坏当前上涨走势为目的而出现的。除此之外，动态学上，我们看到前面两次拐点都对应了临时多头主导向临时空头主导的转变。由此可知，在次小级别上出现了顶背离。对于具体体现，我们再看次小级别走势分解。

（三）道指月线级别分解

图7-36为道指年线、季线同期内的月线级别的走势图，正如图中注解1、2、3所描述的，分别对应了季线走势中两个确定历史破坏段走势拐点，与一个待确定的拐点。如果将以上三个拐点从形态上或者动态指标提示上一一展开分解

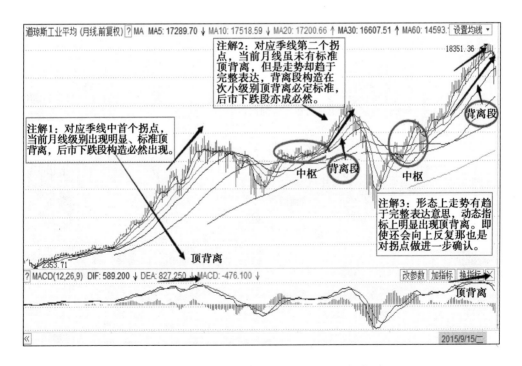

图7-36 道指月线级别走势（1990年至2015年9月）

与研判的话：第一个拐点对应了当前月线级别走势上一个非常标准的顶背离，走势形态上的完整表达就更加不用多说了，在出现拐点前出现了明显中枢震荡形态，形态、动态表达相同意思，拐点出现概率偏大，于是有了第一个拐点出现。第二个拐点虽然在动态指标提示上不够标准，但是走势分解上符合完整的意思表达，中间包含一个中枢，进入背离段后，其内部的次小级别上亦是出现多个上涨中继——次小级别的中枢震荡形态出现。第三个拐点是要当下作确定的，客观地说，从其走势分解，还有动态指标的提示，我们认为从此开始它确定为当前破坏段走势拐点的概率偏大。如果要确定该破坏段将在何时、何点位结束，可以去观察次小级别的走势情况。例如周线，甚至日线级别。

（四）道指周线级别分解

图 7-37 为道指周线级别走势图，我们对图中做出了注解 1、2、3，其出发点主要在于：一方面是对历史走势做回顾，具体可参考注解 1 与注解 2；另一方面是对未来走势做展望，例如注解 3。此外，还有就是对照大级别同期走势中留下的疑问，做出回答。在注解 1 与注解 2 中，我们回答了，在季线和月线级别中

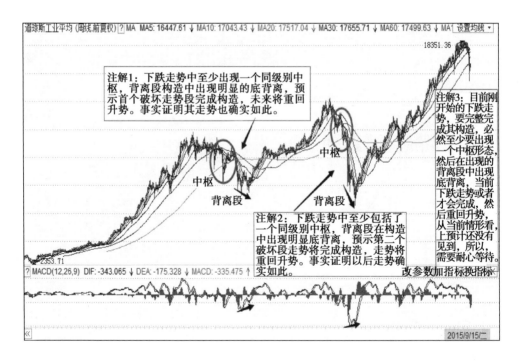

图 7-37　道指周线级别走势（与大级别同期间）

明确出来的第一个与第二个破坏段拐点之后，后面的下跌走势如何构造，及如何完成其走势终结，最后又重新回到升势的。或者说，它们在完整完成其下跌走势构造时，在形态上和动态指标提示上，各自具备怎样的特征？这特征正如注解1、2所说，在下跌走势中至少都包含了一个中枢形态。另外，在其背离段构造中，均出现明显底背离。根据这两大特征提示，即预示着下跌走势将终结，走势将重回升势。而且根据事实证实，后面走势也确实重新回到上涨走势构造中。同时，根据前面两个破坏段走势构造特点，我们展望和推演第三个待确定拐点出现后，可能会出现第三个破坏段的下跌走势，那么，预计出如果要完整完成其下跌走势构造的话，必须要在走势形态上至少构造出一个中枢，及背离段后要有底背离的出现，届时才可以确立目前下跌走势的真正结束。

注：从目前道指最新走势情况看，从2015年5月开始到2016年2月，道指在走势形态上刚好完整完成一个独立中枢三段走势类型。动态表达上，第二轮下跌时，指标重回临时多头主导。然后，后市一路上涨，直到2016年7月19日，道指再度创出百年新高，最高至18557点。

结合上面分解，我们目前观察其最新走势发现，自2009年3月的6469点以来，道指在月线上已经出现第二个次级别中枢震荡形态（实际上就是第二次出现次级别的破坏走势段），并且在动态表述上，这次更出现了明显的背离段和顶背离特征。月线级别如此，又基于该级别超级大，所以背离段惯性持续的时间还将较长，同时，不排除后市在走势形态上，再度出现一个回撤走势段，与一个冲高反弹的走势段，届时必然会构造出一个超大级别的顶分型的形态出来。

四、指数分解中的困惑

在对各大指数做分解时，我们心中难免会产生一些困惑，例如在分解道指各级别的走势时，同样为某阶段走势中重要的转折拐点，在实例中是出现了三个破坏段走势的拐点（有一个待确定），而后市都出现了下跌为主的破坏段走势形态。第一点困惑在于，这也正如某位哲学家所说的"世上没有两片完全相同的叶子"那般，这两个下跌走势段，无论是在具体形态构造上，还是进入背离段构造背离时，也都是完全不尽相同。如果非要列举出其相同点的话，那么唯一相同之处在于，同是为符合趋势元素，走势性质以下跌为主的走势分类。但是，不同之处仍然很多，如具体的走势类型、走势结构等方面，均不相同。由此也告诉我们一个道理：即使能够确定道指当前的18351点为近26年以来的第三个重要走势拐点，后市将构造一个性质为下跌的趋势形态，但对于其具体走势结构和走势类型会怎样，我们却无从提前得知。也就是说，我们对其后市具体构造情况无法做出精准的预测。

第二点困惑在于，例如在分解创业板指数时，无论是观察月线级别，还是同期的周线级别走势，通过观察发现，在 4037 点这个重要拐点出现时，月线级别没有出现顶背离，周线级别上也没有明显顶背离，若用此法判断该级别上的拐点，无疑是不可能的，至少在此失真的走势状态中，我们没有办法依靠背离理论，对其拐点做出精准推导、研判与捕捉，还好在日线级别上出现了顶背离，能够勉强为我们提供该研判依据。

其实不仅如此，沪指在 6124 点这个重大拐点出现时，我们也没有在较大周线或者月线级别中观察到明显顶背离的提示。但依据后市暴跌走势情况，又确定无疑地告诉了我们，由该拐点开始，此后下跌走势，无论时间级别还是空间级别上，都是漫长而巨大的。可这是事后才知晓该拐点之重要性的，实际中对其跟踪捕捉非常关键，因为一旦错失，后果是难以想象的。与之类似的情形还有 5178 点出现时，其在周线和月线级别走势上，也是没有明显顶背离出现，只有日线级别顶背离，但根据目前下跌空间之大，由此可以断定该点位无疑又将成为沪指历史上一个十分重要的拐点。

于是，对于背离之法的研判依据与方法，由此陷入失效的尴尬境地，我们在实际运用中该如何是好呢？对此疑问的答案是，或者降低观察级别，发现是较大级别背离时，则可以采取行动了；又或者是，参照当前级别的走势完整性来辅助研判和捕捉该拐点。也就是说，当前级别本该出现的背离未出现，而陷入研判之法无效时，我们可以依靠走势形态的完整性来辅以研判。具体运用可参考形态学运用中的方法，这里暂不列举。

常见实用规律揭示与实操讲解①

本章将从更实用性的角度出发，介绍几种常见的实用性规律：例如层级震荡现象，及其与中枢形态的关系——其中重点讨论了走势"动"与"静"之状态下的应对策略。另外，还有对主、次级别走势的共振特征揭示，及其对实用之中的启发——根据走势客观存在的规律特性，我们还制定了在实操中可供选择，又或者可互相结合运用的三种应对策略或风格，分别为保守、中性和激进三种。同时，在其他实用规律性的介绍中，又分别介绍了本理论运用之法的简单概述，如均线系统、量能变化、缺口现象及其研判之法等。最后，还有关于所谓"庄家"手法的揭示与探讨。

一、层级震荡与中枢形态关系探讨

（一）层级震荡与中枢形态关系探讨

1. 走势中的层级震荡特征

如果要问走势形态中最难应付的情况是什么，那么，答案无疑是出现中枢震荡情况之时，而中枢震荡中又尤其以出现中枢扩展和延长时的情形最为复杂。第一，它的出现往往会加大我们对已经出现的历史走势形态分解的难度；第二，会给当下的我们在对未来走势类型、走势结构等分类做推导时，增加难度。基于以上分解或推导结论一旦错了，那么指引操作动作往往就会指向完全相反的境况。所以，能够做到对中枢震荡各种复杂情况的了解和掌握，成为实际运用和实操中的关键所在。

因此，为了破解在实际运用中此点最为复杂的情形，即以围绕中枢震荡形态出现的各种复杂情形带来的各种困难，接下来，我们结合实例图介绍实用经验，以供参考。

---

① 节选自《解缠论3》原第八章。

通过观察发现，无论是股指，还是股价，其运动方式和特点，从根本上而言，仅存在两种：一种是由一点快速移动到另一点的"粒子式"运动方式，另一种是围绕某个关键点位做"层级震荡"，即"波动式"的运动方式。对此两点特征的详解可参考笔者以往书籍。综观所有走势品种几乎全都是呈现这两种特征，并且这两种运动特征在实际运用中总是处在不断变化和相互转换之中的，如果不是粒子式的运动，那么就是在做层级震荡的波动式运动。而我们尤其对后者，即股价或者股指呈现层级震荡时的波动式运动特征展开探讨。

何谓股价的层级震荡特征呢？顾名思义，无论是在上涨或者下跌的走势形态中，股价一旦到达某个重要高点或者低点后，总会暂停其单纯地继续向上或向下的粒子式运动方式，而是切换到围绕此前在上涨或者下跌过程中突然刷出的某个最高价位或者最低价位展开来回反复的时涨时跌式的波动。如果此时将股价视为立体式的，那么，我们可以想象出，此时股价的运动方式实质上是在围绕该重要的最高价或最低价位做旋转运动。可是基于我们看不到立体式走势图，所以，只能从"时间—价格坐标轴"的二维走势图中看见股价呈现来回反复的波动特征。如果这种波动情形用一个更为形象的物理学词语定义的话，那么它就叫作"层级震荡"。是的，根据物理力学知识的启示，我们在股市系统中也观察到了，股价层级震荡的波动式运动特征。对此，我们应该有个深入的理解与认识，以方便我们接下来的解说。

如图 7 - 38 所示，我们以创业板指数某阶段内下跌走势为例，参考图中的注解，我们做出了如下描述：即，下跌走势中出现了两个标准的层级震荡，基于层级震荡实质上是对原走势的一种温和型的破坏，所以，它不同于中枢震荡，但由图 7 - 38 可知，两个层级震荡出现后，虽然在股指走势图上没有出现标准的中枢结构形态，但其下方所对应的趋势指标却出现了中枢形态，且符合中枢形态所定义的表述。随后，下跌走势进入背离段构造中。背离段中又出现了层级震荡，不过观察动态趋势指标的提示，此时的下跌，并且在指数创新低时已经出现背离拐点了，预示着当前级别底背离形成，那么未来走势将会发生转折。

不仅如此，在图 7 - 38 的左上角，即下跌走势刚开始出现时，我们也可以观察到当前次小级别也出现了层级震荡的特征。

于是，问题来了，即，走势中出现的层级震荡特征对实际运用的分析和操作有什么指导作用与意义？请从下文中寻找答案。

2. 层级震荡与中枢形态的关系

要回答上节所留下的疑问，先搞清楚层级震荡出现的本质原因是什么？或者说，层级震荡特征的出现实质上意味着什么？以及它与中枢形态的关系又是怎样的呢？

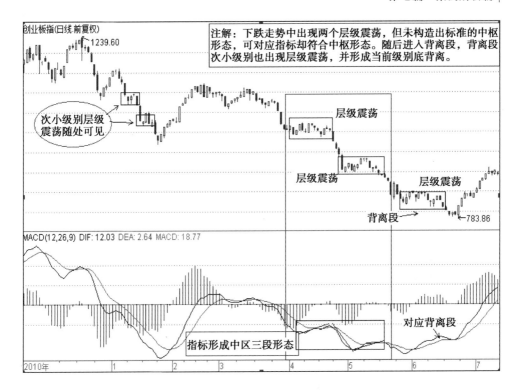

创业板指(日线,前复权)

注解：下跌走势中出现两个层级震荡，但未构造出标准的中枢形态，可对应指标却符合中枢形态。随后进入背离段，背离段次小级别也出现层级震荡，并形成当前级别底背离。

1239.60

次小级别层级震荡随处可见

层级震荡

层级震荡

层级震荡

背离段

←783.86

MACD(12,26,9) DIF: 12.03 DEA: 2.64 MACD: 18.77

指标形成中区三段形态

对应背离段

2010年　1　2　3　4　5　6　7

图7-38　下跌走势中的层级震荡特征的实例

　　正如上节中所做的简单提及，层级震荡的出现，实质上是在温和性地破坏原走势性质和方向，为未来新的走势方向或者性质埋下"伏笔"。这与中枢的功能是类似的，差别仅在于，中枢出现时，由其所造成的空间与时间破坏情况都相当的大。换句话说，层级震荡出现时，表示破坏分力的能量还不够，所以只能造成较小级别的破坏性。而中枢出现则多半是表示具有较大能量的破坏分力的出现，由其所造成的破坏程度往往是大过于层级震荡的，对此具体体现在时间和空间的表现上，而且可明确的是，它往往是当前级别的。

　　讨论至此，我们也许可以大致了解到一点，即层级震荡与中枢的关系，这正如以上实例中所揭示出的规律，连续出现两个层级震荡后，可能相当于构造出现一个中枢三段的走势结构，或者形象地说，相当于有一个当前级别的中枢的破坏。简言之，当前级别中两个连续的层级震荡的出现，将构成一个当前级别的中枢形态。

　　还有另一个说法也是对的，即，当前级别的层级震荡实质上就是其次小级别的一个中枢。如果我们降低一个周期级别去观察，图7-38中的每一个层级震荡出现时，都是其次小级别，或者其次次小级别上出现了中枢形态。

最后想说的是，层级震荡的出现是一种常态，它实质上是指某方合力处于绝对主导当前走势性质时，中途出现了较小破坏的分力而形成的，并且根据分力各自的能量大小情况，决定层级震荡能够创出的空间和时间大小。

（二）走势"静"与"动"特征的各自应对策略

根据走势仅存的两种力学式的运动特征，我们发现股指或股价运动方式可抽象地提炼或总结出有且仅有的两种情况："静"与"动"。而且其走势始终围绕这二者之间不同地转换。股价做"粒子式"快速运动时，我们称其为"动"的状态；反之，股价围绕某个新高或新低的极端价位做层级震荡时，虽然表面上看它仍在运动，但基于它运动的范围总是停留在某一个狭小且基本相同的区间内，所以，我们抽象地将其视作为"静"的特征。

同时，根据上面实例图所揭示的，我们可发现和总结出以下特征：

实例图在股指做"动"的特征时，即价位快速下跌、不断新低（实例以下跌为例，上涨的案例情况刚好反之），呈现一鼓作气地完成"动"之状态特征。从行动时机上而言，此时对于我们来说，已经不是最佳卖点了，最佳卖点在"动"开始之前已出现了。这是对市场情况描述，如果从操作层面来说，股价做"动"的状态时，我们反而要为"静"，应以静制动的策略为主。当然，前提是你已经把握住了最佳卖点了。如果对于已经错失最佳卖点的，那无疑已经是陷入被动之中，眼睁睁看价位不断快速下跌而痛心疾首。当然如果此种情况出现在了较大级别中，那就只能选择被动的"止损"，否则大级别中以下跌为主的"动"的状态形成的空间将会是难以估量的——上涨的话就是猛涨，下跌的话就是猛跌。记住，这是被动和被迫的选择。原本此时我们应该以"静"的状态对待它的，应该静观其变，至少不可以急着做买进的动作，而是要耐心地等到其出现层级震荡，耐心等到其进入"静"状态的出现。

仍由观察实例图可知，股指进入"静"的状态，即为层级震荡之时，然后在形态上会出现横盘笔——有涨有跌的形态。此阶段内股指或许基本维持在某个狭小区间内，但时间长了后，便形成了明显的"横截面式"的形态。其实股价进入"静"状态时，即意味着股价开始做层级震荡运动的开始。也就是市场出现分力破坏的时候，而此时对于绝大多数个体投资者而言，最好是保持高度警惕状态，密切关注，在经历分力与合力数轮博弈后，当前走势是否会产生新的变化或特征，从而形成新的走势性质与方向而发生变盘。例如，下跌中，如果出现股价进入层级震荡，那么往往是分力破坏下跌走势，后市通过层级震荡之后，"静"的状态实质上为时间换空间，股价围绕某固定价格震荡而消耗着时间，随着时间推移，必然再度进入"动"的过程。发生动的状态时，必然面临走势方向的重新抉择，不是涨就是跌。

基于"静"的状态一旦结束后，后市即将面临变盘的选择，因此此时关键在于对变盘发生时，未来走势涨跌性质与方向的研判。我们对诸多实例的观察发现，变盘后的选择仅有两种：第一种，继续维持原来走势方向；第二种，发生走势的转折，改变原走势性质和方向。如此说来，"静"的状态实质上是走势发生变盘前的一种形态。只是在实际运用中，我们要搞清楚后市即将的"动"会怎样选择方向，是涨，还是跌？这决定了我们当下的决策和操作动作。

我们还可以通过对"动与静"各自状态的观察，发现以下一些特征，即，静之末端往往多是动（或变盘）的开始，动之末端多数是向静做切换的开始。二者始终在不停地相互切换与转化之中。所以，对此二者状态末端的跟踪研判成为实际运用中的关键。但问题在于，这两个末端如何展开精准研判与捕捉呢？或者在其实际案例中，又会有哪些规律特征呢？通过观察发现，"动"与"静"具有时间、空间守恒的特点。且往往"静"之末端持续的时长与"动"之空间长度处于守恒特点。对此特点理解正确了，可以辅助我们在实际运用中的研判，提高研判的正确性。

同时，根据以上分析，结合操作策略，我们总结出一句话：股价动时，我们则要静若处子；见股价静时，我们要犹如饿狼般，先紧紧跟随猎物不放，待到机会成熟和出现时便果断采取行动，向猎物猛扑过去。

二、主、次级别走势共振特点分析

（一）主、次级别走势中所存在的开区间套特征探讨

开区间套定义，可以十分形象地描述股市动态运作过程，即由一点移动至另一点的走势运动的全部情况。之所以定义为开区间，主要是因为股价在动态运作时，我们即使能够知道它的起点，但却无法提前预测它的终点，而只有等到该终点真正出现，并且成为历史时，我们方才明白，原来它在那里。而对于这个未知的"终点"，结合区间套的定义，我们将其称之为开区间套。即，它是开放式的，只有待到终点真正出现时，我们才能够最终确定其位置。

当然，针对主级别走势，这可能仅仅描述了一个走势段而已，对于其次小级别的走势特征还有待进一步讨论清晰明了。形象地说，以沪指走势从998点开始涨至6124点止为例。

在月线级别中，可能只是一个上涨为主的走势段而已。但是，在其同期、同

阶段的次小级别走势中，譬如周线、日线或以下次小级别中，可能已经出现了许多组"上涨+下跌"的走势段组合了，而且这种涨跌走势组合最终会与月线级别的终点 6124 点相重叠，从而得以完整完成该区间套运作的特征。对此描述的话，可能是指数学中的序列排序情况。

不过它却简单而又形象地揭示出以下某些值得参考的观点：即，在主级别走势为一个开区间套时，其同期的次小级别走势中则包括多个小区间套。而且在小级别的走势中，总是垂直于水平线做上下涨跌运动，犹如潮水般潮涨潮落，反复无休止地运作，从不间断。如果说如此运动最终会产生什么差别，或者换句话说，对产生的结果进行终极分类的话，又会有哪些种类之分？这实质上是涉及了走势性质和方向的分类问题：

当某做多主力为当前走势性质主导之力，并且将绝对地主导走势向上涨运作时，那么，这种走势将以上涨为主。其运动特征如果结合开区间套作解释的话，那么在其同期的次小级别走势中，则会不断且重复性地出现许多组"上涨+下跌"的走势组合，并且下跌段的最低点会比前一个上涨段的最高点还要高。与此同时，这种运动方式依然是围绕下方的起点处的水平线做上下垂直起伏运动，直到最后一个上涨走势段及其拐点的出现为止。届时，我们还会看到，拐点出现后，继而与之对应的下跌段的走势完成后，紧接着，再度出现一个上涨段。该上涨段的最高点多半要低于拐点位置的。当此情况出现，那么即意味着进入另一种类别了，即主导性质已经转变为做空为主，由空头主力主导走势方向了，并且此时空头主力一定是处于绝对的主导地位，使得将来的走势继续向下跌的方向运作。对于此类情况，或许刚好与上一类情况相反。

在此，值得特别解说的是多、空二力的能量处于均衡状态，走势没有明确方向之时。此时的走势将会在盘整中反复地运作，而没有绝对的运作方向。涨跌是处于混沌状态中的。那么此时的问题在于，当前是否符合区间套特点呢？答案是肯定的。只不过此时区间套并非如前两种分类那样，有着明显的空间距离感，更不可能在其大级别走势中形成明显的线段特点。与此同时，在其次小级别走势中，仍会出现许多组涨跌互现的走势段组合，只不过空间总保留在某一特定区间内完成。并且从大级别上观察，价格陷入重叠的横盘特征，走势方向没有被明确出来。

形象地说，前面两种类别，基于多头之力处于绝对优势地位，又或者空头之力处于绝对优势地位，从而造成走势的区间套特点主要体现在了空间特征上。可第三种类别呢，基于多、空二力处于均衡状态，因此区间套特点没有了明显的空间距离感，而处于混沌之中没有了方向感。

为了更加清晰地对主、次级别走势中所存在的开区间套特点进行描述，我们以沪指 998 ~ 6124 点走势为例进行讲解。

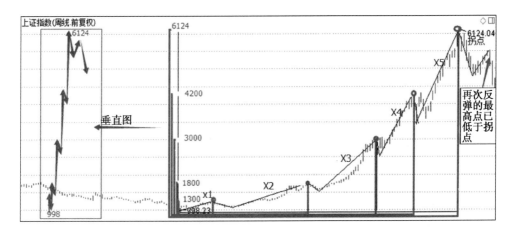

图 7 - 39　沪指周线级别为 998 ~ 6124 点的区间套展示

图 7 - 39，描述的是沪指从 998 点涨至 6124 点的周线级别走势图。对此我们做了一些图解，试图揭示出该走势段内的开区间套特征。根据实例实际情况，我们发现走势出现了五组涨跌走势类型，可以将其中上涨走势段标示为 X，下跌走势段标示为 Y，处于第一组上涨 + 下跌走势组合的即标示为：X1 + Y1，对于后面四组，依次类推。因此，对于上面实例中的一个同期月线级别的走势段和周线级别走势存在怎样的序列关系呢？

假定月线走势段描述为：$X1'$；

同时假定同期同阶段周线走势段描述为：$(X1 + Y1) + (X2 + Y2) + (X3 + Y3) + (X4 + Y4) + (X5 + Y5')$；其中 X5 的顶点位为 6124 点，$Y5'$实质上已经是拐点出现后的首个下跌走势中的破坏段了——判断该段为首个下跌趋势中的走势段，是基于后面随即又出现一个反弹段，但是其最高点远低于 6124 拐点了。

基于二者关系为相等，于是对此描述为：$X1' = (X1 + Y1) + (X2 + Y2) + (X3 + Y3) + (X4 + Y4) + X5$。在其次小级别周线级别的走势中，其运作到 X5 时，及与月线级别的走势 $X1'$ 相等同。两者在 6124 点处发生主次级别走势的共振。而该共振点就是走势的拐点，且彻底地改变了两大级别未来的走势方向与性质。

以上列举的是上涨走势中的例子，其实在下跌走势中，同样具有类似的特征。而且基于两种情况在空间上都具有很明显、直观的展示，所以相对而言较容易理解，但对于那些处于较长时间的横盘段中，这种主次级别的开区间套特征关系就没有那么明显了，它却仍然客观存在的。至少我们可以将图 7 - 39 中的空间感十分明显的上涨走势，压缩到某一个区间内，假定其做横盘震荡形态，那么，就相对而言好理解了。如图7-40所示。

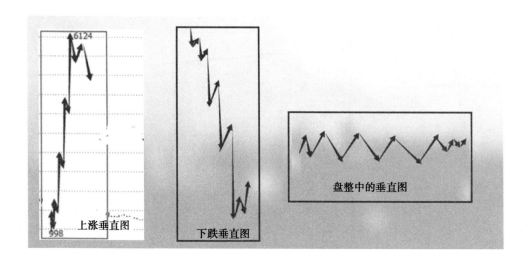

图7-40 三种走势分类中的垂直图

图7-40中左边的为上涨垂直图，中间为下跌垂直图，右边为盘整中的垂直图。

可对于实际中，有人或许会问，次小级别中的涨势段会出现到第几段时，才会发生与主级别走势的共振现象出现呢？图7-38中是出现X5时，即第五段上涨时出现与大级别的共振，走势发生转折。反之，在下跌走势中，次小级别的下跌段Yn为第几段下跌时，才会与大级别下跌走势共振而出现转折呢？

还有，在横盘走势中，在某个固定区间范围内，究竟会出现多少组这样的"上涨+下跌"走势，才会与大级别的"静"之状态，又及层级震荡走势相共振，而出现变盘呢？

对此问题，我们结合过往案例发现，这种情况并不是固定的，而是徘徊于奇数3、5、7甚至9等。之所以为奇数，是因为要发生变盘，一定是改变最初的走势段1，而与1对应的变盘走势段都是奇数段。即起始点由1开始，结束点必然也由奇数段而终。既然如此，我们在实际运用中，则要牢记此点规律，以便于更好地指引当下的决策与操作。

最后，由以上讨论得到的更为宏大的启示是：

基于我们的A股市场中只能做多才能赚钱，所以，对于以上三种分类，只有出现上涨且空间很大时，才是唯一的较为容易赚钱的选择。对于下跌趋势中，如果参与做多的话，那么随着下跌空间的无限放大，我们的损失必然非常巨大。在横盘走势中，基于方向不明确，空间感不明显，我们也没有太大的可操作空间，可没有空间就没有利润，尤其在较小级别中更是如此，所以，它也不太适合我们过于激进地参与操作。

以上总结为，即，只有上涨走势中，并且存在较大空间级别机会时，才是我们最佳的选择。下跌趋势中，风险巨大，尽量远离。盘整走势中，如果是较大级别中的盘整，还可以有选择性地参与，至于较小级别中的来回反复震荡，就不可以冒然盲目参与。

（二）主级别背离后，次小级别操作应对策略

其实在上节中，我们已经从更加宏大的层面，对市场走势中可以安全有效、容易获得投资利润、值得参与的情况作了定位，又基于此言论过于宏观且还不实用，毕竟我们没有界定出其具体的级别大小，尤其未明确出哪个级别的上涨趋势可以参与操作。

在某些时候，一个30分钟级别的上涨走势，也会有几十个点的上涨空间，即便此时其更大级别的走势还处于下跌方向之中，但实际上，面对如此之大涨幅空间时，我们无法做到坐视不理。只是困难在于，从走势的时间级别来讲，难以明确地界定出最佳操作性机会。加上空间级别的界定往往是事后才知道的，等到你反应过来时，已经远离最佳买卖点了。对此，为了达到更加实用性效果，我们有必要介绍一下个人经验与心得，以供参考。当然，这个经验只是从更加具体、实用性的角度出发，围绕实际走势中我们经常碰到的系列情况展开，并且其运用的关键在于，要将主级别和次小级别的走势关系中最值得参与操作的情况给明确出来，然后制定相应的操作策略。

因此，我们所提炼出来的实用性方法是，当主级别发生背离后，与其相对应的次小级别走势中的操作策略如何制定？为了说清楚这个方法，我们有必要先将主级别背离、次小级别走势的情况进行分类说明。

情况一，当主级别发生顶背离后，我们暂时可以先预计的是，后市必然出现一个下跌走势，并且下跌维持的空间、时间表现，与该级别大小呈正相关。不可否认的是，虽然主级别走势已经进入下跌走势之中了，但在其过程中我们仍然可以观察到，在同期的次小级别走势中，因为分力的出现，而出现了反弹走势，当然该反弹走势的出现是基于其次小级别中出现了底背离所致，其本质上是做多分力暂时抵抗导致的。那么，对此情况是否值得参与？或者什么情况下，哪个次小级别中的这种情况可以参与呢？

依据我们的经验，暂且假定当前出现顶背离的主级别是日线或以上更大级别

的走势，并按照激进、中性、保守三种风格分类的话，那么在面临以上情况时，我们分别提出或制定以下三种策略：

最为保守的策略是，任何次小级别走势的底背离所致的反弹都不参与，只有耐心等到日线或以上级别走势中出现明确底背离时，才可以放心地参与。这实质上是一种长线投资风格，又或者趋势投资。此举在基本面投资定位中，或许被定义为价值投资。

较为中性的策略是，至少要待到 30 分钟以上级别的走势中出现底背离时，方才可以值得参与。这实质上是一种短线与中线相结合的波段式的操作风格。

最为激进的策略是，在 5 分钟甚至更小级别走势中的底背离也敢于积极参与。这实质为日内交易，即 T+0 式的操作，属于极短线操作风格。

情况二，完全区别于以上情况，即主级别走势中出现底背离的情况时，对其后市我们可以预计到的是，后市必然出现一个上涨走势，并且上涨持续的空间、时间之表现与该级别大小呈正相关。同样不可否认的是，虽然主级别走势已经进入上涨走势构造中，但在其过程中，我们依旧可以看到在其次小级别走势中，因为做空分力的出现，造成次级别顶背离，从而形成临时破坏段的走势。对此之情况，我们应该如何应对？

与上相同，我们也提出和制定了三种不同风格应对策略：

最为保守的策略是，任何次小级别走势的顶背离所致的下跌都忽略不计，只有耐心等到日线或以上级别走势中出现明确顶背离时，才果断地退出。这实质上是一种长线投资风格，又或者趋势投资的卖出策略。

较为中性的策略是，至少要待到 30 分钟以上级别的走势中出现顶背离时，方才可以有效地做临时退出操作。这实质是一种短线与中线相结合的波段式的操作风格。

而最为激进的策略是，在 5 分钟甚至更小级别走势中的顶背离也会先做卖出。这实质为日内交易，即 T+0 式的操作，属于极短线操作风格。

针对以上两大分类，及各自的三种应对策略，我们仍需要特别强调的是，没有哪一种策略特别好，或者特别不好，准确客观的说法是，这三种策略各有好坏，各有优劣之分。在做操作风格和策略制定时，每个人可以结合自身实际情况，如投资经验、投资水平、看盘时间、资金大小等，选择属于并适合自己的那一种策略，或者境界高、技术好的，三种策略可以融会贯通地使用。当然，有人也许会说，我性格激进，或者性格保守，我就选择激进或保守。此话听起来很有道理，实则不然，我们所做的保守、中性与激进的三种策略分类，不是从人的主观性情分类，而是从市场中客观存在和已经出现过的走势规律中所做的分类。而且，从现实性角度考量，它能够更加便于我们应付实际走势中出现的各种情况。

只要走势研判对了，背离捕捉对了，那么，相对应的策略制定对了，实际运用中无论出现什么情况，都能正确应付，并且其最终的操作结果自然也是对的。

回到本节讨论的主题，当主级别发生背离时，次小级别的操作应对策略是什么？

结合以上操作策略分类，当主级别发生背离时，如果我们实战盘感好、技术高、经验丰富、心态稳，那么，可以采取中性甚至加激进相结合的操作策略应对之。只不过所冒的风险也自然而然是与之成正比的。但如果以上条件都不具备时，那么我们建议采取保守策略。

（三）主、次级别走势共振特点分析

对主、次级别走势共振特点的提炼，我们是通过对诸多历史走势案例的相同表现规律而提炼出来的，主要有以下几点：

第一，从走势形态上看，所谓的主、次级别走势的共振，主要集中在两个走势级别上都同时出现了走势转折情况的发生。而且主要是主级别走势发生了重大转折，次小级别走势定然已经出现了多次小转折，只不过这次刚好又与大级别产生共振而已。由此可知，小级别走势的递进造成了大级别走势转折，从而形成二者最终的共振。

第二，主、次级别具体表现形式，可以用数学的开区间套特点进行阐释说明。详见前文说明。

第三，从动态背离情况看，主、次级别走势共振发生时，主级别发生明显背离，而且往往是一次就够了，也有可能因为某些干扰因素所致，造成多重背离的发生，但终究不会改变本来意思，并且此时次小级别上定然会出现多次背离。

第四，主、次级别走势共振发生后，未来走势在朝相反方向运作过程中，走势维持的时间、空间大小，往往会与主级别状态呈正相关。也就是说，走势时间、空间大多数时候会放大延长。

那么，以上这些特征对我们的实际操作有什么启示作用呢？

至少可以提示我们，最具有操作价值和意义的时候是，主、次级别发生级别共振的时候，因为后续持续的时间空间都会比较有保证。例如 5 分钟级别走势与30 分钟级别走势发生共振时，那么，后市走势持续的时间空间都将以 30 分钟级别走势为参考标准。而 30 分钟级别走势与日线级别走势出现共振时，那么，后市将会以日线级别走势为参考标准。以此类推。如果发生走势底背离共振，那么后市出现反弹或上涨格局随之扩大延长；反之，如果发生走势底背离共振，那么后市出现下跌格局将随之延长扩大。

在现实走势中，总会有异常现象发生，例如在某些时候，我们经常见到大级别走势已经出现背离迹象，但是，接下来的走势在相应时间内并未立马出现转折。对此情况我们展开研究后发现，原来是基于次小级别还未出现走势共振所致。以下跌走势中的情况为例，我们或许会观察到，此时大级别中的走势已经出现背离段，并且有明显的底背离发生，可此时主级别走势并没有马上要发生转折向上涨的意思。为何如此呢？我们去观察其次小级别的走势会发现，原来次小级别的走势并未完成，至少当前次级别距离发生底背离，还需要时间等待。

我们在讲述本理论时，重点讨论的是标准的走势特征或规律，可实际上，哪有一成不变的走势规律展示出来。更不可能有完全符合理论定义所归纳出来的那些标准的买卖点提示的方法。我们提倡一切以实际情况为准，根据实际情况制定相应的操作策略。因此，如果实际操作中，出现以上所提及的情况，那么，我们必须要耐心等到次级别与主级别发生真正共振时，才可以采取行动。

三、其他实用规律特性介绍

如果将本理论的实操用法，说回到较为实用又简单易懂的层面的话，无非以下几点。这也是我们实用中总结出来的部分经验和心得，仅供参考：

（一）走势完整性＋走势节奏＋背离提示＋买卖点判断捕捉法

此条具体讲解为：对于任何一个走势转折的精准研判，我们结合本理论前面知识点，总结为以上几点，先学会对走势完整性的研判，当然研判之前必然对历史走势做分解，与走势完整性研判相匹配的是走势节奏，要变盘都发生在奇数走势的节奏中，无论涨跌都是如此，如果有了走势的完整性，加上走势节奏的匹配，再加上背离的提示，此时把握住较好买卖点的概率是相对较大的，当然最终能否取得投资成功，关键在于行动环节之上，能否准确动态捕捉拐点，同时实现知行合一。

对此前面已经讲了很多，在此不再展开表述了。

（二）均线系统与走势涨、跌关联特征揭示

均线系统的运用，相对本理论而言较为传统。本理论并不十分过于主张推荐其运用之法，但在某些时候，可以辅助我们加强与提高研判走势的成功性。例如，均线系统在与走势涨、跌过程中，尤其是变盘发生时，总会存在黏合与纠缠在一起的特点，并且假如此情况出现第二次甚至第三次时，走势发生转折的概率

会大增。反之，如果我们看到，均线系统总是远离股价走势，那就说明，当前走势情况不是处于超级强势上涨之中，就是处于超跌熊市之中。

如此说来，均线系统与走势涨、跌的关联特征主要体现在两点——或者出现黏合纠缠在一起，或者分散远离走势。出现前者时，不是出现了走势的中继形态，就是面临变盘的抉择。如果是出现后者，那就是极端市场，不是持续的涨，就是跌了。

（三）量能变化规律与走势涨、跌的特征揭示

成交量变化规律及其运用之法，实质也属于较为传统分析方法。在许多书籍中都曾对其有过具体介绍。不过在此我们只说其关键用法之所在。如果成交量无限放大，而且股价不断攀升，显示市场处于多头主导中，交投活跃，暂时给不出什么明确的买卖信号提示，但是如果放出天量，至少超过近 200 个交易日的成交量的话，那么，后市则要严防快速跳水走势出现。反之，如果发现成交量快速萎缩，创造出数月以来的最低值，并且股价出现持续下跌态势，那么，由此显示做空力量几乎接近衰竭了，后市有望见底反弹。

依笔者而言，对于量能变化规律最适用之处莫过于此，就是极端情况出现时，出现极端的成交量变化，平日里无须担心和过于关注。

（四）走势缺口的说明

走势中经常会出现跳空缺口，或者向上又或者向下，而且多出现在早盘开盘之际。对此，有朋友曾问起过关于缺口出现时的情况，或者如何理解，及其应对它的出现。

其实缺口不过就是描述一种市场心态而已：早上开盘的时候，急于想买进，不惜挂高价，甚至远高于前一交易日收盘价，于是在开盘时有效成交了，就会形成跳空高开的缺口。反之，出现急于卖出的心态时，就会出现跳空低开的缺空。关于缺口准确的描述和理解，莫不如此。但是，问题在于，出现缺口时，对于本理论中提炼出来的历史走势分解，或者当下及未来走势的推导，如何是好？大概很多人心中所存的疑问亦是如此。

其实很好应对，只要将缺口处，包括一字涨、跌停板的情况也是如此，全都当作有一笔强势买进或者卖出的走势即可。该怎么分解、该怎样推导，一切照常进行即可。尤其是缺口更要如此对待。对于一字停板的走势还得要跟踪到其出现非停板走势形态出现不可。因为停板有时候可能只是一个未完成的走势状态。只有等到新的走势出现了，那么，它必将完成走势结构的。

四、"庄家"手法剖析

（一）创造趋势与跟随趋势之定位探讨

这里讨论的趋势，狭义的指代股价走势运作最终完成的走势方向。可以是上涨方向，也可以是下跌方向。很多人或许会问，这种股价朝上涨或者下跌方向运动的走势情况，是由谁创造出来的呢？例如上涨趋势是谁创造出来的？还有下跌趋势，又是由谁创造出来的呢？

有人不认可参与股市投资活动的主体中，有所谓"庄家"的说法。还将那些时刻引导绝大多数人犯错、并且走向错误的主体称之为"市场先生"。这类人或许就是将所谓的"市场先生"当作"庄家"了。然后由这位看不见、摸不着的"市场先生"创造股市走势的上涨或者下跌的趋势形态。而且，无论是什么性质的趋势，在其未被完整地构造出来之前，绝大多数人总是已经在此之前就陷入错误的买卖活动中去了，最直接的后果是造成投资的失败，资金的损失与减少。在这里，"市场先生"与绝大多数人成为了一组天然的矛盾体。它总是在创造趋势，但同时还要绝大多数人犯错，白白错失每一个趋势被创造的过程，或者引导绝大多数人与其所创造的趋势呈现相反的运动状态。说得直白点，它的目的是让所有人输钱，使得其投资走向失败。

笔者不知道关于"市场先生"的说法是否正确，也无法证明这位神一般的主体是否真实存在。所以，笔者宁可相信投资市场中有真实庄家存在的说法。而且，它们确实也能够并且有能力创造股价走势的趋势，同时让绝大多数人犯错，然后通过别人所犯的错误而赢得足够多的利润。

如此一来，既然价格运作的趋势是由"庄家"创造出来的，并且在这个创造过程中总是会让绝大多数人犯错误，或者错失掉，或者干脆被屠杀甚至消亡殆尽。那也就是说，"庄家"与绝大多数人是一对天然的矛盾体，不是他死就是你亡。尤其是你不能顺应由他所创造出的趋势时，多数是要被屠杀甚至消亡殆尽的。

笔者在这里讨论这个问题时，内心深处实质上仍然是不大相信市场中存在所谓真实的"庄家"，因为在这个市场中没有谁比谁更加聪明，而且聪明只是一个很抽象的概念，尤其是在股市投资活动里，总会有比你更加聪明、比你速度更快、比你更会骗人的人存在，就算假定你就是最聪明的，但你却超越不了"市场先生"。是的，依笔者而言，我们反而是更加坚定地相信，市场只存在着那位非肉身的、虚拟的主体——"市场先生"存在，而且他超越一切有着肉身的主体，或者没有肉身的主体，例如纯粹的电脑交易程序（指程序化交易）。

这么一说，似乎是在告诉我们，市场注定会让我们绝大多数参与者都走向失败甚至消亡，一旦被盯上的人就无法被幸免，那么问题便是，这场投资活动看来也是没有任何意义的，因为趋势不是由我们所创造的。那么你还来参与这场游戏吗？

如果非要参与的话——因为总会有不怕死的，敢于挑战一切，或者仅为寻找刺激的且十分疯狂的人存在——那么，总得要找到生存和能够持续地活下去的办法吧。是的，其实答案很简单：顺势而为！永远定位于做一名趋势的跟随者，永远不要狂妄自大到以为自己能够战胜市场，甚至以为自己的能量可以创造趋势。记住了，这个世上除了"市场先生"，无人能够真正地创造趋势。

（二）"庄家"手法之四字口诀解读

很多人将所谓的"庄家"做盘手法形象地总结并描述为四个字："建、拉、洗、离"。

完整解释为，底位建仓，完成后快速拉升，拉升后再进行洗盘，洗盘结束后，或者会再度拉升，并且总是在再度拉升过程中已经偷偷离场。然后将绝大多数人高位套牢、留在山顶上"站岗放哨"。

对此说法，无疑是将所谓的"庄家"的能力描述得太过于神话了。笔者从未见过有如此之出神入化的主体存在。如果说要有，他不过也是在顺应某种上涨趋势、在其该进场时进场，该退出时退出，如此顺势且自然地完成其正确进场和出场的规律而已。至于所谓的拉升和洗盘，可能根本与其无关。

当然话说回来，这四个字倒是十分形象地揭示出了"市场先生"的做盘手法。对此之讨论就不展开了，学会并理解又真正掌握了本理论之人，相信其必然能够理解这句话的含义。

日内交易法详解[①]

不得不说，日内交易法实质上是一把"双刃剑"，用得好，则是如虎添翼、锦上添花，可实现收益的最大化；但如果用不好，反而会误伤自己，不但不能增加收益，反而会造成更大损失。因此，对于本章之学习并非必学章节，而仅供那些自信有能力、心态稳、交易纯熟、经验丰富、盘感好的朋友做选择性的学习。反而在大多数情况下，尤其是出现较大级别的下跌走势时，我们禁止推荐启用日内交易法，毕竟虎口拔牙，实非明智之举。

一、日内交易法的运用原理或步骤

（一）日内交易所适用的观察和操作级别

针对于 A 股市场，根据长期观察研究所得，其主要观察和操作级别应该是 5 分钟的走势级别。同时在实际运用中，还得要兼顾比其大的 30 分钟走势级别，有时候甚至要分析和观察日线级别的走势情况。并且对于比其小的，如 1 分钟和分时图走势级别，也要作为重点观察和分解的，何况捕捉日内某些个重要的买卖点，还得靠这两个更小级别的分解结论与提示得以辅助分解和研判。换句话说，对日内交易中的买卖点的判断与把握，基本都在这两个级别中进行和展开。

当然，对此运用之法是完全遵循了级别理论中的走势规律或原则的。根据三个运用原则，在辅助微小级别决策操作的话，则要观察参考大级别的走势图，由此决定当前整体走势方向与性质。这是级别理论中尊重原则的要求与体现。而基于在定位好了的观察与操作主级别中，例如 5 分钟级别走势中，你想提前看到该级别的买卖点，几乎是不太可能的，要精准捕捉主级别买卖点，一般都要回到其同期、同阶段的次小级别做跟踪、埋伏与捕捉。这是级别运用原则之三的启示。

---

① 节选自《解缠论 3》原第九章。

（二）确定日内交易中做参考的大级别

我们都知道，1 笔日线 ＝4 笔 60 分钟 ＝8 笔 30 分钟 ＝48 笔 5 分钟 ＝240 笔 1 分钟，又出于对走势分类、走势分解等的便利性要求，日内交易走势划分当取 30 分钟走势图较为合适，当然其他级别也可以兼顾之。于是，为了明确实际运用中操作上的要求或便利性，最主要是便于我们对未来走势做推导之用，我们将单个交易日内的 8 笔 30 分钟 K 线走势进行了完整的分类，主要有如下几种可作参考：

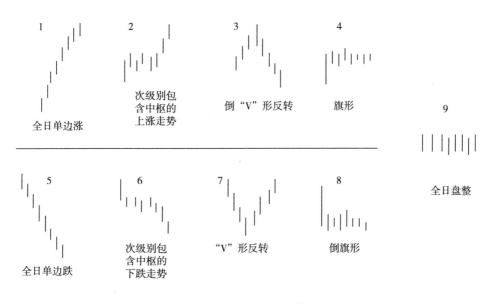

图 7－41　单日内 9 笔 30 分钟 K 线的走势分类

如图 7－41 所示，基本上将单个交易日内的 9 笔 K 线走势类型做好了完整的分类，有了这九种分类，先要做的是将其输入大脑，就像往电脑程序里输入某些模型般，输入大脑后，在实际运用时方便对比和识别，与之类似的走势类型，然后再回到主级别及更小的次小级别，做好操作策略和应对之法的制定。在前 1、2、3、4 这四种走势类型中，无非在当日之内做出是否卖出的判断与决策？而 5、6、7、8 这四种走势类型的提示则刚好相反，是要在当日内做出是否值得买回的判断与决策。记住，这是 30 分钟级别的走势，实际上我们对应操作的是 5 分钟级别或者更小的 1 分钟，甚至分时级别走势图。因此在实际运用中，要做到将大级别与小级别走势兼顾起来观察和研判之。至于是否要在日内做出买卖动作，还将参考是否出现背离情形。走势分解与背离二者结合，才能够提高我们研判和行动的成功概率。

当然，在实际运用时，还应该遵循一定的步骤，例如，首先，我们要学会对当下走势做准确的分解与分类；其次，再对未来走势作推导；最后，根据推导结论，立刻制定出交易计划，同时还得观察并对照当下的走势情况，如果未来走势没有按照预期进行，那么就得立即调整操作计划、改变策略。

（三）日内交易的本质

日内交易的本质，不过是将较大级别的买卖机会，放在了较小级别中进行；其目的是为了实现差价交易，实现收益率的最大化。当然依据每个人投资技术水平、经验、心态境界等不尽相同，相同情况之下可能会产生完全不同的结果。因为日内交易定位于 5 分钟这么小的走势级别作为操作对象，所以，也就意味着我们选择了保守、中性与激进这三种操作风格中的激进这一种，既然是选择激进式的，那么我们承担的风险也随之放大。所以，我们的善意提醒是，一旦在确定了大级别走势已经进入下跌趋势中时，不建议参与太小级别的操作。切忌！切记！

二、日内交易实例讲解

我们以为，股票操作交易要想能够实现真正收益，不是依靠理论，也许理论的指引是对的，可是现实中呢，我们总有很多无奈，使我们无法实现理论所指引的交易机会，有时候反而会适得其反，据此，我们一而再再而三地反思，最后终于悟得，要想在现实中实现由交易带来的收益，必须要满足两个条件：第一，空间足够大，而且是上涨持续的空间足够大；第二，我们选定并实际参与交易的那个标的要足够活跃，能够足以覆盖交易成本，并且还具有很大多余空间，该空间指的就是利润所得。对此两点要求和条件，第一条，要实现往往只能在非常大的级别出现底背离之后，后市会出现相应较大上涨空间的之时，可是在眼下我们的日内交易中，仅仅利用 5 分钟走势级别里，这一情况是无法实现的。因此，我们就只能剩下第二条，即选定股性活跃，易受到资金追捧的热点品种，就成为了实现日内交易的最佳及最后的选择了。

以下我们列举一个曾经在某个阶段股性十分活跃的品种为例，展开讲解如何在其单日内实现其日内交易之法。以东方财富为例，如图 7 – 42 所示。

对图 7 – 42 做对比分解，左上的小图描述的是东方财富在 30 分钟走势级别上，由 70.07 元涨至 91.45 元的走势图，右上的小图则是其同期内 5 分钟级别走势图，在图下方则为上右图的放大版本。根据其中注解 1 所示，还有注解 2 的描述可知，股价涨至 91.45 元后，5 分钟走势级别上出现了连续 1、2、3 三个高点，同时有顶背离发生，并且最佳卖点是 91.45 元，但问题是，你看到此处，在选择了激进的操作风格情形下，你是否会采取行动呢？

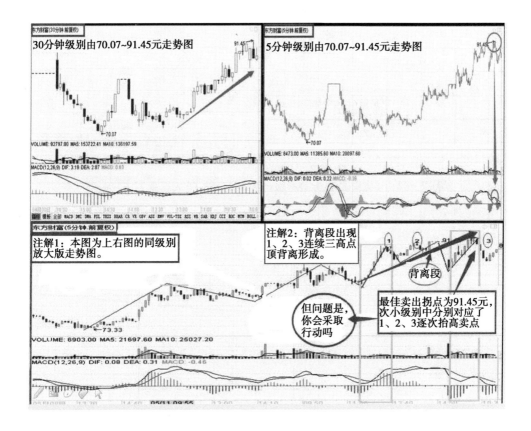

图 7 – 42　东方财富 30 分钟与 5 分钟级别同期走势对比（70.07 ~ 91.45 元）

不管怎样，我们接着往下看，在东方财富股价到 91.45 元后，后市结果会怎样？且看下图：

如图 7 – 43 所示，在左图中出现 91.45 元、次级别出现走势顶背离后，后市在 30 分钟级别走势中出现了一个下跌段，如图中注解可知，最低跌至 72.03 元。

同时，回到前面的 30 分钟级别的走势分类中，将当前东方财富的 30 分钟级别的走势图与前面九种走势类型相比与哪一个最相似？

通过对比可知，图 7 – 42 的实例走势图与单日 30 分钟级别走势分类类型中的第 6 种类型相似，如图 7 – 44 所示。通过该图要求，接下来，我们就要确定当下的任务是寻找和确定买点将会在哪里出现。具体分解如图 7 – 45 所示与后文解释。

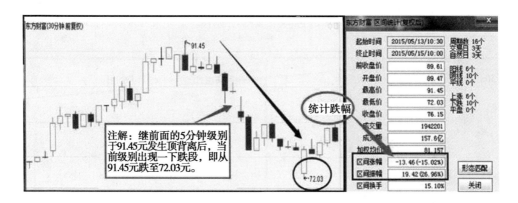

图7-43 东方财富30分钟级别一下跌段（91.45元跌至72.03元）

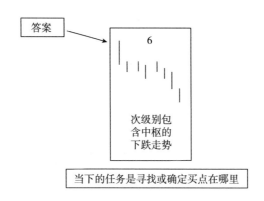

图7-44 单日内30分钟级别走势分类类型之一

如图7-45所示，我们很清晰地又看到了在同价格区间内，东方财富从91.45元跌至72.03元时，其在5分钟级别走势上，不论是走势形态上已经完成了走势的完整构造，还是动态指标上给出明确的底背离的提示，并且于72.03元出现当前级别的拐点。但问题在于，见此特征，我们当下会采取行动吗？还有72.03元后的走势结果会如何？请继续往下看。

通过图7-46所显示的情况，东方财富在其5分钟级别下跌走势中，于72.03元处发生底背离后，后市出现一个上涨走势，在1分钟级别上看为一个标准的趋势形态，最高涨至82.25元，统计涨幅达13.26%。为此新的问题又出现了，即82.25元出现后，我们又通过观察发现，该级别在82.25元后连续出现三个次级别卖点，同时顶背离伴随发生，如图7-47所示：

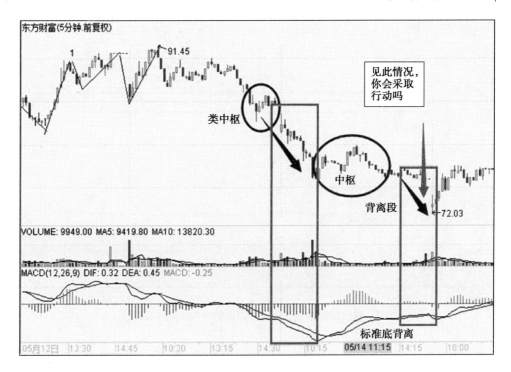

图 7 - 45　东方财富 5 分钟级别走势（91.45 元跌至 72.03 元）

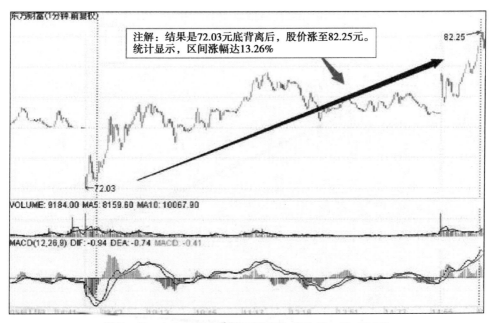

图 7 - 46　东方财富 1 分钟级别走势（72.03 ~ 82.25 元）

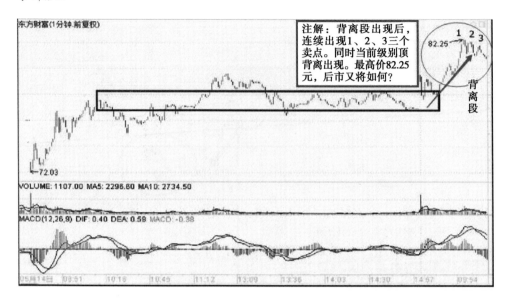

注解：背离段出现后，连续出现1、2、3三个卖点。同时当前级别顶背离出现。最高价82.25元，后市又将如何？

背离段

图 7－47　东方财富 1 分钟级别走势（72.03～82.25 元）

如图 7－47 所示，还有注解处的描述，背离段出现后，当前级别在走势形态趋于完整，围绕 82.25 元连续出现三个次级别卖点，同时动态指标提示，有顶背离出现，那么，82.25 元后市走势又将如何？要在 82.25 元处采取行动吗？

如图 7－48 所示，82.25 元之后，股价一直跌至 74 元，跌幅达 10%。

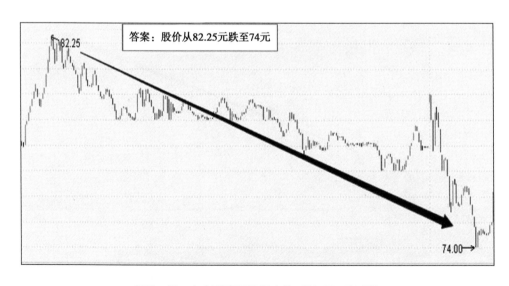

答案：股价从82.25元跌至74元

82.25

74.00→

图 7－48　东方财富下跌段走势（82.25～74 元）

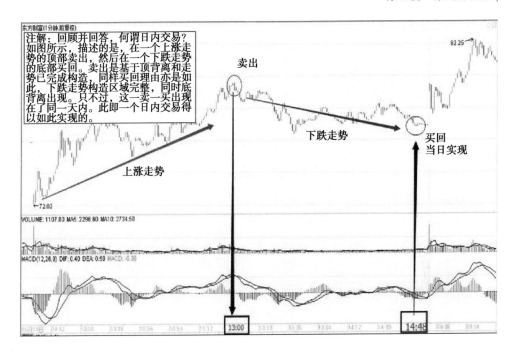

东方财富(1分钟前复权)

注解：回顾并回答，何谓日内交易？如图所示，描述的是，在一个上涨走势的顶部卖出，然后在一个下跌走势的底部买回。卖出是基于顶背离和走势已完成构造，同样买回理由亦是如此，下跌走势构造区域完整，同时底背离出现。只不过，这一卖一买出现在了同一天内。此即一个日内交易得以如此实现的。

卖出

上涨走势

下跌走势

买回
当日实现

82.25

←72.03

VOLUME: 1107.03 MA5: 2296.80 MA10: 2734.50

MACD(12,26,9) DIF: 0.40 DEA: 0.59 MACD:-0.36

13:00

14:48

图 7-49　东方财富 1 分钟级别走势图（72.03~82.25 元）

如图 7-49 所示，它实质上是东方财富前面所描述过的 1 分钟级别走势图，即从 72.03 元到 82.25 元阶段。我们纵观全图发现，它分为了三个部分，但注解中我们只对前面两个部分做了说明。根据图中显示，第一部分从 72.03 元涨起，然后到标示为卖出位置为止，一个上涨走势构造结束，并且该上涨走势趋于完整表达，同时动态趋势指标上有顶背离，那么，这里做一次卖出是成立的。第二部分则刚好相反，为一个下跌走势图，走势形态也是趋于完整的表达，动态指标有底背离，理论上应该可以做买入。此时如果我们忽略级别大小，那么以上的描述和操作指引则是完全成立的，但问题在于，这两个性质刚好相反，并且连续连接出现的走势，出现在一个 1 分钟级别走势中，而且观察对应的时间，这一卖一买实质上发生在同一天内。如果现实中，我们果真如此展开操作的话，那么一个日内交易就得以实现了，然后我们统计其涨跌幅，足以覆盖我们的交易成本，而且还存在些许差价利润。当然，如果要实现该过程，必须要在前一天持有老的仓位（必须要有底仓），因为按照 A 股交易规则，当前买入的新仓位是无法当天卖出的。除此之外，我们还有一个实例图可作参考，方便理解与记忆。如图 7-50 所示。

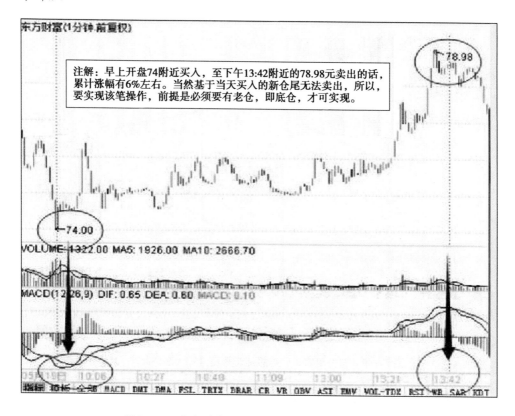

图7-50　东方财富1分钟级别走势（74~78.98元）

如图7-50所示，根据注解处的描述，在早上开盘时74元附近买入，直至下午1：42的78.98元附近卖出，统计涨幅超6%。当然，基于当天买入的新仓位是无法卖出的，所以要实现该笔操作，前提是必须要有老仓，即底仓，方才得以实现。

根据图7-50的描述，我们可以借此加深理解记忆，何谓日内交易法？

如图7-51所示，实为东方财富30分钟与5分钟在同区间，即70元起至86.25元止的对照图。通过对照我们观察到，基于30分钟走势图上，目前正处于多头主导的状态下，预计距离走势发生转折还有个过程，我们暂时推导后市至少还会蔓延当前的上涨走势，毕竟该股仍处于强势之中。同时观察其5分钟级别的走势发现，自底部拐点的70元起，已经构造出一个上涨趋势形态，时间上进入第三个交易日，出现最高暂为86.25元，然后出现次小级别中枢震荡走势，按照走势完整性和节奏预计，后市还有一个拉涨的过程。

超级强势股如何实现"空中加油"?

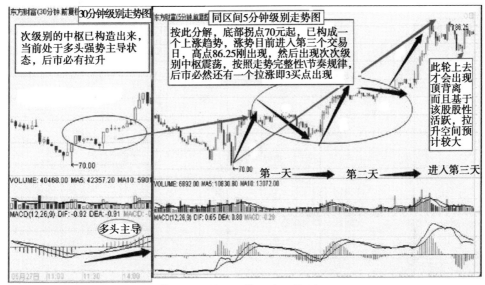

注:第一天:2015年5月29日,第二天:6月1日,第三天:6月2日。

图7-51 东方财富30分钟与5分钟级别同区间走势(70~86.25元)

图7-52为东方财富2015年6月2日在1分钟级别与当天分时走势的对照图。根据对照图中注解说明可知,在围绕当日的第一个新高出现后,即86元新高价位出现之后,走势暂时进入层级震荡的形态,再根据本理论规律所揭示的,完成一个中枢震荡走势,至少要出现一个中枢三段的走势结构,于是,为了符合走势完整性与节奏的完美要求,我们看到,在破坏一段出现后,基于出现了底背离,马上就重回升势,而重回升势后,又发生顶背离,出现如图7-52所示的第二轮破坏段,第二轮破坏段出现后,随即很快出现底背离特征,因此走势再度重返升势成为必然,并且后市随即出现了。不仅如此,随后再度出现回踩,这次回踩不再创新低,并且指标未再跌破0轴线位置,由此说明,升势有望进一步延续。根据后面走势证实,从短线操作目标出发,后面连出两个涨停板,至少超20%的收益。

·回到2015年6月2日当天

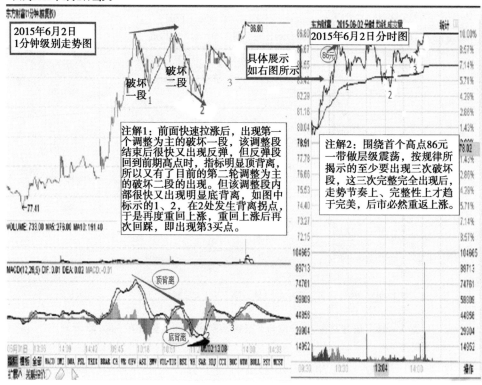

图7-52 东方财富1分钟与分时走势对照图（2015年6月2日）

三、日内交易法心得小结

第一，要挑选出股性活跃度很高的品种。此点尤为重要，建议可以选强势股、热点题材股、资金极力追捧的品种。具体选股思路可参考图7-53。

图7-53为网友整理出来的，是根据缠论所描述与定义出三种选股思路产生的交集，就是最值得"搞"的品种，此法同样适用于解缠论。

这三种思路，首先是包括资金面，即通过比价、板块轮动、大资金追捧等挑选；其次是技术面，主要指理论所提示的最适合动手的时机；最后是基本面，包括业绩说话，题材、故事等，如果单选其中一个思路，都不足以能够成为最能够、最值得参与的品种，而要三者产生交集时，那就是最佳、最能够"搞"的标的了。

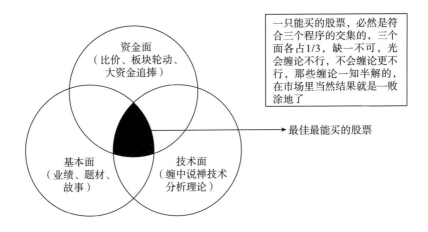

一只能买的股票，必然是符合三个程序的交集的，三个面各占1/3，缺一不可，光会缠论不行，不会缠论更不行，那些缠论一知半解的，在市场里当然结果就是一败涂地了

最佳最能买的股票

图7-53　由"缠论"提炼而来最佳可操作股票的交集图

资料来源：由缠论提炼而出，感谢网友提供！

第二，有时候必须要原来就持有底仓。并且严格用部分仓位参与操作，因为有些情况下不可全仓操作。具体什么时候可以参与，什么时候不可以，参考上面所介绍的，自己去认真思考和提炼。毕竟本交易策略是非常激进的一种风格，做得好确实能够实现收益最大化，但是做错了造成的损失也是与之成正比的。

第三，要考虑交易成本，还有交易规则的限制问题。尽量避开这些限制与问题，所以仍要做到挑选好的标的，以及筛选出最合适的时机，方才可以出手。

第四，要熟练学会对历史走势形态的正确分解。因为这是为后面走势分类、走势类型等做研判、推导，甚至到展开操作的基础指引和客观提示。

做完分解后，即要开始对未来走势分类的情况做推导，并且同时注意判断走势完整性，走势节奏，及一定要与背离研判相结合。

以上完成后，在心理层面做到提前预计，在策略上，对照实际走势如果发现前面的预计错了，则要及时改正和调整策略。

第八篇

解缠论相关内容

论解缠论与"缠论"的统一^①

关于解缠论与"缠论"二者的关系，这是一个无法避开的话题，笔者也不曾有意想做回避，所以，下面对此二者之间的关系，以及相关概念相同与不同之处，均进行探讨之。以澄清一些不符合事实的讨论之言论，以正视听。

一、两种理论之间的关系

如要将"缠论"与解缠论二者进行统一，首先要弄清楚二者之间的关系，以及二者相同与不同之处。

依笔者之所见，二理论间所存在的关系为：《解缠论》是在"缠论"之基础上发展出来的。当然，这种发展不仅包括在其基础上提炼出了形态学的五个元素及其"称谓概念"；还在于《解缠论》厘清了级别理论及其运用原则等相关知识；将所谓的背驰进行了二元性质的对立性划分，明确了背离有且仅有顶背离与底背离（且背驰即背离）；并在三类买卖点理论基础中发展出了参照点与拐点实用之法，讨论清楚了三类买卖点与形态学二者间的关系。

《解缠论》发展了"缠论"之动力学理论。原本，在"缠论"的整体构架中，包含形态学与动力学两个理论体系。可是，在《解缠论》看来，动力学还不够完善，客观地讲，在股市中，但凡能够影响股价形态构造的因素都会产生力或者相反分力，那么，动力学描述的博弈状态仅属于狭义的、片面的定义。所以，在此基础上，笔者重新构架出了动态学的理论，且明确定义，广义上的动态学还包括了其他会影响股价形态构造的一切动态因素。即，动态学是对原动力学理论进行补充和发展。

《解缠论》不仅探讨了不同级别中的形态关系，还广义地探讨了形态学与动态学二者间的关系。通过此番探讨，可以在一定程度上实现管理好我们的心与手的目的。还可使我们明白，每一个投资主体都要学会懂得尊重市场、敬畏市场，

---

① 节选自《解缠论2》原第七章。

不主观、不意淫，而应该利用好成熟理性的投资理论及方法，客观地遵循市场之节奏，且踩准节奏，进出于市场。

二、两种理论之间的相同与不同之处

《解缠论》虽有这么多优点，但仍要澄清的一点是，如果没有"缠论"就没有《解缠论》，虽然后者又在诸多方面与前者存在着不同之处。

例如，"缠论"中走势类型等众多概念，与《解缠论》中五大元素所定义的概念则存在诸多不同之处。

"缠论"中的"笔"是指《解缠论》所定义的"段"元素；其中的"线段"在《解缠论》中，则是指其所定义出的一个独立类中枢。

《解缠论》中的"笔"直指单位级别任意一根 K 线。理由很简单：当我们将一个次小级别的所谓"缠论"中的"笔"形态进行合并（或者直接上升到较大级别中）观察时，就剩下单独一根 K 线了（笔者就干脆将其定义为每一个级别中形态学的基础元素，单位一笔）。

此种情形在"缠论"所定义的"线段"中也同样存在相似规律——将所谓"缠论"定义的线段进行合并或者直接上升到一个较大级别中去观察时发现，次小级别中原本复杂的类中枢形态在大级别中就是一个非常直观的段元素。而这个段元素就是由运作笔连接首尾两端之分型所构成。

即《解缠论》中的段元素直指原本"缠论"所定义的"笔"概念。

由上可知，《解缠论》不过是将"缠论"中的定义分别降低了一个级别而已，并没有对其发生根本性的改变。而且关键是，这种概念的改变既简化了原本"缠论"规定的定义，便于学习者理解；同时，实际运用中，我们将其用来描述走势类型和形态时显得更加直观方便了。

解释了以上两组概念的不同，必然要说明下两种理论中对趋势定义之不同。其实，《解缠论》所定义的五段论仅属于狭义的趋势定义。对于"缠论"中关于趋势定义，本理论将其定义为广义趋势。通过实际中观察发现，趋势存在延续性，中间可以出现多个中枢形态，而且其趋势的构造还具有"没有最完美只有更完美"的特点。

三、两种理论之三类买卖点理论的分歧

二者之间还存在一个最大的争议，此争议莫过于集中在三类买卖点理论中。

　　包括笔者在内，读到"缠论108篇"原文时，总产生一种莫名的激动和兴奋，不仅仅是被"缠师"过于夸大其词渲染所谓第三类买点之功能时，还有文章中流露出的许多狂傲不驯之感。可是在本书中，通过再次对三类买卖点理论的深度研究和讨论后发现，三类买卖点之位置描述价值意义远远大过于实际运用中的价值，也正因为这种先入为主的意图，使很多人总喜欢事先就将第几类买卖点的位置定位于将来出现的形态上，其实这种本末倒置的做法之后果不难想象。对此，本书在探讨此理论时又做了一些新的发展：

　　第一，先展开讨论三类卖点的位置与形态学二者之间的关系。通过讨论我们明白了，三类买卖点是以形态学为分析载体的，而且只有待到形态的构造真正完成时，我们才确定出三类买卖点的最终位置。如果从其实用性出发，基于上涨中出现卖点、下跌中出现买点，那么，实际操作上，在下跌趋势中，与三类卖点相对应的临时性买点则成为了后面研判最佳拐点（买点）的参照点；反之，在上涨趋势中，与三类买点相对应的临时卖点则成为了后面研判最佳拐点（卖点）的参照点。这里所提炼出来的参照点与拐点，亦是本理论从实用性角度出发，关于三类买卖点理论的最新发展型理论。

　　第二，不同于"缠论"，《解缠论》将第三类买卖点的位置定义在中枢中，准确地讲，在中枢中C段的结束分型的峰值位置上。对此定义产生了众多争议。可是对照本书前面探讨及解释，关于第三类买卖点的位置似乎在实际运用中显得模糊了，并无太大实际意义。毕竟多半时候，在实际运用时它根本影响不了我们的操作结果。对于操作结果影响的关键在于某级别里参照点与拐点在实际中灵活准确的判断。

四、关于趋势背驰、盘整背驰及背离理论之实例分析

　　在开始讲解之前，先要对几个概念做一下说明。

　　首先，回答背驰和背离有何区别？其实，二者没有任何区别，无论从字面、字义上理解还是从本理论所定义的用法之上，二者均无差别。背驰即背离，背离即背驰之意。

　　《易经》第64卦未济卦中，其上卦为"离"，离即为火，下卦为"坎"，坎即为水，水与火之二者的表现形态为，火向上燃烧，水往下流，二者即呈背道而驰之象。本理论所定义背离（或背驰）无论是在其本质还是形态的描述上（指股价与先行指标在运作方向背道而驰），都是此含义。

　　其次，回答且谈论下"缠论108篇"中的趋势背驰、盘整背驰与本理论之背

离理论的区别。

本理论的背离理论无论是顶背离还是底背离，描述的均是趋势的背离。顶背离的形态描述即为，上涨趋势中，股价与先行指标运行方向出现不趋同情形，持续与本级别若干时间空间正相关关系的单位周期后，上涨趋势的性质发生转变向下跌趋势展开；反之，底背离的形态描述的是，下跌趋势中，股价与先行指标运作方向发生不趋同情形，持续与本级别若干时间空间呈正相关关系单位周期后，下跌趋势性质发生转变向上涨趋势展开。

对此似乎并无太多困惑或者争议。有争议的话，则在于对背离点的精准研判，还有出现在中枢形态中的背离现象。

实质上，这种出现在中枢震荡形态中的背离现象，其实就是致使一个完整趋势形态，在中枢上出现临时性的第1、第2类买点或者卖点的原因所在。只是这种临时性的买点或者卖点暂时不会改变当前级别的趋势性质，且分别又与第一类、第二类买点或卖点相对应，在实操中，如果不对这种临时性的买点或卖点展开相对应的操作，尤其是较大级别中，着实可惜。

又基于这两类临时性的买点或卖点刚好相对应地出现在了中枢上，而中枢又往往对应着股价的盘整形态，所以，也就形成了盘整中的背驰之说，若对此简单定义，即盘整背离。

再对照同阶段内，第一类卖点到临时性第1类买点，及第二类卖点到临时性第2类买点，各自在其次小级别上的表现及其买卖点的提示。如图8-1所示。

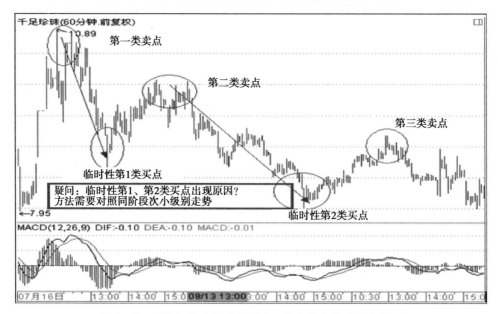

图8-1　千足珍珠60分钟级别上三类卖点和临时买点揭示

临时性第1类买点在次小级别的表现：

仔细跟踪观察该股分别在5分钟级别（见图8-2）与60分钟级别（见图8-1）的同阶段内走势，经对比发现，5分钟级别走势符合一个下跌趋势的形态，出现了底背离，并且在8.67元出现背离点，此背离点同时也是60分钟级别上的临时性第1类买点。如图8-2所示。于是，按照本理论所揭示的规律，后市必然出现一个因为出现底背离点之后的上涨趋势出现。回到60分钟级别走势，继临时性的第1类买点后，后面确实再度出现一个上涨段（该上涨段对应次小级别上呈现一个上涨趋势形态）。然后再出现第二类卖点。至于临时性第2类买点在次小级别上的表现，如图8-3所示。

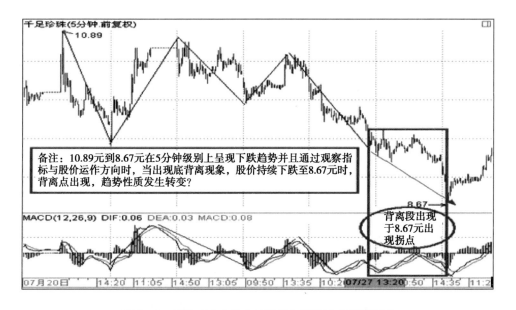

图8-2 千足珍珠在5分钟级别上出现的底背离情形

认真观察该股分别在60分钟（见图8-1）和15分钟（见图8-3）的同阶段走势会发现，15分钟级别上出现符合趋势的形态，而且趋势出现了底背离，其底背离点在8.01元。同样，若按照本理论所揭示的规律，后面必然将出现一个上涨趋势。我们通过对比60分钟走势，发现8.01元背离拐点就是图中临时性的第2类买点。而后确实也出现一个上涨段，该上涨段涨至第三类卖点位置时再度出现新的下跌拐点（见图8-1）60分钟走势：对应到60分钟级别上即为一个上涨段：从临时第2类买点开始，到第三类卖点结束。

以上是笔者随便列举的某品种在其大级别上处于下跌趋势中，对盘整背离现

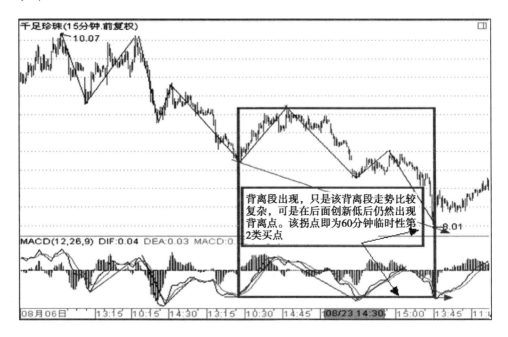

图8-3　千足珍珠在15分钟级别上底背离走势

象的解释。对于某品种处于一个上涨趋势形态中的盘整背离现象的解释，则其情形可能刚好与之相反。只是，此时我们重点关注的是，如何捕捉上涨趋势中的临时性第1类卖点与临时性的第2类卖点。其实对于这种操作，回到现实的话，就是我们经常说的差价操作。

综上可知，本理论中没有盘整背离之说，谈及背离，则只有顶背离或者底背离之分。而且一旦发生背离，即意味着原来的趋势性质随时可能出现转变。背离点即趋势性质发生的拐点。也正因为如此，对于大级别的中枢震荡形态出现的临时买卖点，当前级别趋势的性质却并没有改变，如何做解？——"缠论"或许将此定义为盘整背驰。可是从本理论理解与定义，不改变大级别趋势性质，可又出现临时性买卖点，原来不过就是同阶段内，次小级别发生了顶、底背离所致。

以上，即是对盘整背驰所做的解释。

解缠论之相关解析①

关于本理论还有许多未能讲解清楚的地方，但基于表达格式和条件的限制，只有另外单独列出来做具体讨论。譬如其中有些是关于部分缠友对缠论的看法，还有些是笔者对本理论相关疑问的回复，最后是笔者的证券投资观的总结。

一、缠友眼中的"缠论"

以下观点是笔者从网络上收集而来的，有些读者朋友看了或许会觉得似曾相识，又或者产生强烈的共鸣之感，发现这就是一直以来想要表达但又未能准确表达的想法。十分幸运的是，这个表达的机会被笔者赶上了。所以，从本质上来说，笔者顶多算作一个发现者、一名收集者或者一名记录者而已，而并非真正的创造者。但是，笔者又有自身的使命与责任感，而且有义务要为所有学缠之人做点有意义和价值的事情。于是才有了下面这些。

下文中，如果有些话恰好是你所说的，那么敬请原谅笔者抢占先机，使用了你的"版权"。

缠友甲认为：

理论（指"缠论108篇"）本身并不神秘，关键是执行力。

"缠论"的精髓在于，走势要经过后续的走势来验证。所以，我们不要提前预测什么，而是根据经验来对未来的所有走势进行分类准备。

"缠师"（指缠中说禅的博主）自己没有这样虚心，因为他有资金方面的心理预计。而我们学缠的人不知道底细，所以要结合动力来研判！

缠友乙认为：

"缠师"本身就了解着市场的根本——资金面的大分力动向，所以没有更细致到"易"这样的层面。我认为他故意对动力学轻描淡写。

缠友丙认为：

① 节选自《解缠论2》原第九章。

"缠论"就是推演了周易，而"缠师"自己却没有发现。

缠友丁说：

你如果没解决苹果树高度的问题，在计算出买点后，资金已经介入了，成交量可能会引起庄家的觉察，从而改变原来"苹果树"的生长习惯了。请问，原来的系统还能适应么？但基于走势必完美的规律，所以它们必须走完计划，"苹果树"必须要继续生长。

笔者以为，以上可能并不能代表所有人的观点，也并不能代表所有人对"缠论"这个神话的理解正确程度，但他们却实实在在是学习过、了解过缠论的，而且经过他们的独立观察与思考，从而才有了这些精辟的观点。这些观点是值得我们参考与借鉴的。

二、理论相关的答疑解惑

（1）问：除了股票这种交易品种之外，其他的交易品种，例如期货、黄金、外汇等，能否运用本理论？

答：这个问题问得很好，也是很多读者朋友心中一直以来的疑惑。借此机会做统一回复。

其实这是关于本理论适用性的探讨。可以肯定地说，但凡有交易价格记录的，能够用K线形态跟踪和描述的，都可以用到本理论。这自然包括上面提及的期货、外汇及黄金等交易品种。

只不过问题在于，我们仍不要忽略了，对某一交易品种的价格产生影响的一切动态因素的分析与掌握。假如我们展开期货品种的交易，例如某种大豆商品期货，那么我们就要搞清楚事关大豆的一切动态影响因素，并且务必对这些影响因素展开正确的分析与大致的预判。平时要多留意和密切关注及跟踪这些影响因素的最新变化情况，以便于先人一步展开后市的操作。

假如是参与外汇交易的，要搞清楚与外汇有关的影响因素。例如一国货币政策、汇率政策变化情况等。

假如是参与黄金交易的，同样地，要掌握和搞清楚影响黄金价格走势的动态影响因素。学会分析影响黄金价格变化与走势的相关影响因素，然后实践到当下的操作中。

其他交易品种同理。

而且根据这些交易品种的交易规则规定，可以采取T+0，那么，在实际操作中，则完全可以选择较小的级别展开操作。

（2）问：实际操作中，究竟是全仓参与操作好，还是用部分仓位操作好呢？

答：关于这个问题的答案，恐怕会是仁者见仁、智者见智。如果我们按照"缠师"的说法，只要看准了，就满仓。平时有波动时，可以保留部分仓位做差价。反反复复地做，成本可以降到0。

这样的回复，肯定让很多人的情绪难以平静，结合他们实际操作的结果，脑袋里头定会发出一个大大的问号：说起来容易，做起来难啊！你来试一试？小心套死了。

其实，对此笔者是很能够理解的。因为不同的人，或者说处于不同等级、不同投资经验及不同程度的投资者，对于此问题的答复确确实实会很不一样。毕竟，掌握一种投资方法，往往都会有一个循序渐进的学习到逐步正确掌握的过程；或者，由正确理解了理论方法，再到实践成功，往往要经历万般痛苦折磨与无比艰辛的惨痛付出。当然，只有冲破前面的这一切障碍，通过反反复复的练习，才有可能到达成功的彼岸，达到更高的境界。

这种境界正如日本浪人说的，一共分三为重，即"守破离"三重。现实中，任何一个人，都不可能一下子就由一个刚入门的"菜鸟"等级的门徒，一下子就变成一位功夫大师级别的。这也正像少林寺武僧们练功一样，任何一门少林绝技都是少林武僧们通过千万次的反复练习才能够练成的。

同样地，学习本理论，并且掌握与熟练运用本理论也是需要经历一个痛苦而又漫长的过程的。

"缠师"有意要将学习和掌握本理论者们分为小学生、中学生、大学生、研究生级别，同样，笔者也认为学习者们可分为以下这六个段位级别。这六个段位级别分为：白、黄、绿、蓝、红、黑六段。

每达到一个段位级别，都预示着学习和掌握理论又达到了一个更高更新的境界。要想由一个小白段位级别的学习者上升到最终的黑段（即使在黑暗中也能够应付敌人进攻）的境界。除了千万次的实践操作练习，还要有像"缠师"般能够机缘巧合接触到规模庞大的资金运作和管理的机会。只有这样，或许才会形成量变到质变取得好的效果，达到更高的境界。

届时，面对市场的一切变化，无论是机会还是风险，你都能够坦然面对，而且更无须理会满仓还是部分仓位操作的问题了。即使在大熊市中也可以满仓进出，也不成问题。

要达到最高境界，千万次的买卖练习必不可少。唯有如此，你才能由较小级别的运用上升到更大级别的运用。才可能像缠师一样，沉寂多年后，突然再次出现时，仍能够做到精准的进出。

（3）问：如何在 A 股市场中成功实现 T + 0 交易？

答：基于国内交易规则的限制，A 股市场交易中，施行的是 T + 1 的交易规则。即，今天买进的证券品种及数量，次日才可以卖出。

可现实中，我们往往在能够比较确定地预计到，未来的大级别最高卖点还不会这么快到来，又大概能够预计到此期间，在小级别上股价会有波动的情形出现时（这些波动不去参与买卖实在可惜啦），可就是碍于交易规则和交易成本的限制，暂时无法做到。因此，从投资的终极目的与意义层面出发，为了实现投资利润的最大化的目的，我们可以利用次小级别周期中的运作规律，结合本理论讲解方法，捕捉该级别周期内的高低点，从而完全可以实现"变相"的 T + 0 交易的目标。

例如，当对某只股票股性相当熟悉了解时，只要发现次日早盘出现了高点，而且在某次小级别上出现顶背离时，可以先卖出前夜的持仓证券数量。然后持续跟踪其回落情况，如果发现其次次小级别上又很快出现了相反的底背离时，则可以快速将卖出部分再度捡回。以上步骤，即实现了一次在当天卖出、当天买回的短差操作，可以实现持仓成本进一步降低。

还有另一种情况，例如在下跌中，股票已经被套住的时候。当然，这种情形前提是要在前一天就持有某证券和一定的数量，然后发现当天又再度出现新低点，此时用新的资金在低位买进与前一天同等数量的仓位，紧接着待到股价再度出现快速拉高时（当然这种冲高在弱势市场里经常出现，而且多半是"昙花一现"），与此同时，则要利用好次小级别的运作规律，结合本理论讲述的方法，尽量跟踪和捕捉该反抽的最高卖点，快速将前一日持有部分果断卖出。如果这样的操作实现了，即使后市股价再度回落，今天买的部分虽然仍然卖不出去，可是昨天的持有部分今天已经被了结了，无疑已经实现了持仓成本的降低。如果后市股价不再跌出新低，那么这种 T + 0 的操作则是十分有效地得以实现的。当然，如此操作前提是你预判后市小级别将出现中枢震荡形态。但如果后市继续破掉平台而创出新低了，当然完全没有必要采取这么多此一举的操作，可以直接将昨天的部分逢高止损算了，而不再去逢低补仓了。

（4）问：怎么看各种股市预测理论及与《易经》之间的关系？

答：这个问题也是很多人所关心和感兴趣的问题，尤其是学习与研究过《易经》的人。市面上也不乏利用易经原理预测股市的书籍。当"缠论108"篇问世以来，许多缠友自然而然地将它与易学联想到了一起，甚至有人发出感叹说"缠论"中暗含着易学的原理。

笔者对易学了解不多，对《易经》也只是做了个大致的阅读，所以不敢妄下结论。但根据笔者的理解，发现《易经》确实能够给我们带来一点启示。例如在《易经》第一卦乾卦之中就有这样的描述：

"……

初九：潜龙勿用。

九二：见龙在田，利见大人。

九三：君子终日乾乾，夕惕若，厉无咎。

九四：或跃在渊，无咎。

九五：飞龙在天，利见大人。

上九：亢龙有悔。

……"

以上用白话文做解如下：首先，乾卦是用"龙"做隐喻。古人认为龙是最神秘的万物，它能够三栖：潜在深渊，或行走路上，或在天空飞腾，具有变化莫测、隐现无常的性格。所以，用龙来象征天道的变化，阴阳的消长，以及人事进退的难料。

关键一点，龙属于阳性。阳性就预示着他的活动规律是要在最上方的位置。正因为如此，我们解释第二点，即上文中描述的龙处于不同的方位及其变化情况。

最初之时，龙在最下方，隐喻着当前还处于潜伏时期，应隐忍待机，不可妄动。所以叫潜龙勿用。由初九到九二，意思是潜藏的龙已经出现在田野上。因此叫见龙在田。龙所处的位置继续向上变化。到了九三和九四的阶段，经过继续不懈的努力，龙有腾跃的准备，但是还未真正的飞腾起来。所以叫作或跃在渊。当然需要注意的是，渊的位置本来比田要低一点，可是龙此时却可以一跃而出，飞腾升空得更高，是飞腾的起点。由此显示其地位实质上在田之上。到了九五，龙遇到天时地利的条件，便可飞腾在天，拥有无限的活动空间；犹如日正当中，居高临下，普照天地，潜力无穷。十分明显，龙此时所处的位置比前面任何一个都要高。如果以人做比喻的话，像龙一样的刚健中正的伟大人物已经占据统治地位，处于"九五至尊"的位置之上。最后，到达上九位置，意思是龙飞得过高了，已经达到极点和极致。物极必反，位置虽高，反而不如九五之位的安定。如果再行动下去，反而会招致严重的后果，以致后悔。这也提醒我们，到了此时应该懂得居安思危，自我警惕，不可过分追求，否则极易出现盛极则衰，乐极生悲的后果。

读完白话文的解释，不用我多说，相信大家都会明白，乾卦的这种对龙在不同阶段所处不同方位（由下至上变化）的描述，与股市的运作走势规律有着极大的相似之处。这以上是笔者所理解的易学，能够给我们带来的一点启示。至于其他方面的启示，笔者不敢太过主观或者过于唯心，认为《易经》的发展学问，例如八卦中所阐述的规律可以预测股市的走势。对此笔者不敢轻易苟同，又或者是笔者对此知之甚浅吧。笔者以为，八卦所描述的"象"，或者有点类似我们所说的形态学。八卦能够对事物和人做预测，首先要有某种"象"的出现，然后在此"象"的基础上，根据以往人事变化的规律，研判未来的结果。这也正如笔者在本书中着重讨论形态学和动态学的关系，以及二者相结合运用的系统性的使用方法。这里的形态学即为"象"，是股市与股价运作形成的"象"，动态学是一切变数和变化影响因素，等同于某爻变化情况。从而，本理论所揭示的，也就是象的基础之上，结合爻的变化情况，研判未来股市运作的结果。

可是，对于预测学，笔者更加坚信由微观物理学理论——量子理论中所得到的启示：任何历史在当下的选择，都有许多种可能性。如果按照概率统计，出现最多的那种结果，具有着某种相同之处，那也只是证明这种相同的结果出现的概率大小不同。即是说，任何时候，股价运作方向选择上或者下都是有可能的，最终它选择了其中的一种方向，那也不过是偶然选择——当然也应看当下的动态影响因素偏向哪一方。

希望笔者的回答能够解决你心中的困惑。

（5）问：假如所有人都学会和掌握了某种强大的理论，尤其是那种自称学会了就能够赚大钱的理论，那么，谁负责亏钱呢？没有人亏钱了，那怎么赚钱呢？试问，这种强大理论可能存在吗？

答：哲学上有过这样类似问题的讨论，大意是：一位大力士夸口说，他能够举起世界上所有的物体。一个智者就反问他：你能够把自己举起来吗？大力士顿时哑口无言。

同样地，笔者以为《解缠论》乃至"缠论"，都不可能犹如一种赚钱机器般能够在任何一个时间空间点位上永远盈利赚钱。因为本理论谈论的不过是一种投资方法，一种让人回归理性，展开理性分析与操作的一种方法而已。而且这种疑问可以用本理论进行揭示和回答。

假如，市场中有张三、李四和王五三人参与投资和操作。而且三人各自观察的级别对象不尽相同。例如张三是个短线操作者，他观察的级别是 5 分钟的，即在 5 分钟这个周期里出现的趋势高低点他都会参与买卖。而李四观察的级别是 30 分钟的，即只有 30 分钟的周期里出现的高低点他才会参与买卖。与前面两人不同，王五观察的是日线，即只有在日线这个周期里看到了高低点，他才会出手买卖。如果市场还有其他人，那么他们一定也会选择属于自己、符合自己的那个操作级别。总之一句话，参与市场投资和操作的人，他们选择的级别可能不尽相同。这种不同无疑就形成了市场上所谓的分歧，有了分歧的出现，市场的博弈就不停止，就可能出现在同一时段同一点位上不同的人买卖的方向会完全不同。

假如现在时钟指到了某一时点上，指数或股价也运作到了某一空间点位上，此时三人根据自己不同的观察周期，得出的操作结论肯定是不尽相同的。李四有可能认为此时是 30 分钟级别上的一个买或卖点，要做买进或卖出的操作；张三或者以为刚好相反，但他观察的是 5 分钟级别，他会与李四做相反的操作动作；王五在他所观察的日线级别里，可能认为此时无论买卖都不对，而应该继续观望为好。

以上三人，在面对同一时点时，由于他们各自观察的时间周期不同，所以，得出的操作结论也不尽相同，正是这种不同，才在无形中形成了我们所看到的市场不停歇的买卖行为。

但凡市场上有对所持股票做出了决定，要持放不同的时间周期的，那么，他们就在无形之中参与了市场的博弈行为了。这种博弈回答了，市场中总会有一些人会在某个周期里亏损，而另一些人则在这个周期里盈利。而这种一个人为另一个人"买单"的现象原本就又与本书所讲述的理论在本质上无关。无论你是亏钱还是赢钱。在理论视角里，只有买卖点，没有盈亏点。因为这种"买单"可能是心甘情愿的，毕竟对应自己所观察的级别之拐点还未到来。又或者这种"买单"就是其中某人判断错误所付出的代价。

（6）问：大规模资金能否运用《解缠论》？

答：看到这个标题，笔者很确定，这应该是很多人心中所疑惑的问题。或许有人会说，你不断地描述你的理论有多好，然后说该理论研究的是市场成交价格，讨论的是市场本质的问题。而且在三大操作理论中重点介绍了背离理论，明确地说，对当下研判的关键是对背离的判断，也就是买卖力度的客观跟踪与描述。但是，市场买卖力度往往到最后，是由当前级别内最大的那笔成交单所决定的：若这笔单是买进的多头，后市上涨；反之，是卖出的空头，后市将下跌。也就是说，对某级别内发生成交金额最大那笔单的研究是最为重要的，它将决定后市方向的研判。

于是问题又出来了：

假如，作为当下投资主体，拥有较大规模投资资金时，其大笔买进某只股票，亦即，之后的影响不难想象。它是完全有可能影响到某级别中一笔的运行方向的：支持和影响后市股价上涨。

再说了，之所以定义五大元素的首个初级元素为笔，就是形象地描述为一笔生意的意思。如果是 5 分钟级别里，那么 5 分钟内最具有意义的自然是发生最大成交金额的那一笔生意。以此类推，30 分钟中所有笔最有意义的，自然是此 30 分钟成交金额最大的那一笔；日线、周线甚至月线等，也都是如此。总之，某级别内最有分析意义的，就是出现最大成交金额那一笔或者几笔。

所以，假如资金规模足够大，也就很有可能成为了某级别中最有影响力的一笔单了。要是这样的话，该怎么办呢？对于拥有较大规模资金的当事人，假如也以笔者《解缠论》方法进行买卖，岂不是会出现问题吗？那么，这套理论还有用吗？

回答这个问题，需要先解答一个常识问题：

如果你资金足够大的话，至少要求过亿以上的，那么，对于流通盘比较小的股票自然要回避，除非你有能力能够管理好该股（对于此问题这里就不过多讨论了）。道理很简单，一只杯子只能够容纳一杯水，你一人之力就可以将此杯子全部装满水，那么，像这样一个人的自买自卖的游戏还有意思吗？自然是没有任何意义的，而且搞不好还会触犯法律。

也就是说，假如你的资金量太大，首先要回避一些流通盘太小的品种。而将选股目标放大到足够容纳你大规模资金的品种中，可以是一只，或者很多只，关键看你的资金管理能力怎样。

有人会说，那我玩小盘股赚得多啊。但是，你有没有想过，一个只能够容纳一亿元资金的小盘股，平均参与的个体资金在 10 万元，赚取 10%，即可获得 1 万元，相对于这些被容纳的参与者来说，获得 1 万元的收益估计已经很满足了。可是，对于那些能够容纳数百亿元资产的被容纳者们，假如投入 1 亿元进去，只需要上涨 1%，他就可以获利 100 万元了。自然而然，这一百万元或许对投入 1 亿元参与者来说，方才会得以满足。但问题是，如此庞大资金投入进去后，面临的问题则很多。假如，这层含义理解透彻了，本篇文章所提出的疑惑就可以得到初步解答了。

另外，还有一个形象比喻：

如果一只股票流通盘足够大，这就好比将前面的杯子放大为大江大河了，那么你的"水"（资金）进去后不过也是涓涓细流很小一部分而已，此定能完全排除了那种自买自卖的情况，从而，此时出现的交易价格就成为前面笔者所说的有效性交易价格。如果这种情况出现，那么，还有什么不可以用笔者《解缠论》的方法进行买卖的呢？

再说了，如果你的钱多得足以将全世界所有上市公司股票都买下，这个投资活动完全变成了你一个人的买卖游戏，那么，你也就不用来投资股票了。因为投资对你来说，已经显得没有任何意义了。可正是因为大家觉得钱不够多，所以才想尽办法、削尖了脑袋想从这个市场赚钱。

也就是说，你的资金再大，也大不过整个市场，市场总会有足够大的空间和容量来容纳你；当投资变成了你一个人的买卖游戏，就没有任何意义了，你完全可以早早离去了，因为对于你来说，钱早已不是问题了，那又怎么会在乎这枯燥的数字游戏呢？

三、我的证券投资观

在这里我将要探讨以下几个问题，以阐述和表达清楚我的证券投资观。

问题之一，关于投资者"不意淫"的探讨。

较低级的投资者所处的层次，那一定是时刻都处在幻想之中。即，当买进了某股票后，就开始幻想后市可能会上涨多少？又或者下跌出现后，就开始担心和害怕，后市会下跌多少？从而把自己的手和心搞得手忙心乱的。可以十分肯定地说，只要你这样幻想了，接下来的操作肯定会出错。而你所犯的错误，一定会严重影响到你的投资绩效与结果。笔者则将这种幻想定义为"意淫"。当然它并不是贬义理解为幻想淫欲的意思。实际上，"意淫"在这里就是指一种一厢情愿的自以为是，一种主观的感性想法。而且这种主观的感性想法，往往会指引我们进行错误的操作行为。毕竟哲学观点中认为，意识形态决定行为方式。由此可见，客观合理正确的意识形态显得尤为重要。

同时，投资中不意淫也提醒我们，投资不可以主观臆测、感情用事，不可任凭情绪任意胡为。而应该去感性化，回归理性，理智地决定每一次操作动作。这就需要学习和掌握一种适合自己的方法，然后将这种方法运用到实践中，用实践检验这套方法的可行性。同时自己要在此期间不断思考和总结，反复地寻找到适合自己的方法。

问题之二，关于"知行合一"对股市投资之启示的探讨。

"知行合一"的观点，最早由明代的思想家、文学家、军事家及政治家王阳明提出来。其意思是，指客体顺应主体，知是指科学知识，行是指人的实践，知与行的合一，既不是以知来吞并行，认为知便是行，也不是以行来吞并知，认为行便是知。知行合一观点认为，认识事物的道理与在现实中运用此道理，是密不可分的。它是指中国古代哲学中认识论和实践论的命题，主要是关于道德修养、道德实践方面的。中国古代哲学家认为，不仅要认识"知"，尤其应当实践"行"，只有把"知"和"行"统一起来，才能称得上"善"。

"知行合一"的思想包括以下两层意思。①知中有行，行中有知。王明阳认为知行是一回事，不能分为"两截"。"知行原是两个字，说一个工夫"。②以知为行，知决定行。他说："知是行的主意，行是知的工夫；知是行之始，行是知之成"。意思是说，道德是人行为的指导思想，按照道德的要求去行动是达到"良知"的工夫。在道德指导下产生的意念活动是行为的开始，符合道德规范要求的行为是"良知"的完成。

由上可知,"知行合一"的准则理念,适合于我们股市投资分析到操作的全部过程。而且用它来解释笔者提炼出的分析系统和操作系统二者之间所存在的关系,以及如何将二者进行统一,提供了理论方面的支持与依据。

分析系统好比是"知",而操作系统好比是"行",前者是去感性化,回归理性,得出理性的分析结论,指引我们接下来的操作行为;后者是实际操作动作和实际行动,是实践的具体表现形式,也是按照前者的分析结论展开和完成的行为。按照王明阳提出的要将二者统一起来,在股市投资中,不仅要了解和掌握分析系统(这是认识知),尤其还应展开操作动作(即实践行)。二者实现统一才能得到真正的投资之道。

笔者以为本理论就是在很好地讲述知行合一的行为准则,就是试图将分析系统与操作系统进行统一的实践性理论。

问题之三,关于投资是一门艺术,还是技术的探讨。

爱因斯坦说:我担心当有一天技术超越了人性,这个世界将只剩下一代白痴。爱因斯坦的话似乎是在强调,一代人是否成为白痴,关键看技术能否超越人性。超越了就是白痴,不超越就不是白痴。这里既然用到了白痴一词,而又明显是个贬义词,由此说明了,他是不相信或者不情愿看到技术超越人性的。倒不如说,他认为技术不可能超越人性。

没错,如此重复此段话,就是想证明一点,科学技术,或者任何一门技术都不可能超越人性。因为没有了人,一切都将不复存在,更别谈什么技术了。投资领域也是如此,所以投资不可以绝对定义为技术,说成是技术,那也是相对而言的。这里的投资包括狭义地股市投资和操作。技术则可以狭义地指代一切分析理论和方法介绍,包括本理论介绍讲解的方法和技术。

在此,笔者想表达一个观点,套用爱因斯坦的话,即:我担心有某一种证券投资分析及实战理论技术能够超越人性,那么,这个市场上将只剩下一代白痴参与者。可是,因为人性是无法超越的,只能够用科学理论知识和技术方法去认识和了解人性,潜移默化地改变和调整人性所犯错误,但绝对无法超越。

至于"投资是一门艺术"这样的观点,则出自"股神"巴菲特之口。彼得·林奇也说过此话。笔者暂时无法找到合适的语言来解释这句话的含义。因为这句话就像一个后现代的美术大师所画的作品,太抽象了,以至于笔者无法看得懂。可是针对这句话,笔者内心产生的疑惑却是:如果投资是一门艺术,那么,笔者可以不拘小节地忽略任何精确具体的买卖点,因为艺术的气质和行为不就是随心所欲无所顾忌吗?可这样做的结果会怎样呢?不难得知。而且至少有一点可以弄清楚,那就是真正能够达到艺术大师境界之人又有几个呢?因此,综上所述，笔者以为，投资是技术，但又无法完全超越人性，而仅可能利用知识和技术了解认识人性，进行人性的微调和管制，所以这门技术是限量使用；同时，投资要达到艺术的境界，那是所有人都想追求和奋斗的目标。但这种境界的实现，需要具备很多条件的促成，平时日积月累的点点滴滴和千万次的练习是必不可少的环节与过程。因为世界上没有哪一位艺术家、发明家天生就会作画、创造音乐和发明电灯。笔者更愿意相信爱迪生说的那句名言：天才是百分之一的灵感加上百分之九十九的汗水。天才如此，要达到天才的境界恐怕也莫过于此吧。

综上，总结一下笔者的证券投资观。笔者认为，首先，进行证券投资，不可以过于主观感性，而应该理性分析，得出客观分析结论，接着再展开理智的操作动作。其次，我们要将分析和操作二者结合起来，只有这样才算真正的投资，并且从中寻找到正确的技术方法与投资之道。最后，在寻找到了正确的投资技术方法后，要用心修炼好这种投资技术，而方法和技术的修炼往往是用千万次的实践练习才能够掌握和运用的。又基于投资技术往往不是一成不变的，而总是处于变化发展的状态中的，所以要将投资目标定义到艺术的境界。

论股票投资的解缠之道①

何谓股票投资的解缠之道？至少包含以下几个方面：

第一，通过对股票投资的三个维度的正确认识与理解，掌握并厘清交易技术（重在选时选点）、基本面价值发现（选股、选标的），及作为决策与执行角色的人，这三个维度在股市投资活动中，各自所担当的功能，及其差别性所在。然后从中感悟，何谓股票投资之道？

第二，通过对解缠论之"道"与"术"的讨论，了解道的重要性与其根本性地位。由此悟出投资之道原来在于，要实现"知行合一""人剑合一"及"天人合一"的三重境界。至于，我们如何围绕解缠论之道与术的讨论，最终悟出股票投资之道，则要从下面文字中寻找答案了。

股票投资的三个维度

我们所定义的股票投资的三个维度主要是指，交易技术、基本面分析研究及决策、执行人。并且这三个维度在各自维度里都非常重要，只要能够掌握好其中之一，在参与股票投资时，也能够取得一定的成功。甚至，有人将其中的交易技术与基本面研究视作两种无法相容的层面。并由其分别衍生出所谓的技术派与基本面派两种分析研究体系，以及各自的决策操作指引系统。实际上，很多人由分析到完成操作的逻辑，也许都是在这二者中选其一，又或者二者兼而有之的。

此外，又加上实际投资活动中，基于决策与执行者的水平、能力、经验、习惯及心态等的差别，往往又会造成原本同样的决策行为，最后却造成不同结果的情况出现。由此我们也要清晰地意识到，在投资活动中，作为"执行者"这个角色的重要性。

于是，基于以上原因，我们将这三个层面定义为三个维度。

---

① 节选自《解缠论3》第三部分第十、第十一章。

（一）股票投资中三个维度的简单介绍与概述

如图 8－4 所示，股票投资的三个维度分别为：技术面、基本面与执行人。并且各自所对应的主要功能与意义分别如下：

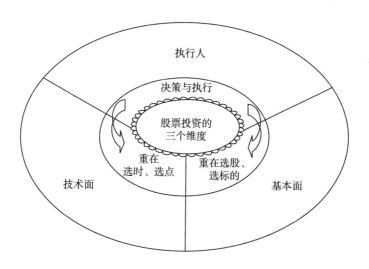

图 8－4　股票投资的三个维度

技术面，说到根本上都是为了提供什么时候、什么价位买进卖出的最佳研判方法，即选时选点的功能；基本面，则是根据各种数据、价值逻辑等做出系统专业的分析研究，提供最后的结论，其主要目的是发现最具有投资价值的标的，即选股之用；执行人层面，实际上就是"人"的层面，非常明显，人既担当了基本面中的分析研究、得出最值参与标的股票的结论的决策者与执行者，同时又担当了技术面中选时、选点之最后决策和执行者的角色。只不过问题在于，根据不同人的情况，在执行过程中，根据每个人所承受的各种干扰和压力的影响及应对能力的不同，会产生不同的投资结果。这些结果最直接的体现就是投资的胜负盈亏。

由此可见，在投资活动中，人作为决策者、执行者的角色非常重要，列为一个维度不为过。

同时，当下还急需解答几个困惑，即，为何定义为三个维度，而不是三个层面？以及，从现实性的角度出发，选股和操作（交易技术）二者之中，哪个更为重要呢？

许多专业人士在定义技术面、基本面和执行者三者在投资活动中的功能、地位与意义时，多半是将这三者定义为三个高低不同的层次，其基本观点：技术层面是最基础的层次，比其高的层次是基本面，而比基本面还要高的是关于人和投资哲学的层次。对此观点，我们略有不同，我们以为：

以上三者没有谁高谁低的层次之说，例如，以其中以为最为高级的层次的人与投资哲学来说，普天之下有多少人能够达到这个层次呢？再说了，人性这个东西对于所有人来说，千百年来一直未变过，并且不同人之间的人性特点几乎没有太大的不同，若要将其单独列出讨论的话，那么其不同主要在于，对人的认识及自我认识与自我管控不同，由此可能造成在投资活动中，执行决策时，最后导致的投资结果的大相径庭。但造成这种不同结果与命运的原因，不是因为人性这个维度天然造成的，而是由执行者对人性的认识、自我认识、自我管控，及自我修炼中，存在着层次水平与境界的高低不同所造成的。

与之类似，区别于人的这个维度，在交易技术和基本面研究这两个维度里，在其内部也客观地存在着不同层次水平和境界的划分。但这种水平层次的划分仅仅限于本维度内，而不可以将其与其他维度进行横向或纵向的比较。换句话说，假如存在一个交易技术境界非常高的人，可能在投资上会超越基本面派中（基本面这个维度）层次较低的人，从而达成基本面派者根本不可完成的极度精细的技术活。以此类推，如果一个非常厉害的基本面派，在做基本面研究时，非常善于投资逻辑推导，及善于寻找发现非常具有投资价值的品种，但此人对人性弱点的认识、自我的认识，及自我管控能力等方面都非常的差，即停留在执行人这个维度中非常低级的层次，那么，不难想象，或许一个活生生的"股市赵括"就出现了。

如此说来，交易技术面、基本面与执行人这三者之间没有谁高谁低的层次之说，而只有三个维度之说，且在各自的维度里，又确实存在着高低不同的层次之说。

实际上，我们完全可以根据自己的习惯和特点，寻找属于并符合自己的那个维度，当然，有个更为完整、系统及专业性的建议，那就是对这三个维度同时加强学习和练习，力争最终将这三者的修为与练习都提高到最高水平和境界。

究竟如何做到这一点呢？以下我们对三个维度的情况分别展开讨论和论证，以求达到更加客观正确的认识，这三个维度各自功能、地位及意义所在之目标。

（二）论交易技术的基础作用及本质

在股票投资的三个维度中，技术面这个维度无疑最容易做解。同时也是最好理解与着手学习的。所以，我们先从这个维度开始讨论起。

1. 交易技术是走向投资之道的前提基础与必经阶段

技术面，无疑是要脱离基本面情况的，至少不用理会这家公司是做什么的，过往至当下的财务情况怎样等，都不用理会，或者说，对技术面来说，这些都不重要。那么，技术面最重要的是什么呢？

按照历史以来的总结，围绕技术面只有四个字：量价时空。试着回顾一下，无论是数十种经典形态，还是经典 K 线组合形态，又或者均线系统，数十种指标系统，以及量价分析方法，等等，有哪一个能够离得开这四个字呢？

答案是，全都离不开"量价时空"这四个字。无独有偶，包括《解缠论》的分析到操作系统也都离不开这四个字，只不过我们变换了一种形式，将市场的本质给揭示了出来，并且直白地告诉了我们，怎样做才会更好。

既然如此，围绕技术层面，准确地说，围绕交易技术这个维度，我们所要做的就是如何更好、更纯熟地学习并掌握一套更好的交易技术方法。因为我们认为，无论是对新手来说，还是已经拥有很多年投资经验的老手来说，甚至专业与职业人士而言，这都是必须要掌握的。毕竟无论是在日常投资、投机活动，还是平时的专业投资工作中，我们都少不了要围绕"量价时空"四字展开。所以，交易技术面是股票投资的基础，也是我们投资成长中的必经过程。哪怕这只是为了方便我们日常沟通与工作之用，但交易技术这个维度作为基础的作用，却不容忽略与忽视。

打个形象的比喻，我们每个人从出生开始，都需要经历学习和掌握爬、走、跑甚至跳这一系列行动与演变过程。并且必然是先学会爬，再学会走路，以及跑和跳的动作。而股票投资的成长，无疑也需要这样一系列过程。至少交易技术这个维度，就好比婴幼儿学爬和走的这个必经过程一样，是学习、掌握及领会投资之道的必经过程，即使这个过程只是担当了入门的基础之用。

遵循华尔街诸多投资大师的成长与修炼轨迹，当然我们在此并不打算列举终生都擅长并主张以技术面为主的大师们为例进行解说，而是列举极善于从平常生活中寻找好股票的彼得·林奇，以及股神的老师本杰明·格雷厄姆等基本面派的大师为例。通过阅读由其所著的相关书籍中发现，在他们投资生涯的早期与成长阶段，无不例外地都经历过由交易员、交易师的角色入行或起步阶段，并且定然是在经历了无数次枯燥乏味的频繁买卖交易中，从而最终才实现了由量变到质变的升华，同时悟出了股市投资之道。既然投资大师的修炼之道也是从技术层面开始的，我们则应当效仿之、学习之，追随其过程，付出实践也去走上一遍。或许我们也能因此机缘巧合般地得以悟道。

综上所述，我们不得不说，交易技术是每个投资者，无论专业或是非专业的，都必须要经历、要学习并掌握的基础方法，或必经过程。并且这个过程不可逾越，必须要走上一遍才可以。

2. 传统经典技术理论与现代交易技术理论所存在的层次差别

客观地说，在交易技术这个维度里，已出现的技术理论或方法必然存在着层次之分的，但却没有水平高低与好坏之分，这就像物理学按照其历史发展过程，可以分为经典物理学和现代物理学一样，并且，无论是经典的还是现代的，在物理学史上都很重要。与之相同，股票交易技术理论也可以按照发展进程分为传统的经典理论和现代理论。我们之所以进行这样的划分，是因为已经出现的许多传统的经典技术理论或方法，在某些方面，尤其在实际操作指引，以及交易思想指导方面等存在许多不适用、不实用之处。为此，诞生和出现新的交易技术理论与方法，则成为了一种必然，因为它或许更能适应当下的投资环境。

至少我们在将各大传统的经典技术理论与现代技术理论对比时发现，有如下一些差别：

例如，在常用的传统经典技术理论之一，即经典形态学运用中，这里的传统经典形态包括了经典的 K 线组合形态及多种经典形态。之所以称为经典，顾名思义，是因为它们在过往历史中经常出现，长期被用来作为研判运用的依据，更重要的是，它们能够从外观上给予我们做买卖的指引与提示。

具体如经典的头肩顶形态、上升三角形态，以及经典 K 线组合形态中的红三兵形态、穿头破脚形态等等，都能够在外观上给予我们买或者卖的提示与指引。换句话说，这些传统的经典形态，可以用来辅助我们实际运作中作为买卖的研判依据。作为这样的功能，所有传统经典形态都是客观具有的，只不过问题在于，遵照此提示和指引所得到的结论的成功概率会有多高呢？结果是，既有成功的时候，也有失败的案例，因为我们在实际中照此提示参与后就会看到，许多形态未来的走势会发生变化，而并非按照原先所指引和预判的那样，于是给予操作的提示和指引也就会出现错误。

除此之外，包括诸多种经典技术指标理论，在实际运用中也相当常见，不排除现实中有相当一部分投资者会经常借助某些经典指标理论作为平时买卖的依据。而且根据不同人的水平和经验，使用效果因人而异。用得好时，就会称赞指标像神一样灵验有效，用得不好的时候，就会咒骂指标会"骗线"，是所谓庄家搞鬼。此时这些所谓的经典指标无疑充当了"冤大头"，我们只要了解所有指标的设计原理或功能后你会发现，它们种类虽多，但万变不离其宗，多是利用了"量价时空"四大技术要素，并将这四个要素的参数做了一些变相的统计与计算方法而已。譬如将短期参数与中长期参数指标对比，从中寻找走势是否有某些变化或者端倪显露，从而提示我们市场变化的真实与本质，然后指引当下的操作。由此我们也知道了，原来，指标不过是客观跟踪与记录市场所有或任何时段的真实情况，它原本是没有任何研判和指引买卖功能的，只是通过人干涉与调整，这种指引功能也就具备了。

同样的疑问是，这些指标指引决策买卖时成功概率高吗？回答这个问题，也许又是一个因人而异的答案了。至少用得好的人，有一个共同点，那就是他会比较客观地尊重指标的提示，采取正当的行动。而不是视而不见，喜欢主观地忽略这种客观的买卖提示，只相信自己情感中所愿意相信的。如此一来，指标对其提示即使此时是正确的，但基于他的主观情感影响与干扰，致使他难以做出正确的行动。

综合以上，我们找出了以上传统经典技术理论所存在的问题，无论是在经典形态学运用中，还是经典技术指标运用中，皆是如此，其主要观点或结论为：

第一，会令多数使用者陷入主观人为的臆测中，而忽略形态本身所给出的客观提示的功用；

第二，这些提示本身就可能是错误的，因为它们缺乏更加系统完整的走势分解、研判、推导系统。

不仅如此，我们还发现，还有许多经典的技术理论，例如道氏理论、波浪理论、江恩理论等等，在此我们无意冒犯这些伟大的发现者，只想说的是，各自身上都或多或少地存在某些局限性。举例说明：

在道氏理论中，所描述股票指数与任何市场都有三种趋势：短期趋势，持续数天至数个星期；中期趋势，持续数个星期至数个月；长期趋势，持续数个月至数年。任何市场中，这三种趋势必然同时存在，彼此的方向可能相反。对此，我们不敢苟同，准确地说，以上这个时间周期说得很笼统、很模糊。同时，这些天数可能也只是个概率问题，或许发明者根据自身所统计出来的数据，来得出这三种趋势所持续的天数吧。但这些数据有可能只是个标准的答案，并不代表市场全部情况或者未来可能出现的情况。再者，还有一个很关键的问题，即如何确定这三种趋势——无论短期的，还是中期的，又或者长期趋势的拐点呢？为此，其创始者——查尔斯·道自己这样看待自己发现的理论，他声称其理论并不是用于预测股市，甚至不是用于指导投资者，而是一种反映市场总体趋势的晴雨表。可大多数人将道氏理论当作一种技术分析手段，这是非常遗憾的。其实，"道氏理论"的最伟大之处在于其宝贵的哲学思想，这才是它全部的精髓。

是的，如其所说的，道氏理论只能回避走势转折研判之法，即如何研判买卖点这个方法的问题。由此可见，该理论在实际的交易技术指引作用中，可见其一般化。当然这里我们也只是列举了道氏理论中的一个方面的问题而已，还有其他细节作为课题留给有心的朋友去发现。

再来说下波浪理论。这也是我们最为熟悉的一种经典技术理论之一。先来看下对其简单介绍。波浪理论的基本要点：

（1）一个完整的循环包括八个波浪，五上三落。

（2）波浪可合并为高一级的浪，亦可以再分割为低一级的小浪。

（3）跟随主流行走的波浪可以分割为低一级的五个小浪。

（4）在第 1、3、5 三个波浪中，第 3 浪不可以是最短的一个波浪。

（5）假如三个推动浪中的任何一个浪成为延伸浪，其余两个波浪的运行时间及幅度会趋于一致。

（6）调整浪通常以三个浪的形态运行。

（7）黄金分割率理论奇异数字组合是波浪理论的数据基础。

（8）经常遇见的回吐比率为 0.382、0.5 及 0.618。

（9）第四浪的底不可以低于第一浪的顶。

（10）艾略特波段理论包括三部分：形态、比率及时间，其重要性以排行先后为序。

（11）艾略特波段理论主要反映群众心理。越多人参与的市场，其准确性越高。

我们还应了解波浪理论的三个关键部分：

第一，为波浪的形态；

第二，为浪与浪之间的比例关系；

第三，作为浪间的时间间距。

在这三者之间，浪的形态最为重要。波浪的形态是艾略特波浪理论的立论基础，所以，数浪的正确与否，对成功运用波浪理论进行投资时机的掌握至关重要。波浪理论并不是独立存在的，它与道氏理论、各技术分析、经济基本面分析以及与新闻价值型都有一些神奇的相关联的关系。众多投资人士称："道氏理论告诉人们何谓大海，而波浪理论指导你如何在大海上冲浪。"

但波浪理论所存的缺陷有：

（1）波浪理论家对现象的看法并不统一。每一个波浪理论家，包括艾略特本人，很多时都会受一个问题的困扰，就是一个浪是否已经完成，并且开始了另外一个浪呢？有时甲看是第一浪，乙看是第二浪。差之毫厘，失之千里。看错的后果却可能十分严重。一套不能确定的理论用在风险奇高的股票市场，运作错误足以使人损失惨重。

（2）甚至怎样才算是一个完整的浪，也无明确定义。在股票市场的升跌次数绝大多数不按五升三跌这个机械模式出现。但波浪理论家却曲解说，有些升跌不应该计入浪里面，数浪完全是主观随意的。

（3）波浪理论有所谓伸展浪，有时五个浪可以伸展成九个浪。但在什么时候或者在什么准则下波浪可以伸展呢？艾略特却没有明言，使数浪这回事变成各自启发，自己去想。

（4）波浪理论的浪中有浪，可以无限伸延，也即是升市时可以无限上升，都是在上升浪之中，一个巨型浪，一百几十年都可以。下跌浪也可以跌到无影无踪都仍然是下跌浪。只要是升势未完就仍然是上升浪，跌势未完就仍然是下跌浪。这样的理论有什么作用呢？能否推测浪顶浪底的运行时间甚属可疑，等于纯粹猜测。

（5）艾略特的波浪理论是一套主观分析工具，毫无客观准则。市场运行却是受情绪影响而并非机械运行。波浪理论套用在变化万千的股市会十分危险，出错机会大于一切。

（6）波浪理论不能运用于个股的选择上。

以上几点是参考网络词条中的总结，要感谢网友的归纳，但我们如果对照《解缠论》你会发现，关于波浪理论的这11个基本要点，绝大多数的描述过于标准和严格了，市场中是绝不可能出现如此之标准、固定不变的走势的。至于为何这样说，可以认真参考前面章节中关于形态运用的具体介绍。

因此，我们还可猜测，波浪理论的作者或许是在对市场中的走势做出一种过于理想化的描述，又或者过于标准，并且固化的走势的描述。而这种描述仅限于理想化的，很不切实际。

最后，讨论下江恩理论。

江恩理论是以研究测市为主的，江恩通过数学、几何学、宗教、天文学的综合运用，建立起自己独特的分析方法和测市理论。

虽然这句话对江恩理论的描述非常简单，但真要加强学习和理解，可能多数时候会把人给搞晕。毕竟它涵盖的学科知识已经有很多，哪怕我们仅仅学习其中一科，就够我们专研半天了，所以，江恩理论学习起来显得十分复杂，成为了共识。

但又不得不说的是，江恩理论在很大程度上超越了前面几大技术理论，它测市的准确性非常高，有时候精准得叫人不可思议。譬如它的时间周期理论给我们做《解缠论》研究时，提供了很好的参考和借鉴作用。但也仅仅是参考借鉴，因为在江恩理论中，它更强调某些时间周期循环、重复出现的必然性，也许在一定程度和情况下，它会预先提示出未来将出现变盘的时间窗口，但却无法告知你当时的具体价位情况，届时是处于波峰，还是波谷？无从得知。国内有些学《易经》的人，所运用的方法与之类似。也就是说，无法预测和确定未来，究竟是卖出，还是买进。至少这样提前依赖此法做测市，是极为模糊、笼统的。而这用《解缠论》的思想体系解释的话，即，股市是不可以预测的。江恩还强调波动空间幅度的比例情况，并且刚好与时间循环周期相对应，这一点也算是取得重大创新。还特别提炼出几个重要的涨跌幅度，如回调50%，或者升降幅度的倍数关系，等等。对此，我们仍然可以将其推翻，有时候不需要太多理由，只需要一句话，即"世上没有完全相同的两片叶子"，叶子的长度大小完全可以不一样。江恩费心总结出来的那些重要参数，仍然是概率问题的体现。但股市不乏"黑天鹅事件"的发生。

当然，江恩理论中，除了周期循环理论、波动法则等比较超越以往经典理论外，它还强调操作系统中的应对策略，即提示了如何设定止损价的办法。这一点我们的理论原本可以在理论上给予完全的推导，因为按照本理论中对走势完整性描述，如果以上涨走势完整了，即卖出就行，一下跌走势完整了，买进即可，买时买，卖时卖，哪里需要什么止损呢？如果非要给《解缠论》加上一个止损概念的话，那么，就是为了弥补人性弱点的挽救措施吧。

可江恩呢，我们不确定其是否接近真相式地描述出了市场的本质，只是发现人性弱点所致，而无法实现理论所揭示的那般，完全准确地配合执行操作行为，所以，也是如我们般，被迫添加止损策略，因此而应付操作中出现的失误？再说了，人性弱点的问题没有完全破解之前，即使你心中有止损的意识，但又有多少人在实际中做到呢？所以，我们认为，强调止损的同时，更高层次的做法是，要透过理论了解市场真正的本质，只有了解市场真正的本质，悟透了投资之道的境界，才可能达到"知行合一"甚至"天人合一"的境界。

除了以上缺点之外，江恩理论还有一个更明显的缺点，即学习、理解和掌握它很难。

在上文中，我们分别讨论了传统的经典形态学运用，经典的指标学运用，及三大经典技术理论：道氏理论、波浪理论与江恩理论等相关情况，当然，最主要是冒天下之大不韪，揭示它们所存在的问题和流弊所在。这样做似乎是为了衬托本理论的优势。其实非也，而是为了讨论清楚一个事实：传统的经典技术理论或方法，确实客观的存在许许多多的问题。这些问题归纳出来有以下几点：

除了前面已经列出的两条："一是会令多数使用者陷入主观人为的臆测中，而忽略形态本身所给出的客观提示之功用；二是这些提示本身就可能是错误的，因为它们缺乏更加系统、完整性的走势分解、研判、推导系统"之外，还有就是，这些传统技术理论或方法比较重视和强调历史及过去的情况，并且极喜欢以此来作为对未来走势之研判依据。不强调当下的重要性，这大概是其全部旧理论存在的通病。对此，强调当下刚好是本理论所一直强调的交易思想，因为我们不强调预测未来。这一点刚好与这些传统经典技术理论或方法相反。

基于以上几点，我们认为传统经典的技术理论或方法，有必要向现代交易技术理论过渡并发展的要求。因为相较于传统与经典技术理论，现代交易技术理论更加具有如下优势：

（1）所有传统的经典形态实质上全都可以归纳和统一到现代技术形态学理

论中，例如可以统一到《解缠论》的形态学之中。技术指标运用法，可以统一到本理论动态学范畴中。

（2）现代交易技术理论往往主张将传统经典指标、均线系统等与走势形态结合起来综合运用。

（3）现代交易技术理论的交易思想重视当下的反应，在形态走势上，重视对历史走势分解与未来走势分类进行纯理性的逻辑推导。而传统经典技术理论的交易思想的出发点严重落后，总是强调历史和过去，喜欢依靠以往走势形态规律指引，或者完全凭借主观预测未来走势，完全属于"经验论"，可是事实告诉我们，这种交易思想已经不能够完全适应现代股市的交易环境。

（4）现代交易技术理论在逻辑上理性、严谨，如《解缠论》中，在走势上注重走势完整性的研判，同时会密切结合动态指标上的意思表达，而且总是将二者结合起来综合研判，以此减少失误的概率。传统经典技术理论，在交易逻辑方面，从分析到操作总是杂乱无章，经不住推敲，最后导致决策与操作指引总是模糊而又混乱。

（5）现代交易技术因为具有十分严谨系统的分析与操作指引，所以，能够在一定程度上减少人性弱点的干扰与影响，并且强调要通过不断的实践练习，从中逐渐悟透人的作用，继而引导我们进入人的自我认识和管控的修炼阶段。传统经典技术理论，多是凭感觉决策买卖，无法较好地克服人性弱点、有效管控好自己的情绪，从而无法达到和实现完美的人品、人格境界。

（6）现代交易技术理论能够客观完整地揭示出市场的本质真相，能够引导我们进入"道"的层次与境界。传统经典技术理论不能揭示出市场本质，多数仍停留在"术"的低端层次。

3. 交易的本质就是价格的交易

交易的本质，即价格的交易。如何正确理解这句话，将决定了我们在交易技术领域或维度中，所能够悟到的境界层次水平。

交易，说到根本上就是执行买卖行为。当然不是胡乱或错误的去买卖。而是正确理性的，并且是有理有据地做买卖，即做交易。那么，何谓正确理性的交易呢？

答案非常简单，就一句话：即在正确的时候买，正确的时候卖。仅此而已。如果将这个答案套用到本节段的观点中的话，即，交易的本质是在正确的价格买进，在正确的价格卖出。然后把"正确"二字省略，并将"买进、卖出"换作"交易"二字，那么，就再度回到了本节段的那句话，即，交易的本质就是价格的交易。

通过这个观点，我们发现交易技术的关键在于选时选点，也就是技术面维度的主要功能。再说了，何谓在正确的价格买进与卖出呢？也是我们一直深思和研究的问题。

如果我们联系到前面第一部分的章节中的介绍的话就会发现，所谓正确的买进或者卖出价格，则主要体现在走势完整完成了其当前级别的走势，并且完成走势的转折拐点，即正确的买点或者卖点。由此可知，现代交易技术理论的核心交易思想就是，要在任何级别中直指该级别走势的转折拐点，无论是由上涨向下转折，抑或是从下跌向上涨转折。因为这才是正确的买卖点。刚好，我们自诩为现代交易技术理论的《解缠论》，就是一套能够体现出这样的交易思想的方法论。换句话说，好的交易技术理论必然是能够揭示出市场的本质的，同时能够指引交易的本质的，因为它往往能够指引出正确的买卖价格。

再说下交易的本质和投资的本质的关系与差别。需要先厘清的一点是，交易的本质相较于投资的本质，其定义范畴或者级别层次明显是小于后者的。或者说，交易的本质隶属于投资的本质，至少在股票投资活动中，交易的本质这个概念是投资的本质的狭义理解，投资的本质这个概念更多是从广义角度诠释的。如果有人硬要将交易的本质完全定义为"术"，而将投资本质定义为"道"的话，我们不敢完全苟同。

若将此处的交易换作投资二字的话，那么我们从事股票投资活动时，实质上是在寻找最好的投资方法，及寻找最佳的买卖时点之法。这似乎与兵法的用法及目标一致：如何消灭敌人，赢得战争的胜利。而要实现这个结果，应先得学习掌握最好的"兵法韬略"及其本质问题。至少许多兵法书籍里强调，与敌作战，先要考察地形、了解敌人真实情况（敌方之虚实），主帅之性情、带兵作战的经验、风格特点等，然后制定克敌制胜的作战方案与策略，掐准时机，消灭敌人，取得胜利。回到股市投资活动中也大致如此。其实根本上说，以上完成了"知"这个层面的过程，还不是"行"的过程，因为最后的执行情况才是决定投资制胜的关键所在。而实现"知行合一"又是我们一种投资修炼境界，也算作是进入到了投资的本质，即"投资之道"的问题中。

所以，我们以为，投资的本质在交易技术这个层面，其本质就是价格的交易。而在其自身层面，则是投资之道的问题，并且投资之道的关键却在于，能否掌握"阴阳变化、虚实奇正"，及其做出准确的判断。至此，新的问题在于，这二者是否有相通性呢？答案是有的。技术中的走势形态，好比"地形"情况，成交量好比"敌情"，然后选择好正确时机果断出手，最后取得战争的胜利。这正如兵法中说讲的，要因敌之变化，因地形之实际情况，把握好时机，消灭敌人，取得战争的胜利方为上乘用兵之道，方为"神"一样。由此可知，投资本质的狭义理解就是悟"道"的过程，而对此具体修炼过程，则可以具体体现在

"交易技术"这个维度里，或者以其作为修炼的"载体"，又或者修炼的"方式"。换句话说，通过对交易的本质即价格的交易认识理解并掌握，并且平时通过不断地参与交易技术的实践练习，继而悟透投资的本质，最后达到投资之道的境界。如此一来，投资的本质，即交易的本质，而交易的本质就是价格的交易。并且在正确的价格进行交易，才是根本的本质。

（三）基本面分析研究的核心任务在于选股

何谓基本面，区别于技术面，它没有了股票市场中的"量价时空"四个关键要素了，如果说它与四要素还有什么关联的话，那就是"比价"工作，即将估值价格与二级市场价格进行对比，评定上市公司当前的价格所处的真实状况，判断是低估，还是高估了？然后据此结论挑选出低估的标的。

正如以上这个逻辑的指引，在实际投资活动中，如何对一家公司的真实价值情况进行估值，就成为了在基本面分析研究工作中最为重要的课题之一。该课题说具体点，就是如何开展对一家上司公司的真实价值进行评估，并且估算出它的真实价值或价格来。原本，按照传统估值方法，主要分为相对估值法与绝对估值法，并且分别给出了计算公式，例如相对估值法中计算市盈率＝股价/业绩，即是一种普遍常用的。但问题是，在实际运用中困惑在于，有多少人真的这么按部就班地运用一个数学公式，对一家动态运作的公司进行估值呢？以巴菲特为例，至少我们是无法知道他是如何估算出一家公司的真实价值的。基于该话题过于专业了，所以我们并不打算深入探讨，而是留给后面的内容中再做介绍。

试问一下，在基本面这个维度里，在做基本面分析研究工作时，我们应该最在乎的关键要素是什么呢？答案无非关系到两个词组：即"逻辑"与"价值"。也许我们在周期股的基本分析研究中，并不在乎它未来能否继续成长的逻辑，但是，我们一定会关心它过往的历史数据，然后通过数据去寻找被严重低估并且具有价值的标的公司。而刚好与之相反的是，在成长股基本分析研究中，我们无从找到其具有分析价值的过往数据，因为对它而言当下即处于成长阶段，它没有过去，现在所创造的就是它的历史，所以，针对成长股，我们更在乎的是，对其未来价值空间的"想象"，而这个想象一定是建立在某个较具说服力的逻辑之上的。所以，围绕基本面的分析研究工作，无论周期股，还是成长股，我们在乎的"逻辑"与"价值"这两个关键要素。

1. 基本面分析研究在周期股与成长股中的分野

按照公司所处的行业运行周期划分，我们将所有上市公司大致划分为两类：周期股和成长股。依据这两种分类及各自所处类别的特性，在分别展开对其基本面分析研究工作时，我们意识到，从中寻找具有价值标的的方式和逻辑存在重大差别。

例如在周期股中，其分析研究的逻辑重点在于历史数据。根据对其历史数据分析研究，我们了解到，在某些情况下，周期股的真实价值往往被隐藏、被遮蔽了，而且它的价值过去就曾经存在和拥有过，只是现在被隐藏起来了，对此我们有个更为专业的说法，即被低估了。假如我们发现了某周期股的真实价值被低估了，我们就说它具有投资价值，是适合参与的标的，因为其逻辑就在于，被低估的标的的真实价值终究要回归。直白点说，当被低估品种的二级市场价格低于真实估值时，它必然要涨回到这个真实估值价。

与周期股分析研究及寻找具有价值的标的之逻辑不同的是成长股。基于其所处的成长特性，可以说，它的过去没有恒定的价值，不仅过去没有，现在也没有，但未来极有可能会突然爆发、会凸显出来。换句话说，针对成长股，我们找不到其历史数据作为分析和估值的基础材料，因为它没有数据，所以对其未来价值的预估全靠"想象"，全靠对其未来的期待。当然这种想象和期待不是盲目和乱来，而是需要符合和具有一定逻辑性的。至少对于成长股的估值方式方法、参考要素等是多样性的。

毕竟不同的成长股所处的行业背景和成长阶段不同，因此它的这种估值方法、方式等都会不尽相同，必然会呈现多样性特点，这是可以理解和接受的。例如，在美上市的诸多互联网或以电商业务为主的公司，即使它从过往至今，从未实现过盈利，但它却具有众多用户和粉丝——这就是它未来的潜在价值之一，虽然这些价值暂时还无法通过业绩数据体现出来。再例如京东商城，据说至今还在"烧钱"，你看它的数据无疑是非常难看的，但你却不能说它没有价值，其实它的社会价值非常巨大，并且这样的价值往往体现在未来，而不是当下。可是投资环节中，我们在挑选具有投资价值的标的时，也经常考虑的是未来，而不是过去和现在，尤其是在成长股中。

综上分析可知，在基本面分析研究中，必然会出现所谓的层次水平之分。譬如有的人只会单方面重视数据分析，并且尤其重视历史数据分析，然后根据数据分析得出想要的结论。又或者有人格外地重视逻辑推导，即重视未来价值的"想象"，据此得出其想要的结论。于是自然而然地，根据这两种完全不同的分析研究逻辑，在基本面维度内，也就形成了至少两种风格派别。一种是单方面重视数据分析研究，另一种是格外重视未来价值的逻辑推导，而且多半停留在"想象"层面。据此，在实际中，我们经常会看到业内诸多的专家，会根据自己分析研究的逻辑体系，得出某种投资意见和建议，而且有时候他们可能会处于相左的情况。

借此，我们有更好的解决办法，首先，停止周期股和成长股这种过于单一和绝对的划分，而要将二者结合起来。其次，根据当前宏观基本面的形势，制定出更加适合且适应于当下投资环境和形势的标的，无论它是周期股，还是成长股，只要刚好轮到它们了，那么，它们中的之一，或者全部，则都会是我们选择参与的较佳对象。

2. **宏观环境评估的价值意义所在**

如果仅停留在个股层面的基本面分析和研究的话，那么，我们仍然会陷入"一叶障目不见泰山"的片面迷局中。我们以为，对宏观环境的评估，亦即对宏观基本面的分析研究，对于我们的投资活动，以及更为成功有效挑选出更佳的标的，具有更好的辅助作用。

至少通过几项常见的经济数据指标，我们还是可以大致了解宏观经济形势的。例如，通过 GDP、PMI、发电量及 CPI 等重要参数的分析研究，即可得知宏观面的某些研判结论。GDP 是国民经济发展形势的综合指标，PMI 直指制造业采购情况，而发电量更是直接显示全社会企业开工情况，至于 CPI，则可以告诉我们居民消费水平情况，以及政府未来要采取的货币政策的态度怎样，等等。简言之，通过以上几组常用宏观数据，我们可以大致了解到，当前宏观经济形势处于怎样的经济周期中，并可以较为清晰地定位出当前所处的经济周期状况，还有政府未来将会采取的宏观调控政策的总体思路与态度。如果将此分析研究思路继续下去的话，我们即可进一步深入思考下去，甚至直降到与我们密切相关的投资活动，及投资中的应对策略的制定和实施中。这自然包括，目前投资环境是更适合于周期股的投资，还是成长股的投资之定位，又或者二者皆可，总之定位可以被清晰明了。然后，可以根据各自特点的分析研究，要么数据分析，要么逻辑推导，总之，最后终将是可以量化和明确出最值得参与的投资标的。

以上叙述使我们明白了，对宏观环境的评估，在指导我们的当下投资活动中具有很好的指导作用，并且最为明显的作用是，能够从整体上做到自上而下地去挑选和把握最具投资价值的标的出来。

3. **基本面分析研究的功能**

如果对基本面分析研究的功能做一句总结与概括的话，即，基本面分析研究的逻辑与终极目标就是，寻找最具投资价值的标的。仅此而已，十分简单，尽管我们在上面已经做了几千字的解释说明工作，但我们回顾总结发现，道理其实就是这么简单的一句话。

综合以上，我们也应该明白了，无论是从宏观层面的环境评估，还是微观层面的各种具体选股方法的开展，这一切均是为了实现挑选出当下最好的投资标的。当然，如果要对此做更进一步简化概括的话，即，基本面分析研究是为了选股。

最后要明白的，也是最重要的一点，我们最终要得出这一结论，那就要经历一系列的过程，至少我们要始终坚持唯价值论和逻辑推导论，并且在展开基本面分析研究的过程中，其关键逻辑与出发点之处，均在于如何寻找价值、如何发现价值，换句话说，基本面分析研究的全部过程，其实就是价值发现之旅。

（四）人在担当决策与执行者角色的重要性

无论是在基本面维度中的分析研究，从而选出可操作的最佳标的功能，还是在技术面维度中的选时选点的功能，二者最后都必将落实到决策与执行的层面。而人，即担当了这个决策与执行者的角色。人在投资活动中单处独占了一个维度。

1. 人的自我认知与管控之差别造成投资结果的差别

众所周知，投资结果往往是天差地别，好的结果与坏的结果总是相差甚远。并且绝大多数人的投资都做得不够好，对此我们展开分析探究发现，问题在于人在决策和执行的层面发生了重大差别。而这种差别的形成总会在某些关键时刻发生，一种情况是发生在一个上涨趋势即将要完整完成构造，并且随时可能发生走势的转折时。理论上，此时本应该做卖出的决策与执行指令。可是实际之中呢，会有多少人能够这样正确地去做，甚至可以做到呢？可以说很少。我们分析其根本原因，有人说这是人性的贪婪所致，毕竟此前一直都在涨，并且曾经也出现过调整，但事后证明那仅仅是调整，未能彻底转变当前的走势。所以，他们不会做出正确的决策与操作。与之情形刚好相反的是另一种情形，即，在一个下跌趋势将要完整完成时，基于恐惧之心占据了绝大多数人的内心，所以，多数人此时不会做出本应该正确的买进决策和动作。

如果我们将以上问题的答案进行提炼后会发现，贪婪和恐惧两个关键词冒了出来。这实质上是人性的弱点在股市中的具体表现。但是，如果我们深究下去会发现，我们多数人在投资中走向失败的原因，从表面上看似乎在于人性的贪婪与恐惧所致，但若从根本实质上看，其实是个人对自身的认识不够。具体点说，是对人性弱点的认识不够，以及自我情绪的管控不够。也正因为这些不够，所以最后造成实际操作与执行中出现偏差，就成为了必然。

至此，我们心中必然又会产生一个新的问题：我们投资的失败，明明是人性的弱点所致，为何说是自我认识与自我管控的不够造成的呢？

要回答这个问题，我们首先要搞清楚一个问题，人性的弱点可以完全消失吗？

答案显而易见，人性弱点，从人类诞生那天起，就一直存在至今，甚至千万年来从未改变过。估计在遥远而漫长的未来，人性的弱点也不会消失。

　　既然人性的弱点不会消失，那么，为何有人，虽然这种人极少数，但他们就总能够做好投资。也许我们会为之感到诧异，难道他们身上的人性弱点消失了吗？答案亦是否定的。因为，只要是人，人性弱点就不会消失，包括这些犹如神一般的人物。

　　那么，这些人的成功之道是什么呢？对此，我们或许会做猜想，例如，会猜测是否是源于他们交易技术的高超，在选时选点上总是能够精准地把握住，几乎到了出神入化的地步。又或者，是因为他们总是能够从诸多只股票中选出最具有投资价值的标的吗？又或者这二者兼而有之。

　　笔者认为，以上这些条件或许他们都已经具备了，但如果我们仅从本节事关人的这个维度展开讨论的话，我们以为，他们之所以总能够取得投资上的成功，或许就是源于他们已经对人的认识，包括对人性弱点的认识，还有对自我的认知，以及自我情绪的管控，皆已达到了较高的层次与境界了。也正是因为有了较高的境界，所以他们总能够在关键时候管控好自己，然后做出正确的决策与执行指令，从而取得投资的常胜不败。

　　综上可知，我们必然要进入探讨这犹如神一般的人物是如何做到的，毕竟对人而言，所有的真理都是知易行难的。

　　2. 探讨人性弱点问题解决之道

　　首先，我们应该充分地意识到，人性的弱点不可能完全消失，同样，我们也应当明白，没有一种办法能够完全地克服或者解决人性弱点的问题。而只能够过自我认识和管控才是最好的出路。相关问题可参考上面的讨论。

　　其次，不要以为能够通过交易技术层面的修炼，使交易技术到达一定境界后，就能够实现超越人性的屏障。这不过是在另一个层面中再次犯了主观错误，甚至这个错误显得更加自负，从本质上分析，它仍然是一种错误的自我认识。因为技术是无法超越人性的，我们也不可能依靠某种技术战胜市场。市场是不可能被战胜的。对此，唯一的解决办法是制定投资或交易纪律，并且严格贯彻执行纪律。当然，有时候我们会认为，此举可能是没有办法的选择。

　　最后，我们应该明白，决定投资成败之关键可能是源于我们人品修为的境界。所以，我们平时要加强对人品修为的修炼。以下有段不错的文字，虽然源于网络上，但我们觉得它一针见血地将我们想要说的观点，几乎完整地表达了出来，特意借来以供我们参考学习：

　　"简单地说，市场的奖惩是被杠杆和日内回转交易给放大了的，所以市场会以资金倍增的方式奖励'好人品'，比如谦卑、自律、勇敢、刻苦、忍耐、冷静等等。同时，它也会加倍惩罚'坏人品'，比如贪婪、恐惧、冲动、浮躁、自大及懒惰等，这实质上都是在股市投资或交易中结出的恶果。由于这种负能量的轮回，久而久之，优秀的投资者或者操作手的好习惯就会被强化，而坏习惯就会被克服，同时好习惯也会不知不觉地套用到日常生活中，他们的人品自然而然也就会越来越好。试想一下，如果这些人愿意花时间去琢磨邪的、歪的，他哪有时间专注投资或者交易？而不专注的人，很快就会被踢到爪哇国去。"

其实，在实体经济中，"好人品"会得到正能量，而"坏人品"自然会得到负能量，只不过时间周期太长，作用力度也没有马上放大，因为实体经济中没有杠杆和回转交易。借用佛教说法，这些来得太慢，不一定是现世报，更不是现时报，但是不会不报，而是时间问题而已。

再者，做股票的不只是依赖知识积累和分析能力，并且操盘经验和资金管理能力等也远远不是全部，而拥有好的人品，则是不可或缺的因素。股票投资或操盘的真理往往很简单、很朴素，它客观上要求我们每个人内心纯净、心无旁骛。它强化人性好的方面，削弱人性恶的方面，人品有问题的最终会被淘汰。所以，我们看到这个市场中的成功者们，大多数会是品行端正的人。而一个人因为好的品种得到直接的金钱奖赏后，则会无意见地继续强化自己好的品质，由此它能使人品好者不断升华，同时修正小毛病，从而变得越来越行端品正。一个人的人品和涵养好不好，在现实生活中需要很长时间去验证，而在股市上，这个验证的时间要短许多倍。"性格决定命运"这句话，在投资或交易中直接用失败验证出来，它是现时报，比佛家说的现世报要快得多。宗教说的天堂地狱，期货交易者可以立即经历，马上验证。

老子说，上善若水，有德行的人应该像水一样，滋养万物而不争高下。股市是人性的检验场，它随时奖励人性的优点，惩罚人性的弱点。股票投资领域比其他领域更加难以成功，操盘手都经历过千磨万击，体验过无数次奖惩之后才会完成蜕变的。

以上谈的人品，其实是一个综合的说法，它的内核是具有良好的性格、涵养和修为，并不一定是单指道德品质、不可以被无限夸大。所以严格地说，成功的投资人士，只是涵养远比一般人好，性格远比一般人靠谱，你如果问他们，老婆和老妈同时落水，先救谁，或重刑之下，是否出卖灵魂之类的话，就严重超范围了。所以优秀的投资者应该具备两点特质：

生活中品德优良，处事得体；投资或交易中坚守规则，克己行事。那些能同时在生活或投资交易中都品行端正的人，一定会受到市场的青睐，一定是被注入了股票高手的基因。

3. 人之修炼的三重境界

可以说，我们多数人是停留在"知"，甚至"不知"的层面，更不用说"行"或者"实践"这个层面了。即，知易行难既是生活中的常态，也是我们在投资活动中广泛存在的一种状态。在我们看来，在投资活动中，要做好投资、做好交易，与人这个维度相关的修炼，需要经历三重境界：

第一重境界是知行合一。

即完成知识与行动、自我认知与实践的统一、合一境界。知行合一是在讲，知识与行动在本质上是一致的、是统一的，知就是行，行就是知，且知是"真知"。因为知道才能做到，能够做到，所以才知道。二者没有谁先谁后之排序。讲知，就已经有行在其间了，反之亦是；讲行，就证明已经知道了。同时，在知识层面实现知行合一之上后，还有待我们做出准确的自我认知，这也是一个更高层次的境界，这个自我认知必然又是和自身的实践高度统一的，并且同样是完整体现出天人合一之境界的。

这一重境界简单点说，就是要完成人与自我认知及实践的合一。回到股市投资活动中，我们要做到对股市和投资乃至交易中真正的知，即需要多从实践入手，从实践和行动中知道、悟道，从知道中不断实践、行动；同时，还要不断加强对自我认知与身体力行的实践，始终朝着二者高度统一不懈努力。

第二重境界是人"剑"合一。

这里的剑并不是指真实存在的有形之剑，在更多的时候是指一种工具，而此时是指一种方法。此处为了更加准确表达我们接下来的意思与观点，我们将以上提及的有形的剑，工具或无形的方法等统一归纳为"器"。这个器听起来似乎是有形之物，但实质上我们主要想表达的是，这个"器"不是一般的物器或者武器，但它确实是一件相当厉害的利器，几乎人人都想得到和拥有它，因为只要得到了它，就意味着征服与力量，就意味着名利与权力，并且以此号令天下。只不过尤为可惜的是，这么一把"神兵利器"却几乎无人能够驾驭得好它，或者几乎鲜有人能够配得上它。即使得到了它，但基于驾驭能力、综合素质等无法与之匹配，反而给自己带来祸患。

是的，绕了这么大的一个弯，其实我们想说的是，人剑合一，实质上就是要达到人与"物"的合一境界。这里的物，指利器，或者指某种好的工具，又或者某种最好的方法。形象地说，实现这种人与物的合一境界，需要经过犹如武侠小说里常说的，由开始的手中有剑，练至心中有剑，最后达到人剑合一，即人就是剑、剑就是人的更高境界。其实此处说到底，所谓的第二重境界就是人与物、与方法的高度统一、合一。而说回到股市投资活动中，则要求我们要做到与某种很好的投资方法、理论实现高度的统一。

第三重境界是天人合一。

这里的天，指代"天道"，而天道，即世间万事万物的运行规律。为此，我们说的天人合一境界，就是指人与规律的合一境界。而这里所指的规律，这是个相当广泛的概念，在不同环境中，它有不同的理解，例如在股市投资活动中，它也有属于自己的所谓天道运行规律，而按照此重境界的要求，我们要做的无非就是，实现人与这些规律的合一境界。人即是天，天就是人，若将这句话转换一下，即，人即（天道）规律，（天道）规律即人，二者合一。若真能实现，那么也就进入了投资之道的最高境界了。

解缠论之道与术的讨论

或许一提及到解缠论，很多人就会主观地将其认定为一种讲解股票投资之术的理论。对此，我们并不完全赞同。或许在通过我们对解缠论之术与道展开讨论后，你也会改变原来的想法。说不定还会借此讨论，而真正地感悟到股票投资的解缠之道，究竟是怎样的？这实质上就是本章接下来将要探讨的内容。

一、解缠论之术与道的讨论

表面上看，解缠论或许是在对股票投资之术进行介绍，但经过真正学习和理解后你会发现，实质上，它已经带领我们升华到了道的层面和境界。甚至可以说，从本质上讲，整个理论都是在揭示道的原理，无处不体现着智慧之光，无论是从形态学运用原理，还是动态学运用原理中，又或者二者结合之综合运用的原理之中，无不如此。这也正如本书的首个部分章节中提及的交易思想性的体现之概述那样——"理论强调当下决策、对未来走势不做提前预测"，这才是本理论的核心交易思想所在，同时即在揭示市场的本质。

无独有偶，该观点又与《孙子兵法·虚实篇》中的主要观点不谋而合，即："夫兵形象水，水之行，避高而趋下；兵之形，避实而击虚；水因地而制流，兵因敌而制胜。故兵无常势，水无常形。能因敌变化而取胜者，谓之神。"两者都是讲究和强调当下与临场决策和执行的重要性。甚至我们可以认为这种思想是至少接近了道的层次和境界。具体内容可以回到前面去做参考。

与此同时，我们又由此联想到大型古装电视剧《新三国》中诸葛亮所说的一句话："凡兵法韬略，不在术，而在道。在于阴阳之变化，虚实奇正。术是表，道才是根本。如若悟透了，这比习得上千种阵法更为重要。"这句话根本用不着翻译，因为就这样看去，它的意思就已经显得很直白了。如果套用到股市投资活动中我们会发现，每个人也应该有个适用于股市投资的兵法存在，而且这个股市兵法能够揭示出投资之道。至少会启发我们，如何探究出股市的内在运作规律。

与此同时，我们在使用本理论时发现，其实要在实际运用中，做到如何准确把握和判断这些内在的运作规律，尤其是要做到如何准确把握走势的阴阳转换、虚实奇正的判断，以及应对之法。

试想一下，股市走势的涨跌转换不就是阴阳转换吗？二者相对来说基本上是一样的。于是，由此可知，解缠论表面上看，虽倾向于交易技术的探讨，但实质上却揭示出了"阴阳转化、虚实奇正"的正确判断之法了，虽然这个法听起来更像一种术，可我们却认为这个术接近了道的层次与境界。

我们之所以将此话题借鉴过来，是因为它道出了我们在股票投资活动中（或者从事相关投资方法或理论等的分析研究中），经常会遇上类似的问题，从而令人陷入种种困惑之中。基于此，我们需要寻找解决的办法，探求解决之道。在本书前面长达十个章节的讨论与叙述中，不仅仅全都是术之层面的东西。实质上，我们亦是将本理论所暗含的投资之道的层次与境界揭示出来。至于具体讨论可以回顾前面叙述，慢慢悟之。

二、股票投资的解缠之道

通过以上讨论，我们可以得出这样一个观点：即，通过解缠论之道与术的讨论，可进行对股市投资的解缠之道实现悟道的目标。

例如，从股市投资的三个维度中，我们可以分别感悟到以下认知：

从最好的交易技术中，可领悟到选择正确的买进卖出的时机，对参与股市投资很重要。

从最好的基本面分析研究中，可领悟到选择最好的投资标的非常的重要。

从投资决策、执行者的人这个维度里，深刻感受到，我们对人的认知、自我的认知与管控，尤其是情绪的管控尤为重要。而且这一点或许是投资活动中最为重要的一点。

由以上三点，我们即可推导出，人之修炼能否达到三重境界最为关键与重要。

根据前面章节可知，人之修炼的三重境界分为：知行合一、人剑合一及天人合一。此处我们再将解缠论与之对比发现，我们均可以找到与之契合的连接点。

譬如，在解缠论的交易思想中，强调当下决策和执行的重要性，并且对未来的走势不做任何提前预测。同时，理论又十分强调实践的重要性。这一点与知行合一的境界要求是高度一致的。所以，由此可知，就在这一点上，本理论就达到了"道"的层次与境界。

此外，通过前面近十个章节的介绍，我们已经大致了解到，解缠论究竟是怎样一个方法理论。列举形态学运用原理中，如走势类型、走势结构、走势分类等概念的运用，以及走势完整性和节奏的研判之法等；又如动态学运用原理中，背离理论的用法，及对走势中全部客观存在着的三种类型买卖点系统且完整的概述介绍，尤其是对第三种类型的买卖点实用之法的介绍等。——如果我们将这些方法全部学会并掌握，而且也已通过了无数次实践练习的话，那么，此种方法论无疑已经成为了我们身体的一部分。并且，假如这样的方法或者就如同前面在对人剑合一境界所述中那般，是一种"器"的话，那么非常幸运且巧合的是，我们这种方法即是要求我们达到与人合一的境界。简单说来，即人剑合一的境界。这无疑又是一次具体体现本理论接近了道的层次与境界的有力证明。

最后一点，即关于第三重境界——天人合一的对比性的探讨，这应该也是最高的一重境界，亦是最为接近道的一重境界。

综观整个理论，如果我们完全掌握后会发现，在对走势形态规律的揭示中，特别强调了走势完整性的研判，并将其视作形态学运用之核心与关键所在。注意：这里所说的走势完整性，实质上是讲述走势的规律特性，并且这个完整的规律特性不论是一个上涨走势完整完成，即将形成转折，而是向一个下跌走势进行构造，还是刚好与之相反，是由下跌向上涨的转折构造。在此，再紧密地联想前面所介绍的诸葛亮那句"在于阴阳转化、虚实奇正"的规律特性，诸葛亮在此话中明确说，这是道，这是兵法韬略的根本。同样地，我们自信地认为，仅凭走势完整性规律这一条，就是在明确揭示股市走势的规律特性，并且这个规律特性放大了就是"天道"，而天道即天的运行规律。既然本理论揭示出了犹如天道般的运作规律，而我们又识得出这个规律，那么，剩下来的事情就是，遵循这个规律，并且践行这个规律，最好是能够实现和达到天人合一的境界。

由此可知，本理论也是要求我们达到和实现道的层次与境界。

讨论至此，这就是为何我们在前面常常这样说，即，这套理论表面上看去，它是在讲术，其实质上却是在讲道，即实现和达到道的层次境界的原因了。

当然，通过以上之对比，我们也能够深刻地了解到，原来解缠论必然是能够发现人在股市投资活动中所存在的人性弱点的问题，以及要求我们该如何破解及正确的应对之法。

关于本章的讨论已接近尾声，但是，不免啰嗦下，在最后收尾处再次简单地概述一下，何谓股票投资的解缠之道：即，通过本理论交易技术的研究，以及通过对本理论道与术的讨论，我们初步感悟到了股票投资的解缠之道。同时，在将投资中的三个维度，与本理论交易思想、方法论，及其走势规律的揭示等，进行对比时发现和感悟，原来解缠论各方面都能够达到道的层次与境界，或者是在要求我们尽一切可能、努力地向道的层次与境界靠近。